ŒUVRES

DE

CORNEILLE

I

NOTICE SUR P. CORNEILLE.

Racine, s'adressant à l'Académie française, fit un jour en ces termes l'éloge de Pierre Corneille, qu'il était si capable d'apprécier :

« En quel état se trouvait la scène française, lorsque Corneille commença à travailler ! Quel désordre ! quelle irrégularité ! nul goût, nulle connaissance des véritables beautés du théâtre ; les acteurs aussi ignorants que les spectateurs ; la plupart des sujets extravagants et dénués de vraisemblance. Point de mœurs, point de caractère ; la diction encore plus vicieuse que l'action, et dont les pointes et de misérables jeux de mots faisaient le principal ornement ; en un mot, toutes les règles de l'art, celles même de l'honnêteté et de la bienséance partout violées.

» Dans cette enfance, ou, pour mieux dire, dans ce chaos du poëme dramatique parmi nous, Corneille, après avoir quelque temps cherché le bon chemin, et lutté, si j'ose ainsi dire, contre le mauvais goût de son siècle, enfin, inspiré d'un génie extraordinaire et aidé de la lecture des anciens, fit voir sur la scène la raison, mais la raison accompagnée de toute la pompe, de tous les ornements dont notre langue est capable, accorda heureusement la vraisemblance et le merveilleux, et laissa bien loin derrière lui tout ce qu'il avait de rivaux, dont la plupart désespérèrent de l'atteindre. Alors, n'osant plus entreprendre de lui disputer le prix, ils se bornèrent à combattre la voix publique déclarée pour lui, et essayèrent en vain par leurs discours et par leurs frivoles critiques de rabaisser un mérite qu'ils ne pouvaient égaler.

» La scène retentit encore des acclamations qu'excitèrent à leur naissance *le Cid, Horace, Cinna, Pompée*, tous les chefs-d'œuvre représentés depuis sur tant de théâtres, traduits en tant de langues, et qui vivront à jamais dans la bouche des hommes. A dire vrai, où trouvera-t-on un poëte qui eût possédé à la fois tant de grands talents, tant d'excellentes parties, l'art, la force, le jugement, l'esprit ? Quelle noblesse ! quelle économie dans les sujets ! quelle véhémence dans les passions ! quelle gravité dans les sentiments ! quelle dignité, et en même temps quelle prodigieuse variété dans les caractères ! Combien de rois, de princes, de héros de toute nation nous a-t-il représentés toujours tels qu'ils doivent être, toujours uniformes avec eux-mêmes, et jamais ne se ressemblant les uns aux autres ! Parmi tout cela une magnificence d'expressions proportionnée aux maîtres du monde qu'il fait souvent parler ; capable néanmoins de l'abaisser quand il veut, et de descendre jusqu'aux plus simples naïvetés du comique, où il est encore inimitable. Enfin, ce qui lui est surtout particulier, c'est une certaine force, une certaine élévation qui surprend, qui enlève, et qui rend jusqu'à ses défauts, si on peut lui en reprocher quelques-uns, plus estimables que les vertus des autres. Personnage véritablement né pour la gloire de son pays; comparable, je ne dis pas à tout ce que l'ancienne Rome a eu d'excellents tragiques, puisqu'elle confesse elle-même qu'en ce genre elle n'a pas été fort heureuse, mais aux Eschyle, aux Sophocle, aux Euripide, dont la fameuse Athènes ne s'honore pas moins que des Thémistocle, des Périclès, des Alcibiade, qui vivaient en même temps qu'eux. Que l'ignorance rabaisse tant qu'elle voudra l'éloquence et la poésie, et traite les habiles écrivains de gens inutiles dans les Etats, nous ne craindrons point de dire à l'avantage des lettres, que, du moment que des esprits sublimes passent de bien loin les bornes communes, se distinguent, s'immortalisent par des chefs-d'œuvre, quelque inégalité que, durant leur vie, la fortune mette entre eux et les plus grands héros, après leur mort cette différence cesse. La postérité, qui se plaît, qui s'instruit dans les ouvrages qu'ils lui ont laissés, ne fait point difficulté de les égaler à tout ce qu'il y a de plus considérable parmi les hommes, et fait marcher de pair l'excellent poëte et le grand capitaine. Le siècle qui se glorifie aujourd'hui d'avoir produit Auguste, ne se glorifie guère moins d'avoir produit Horace et Virgile. Ainsi, lorsque dans les âges suivants on parlera avec étonnement des victoires prodigieuses et de toutes les grandes choses qui rendront notre siècle l'admiration de tous les siècles à venir, Corneille, n'en doutons point, Corneille tiendra sa place parmi toutes ces merveilles. La France se souviendra avec plaisir que, sous le règne du plus grand de ses rois, a fleuri le plus grand de ses poëtes : mais ce qui nous touche de plus près, c'est qu'il était encore très-bon académicien. Il aimait, il cultivait nos exercices : il y apportait surtout cet esprit de douceur, d'égalité, de déférence même, si nécessaire pour entretenir l'union dans les compagnies. L'a-t-on jamais vu se préférer à aucun de ses confrères ? L'a-t-on jamais vu vouloir tirer ici aucun avantage des applaudissements qu'il recevait dans le public ? Au contraire, après avoir paru en maître, et, pour ainsi dire, régné sur la scène, il venait, disciple docile, chercher à s'instruire dans nos assemblées, laissait, pour me servir de ses propres termes, laissait ses lauriers à la porte de l'Académie, toujours prêt à soumettre son opinion à l'avis d'autrui ; et de tous tant que nous sommes, le plus modeste à parler, à prononcer, je dis même sur des matières de poésie. »

Ainsi Pierre Corneille était à la fois recommandable par son génie et par ses qualités privées, et c'est revêtu d'une double auréole que son nom passe à la postérité.

Il était né à Rouen le 6 juin 1606; son père, maître des eaux et forêts en la vicomté de Rouen, avait reçu des lettres de noblesse du roi Louis XIII, en récompense de ses bons et loyaux services. Sa mère s'appelait Marthe le Pesant. Ils habitaient, loin du quartier industriel, une maison située rue de la Pie, n° 4, paroisse Saint-Sauveur, consistant en plusieurs corps de logis, avec puits, cour et écurie.

Cette maison a subi des restaurations qui la rendent méconnaissable. La porte en a été détachée et transportée au Musée d'antiquités de Rouen ; mais la façade est restée ornée d'une plaque de marbre noir sur laquelle cette inscription est gravée en lettres d'or :

ICI

EST NÉ, LE 9 JUIN 1606,

PIERRE CORNEILLE

L'exactitude de cette date fut révoquée en doute, et des recherches furent faites, en 1828, par l'Académie des sciences, belles-lettres et arts de Rouen. On reconnut qu'on avait confondu le jour du baptême de Pierre Corneille avec celui de sa naissance. Thomas Corneille, frère de Pierre, dit à l'article *Rouen*, dans son *Dictionnaire universel géographique et historique* : « La même ville de Rouen a été la patrie du fameux P. Corneille, né le 6 juin 1606. » D'un autre côté, les registres publics de l'état civil de Rouen portent cette mention : « Le 9 juin 1606, Pierre, fils de maître Pierre Corneille, a été baptisé ; le parrain, maître Pierre le Pesant, secrétaire du roi, et la marraine Barbe Houel. »

Destiné au barreau, Pierre Corneille fit ses études au collége de Rouen, qui était alors dirigé par les Jésuites. Les révérends pères avaient des doctrines erronées sur la suprématie pontificale et sur l'obéissance passive ; mais ils formaient de bons élèves. Ils les exerçaient à composer des vers latins ou français, et à les déclamer en public. Jamais la distribution annuelle des prix n'avait lieu sans qu'on y représentât quelque pièce, comédie ou tragédie, fruit des veilles d'un professeur. Ce fut sans doute dans ces exercices que Corneille puisa le goût du théâtre, et il avait à peine vingt ans lorsqu'il acheva *Mélite* ou *les Fausses lettres*. Le succès qu'il obtint le détermina à renoncer à la chicane et à se rendre à Paris, où il fut enrôlé tout d'abord dans la troupe poétique qui travaillait sous les ordres du cardinal de Richelieu. Ses collègues étaient Claude de l'Etoile, François Métel de Boisrobert, Rotrou et Guillaume Colletet. Ses premières pièces suffirent pour établir la supériorité qu'il avait sur eux, et le *Cid*, représenté en 1646, l'éleva au-dessus de tous les poëtes dramatiques qui l'avaient précédé.

Peu de temps après, Corneille épousa Marie de Lampérière, fille du lieutenant général des Andelys. Elle lui avait été refusée, quand il se présenta un jour devant le cardinal de Richelieu, qui lui demanda s'il travaillait toujours. « Non, répondit Corneille, je suis bien éloigné du repos nécessaire pour la composition. J'ai la tête renversée par l'amour. » Le ministre questionna le poëte, et manda aussitôt à Paris M. de Lampérière, qui arriva tout effaré et ne sachant de quoi il s'agissait. Il s'excusa de n'avoir pas donné sa fille à Corneille, sur ce que celui-ci était de noblesse récente, et que sa profession ne le rapprochait point d'une famille dont le chef représentait dans un district important le gouverneur général de Normandie. Toutefois, malgré sa morgue aristocratique, il s'estima heureux d'accepter pour gendre un homme qui avait tant de crédit.

Le jour de ses noces, Corneille fut si malade que le bruit de sa mort se répandit dans Paris. Il est resté, comme monument de cette alerte, deux épigrammes latines de Gilles Ménage, l'une sur la mort du poëte, l'autre sur sa résurrection :

CORNELII TUMULUS.

Hic jacet ille sui lumen Cornelius ævi,
 Quem vatem agnoscit Gallica scena suum.
An major fuerit socco, majorve cothurno,
 Ambiguum : certè magnus utroque fuit.

CORNELIUS REDIVIVUS.

Doctus ab infernis remeat Cornelius umbris,
 Et potuit rigidas flectere voce deas.
Threicium numeris vatem qui dulcibus æquat,
 Debuit et numeris non potuisse minùs.

Horace, Cinna, Polyeucte, etc., accrurent la réputation de Corneille, et lui valurent le surnom de Grand. On voit par une lettre que Louis XIV lui écrivait en 1645, qu'il était vu très-favorablement à la cour. Louis XIV le charge de placer des inscriptions au bas de quelques gravures de Valdor, représentant les principales actions de Louis XIII.

« Monsieur de Corneille,

» Comme je n'ai point de vie plus illustre à imiter que celle du feu roi, mon très-honoré seigneur et père, je n'ai point aussi un plus grand désir que de voir en un abrégé ses glorieuses actions dignement représentées, ni un plus grand soin que d'y faire travailler promptement; et comme j'ai cru que, pour rendre cet ouvrage parfait, je devais vous en laisser l'expression et à Valdor les dessins, et que j'ai vu par ce qu'il a fait que son invention avait répondu à mon attente, je juge, par ce que vous avez accoutumé de faire, que vous réussirez en cette entreprise, et que, pour éterniser la mémoire de votre roi, vous prendrez plaisir d'éterniser le zèle que vous avez pour sa gloire : c'est ce qui m'a obligé de vous faire cette lettre par l'avis de la reine régente, madame ma mère, et de vous assurer que vous ne sauriez me donner des preuves de votre affection plus agréables que celles que j'en attends sur ce sujet. Cependant je prie Dieu qu'il vous ait, monsieur de Corneille, en sa sainte garde. Ecrit à Fontainebleau, ce 14 octobre 1645. Signé LOUIS. Et plus bas, de Guenegaud. »

En 1647, Pierre Corneille fut admis à l'Académie française, en remplacement de François Maynard. En 1650, nous le voyons brusquement arraché à la poésie pour être appelé aux fonctions de procureur syndic des états de Normandie. Ces fonctions étaient remplies par l'avocat Baudry, dévoué au duc de Longueville; il paraissait dangereux de les lui laisser. On les lui ôta, et la lettre de cachet ci-dessous fut envoyée à l'hôtel de ville de Rouen.

« Sa Majesté ayant, pour des considérations importantes à son service, destitué par son ordonnance de ce jourd'hui le sieur Baudry de la charge de procureur des Estats de Normandie, et estant nécessaire de la remplir de quelque personne capable, et dont la fidélité et affection soit connue, Sadite Majesté a fait choix du sieur de Corneille, lequel, par l'advis de la reyne régente, elle a commis et commet à ladite charge, au lieu et place dudit sieur Baudry, pour dorénavant l'exercer et en faire les fonctions, jusqu'à la tenue des Estats prochains, et jusques à ce qu'il en soit autrement ordonné par Sadite Majesté, laquelle mande et ordonne à tous qu'il appartiendra de reconnoistre ledit sieur de Corneille en ladite qualité de procureur desdits Estats, sans difficulté. Fait à Rouen, le 15ᵉ jour de février 1650. LOUIS. Et plus bas, DE LOMÉNIE. »

Saintot, maître des cérémonies de la grand'chambre de Rouen, présenta cette autre lettre aux membres du parlement :

DE PAR LE ROI.

« Nos amez et féaux, ayant, pour des considérations importantes à notre service, destitué le sieur Baudry de la charge de procureur des Estatz de Normandie, nous avons en mesme temps commis à icelle le sieur de *Corneille*, pour l'exercer et en faire les fonctions jusques à ce qu'aux premiers Estatz il y soit pourveu. Sur quoi nous avons bien voulu faire cette lettre, de l'advis de la reyne régente, nostre très-honorée dame et mère, pour vous en informer. Et n'estant la présente pour un autre subjet, nous ne vous la ferons plus longue. Donné à Rouen le 17ᵉ jour de février 1650. LOUIS. Et plus bas, DE LOMÉNIE.

Corneille ne conserva pas longtemps cette place, et il revint à Paris, où il donna *Nicomède*. L'année suivante (1653), après la chute de *Pertharite*, il renonça tout à coup au théâtre, pour travailler à une traduction en vers de l'*Imitation de Jésus-Christ*. Il s'adonna pendant six ans à cette pieuse occupation ; mais, en 1659, le surintendant Fouquet le décida à traiter le sujet d'*Œdipe*, dont le succès ramena le vieux poëte à ses travaux dramatiques. Cependant, à l'âge de soixante-huit ans, en 1674, il fit ses adieux au public par *Suréna* : « Je quitte la partie, dit-il ; ma poésie s'est en allée avec mes dents. »

A partir de cette époque, Pierre Corneille cessa de se montrer à l'hôtel de Bourgogne, et n'y parut qu'une seule fois, en 1676, pendant une représentation. A sa vue, les comédiens s'interrompirent ; les princes de Condé et de Conti se levèrent pour le saluer, et tous les spectateurs les imitèrent en battant des mains. Les acclamations se renouvelèrent à tous les entr'actes.

Malgré le respect dont il était entouré, Corneille, chose triste à dire, passa sa vieillesse dans un état de dénûment. Il n'avait qu'une paire de souliers, et quand il les faisait raccommoder, chez un savetier de la rue de la Huchette, il était obligé d'attendre pieds nus dans l'échoppe. Instruit de cette pénurie par le P. la Chaise, Louis XIV envoya deux cents louis au poëte qui avait le malheur de survivre à son génie.

1.

Pierre Corneille mourut le dimanche 1ᵉʳ octobre 1685, âgé de soixante-dix-huit ans et trois mois. Sa mort n'ajouta rien et ne retrancha rien à sa gloire; il y avait longtemps qu'on le nommait le grand Corneille.

Il fut enterré à Saint-Roch, où l'on a placé sous l'orgue, en 1821, un cénotaphe orné de son effigie.

Les portraits de Corneille tracés par ses contemporains ont entre eux tellement d'analogie, qu'il est impossible de douter de leur exactitude. Son neveu Fontenelle le dépeint ainsi : « Corneille était assez grand et assez plein, l'air fort simple et fort commun, toujours négligé, et peu curieux de son extérieur. Il avait le visage assez agréable, un grand nez, la bouche belle, les yeux pleins de feu, la physionomie vive, des traits fort marqués, et propres à être transmis à la postérité dans une médaille ou dans un buste. Sa prononciation n'était pas tout à fait nette; il lisait ses vers avec force, mais sans grâce.

» Il savait les belles-lettres, l'histoire, la politique; mais il les prenait principalement du côté qu'elles ont rapport au théâtre. Il n'avait pour toutes les autres connaissances ni loisir, ni curiosité, ni beaucoup d'estime. Il parlait peu, même sur la matière qu'il entendait si parfaitement. Il n'ornait pas ce qu'il disait; et pour trouver le grand Corneille, il le fallait lire.

» Il était mélancolique; il lui fallait des sujets plus solides pour espérer et pour se réjouir que pour se chagriner ou pour craindre. Il avait l'humeur brusque, et quelquefois rude en apparence : au fond il était très-aisé à vivre, bon mari, bon parent, tendre et plein d'amitié. Son tempérament le portait assez à l'amour, mais jamais au libertinage, et rarement aux grands attachements. Il avait l'âme fière et indépendante; nulle souplesse, nul manége : ce qui l'a rendu très-propre à peindre la vertu romaine, et très-peu propre à faire sa fortune. Il n'aimait point la cour; il y apportait un visage presque inconnu, un grand nom qui ne s'attirait que des louanges, et un mérite qui n'était point de ce pays-là. Rien n'était égal à son incapacité pour ses affaires que son aversion; les plus légères lui causaient de l'effroi et de la terreur. Quoique son talent lui eût beaucoup rapporté, il n'en était guère plus riche. Ce n'est pas qu'il eût été fâché de l'être; mais il eût fallu le devenir par une habileté qu'il n'avait pas, et par des soins qu'il ne pouvait prendre. Il ne s'était point trop endurci aux louanges à force d'en recevoir : mais, s'il était sensible à la gloire, il était fort éloigné de la vanité. Quelquefois il se confiait trop peu à son rare mérite, et croyait trop facilement qu'il pût avoir des rivaux.

» A beaucoup de probité naturelle, il a joint, dans tous les temps de sa vie, beaucoup de religion, et plus de piété que le commerce du monde n'en permet ordinairement. Il a eu souvent besoin d'être rassuré par des casuistes sur ses pièces de théâtre, et ils lui ont toujours fait grâce en faveur de la pureté qu'il avait établie sur la scène. »

La Bruyère s'étonne du bizarre contraste des manières de Corneille avec les productions de son génie. « Simple, timide, d'une ennuyeuse conversation, il (Corneille) prend un mot pour un autre, et il ne juge de la bonté de sa pièce que par l'argent qui lui en revient; il ne sait pas la réciter, ni lire son écriture. Laissez-le s'élever par la composition, il n'est pas au-dessous d'Auguste, de Pompée, de Nicomède, d'Héraclius; il est roi et un grand roi; il est politique, il est philosophe : il entreprend de faire parler des héros, de les faire agir; il peint les Romains : ils sont plus grands et plus Romains dans ses vers que dans leur histoire. »

« A voir M. de Corneille, a dit un autre de ses contemporains, dom Bonaventure d'Argonne, on ne l'aurait pas cru capable de faire si bien parler les Grecs et les Romains, et de donner un si grand relief aux sentiments et aux pensées des héros. La première fois que je le vis, je le pris pour un marchand de Rouen. Son extérieur n'avait rien qui parlât pour son esprit; et sa conversation était si pesante, qu'elle devenait à charge dès qu'elle durait un peu. Une grande princesse, qui avait désiré le voir et l'entretenir, disait qu'il ne fallait point l'écouter ailleurs qu'à l'hôtel de Bourgogne. Certainement M. de Corneille se négligeait trop, ou, pour mieux dire, la nature, qui lui avait été si libérale en des choses extraordinaires, l'avait comme oublié dans les plus communes. Quand ses familiers amis, qui auraient souhaité de le voir parfait en tout, lui faisaient remarquer ses légers défauts, il souriait, et disait : « Je n'en suis pas moins pour cela « Pierre Corneille. »

» Il n'a jamais parlé bien correctement la langue française; peut-être ne se mettait-il pas en peine de cette exactitude.

» Quand il avait composé un ouvrage, il le lisait à madame de Fontenelle, sa sœur. Ses premières pièces ont été plus heureuses que parfaites; les dernières ont été plus parfaites qu'heureuses; et celles du milieu ont mérité l'approbation et les louanges que le public a données aux premières moins par lumière que par sentiment. »

Pierre Corneille vivait avec son frère cadet, Thomas, dans une intimité touchante. Leurs femmes étaient sœurs, et les deux ménages habitaient ensemble. L'intérêt ne les divisait point; ce ne fut qu'à la mort de Pierre qu'on pensa à faire le partage des biens des demoiselles Lampérière. Les deux frères, voués aux mêmes travaux, se consultaient réciproquement. Pierre avait un esprit supérieur; Thomas composait avec une plus grande facilité. On prétend que le premier levait parfois une trappe pratiquée dans le plancher, pour crier à son frère : « Thomas, donne-moi une rime! » et Thomas la donnait immédiatement.

Corneille eut trois fils, l'aîné devint gentilhomme ordinaire du roi. Le second, arrivé au grade de lieutenant de cavalerie, fut tué au siège de Grave en 1671; le troisième embrassa l'état ecclésiastique, et fut nommé, en 1680, abbé d'Aiguevive en Touraine.

Les derniers descendants de Pierre Corneille assistaient le 19 octobre 1834 à l'inauguration d'une statue que lui élevait la ville de Rouen. On voyait là M. Pierre-Alexis Corneille, inspecteur de l'Académie de Rouen; Joseph-Michel Corneille, employé des contributions indirectes; Pierre-Xavier Corneille, conservateur du dépôt des livres au ministère de l'instruction publique; et mademoiselle Jeanne-Marie Corneille, seule héritière directe de l'illustre poëte. Le fils aîné de Corneille eut d'un mariage secret un fils nommé Pierre-Alexis, qui s'établit à Nevers en 1717, et y donna naissance à Claude-Etienne Corneille, père de celle qui vit en 1834 l'hommage rendu à son aïeul par les habitants d'une grande cité.

Cette cérémonie de l'inauguration se fit avec une pompe inaccoutumée. L'Académie française s'y fit représenter par MM. Lebrun, directeur, Alexandre Duval, Charles Nodier, Michaud et Casimir Delavigne. La société des auteurs dramatiques y envoya M. Alexandre Dumas. La Comédie-Française désigna comme ses interprètes MM. Joanny, Beauvallet et madame Paradol, qui donnèrent dans la soirée une représentation de *Cinna* sur le théâtre des Arts. On vit se grouper autour de la statue de Corneille toutes les autorités administratives; des députations de tous les tribunaux; les loges maçonniques; la chambre des notaires et celle des avoués; les académies et sociétés savantes : entre autres la société libre d'émulation, dont le président, M. Destigny, avait organisé la souscription pour le monument de Pierre Corneille. Enfin la garde nationale de Rouen, qui était rangée en bataille sur le Grand-Cours, le long de la rive gauche de la Seine, défila devant la statue en la saluant de ses acclamations. C'est le sculpteur David qu'on a choisi pour rendre les traits austères et l'attitude rêveuse du grand poëte. Le bronze a été fondu par M. Honoré Gonon. La statue a 3 mètres 885 millimètres de hauteur, y compris la plinthe, et elle pèse 4,540 kilogrammes. Elle est placée sur le terre-plein du pont de pierre, à l'extrémité de l'île Lacroix, au centre d'un site pittoresque, et les Rouennais la montrent avec orgueil aux étrangers.

On peut diviser les ouvrages de Corneille en deux parties : les uns se sont soutenus au théâtre, et lui garantissent l'immortalité; les autres, d'une valeur médiocre, ne sont parvenus jusqu'à nous qu'à l'abri de son nom. *Clitandre* et *Agésilas* seraient oubliés depuis longtemps, s'ils n'étaient de l'auteur du *Cid* et de *Cinna*. Il nous a paru inutile d'encombrer notre édition de ces productions secondaires, qui n'ont d'intérêt que pour les érudits de profession; mais, comme on y trouve parfois le cachet du génie, nous les avons analysées avec soin. Nos lecteurs pourront suivre ainsi le père du théâtre dans toute l'étendue de sa carrière, et l'apprécier sans fatigue et sans ennui; grâce à nos extraits, ils auront réellement sous les yeux les *œuvres complètes* de Pierre Corneille.

NOTICE
SUR LES OUVRAGES DE CORNEILLE.

MÉLITE ou LES FAUSSES LETTRES, *comédie en cinq actes et en vers, représentée en 1629 sur le théâtre de l'hôtel de Bourgogne.*

Ce fut le début de Corneille, et, suivant Fontenelle, son biographe et son neveu, il fut inspiré par une aventure qui lui était arrivée. Un jeune homme de ses amis, amoureux d'une demoiselle de la ville, le mena chez elle, et le nouveau venu se rendit plus agréable que l'introducteur.

« Pour juger de la beauté d'un ouvrage, dit encore Fontenelle, il suffit de le considérer en lui-même; mais, pour juger du mérite de l'auteur, il faut le comparer à son siècle. Les premières pièces de Corneille, comme nous avons déjà dit, ne sont pas belles; mais tout autre qu'un génie extraordinaire ne les eût pas faites. *Mélite* est divine si vous la lisez après les pièces de Hardy qui l'ont immédiatement précédée. Le théâtre y est sans comparaison mieux entendu, le dialogue mieux tourné, les mouvements mieux conduits, les scènes plus agréables; surtout, et c'est ce que Hardy n'avait jamais attrapé, il y règne un air assez noble, et la conversation des honnêtes gens n'y est pas mal représentée. Jusque-là on n'avait guère connu que le comique le plus bas, ou un tragique assez plat; on fut étonné d'entendre une nouvelle langue. »

Mélite obtint un tel succès qu'elle augmenta le goût des spectacles, et qu'un nouveau théâtre s'établit, rue Michel-le-Comte, dans le jeu de paume de la Fontaine.

L'analyse de *Mélite* a été faite par Corneille lui-même : « Eraste, amoureux de Mélite, la fait connaître à son ami Tircis, et devenu puis après jaloux de leur hantise, fait rendre des lettres d'amour supposées, de la part de Mélite, à Philandre accordé de Chloris, sœur de Tircis. Philandre s'étant résolu, par l'artifice et les suasions d'Eraste, de quitter Chloris pour Mélite, montre ces lettres à Tircis. Ce pauvre amant en tombe en désespoir et se retire chez Lisis, qui vient donner à Mélite de fausses alarmes de sa mort. Elle se pâme à cette nouvelle, et, témoignant par là son affection, Lisis la désabuse, et fait revenir Tircis, qui l'épouse. Cependant Cliton, ayant vu Mélite pâmée, la croit morte, et en porte la nouvelle à Eraste, aussi bien que de la mort de Tircis. Eraste, saisi de remords, entre en folie; et remis en son bon sens par la nourrice de Mélite, dont il apprend qu'elle et Tircis sont vivants, il lui va demander pardon de sa faute, et obtient de ces deux amants Chloris, qui ne voulait plus de Philandre après sa légèreté. »

La simplicité de ce sujet est relevée par quelques agréables détails. L'action marche rapidement, surtout dans les dernières scènes, et elle est intéressante. La versification est très-supérieure à celle des devanciers de Corneille, sans offrir toutefois rien qui mérite l'attention de la postérité.

CLITANDRE ou L'INNOCENCE DÉLIVRÉE, *tragédie en cinq actes, représentée sur le théâtre de l'hôtel de Bourgogne en 1632.*

On avait reproché à Pierre Corneille la simplicité de *Mélite*, et il fit *Clitandre*, où il sema les événements à profusion. C'est un véritable mélodrame dont la scène se passe en Ecosse, dans un temps indéterminé, entre des personnages qui portent des noms de fantaisie. Voici la longue et diffuse analyse que Corneille en donne :

« Rosidor, favori du roi, était si passionnément aimé de deux des filles de la reine, Caliste et Dorise, que celle-ci en dédaignait Pymante, et celle-là Clitandre. Ses affections toutefois n'étaient que pour la première, de sorte que cette amour mutuelle n'eût point eu d'obstacle sans Clitandre. Ce cavalier était le mignon du prince, fils unique du roi, qui pouvait tout sur la reine sa mère, dont cette fille dépendait; et de là procédait le refus de la reine toutes les fois que Rosidor la suppliait d'agréer leur mariage. Ces deux demoiselles, bien que rivales, ne laissaient pas d'être amies, d'autant que Dorise feignait que son amour n'était que par galanterie, et comme pour avoir de quoi répliquer aux importunités de Pymante. De cette façon, elle entrait dans la confidence de Caliste; et se tenant toujours assidue auprès d'elle, elle se donnait plus de moyen de voir Rosidor, qui ne s'en éloignait que le moins qu'il lui était possible. Cependant la jalousie la rongeait au dedans, et excitait en son âme autant de véritables mouvements de haine pour sa compagne, qu'elle lui rendait de feints témoignages d'amitié. Un jour que le roi, avec toute sa cour, s'était retiré en un château de plaisance proche d'une forêt, cette fille, entretenant en ces bois ses pensées mélancoliques, rencontra par hasard une épée : c'était celle d'un cavalier nommé Arimant, demeurée là par mégarde depuis deux jours qu'il avait été tué en duel, disputant sa maîtresse Daphné contre Eraste. Cette jalouse, dans sa profonde rêverie, devenue furieuse, jugea cette occasion propre à perdre sa rivale. Elle la cache donc au même endroit, et à son retour conte à Caliste que Rosidor la trompe, qu'elle a découvert une secrète affection entre Hippolyte et lui, et enfin qu'ils avaient rendez-vous dans les bois le lendemain au lever du soleil, pour en venir aux dernières faveurs : une offre en outre de les lui faire surprendre éveille la curiosité de cet esprit facile, qui lui promet de se dérober, et se dérobe en effet le lendemain avec elle pour faire ses yeux témoins de cette perfidie. D'autre côté, Pymante, résolu de se défaire de Rosidor, comme du seul qui l'empêchait d'être aimé de Dorise, et ne l'osant attaquer ouvertement, à cause de sa faveur auprès du roi, dont il n'eût pu rapprocher, suborne Géronte, écuyer de Clitandre, et Lycaste, page du même. Cet écuyer écrit un cartel à Rosidor au nom de son maître, prend pour prétexte l'affection qu'ils avaient tous deux pour Caliste, contrefait au bas son seing, le fait rendre par ce page, et eux trois le vont attendre masqués et déguisés en paysans. L'heure était la même que Dorise avait donnée à Caliste, à cause que l'un et que l'autre voulaient être assez tôt de retour pour se trouver au lever du roi et de la reine après le coup exécuté. Les lieux mêmes n'étaient pas fort éloignés ; de sorte que Rosidor, poursuivi par ces trois assassins, arrive auprès de ces deux filles comme Dorise avait l'épée à la main, prête de l'enfoncer dans l'estomac de Caliste. Il pare et blesse, toujours en reculant, et tue enfin ce page, mais si malheureusement, que, retirant son épée, elle se rompt contre la branche d'un arbre. En cette extrémité, il voit celle que tient Dorise, et, sans la reconnaître, il la lui arrache, et passe tout d'un temps le tronçon de la sienne en la main gauche, à guise d'un poignard, se défend ainsi contre Pymante et Géronte, tue encore ce dernier, et met l'autre en fuite. Dorise fuit aussi, se voyant désarmée par Rosidor ; et Caliste, sitôt qu'elle l'a reconnu, se pâme d'appréhension de son péril. Rosidor démasque les morts, et fulmine contre Clitandre, qu'il prend pour l'auteur de cette perfidie, attendu qu'ils sont ses domestiques, et qu'il était venu dans ce bois sur un cartel reçu de sa part. Dans ce moment, il voit Caliste pâmée, et la croit morte : ses regrets avec ses plaies le font tomber en faiblesse. Caliste revient de pâmoison, et s'entr'aidant l'un à l'autre à marcher, ils gagnent la maison d'un paysan, où elle lui bande ses blessures. Dorise désespérée, et n'osant retourner à la cour, trouve les vrais habits de ses assassins, et s'accommode de celui de Géronte pour se mieux cacher. Pymante, qui allait rechercher les siens, et cependant, afin de mieux passer pour villageois, avait jeté son masque et son épée dans une caverne, la voit en cet état. Après quelque mécompte, Dorise se feint être un jeune gentilhomme, contraint pour quelque occasion de se retirer de la cour, et le prie de le tenir là quelque temps caché. Pymante lui baille quelque échappatoire ; mais s'étant aperçu à ses discours qu'elle avait vu son crime, et d'ailleurs entré en quelque soupçon que ce fût Dorise, il accorde sa demande, et la mène en cette caverne, résolu, si c'était elle, de se servir de l'occasion, sinon d'ôter du monde un témoin de son forfait, en ce lieu où il était assuré de retrouver son épée. Sur le chemin, au moyen d'un poinçon qui lui était demeuré dans les cheveux, il la reconnaît et se fait connaître à elle : ses offres de service sont aussi mal reçues que par le passé ; elle persiste toujours à ne vouloir chérir que Rosidor. Pymante l'assure qu'il l'a tué ; elle entre en furie : ce qui n'empêche pas ce paysan déguisé de l'enlever dans cette caverne, où, tâchant d'user de force, cette courageuse fille lui crève un œil de son poinçon ; et comme la douleur lui fait y porter les deux mains, elle s'échappe de lui, dont l'amour tourné en rage le fait sortir l'épée à la main de cette caverne, à dessein, et de venger cette injure par sa mort, et d'étouffer ensemble l'indice de son crime. Rosidor cependant n'avait pu se dérober si secrètement qu'il ne fût suivi de son écuyer Lysarque, à qui par importunité il conte le sujet de sa sortie. Ce généreux serviteur, ne pouvant endurer que la partie s'achevât sans lui, le quitte pour aller engager l'écuyer de Clitandre à servir de second à son maître. En cette résolution, il rencontre un gentilhomme, son particulier ami, nommé Cléon, dont il apprend que Clitandre venait de monter à cheval avec le prince pour aller à la chasse. Cette nouvelle le met en inquiétude; et ne sachant tous deux que juger de ce mécompte, ils vont de compagnie en avertir le roi. Le roi, qui ne voulait pas perdre ses cavaliers, envoie en même temps Cléon rappeler Clitandre de la chasse, et Lysarque avec une troupe d'archers au lieu de l'assignation, afin que, si Clitandre s'était échappé d'auprès du prince pour aller joindre son rival, il fût assez fort pour les séparer. Lysarque ne trouve que les deux corps des gens de Clitandre, qu'il renvoie au roi par la moitié de ses archers, cependant qu'avec l'autre il suit une trace de sang qui le mène jusqu'au lieu où Rosidor et Caliste s'étaient retirés. La vue de ces corps fait soupçonner au roi quelque supercherie de la part de Clitandre, et l'aigrit tellement contre lui, qu'à son retour de la chasse il le fait mettre en prison, sans qu'on lui en dît même le sujet. Cette colère s'augmente par l'arrivée de Rosidor tout blessé, qui, après le récit de ses aventures, présente au roi le cartel de Clitandre, signé de sa main (contrefaite toutefois) et rendu par son page : si bien que le roi, ne doutant plus de son crime, le fait venir en son conseil, où, quelque protestation que peut faire son innocence, il le condamne à perdre la tête dans le jour même, de peur de se voir comme forcé de le donner aux prières de son fils, s'il attendait son retour de la chasse. Cléon en apprend la nouvelle; et, redoutant que le prince ne se prît à lui de la perte de ce cavalier qu'il affectionnait, il le va chercher encore une fois à la chasse pour l'en avertir. Tandis que tout ceci se passe, une tempête surprend le prince à la chasse; ses gens, effrayés de la violence des foudres et des orages, qui çà, qui là cherchent où se cacher : si bien que, demeuré seul, un coup de tonnerre lui tue son cheval sous lui. La tempête finie, il voit un jeune gentilhomme qu'un paysan poursuivait l'épée à la main (c'était Pymante et Dorise). Il était déjà terrassé, et près de recevoir le coup de la mort; mais le prince, ne pouvant souffrir une action si méchante, tâche d'empêcher cet assassinat. Pymante, tenant Dorise d'une main, le combat de l'autre, ne croyant pas de sûreté pour soi, après avoir été vu en cet équipage, que par sa mort. Dorise reconnaît le prince, et s'entrelace tellement dans les jambes de son ravisseur, qu'elle le fait trébucher. Le prince saute aussitôt sur lui, et le désarme : l'ayant désarmé, il crie ses gens, et enfin deux veneurs paraissent chargés des vrais habits de Pymante, Dorise et Lycaste. Ils les lui présentent comme un effet extraordinaire du foudre, qui avait consumé trois corps, à ce qu'ils s'imaginaient, sans toucher à leurs habits. C'est de là que Dorise prend occasion de se faire connaître au prince, et de lui déclarer tout ce qui s'est passé dans ce bois. Le prince étonné commande à ses veneurs de garrotter Pymante avec les couples de leurs chiens; en même temps, Cléon arrive, qui fait le récit au prince du péril de Clitandre, et du sujet qui l'avait réduit en l'extrémité où il était. Cela lui fait reconnaître Pymante pour l'auteur de ces perfidies; et, l'ayant baillé à ses veneurs à ramener, il pique à toute bride vers le château, arrache Clitandre aux bourreaux, et le va présenter au roi avec les criminels, Pymante et Dorise, arrivés quelque temps après lui. Le roi venait de conclure avec la reine le mariage de Rosidor et de Caliste, sitôt qu'il serait guéri, dont Caliste était allée porter la nouvelle au blessé; et, après que le prince lui a fait connaître l'innocence de Clitandre, il le reçoit à bras ouverts, et lui promet toute sorte de faveurs pour récompense du tort qu'il lui avait pensé faire. De là il envoie Pymante à son conseil pour être puni, voulant voir par là de quelle façon ses sujets vengeraient un attentat fait sur leur prince. Le prince obtint un pardon pour Dorise, qui lui avait assuré la vie; et, la voulant désormais favoriser, en propose le mariage à Clitandre, qui s'en excuse modestement. Rosidor et Caliste viennent remercier le roi, qui les réconcilie avec Clitandre et Dorise et invite ces derniers, voire même leur commande de s'entr'aimer, puisque lui et le prince le désirent, leur donnant jusqu'à la guérison de Rosidor pour allumer cette flamme,

> Afin de voir alors cueillir en même jour
> A deux couples d'amants les fruits de leur amour. »

On peut juger du style de *Clitandre* par le monologue que nous allons citer. Au commencement de l'acte 4, Pymante tente de violer Dorise, qui lui crève l'œil avec une aiguille.

PYMANTE. Si, pour vous posséder, mon esprit tout de flamme
N'a rien cru de honteux, n'a rien trouvé d'infâme,
Voyez par là, voyez l'excès de mon ardeur
Par cet aveuglement, jugez de sa grandeur.
DORISE. Non, non, ta lâcheté, que j'y vois trop certaine,
N'a servi qu'à donner des raisons à ma haine.
Ainsi ce que j'avais pour toi d'aversion
Vient maintenant d'ailleurs que d'inclination;
C'est la raison, c'est elle à présent qui me guide
Au mépris que je fais des flammes d'un perfide.
PYMANTE. Je ne sache raison qui s'oppose à mes vœux,
Puisqu'ici la raison n'est que ce que je veux,
Et, ployant dessus moi, permet à mon envie
De recueillir les fruits de vous avoir servie.
Il me faut des faveurs malgré vos cruautés.
DORISE. Exécrable! ainsi donc tes désirs effrontés
Voudraient sur ma faiblesse user de violence?
PYMANTE. Je ris de vos refus, et sais trop la licence

Que me donne l'amour en cette occasion.
DORISE *lui crevant l'œil de son aiguille.*
Traître! ce ne sera qu'à ta confusion.
PYMANTE *portant les mains à son œil crevé.*
Ah! cruelle!
DORISE. Ah! brigand!
PYMANTE. Ah! que viens-tu de faire!
DORISE. De punir l'attentat d'un infâme corsaire.
PYMANTE *prenant son épée dans la caverne où il l'avait jetée au second acte.* Ton sang m'en répondra; tu m'auras beau prier,
Tu mourras.
DORISE *à part.* Fuis, Dorise, et laisse-le crier.

SCÈNE II.

PYMANTE.

Où s'est-elle cachée? où l'emporte sa fuite?
Où faut-il que ma rage adresse ma poursuite?
La tigresse m'échappe, et, telle qu'un éclair,
En me frappant les yeux, elle se perd en l'air:
Ou plutôt, l'un perdu, l'autre m'est inutile;
L'un s'offusque du sang qui de l'autre distille.
Coule, coule, mon sang; en de si grands malheurs
Tu dois avec raison me tenir lieu de pleurs:
Ne verser désormais que des larmes communes,
C'est pleurer lâchement de telles infortunes.
Je vois de tous côtés mon supplice approcher;
N'osant me découvrir, je ne me puis cacher.
Mon forfait avorté se lit dans ma disgrâce,
Et ces gouttes de sang me font suivre à la trace.
Miraculeux effet! Pour traître que je sois,
Mon sang l'est encor plus, et sert tout à la fois
De pleurs à ma douleur, d'indices à ma prise,
De peine à mon forfait, de vengeance à Dorise.
O toi qui, secondant son courage inhumain,
Loin d'orner ses cheveux, déshonores sa main,
Exécrable instrument de sa brutale rage,
Tu devais pour le moins respecter son image;
Ce portrait accompli d'un chef-d'œuvre des cieux,
Imprimé dans mon cœur, exprimé dans mes yeux,
Quoi que te commandât une âme si cruelle,
Devait être adoré de ta pointe rebelle.

LA VEUVE ou LE TRAITRE TRAHI, *comédie en cinq actes, représentée en* 1633.

Elle eut un très-grand succès, et fut imprimée à Paris, chez Targa, en 1634, avec des pièces de vers composées en l'honneur de Corneille par Boisrobert, Mairet, Douville, du Ryer, Scudéry, Rotrou et autres écrivains. Les vers de Mairet méritent d'être reproduits :

A MONSIEUR CORNEILLE,
POETE COMIQUE,
SUR SA *Veuve*.

Rare écrivain de notre France,
Qui le premier des beaux esprits
As fait revivre en tes écrits
L'esprit de Plaute et de Térence;
Sans rien dérober des douceurs
De Mélite ni de ses sœurs,
O Dieu! que ta Clarice est belle,
Et que de veuves à Paris
Souhaiteraient d'être comme elle
Pour ne manquer pas de maris !

On peut voir si Corneille mérite tant d'éloges par l'argument qu'il donne de sa pièce : « Alcidon, amoureux de Clarice, veuve d'Alcandre et maîtresse de Philiste, son particulier ami, de peur qu'il ne s'en aperçût, feint d'aimer sa sœur Doris, qui, ne s'abusant point par ses caresses, consent au mariage de Florange, que sa mère lui propose. Ce faux ami, sous prétexte de se venger de l'affront que lui faisait ce mariage, fait consentir Célidan à enlever Clarice en sa faveur, et ils la mènent ensemble à un château de Célidan. Philiste, abusé des faux ressentiments de son ami, fait rompre le mariage de Florange : sur quoi Célidan conjure Alcidon de reprendre Doris, et rendre Clarice à son amant. Ne l'y pouvant résoudre, il soupçonne quelque fourbe de sa part, et fait si bien qu'il tire les vers du nez à la nourrice de Clarice, qui avait toujours eu une intelligence avec Alcidon, et lui avait même facilité l'enlèvement de sa maîtresse; ce qui le porte à quitter le parti de ce perfide : de sorte que, ramenant Clarice à Philiste, il obtient de lui en récompense sa sœur Doris. »

L'exposition de la *Veuve* est heureuse, et le dialogue en est plein de vivacité.

PHILISTE, ALCIDON.

ALCIDON. J'en demeure d'accord, chacun a sa méthode;
Mais la tienne pour moi serait trop incommode;
Mon cœur ne pourrait pas conserver tant de feu,
S'il fallait que ma bouche en témoignât si peu.
Depuis près de deux ans tu brûles pour Clarice;

Et plus ton amour croît, moins elle en a d'indice.
Il semble qu'à languir tes désirs sont contents,
Et que tu n'as pour but que de perdre ton temps.
Quel fruit espères-tu de ta persévérance
A la traiter toujours avec indifférence?
Auprès d'elle assidu, sans lui parler d'amour,
Veux-tu qu'elle commence à te faire la cour?

PHILISTE. Non, mais, à dire vrai, je veux qu'elle devine.
ALCIDON. Ton espoir, qui te flatte, en vain se l'imagine.
Clarice avec raison prend pour stupidité
Ce ridicule effet de ta timidité.

PHILISTE. Peut-être. Mais enfin vois-tu qu'elle me fuie,
Qu'indifférent qu'il est mon entretien l'ennuie,
Que je lui sois à charge, et, lorsque je la voi,
Qu'elle use d'artifice à s'échapper de moi?
Sans te mettre en souci quelle en sera la suite,
Apprends comme l'amour doit régler sa conduite.

 Aussitôt qu'une dame a charmé nos esprits,
Offrir notre service au hasard d'un mépris,
Et, nous abandonnant à nos brusques saillies,
Au lieu de notre ardeur lui montrer nos folies;
Nous attirer sur l'heure un dédain éclatant,
Il n'est si maladroit qui n'en fît bien autant.
Il faut s'en faire aimer avant qu'on se déclare.
Notre submission à l'orgueil la prépare.
Lui dire incontinent son pouvoir souverain,
C'est mettre à sa rigueur les armes à la main.
Usons, pour être aimés, d'un meilleur artifice,
Et, sans lui rien offrir, rendons-lui du service;
Réglons sur son humeur toutes nos actions,
Réglons tous nos desseins sur ses intentions,
Tant que, par la douceur d'une longue hantise,
Comme insensiblement elle se trouve prise;
C'est par là que l'on sème aux dames des appâts
Qu'elles n'évitent point, ne les prévoyant pas.
Leur haine envers l'amour pourrait être un prodige
Que le seul nom les choque, et l'effet les oblige.

ALCIDON. Suive qui le voudra ce procédé nouveau.
Mon feu me déplairait caché sous ce rideau.
Ne parler point d'amour! Pour moi, je me défie
Des fantasques raisons de ta philosophie;
Ce n'est pas là mon jeu. Le joli passe-temps,
D'être auprès d'une dame, et causer du beau temps,
Lui jurer que Paris est toujours plein de fange,
Qu'un certain parfumeur vend de fort bonne eau d'ange,
Qu'un cavalier regarde un autre de travers,
Que dans la comédie on dit d'assez bons vers,
Qu'Aglante avec Philis dans un mois se marie!

Change, pauvre abusé, change de batterie,
Conte ce qui te mène, et ne t'amuse pas
A perdre innocemment tes discours et tes pas.

PHILISTE. Je les aurais perdus auprès de ma maîtresse,
Si je n'eusse employé que la commune adresse,
Puisque inégal de biens et de condition,
Je ne pouvais prétendre à son affection.

ALCIDON. Mais si tu ne les perds je le tiens à miracle,
Puisque ainsi ton amour rencontre un double obstacle,
Et que ton froid silence et l'inégalité
S'opposent tout ensemble à ta témérité.

PHILISTE. Crois que de la façon dont j'ai su me conduire
Mon silence n'est pas en état de me nuire;
Mille petits devoirs ont tant parlé pour moi,
Qu'il ne m'est plus permis de douter de sa foi :
Mes soupirs et les siens font un secret langage
Par où son cœur au mien à tous moments s'engage;
Des coups d'œil languissants, des souris ajustés,
Des penchements de tête à demi concertés,
Et mille autres douceurs, aux seuls amants connues,
Nous font voir chaque jour nos âmes toutes nues,
Nous sont de bons garants d'un feu qui chaque jour...

ALCIDON. Tout cela, cependant, sans lui parler d'amour?

PHILISTE. Sans lui parler d'amour.

ALCIDON. J'estime ta science;
Mais j'aurais à l'épreuve un peu d'impatience.

PHILISTE. Le ciel, qui nous choisit lui-même des partis,
A tes feux et les miens prudemment assortis;
Et comme, à ces longueurs t'ayant fait indocile,
Il te donne en ma sœur un naturel facile,
Ainsi pour cette veuve il a su m'enflammer,
Après m'avoir donné par où m'en faire aimer.

ALCIDON. Mais il lui faut enfin découvrir ton courage.

PHILISTE. C'est ce qu'en ma faveur sa nourrice ménage :
Cette vieille subtile a mille inventions
Pour m'avancer au but de mes intentions.
Elle m'avertira du temps que je dois prendre;
Le reste une autre fois se pourra mieux apprendre :
Adieu.

ALCIDON. La confidence avec un bon ami
Jamais, sans l'offenser, ne s'exerce à demi.

PHILISTE. Un intérêt d'amour me prescrit ces limites.
Ma maîtresse m'attend pour faire des visites,
Où je lui promis hier de lui prêter la main.

ALCIDON. Adieu donc, cher Philiste.

PHILISTE. Adieu jusqu'à demain.

ALCIDON *seul*. Vit-on jamais amant de pareille imprudence,
Faire avec son rival entière confidence!

Simple, apprends que ta sœur n'aura jamais de quoi
Asservir sous ses lois des gens faits comme moi;
Qu'Alcidon feint pour elle et brûle pour Clarice.

LA GALERIE DU PALAIS ou L'AMIE RIVALE, *comédie en cinq actes et en vers, représentée en* 1634.

Les premières scènes de la pièce ont pour but de nous peindre les marchands qui occupaient alors des boutiques dans la longue galerie du Palais de Justice. Le libraire offre aux passants les ouvrages à la mode; la lingère, ses toiles de soie et ses collets de dentelle; le mercier, des gants, des baudriers, des rubans et des castors. Le cavalier Dorimant remarque la jeune Hippolyte et la fait suivre par son valet; il lui fait une déclaration : mais Hippolyte ne pense qu'à Lysandre, qui pourtant la dédaigne pour Célidée. Celle-ci se sent au contraire une tendre inclination pour Dorimant. Elles se communiquent leurs dispositions respectives dans la scène suivante.

HIPPOLYTE, CÉLIDÉE.

HIPPOLYTE *frappant à la porte de Célidée.*
Célidée, es-tu là?
CÉLIDÉE. Que me veut Hippolyte?
HIPPOLYTE. Délasser mon esprit une heure en ta visite.
Que j'ai depuis un jour un importun amant!
Et que pour mon malheur je plais à Dorimant!
CÉLIDÉE. Ma sœur, que me dis-tu? Dorimant t'importune!
Quoi! j'enviais déjà ton heureuse fortune,
Et déjà dans l'esprit je sentais quelque ennui
D'avoir connu Lysandre auparavant que lui.
HIPPOLYTE. Ah! ne me raille point. Lysandre, qui t'engage,
Est le plus accompli des hommes de son âge.
CÉLIDÉE. Je te jure, à mes yeux l'autre l'est bien autant.
Mon cœur a de la peine à demeurer constant;
Et, pour te découvrir jusqu'au fond de mon âme,
Ce n'est plus que ma foi qui conserve ma flamme :
Lysandre me déplaît de me vouloir du bien.
Plût aux dieux que son change autorisât le mien,
Ou qu'il usât vers moi de tant de négligence
Que ma légèreté se pût nommer vengeance!
Si j'avais un prétexte à me mécontenter,
Tu me verrais bientôt résoudre à le quitter.
HIPPOLYTE. Simple! présumes-tu qu'il devienne volage
Tant qu'il verra l'amour régner sur ton visage?
Ta flamme trop visible entretient ses ferveurs,
Et ses feux dureront autant que tes faveurs.
CÉLIDÉE. Il semble, à t'écouter, que rien ne le retienne
Que parce que sa flamme a l'aveu de la mienne.
HIPPOLYTE. Que sais-je? Il n'a jamais éprouvé tes rigueurs;

L'amour en même temps sut embraser vos cœurs;
Et même j'ose dire, après beaucoup de monde,
Que sa flamme vers toi ne fut que la seconde.
Il se vit accepter avant que de s'offrir;
Il ne vit rien à craindre, il n'eut rien à souffrir;
Il vit sa récompense acquise avant la peine,
Et devant le combat sa victoire certaine :
Un homme est bien cruel, quand il ne donne pas
Un cœur qu'on lui demande avec autant d'appas.
Qu'à ce prix la constance est une chose aisée!
Et qu'autrefois par là je me vis abusée!
Alcidor, que mes yeux avaient si fort épris,
Courut au changement dès le premier mépris.
La force de l'amour paraît dans la souffrance.
Je le tiens fort douteux, s'il a tant d'assurance.
Qu'on en voit s'affaiblir pour un peu de longueur!
Et qu'on en voit céder à la moindre rigueur!

CÉLIDÉE. Je connais mon Lysandre, et sa flamme est trop forte
Pour tomber en soupçon qu'il m'aime de la sorte.
Toutefois un dédain éprouvera ses feux :
Ainsi, quoi qu'il en soit, j'aurai ce que je veux;
Il me rendra constante ou me fera volage :
S'il m'aime, il me retient; s'il change, il me dégage.
Suivant ce qu'il aura d'amour ou de froideur,
Je suivrai ma nouvelle ou ma première ardeur.

HIPPOLYTE. En vain tu t'y résous : ton âme, un peu contrainte,
Au travers de tes yeux lui trahira ta feinte.
L'un d'eux dédira l'autre, et toujours un souris
Lui fera voir assez combien tu le chéris.

CÉLIDÉE. Ce n'est qu'un faux soupçon qui te le persuade;
J'armerai de rigueurs jusqu'à la moindre œillade,
Et réglerai si bien toutes mes actions,
Qu'il ne pourra juger de mes intentions.

HIPPOLYTE. Pour le moins aussitôt que par cette conduite
Tu seras de son cœur suffisamment instruite,
S'il demeure constant, l'amour et la pitié,
Avant que dire adieu, renoueront l'amitié.

CÉLIDÉE. Il va bientôt venir. Va-t'en, et sois certaine
De ne voir d'aujourd'hui Lysandre hors de peine.

HIPPOLYTE. Et demain?

CÉLIDÉE.   Je t'irai conter ses mouvements,
Et touchant l'avenir prendre tes sentiments.
O dieux! si je pouvais changer sans infamie!

HIPPOLYTE. Adieu. N'épargne en rien ta plus fidèle amie.

A la suite de cet entretien, Célidée se brouille avec Lysandre; mais ils ne tardent pas à se réconcilier, et Hippolyte consent à accepter la main de Dorimant.

Corneille, dans l'examen de sa pièce, fait une observation sur le rôle de Florice, suivante d'Hippolyte : « Le personnage de nourrice, qui est de la vieille comédie, et que le manque d'actrices sur nos théâtres y avait conservé jusqu'alors, afin qu'un homme le pût représenter sous le masque, se trouve ici métamorphosé en celui de suivante, qu'une femme représente sur son visage. » Ainsi les rôles de suivante ou de soubrette furent une nouveauté introduite au théâtre par Corneille.

LA SUIVANTE, *comédie en cinq actes et en vers, représentée sur le théâtre de l'hôtel de Bourgogne en 1634.*

Une singularité de cette pièce, c'est que l'auteur se soit assujetti à en faire les actes si parfaitement égaux qu'il n'y en ait pas un seul qui soit plus long d'un vers que l'autre. Elle présente d'ailleurs peu d'intérêt, aujourd'hui surtout que nous ne sommes plus habitués à entendre donner aux personnages dramatiques des noms de pure fantaisie, tels que Géraste, Polémon, Clarimond, Théante et Daphnis.

LA PLACE ROYALE ou LE MARIAGE EXTRAVAGANT, *comédie en cinq actes et en vers, représentée en 1635.*

Le titre que porte cette pièce indique que la scène se passe sous les arcades de la place construite par les ordres de Henri IV, et qui était alors la promenade à la mode. Nous ne pensons pas qu'on y trouve un seul passage digne d'être cité.

MÉDÉE, *tragédie en cinq actes.*

Ce fut réellement dans ce drame que Corneille se montra supérieur à tous ses devanciers, et s'éleva parfois à une hauteur que personne n'a atteinte après lui.

Jason revient de la conquête de la Toison d'or, et il s'est arrêté à Corinthe. Épris de Créuse, fille du roi Créon, il a répudié la magicienne Médée, dont il a cependant deux fils, et qui s'est autrefois rendue criminelle pour le seconder. Médée furieuse exhale ses plaintes en ce magnifique monologue :

> Souverains protecteurs des lois de l'hyménée,
> Dieux garants de la foi que Jason m'a donnée,
> Vous qu'il prit à témoin d'une immortelle ardeur
> Quand par un faux serment il vainquit ma pudeur,
> Voyez de quel mépris vous traite son parjure,
> Et m'aidez à venger cette commune injure :
> S'il me peut aujourd'hui chasser impunément,
> Vous êtes sans pouvoir ou sans ressentiment.
>   Et vous, troupe savante en noires barbaries,
> Filles de l'Achéron, pestes, larves, furies,
> Fières sœurs, si jamais notre commerce étroit
> Sur vous et vos serpents me donna quelque droit,

Sortez de vos cachots avec les mêmes flammes
Et les mêmes tourments dont vous gênez les âmes;
Laissez-les quelque temps reposer dans leurs fers;
Pour mieux agir pour moi faites trêve aux enfers;
Apportez-moi du fond des antres de Mégère
La mort de ma rivale et celle de son père;
Et, si vous ne voulez mal servir mon courroux,
Quelque chose de pis pour mon perfide époux;
Qu'il coure vagabond de province en province,
Qu'il fasse lâchement la cour à chaque prince;
Banni de tous côtés, sans biens et sans appui,
Accablé de frayeur, de misère, d'ennui,
Qu'à ses plus grands malheurs aucun ne compatisse;
Qu'il ait regret à moi pour son dernier supplice;
Et que mon souvenir jusque dans le tombeau
Attache à son esprit un éternel bourreau.
Jason me répudie! et qui l'aurait pu croire?
S'il a manqué d'amour, manque-t-il de mémoire?
Me peut-il bien quitter après tant de bienfaits?
M'ose-t-il bien quitter après tant de forfaits?
Sachant ce que je suis, ayant vu ce que j'ose,
Croit-il que m'offenser ce soit si peu de chose?
Quoi! mon père trahi, les éléments forcés,
D'un frère dans la mer les membres dispersés,
Lui font-ils présumer mon audace épuisée?
Lui font-ils présumer qu'à mon tour méprisée
Ma rage contre lui n'ait par où s'assouvir,
Et que tout mon pouvoir se borne à le servir?
Tu t'abuses, Jason; je suis encor moi-même.
Tout ce qu'en ta faveur fit mon amour extrême,
Je le ferai par haine; et je veux pour le moins
Qu'un forfait nous sépare ainsi qu'il nous a joints;
Que mon sanglant divorce, en meurtres, en carnage,
S'égale aux premiers jours de notre mariage
Et que notre union, que rompt ton changement,
Trouve une fin pareille à son commencement.
Déchirer par morceaux l'enfant aux yeux du père
N'est que le moindre effet qui suivra ma colère;
Des crimes si légers furent mes coups d'essai :
Il faut bien autrement montrer ce que je sai;
Il faut faire un chef-d'œuvre, et qu'un dernier ouvrage
Surpasse de bien loin ce faible apprentissage.
　　Mais, pour exécuter tout ce que j'entreprends,
Quels dieux me fourniront des secours assez grands?
Ce n'est plus vous, enfers, qu'ici je sollicite :
Vos feux sont impuissants pour ce que je médite.
Auteur de ma naissance, aussi bien que du jour,
Qu'à regret tu dépars à ce fatal séjour

Soleil, qui vois l'affront qu'on va faire en ta race,
Donne-moi tes chevaux à conduire à ta place :
Accorde cette grâce à mon désir bouillant.
Je veux choir sur Corinthe avec ton char brûlant :
Mais ne crains pas de chute à l'univers funeste ;
Corinthe consumé garantira le reste ;
De mon juste courroux les implacables vœux
Dans ses odieux murs arrêteront tes feux ;
Créon en est le prince, et prend Jason pour gendre :
C'est assez mériter d'être réduit en cendre,
D'y voir réduit tout l'isthme, afin de l'en punir,
Et qu'il n'empêche plus les deux mers de s'unir.

Nérine, sa suivante, s'efforce de la calmer.

NÉRINE. Modérez les bouillons de cette violence,
Et laissez déguiser vos douleurs au silence.
Quoi ! madame, est-ce ainsi qu'il faut dissimuler ?
Et faut-il perdre ainsi des menaces en l'air ?
Les plus ardents transports d'une haine connue
Ne sont qu'autant d'éclairs avortés dans la nue,
Qu'autant d'avis à ceux que vous voulez punir,
Pour repousser vos coups ou pour les prévenir.
Qui peut, sans s'émouvoir, supporter une offense
Peut mieux prendre à son point le temps de sa vengeance ;
Et sa feinte douceur, sous un appas mortel,
Mène insensiblement sa victime à l'autel.

MÉDÉE. Tu veux que je me taise et que je dissimule !
Nérine, porte ailleurs ce conseil ridicule ;
L'âme en est incapable en de moindres malheurs,
Et n'a point où cacher de pareilles douleurs.
Jason m'a fait trahir mon pays et mon père,
Et me laisse au milieu d'une terre étrangère,
Sans support, sans amis, sans retraite, sans bien,
La fable de son peuple et la haine du mien :
Nérine, après cela, tu veux que je me taise !
Ne dois-je point encore en témoigner de l'aise,
De ce royal hymen souhaiter l'heureux jour,
Et forcer tous mes soins à servir son amour ?

NÉRINE. Madame, pensez mieux à l'éclat que vous faites.
Quelque juste qu'il soit, regardez où vous êtes,
Considérez qu'à peine un esprit plus remis
Vous tient en sûreté parmi vos ennemis.

MÉDÉE. L'âme doit se roidir plus elle est menacée,
Et contre la fortune aller tête baissée,
La choquer hardiment, et, sans craindre la mort
Se présenter de front à son plus rude effort.
Cette lâche ennemie a peur des grands courages,
Et sur ceux qu'elle abat redouble ses outrages.

NÉRINE.	Que sert ce grand courage où l'on est sans pouvoir?
MÉDÉE.	Il trouve toujours lieu de se faire valoir.
NÉRINE.	Forcez l'aveuglement dont vous êtes séduite,
	Pour voir en quel état le sort vous a réduite.
	Votre pays vous hait, votre époux est sans foi :
	Dans un si grand revers que vous reste-t-il?
MÉDÉE.	Moi!
	Moi, dis-je, et c'est assez.
NÉRINE.	Quoi! vous seule, madame?
MÉDÉE.	Oui, tu vois en moi seule et le fer et la flamme,
	Et la terre, et la mer, et l'enfer, et les cieux,
	Et le sceptre des rois, et la foudre des dieux.

Créon veut bannir de ses Etats Médée la magicienne, dont il craint les sortiléges et l'emportement. Avant de s'éloigner, elle a une explication avec Jason et lui rappelle les services qu'elle lui a rendus.

MÉDÉE.	C'est pour vous que j'ai fui, c'est vous qui me chassez.
	Où me renvoyez-vous, si vous me bannissez?
	Irai-je sur le Phase, où j'ai trahi mon père,
	Apaiser de mon sang les mânes de mon frère?
	Irai-je en Thessalie, où le meurtre d'un roi
	Pour victime aujourd'hui ne demande que moi?
	Il n'est point de climat dont mon amour fatale
	N'ait acquis à mon nom la haine générale;
	Et ce qu'ont fait pour vous mon savoir et ma main
	M'a fait un ennemi de tout le genre humain.
	Ressouviens-t'en, ingrat; remets-toi dans la plaine
	Que ces taureaux affreux brûlaient de leur haleine;
	Revois ce champ guerrier dont les sacrés sillons
	Elevaient contre toi de soudains bataillons;
	Ce dragon qui jamais n'eut les paupières closes;
	Et lors préfère-moi Créuse, si tu l'oses.
	Qu'ai-je épargné depuis qui fût en mon pouvoir?
	Ai-je auprès de l'amour écouté mon devoir?
	Pour jeter un obstacle à l'ardente poursuite
	Dont mon père en fureur touchait déjà ta fuite,
	Semai-je avec regret mon frère par morceaux?
	A ce funeste objet épandu sur les eaux,
	Mon père, trop sensible aux droits de la nature,
	Quitta tous autres soins que de sa sépulture;
	Et, par ce nouveau crime émouvant sa pitié,
	J'arrêtai les effets de son inimitié.
	Prodigue de mon sang, honte de ma famille,
	Aussi cruelle sœur que déloyale fille,
	Ces titres glorieux plaisaient à mes amours;
	Je les pris sans horreur pour conserver tes jours.
	Alors, certes, alors mon mérite était rare;
	Tu n'étais point honteux d'une femme barbare.

Quand à ton père usé je rendis la vigueur,
J'avais encor tes vœux, j'étais encor ton cœur;
Mais cette affection, mourant avec Pélie,
Dans le même tombeau se vit ensevelie :
L'ingratitude en l'âme et l'impudence au front,
Une Scythe en ton lit te fut lors un affront;
Et moi, que tes désirs avaient tant souhaitée,
Le dragon assoupi, la toison emportée,
Ton tyran massacré, ton père rajeuni,
Je deviens un objet digne d'être banni.
Tes desseins achevés, j'ai mérité ta haine;
Il t'a fallu sortir d'une honteuse chaîne,
Et prendre une moitié qui n'a rien plus que moi,
Que le bandeau royal, que j'ai quitté pour toi.

Jason balbutie des excuses. Médée, plus irritée que jamais, le quitte pour se renfermer dans une grotte magique, où elle compose des philtres empoisonnés : à l'instar des sorcières de Macbeth. Elle y trempe une robe qu'elle envoie à Créuse. Cette princesse et son père meurent dans des souffrances atroces. Pour comble d'horreurs, Médée assassine ses enfants et Jason se tue de désespoir.

L'ILLUSION COMIQUE, *comédie en cinq actes et en vers, représentée en 1636 sur le théâtre de l'hôtel de Bourgogne.*

Voltaire, Palissot, Victorin Fabre, et autres commentateurs des œuvres de Pierre Corneille, déprécient à l'envi l'*Illusion comique*, et s'étonnent que ce drame fantastique, représenté en 1636, se soit soutenu au théâtre pendant un demi-siècle. Des esprits moins prévenus et moins astreints aux règles inflexibles de la littérature classique auraient trouvé dans l'*Illusion* une donnée originale, de jolis vers et des détails amusants. Sans le rôle exagéré et ridicule du capitaine gascon Matamore, qui ne serait plus compris aujourd'hui, l'*Illusion* pourrait être encore représentée avec succès.

Pridamant, inquiet de son fils Clindor, dont il a perdu la trace, se fait conduire par Dorante chez un magicien de Touraine, nommé Alcandre, qu'il interroge en ces termes :

PRIDAMANT. Oracle de nos jours, qui connais toutes choses,
En vain de ma douleur je cacherais les causes;
Tu sais trop quelle fut mon injuste rigueur,
Et vois trop clairement les secrets de mon cœur.
Il est vrai, j'ai failli; mais, pour mes injustices,
Tant de travaux en vain sont d'assez grands supplices :
Donne enfin quelque borne à mes regrets cuisants,
Rends-moi l'unique appui de mes débiles ans.
Je le tiendrai rendu, si j'en ai des nouvelles;
L'amour pour le trouver me fournira des ailes.
Où fait-il sa retraite? en quels lieux dois-je aller?

Fût-il au bout du monde, on m'y verra voler.
ALCANDRE. Commencez d'espérer; vous saurez par mes charmes
Ce que le ciel vengeur refusait à vos larmes.
Vous reverrez ce fils plein de vie et d'honneur :
De son bannissement il tire son bonheur.

Pridamant demande quelques éclaircissements, et Alcandre répond :

ALCANDRE. Je vais de ses amours
Et de tous ses hasards vous faire le discours.
Toutefois, si votre âme était assez hardie,
Sous une illusion vous pourriez voir sa vie
Et tous ces accidents devant vous exprimés
Par des spectres pareils à des corps animés;
Il ne leur manquera ni geste, ni parole.
PRIDAMANT. Ne me soupçonnez point d'une crainte frivole;
Le portrait de celui que je cherche en tous lieux
Pourrait-il par sa vue épouvanter mes yeux?
ALCANDRE *à Dorante*. Mon cavalier, de grâce, il faut faire retraite,
Et souffrir qu'entre nous l'histoire en soit secrète.
PRIDAMANT. Pour un si bon ami je n'ai point de secrets.
DORANTE. Il nous faut sans réplique accepter ses arrêts.
Je vous attends chez moi.
ALCANDRE *à Dorante*. Ce soir, si bon lui semble,
Il vous apprendra tout quand vous serez ensemble.

SCÈNE III.

ALCANDRE, PRIDAMANT.

ALCANDRE. Votre fils tout d'un coup ne fut pas grand seigneur;
Toutes ses actions ne vous font pas honneur,
Et je serais marri d'exposer sa misère
En spectacle à des yeux autres que ceux d'un père.
Il vous prit quelque argent, mais ce petit butin
A peine lui dura du soir jusqu'au matin;
Et, pour gagner Paris, il vendit par la plaine
Des brevets à chasser la fièvre et la migraine,
Dit la bonne aventure, et s'y rendit ainsi.
Là, comme on vit d'esprit, il en vécut aussi.
Dedans Saint-Innocent il se fit secrétaire;
Après, montant d'état, il fut clerc d'un notaire.
Ennuyé de la plume, il la quitta soudain,
Et fit danser un singe au faubourg Saint-Germain.
Il se mit sur la rime, et l'essai de sa veine
Enrichit les chanteurs de la Samaritaine.
Son style prit après de plus beaux ornements;
Il se hasarda même à faire des romans,
Des chansons pour Gautier, des pointes pour Guillaume.

2.

Depuis, il trafiqua de chapelets, de baume,
Vendit du mithridate en maître opérateur,
Revint dans le Palais, et fut solliciteur.
Enfin, jamais Buscon, Lazarille de Tormes,
Sayavèdre et Gusman ne prirent tant de formes.
C'était là pour Dorante un honnête entretien !

PRIDAMANT. Que je vous suis tenu de ce qu'il n'en sait rien !
ALCANDRE. Sans vous faire rien voir, je vous en fais un conte,
Dont le peu de longueur épargne votre honte.
Las de tant de métiers sans bonheur et sans fruit,
Quelque meilleur destin à Bordeaux l'a conduit,
Et là, comme il pensait au choix d'un exercice,
Un brave du pays l'a pris à son service.
Ce guerrier amoureux en a fait son agent :
Cette commission l'a remeublé d'argent ;
Il sait avec adresse, en portant les paroles,
De la vaillante dupe attraper les pistoles ;
Même de son agent il s'est fait son rival,
Et la beauté qu'il sert ne lui veut point de mal.
Lorsque de ses amours vous aurez vu l'histoire,
Je vous le veux montrer plein d'éclat et de gloire,
Et la même action qu'il pratique aujourd'hui.

PRIDAMANT. Que déjà cet espoir soulage mon ennui !
ALCANDRE. Il a caché son nom en battant la campagne,
Et s'est fait de Clindor le sieur de la Montagne ;
C'est ainsi que tantôt vous l'entendrez nommer.
Voyez tout sans rien dire, et sans vous alarmer.
Je tarde un peu beaucoup pour votre impatience :
N'en concevez pourtant aucune défiance ;
C'est qu'un charme ordinaire a trop peu de pouvoir
Sur les spectres parlants qu'il faut vous faire voir.
Entrons dedans ma grotte, afin que j'y prépare
Quelques charmes nouveaux pour un effet si rare.

L'acte second commence ainsi :

ALCANDRE, PRIDAMANT.

ALCANDRE. Quoi qui s'offre à vos yeux, n'en ayez point d'effroi.
De ma grotte, surtout, ne sortez qu'après moi ;
Sinon, vous êtes mort. Voyez déjà paraître
Sous deux fantômes vains votre fils et son maître.

PRIDAMANT. O dieux ! je sens mon âme après lui s'envoler.
ALCANDRE. Faites-lui du silence, et l'écoutez parler.

(*Alcandre et Pridamant se retirent dans un des côtés du théâtre.*)

Clindor paraît avec le *brave qui l'a pris à son service*, Matamore. Ce fanfaron, qui parle de tout exterminer, et qui tremble à la moindre menace, a pour rival Adraste auprès d'Isabelle ; mais elle préfère à tous deux le faux la Montagne. Adraste s'en aperçoit le premier, et dit à Clindor :

> Vous n'êtes point de taille à servir sans dessein
> Un fanfaron plus fou que son discours n'est vain.
> Quoi qu'il en soit, depuis que je vous vois chez elle,
> Toujours de plus en plus je l'éprouve cruelle :
> Ou vous servez quelque autre, ou votre qualité
> Laisse dans vos projets trop de témérité.

L'irritation d'Adraste s'accroît quand il apprend par Lyse, suivante d'Isabelle, que le prétendu valet se dit gentilhomme et riche, mais réduit à une existence vagabonde; il demande à Lyse de lui faire surprendre les deux amants, et celle-ci y consent d'autant plus volontiers qu'elle a des griefs personnels contre le faux la Montagne :

> L'arrogant croit déjà tenir ville gagnée;
> Mais il sera puni de m'avoir dédaignée.
> Parce qu'il est aimable, il fait le petit dieu,
> Il ne veut s'adresser qu'aux filles de bon lieu.
> Je ne mérite pas l'honneur de ses caresses :
> Vraiment c'est pour son nez, il lui faut des maîtresses;
> Je ne suis que servante : et qu'est-il que valet?
> Si son visage est beau, le mien n'est pas trop laid :
> Il se dit riche et noble, et cela me fait rire;
> Si loin de son pays qui n'en peut autant dire?
> Qu'il le soit, nous verrons ce soir, si je le tiens,
> Danser sous le cotret sa noblesse et ses biens.

Témoin secret de ce monologue, Alcandre dit à Pridamant :

> Le cœur vous bat un peu.

PRIDAMANT. Je crains cette menace.
ALCANDRE. Lyse aime trop Clindor pour causer sa disgrâce.
PRIDAMANT. Elle en est méprisée, et cherche à se venger.
ALCANDRE. Ne craignez point : l'amour la fera bien changer.

Au commencement de l'acte III, Géronte, père d'Isabelle, s'efforce en vain de la déterminer à épouser Adraste, et fait les réflexions suivantes :

> Qu'à présent la jeunesse a d'étranges manies!
> Les règles du devoir lui sont des tyrannies;
> Et les droits les plus saints deviennent impuissants
> Contre cette fierté qui l'attache à son sens.
> Telle est l'humeur du sexe; il aime à contredire,
> Rejette obstinément le joug de notre empire,
> Ne suit que son caprice en ses affections,
> Et n'est jamais d'accord de nos élections.
> N'espère pas pourtant, aveugle et sans cervelle,
> Que ma prudence cède à ton esprit rebelle.
> Mais ce fou viendra-t-il toujours m'embarrasser?
> Par force ou par adresse il me le faut chasser.

Matamore demande à Géronte la main de sa fille, et est brutalement repoussé. Il se sauve, et son valet reste seul avec Lyse, qu'il croit nécessaire de se concilier, et avec laquelle il a ce charmant entretien :

CLINDOR, LYSE.

CLINDOR. Le souverain poltron, à qui pour faire peur
Il ne faut qu'une feuille, une ombre, une vapeur!
Un vieillard le maltraite, il fuit pour une fille,
Et tremble à tous moments de crainte qu'on l'étrille.
Lyse, que ton abord doit être dangereux!
Il donne l'épouvante à ce cœur généreux,
Cet unique vaillant, la fleur des capitaines,
Qui dompte autant de rois qu'il captive de reines!

LYSE. Mon visage est ainsi malheureux en attraits;
D'autres charment de loin, le mien fait peur de près.

CLINDOR. S'il fait peur à des fous, il charme les plus sages.
Il n'est pas quantité de semblables visages.
Si l'on brûle pour toi, ce n'est pas sans sujet;
Je ne connus jamais un si gentil objet;
L'esprit beau, prompt, accort, l'humeur un peu railleuse,
L'embonpoint ravissant, la taille avantageuse,
Les yeux doux, le teint vif, et les traits délicats :
Qui serait le brutal qui ne t'aimerait pas?

LYSE. De grâce, et depuis quand me trouvez-vous si belle?
Voyez bien, je suis Lyse, et non pas Isabelle.

CLINDOR. Vous partagez vous deux mes inclinations;
J'adore sa fortune, et tes perfections.

LYSE. Vous en embrassez trop, c'est assez pour vous d'une,
Et mes perfections cèdent à sa fortune.

CLINDOR. Quelque effort que je fasse à lui donner ma foi,
Penses-tu qu'en effet je l'aime plus que toi?
L'amour et l'hyménée ont diverse méthode;
L'un court au plus aimable, et l'autre au plus commode.
Je suis dans la misère, et tu n'as point de bien;
Un rien s'ajuste mal avec un autre rien;
Et malgré les douceurs que l'amour y déploie,
Deux malheureux ensemble ont toujours courte joie.
Ainsi j'aspire ailleurs pour vaincre mon malheur,
Mais je ne puis te voir sans un peu de douleur,
Sans qu'un soupir échappe à ce cœur qui murmure
De ce qu'à ses désirs ma raison fait d'injure.
A tes moindres coups d'œil je me laisse charmer.
Ah! que je t'aimerais, s'il ne fallait qu'aimer!
Et que tu me plairais, s'il ne fallait que plaire!

LYSE. Que vous auriez d'esprit si vous saviez vous taire,
Ou remettre du moins en quelque autre saison
A montrer tant d'amour avec tant de raison!
Le grand trésor pour moi qu'un amoureux si sage,

Qui, par comparaison, n'ose me rendre hommage,
Et porte ses désirs à des partis meilleurs,
De peur de m'accabler sous nos communs malheurs!
Je n'oublierai jamais de si rares mérites.
Allez continuer cependant vos visites.

CLINDOR. Que j'aurais avec toi l'esprit bien plus content!
LYSE. Ma maîtresse là-haut est seule et vous attend.
CLINDOR. Tu me chasses ainsi!
LYSE.   Non, mais je vous envoie
Aux lieux où vous aurez une plus grande joie.
CLINDOR. Que même tes dédains me semblent gracieux!
LYSE. Ah! que vous prodiguez un temps si précieux!
Allez.
CLINDOR.   Souviens-toi donc que si j'en aime une autre...
LYSE. C'est de peur d'ajouter ma misère à la vôtre.
Je vous l'ai déjà dit, je ne l'oublierai pas.
CLINDOR. Adieu. Ta raillerie a pour moi tant d'appas,
Que mon cœur à tes yeux de plus en plus s'engage,
Et je t'aimerais trop à tarder davantage.

Lyse, restée seule, s'exprime ainsi :

L'ingrat! il trouve enfin mon visage charmant,
Et pour se divertir il contrefait l'amant!
Qui néglige mes feux m'aime par raillerie,
Me prend pour le jouet de sa galanterie,
Et, par un libre aveu de me voler ma foi,
Me jure qu'il m'adore, et ne veut point de moi.
Aime en tous lieux, perfide, et partage ton âme;
Choisis qui tu voudras pour maîtresse ou pour femme;
Donne à tes intérêts à ménager tes vœux;
Mais ne crois plus tromper aucune de nous deux.
Isabelle vaut mieux qu'un amour politique,
Et je vaux mieux qu'un cœur où cet amour s'applique.
J'ai raillé comme toi, mais c'était seulement
Pour ne t'avertir pas de mon ressentiment.
Qu'eût produit son éclat que de la défiance?
Qui cache sa colère assure sa vengeance;
Et ma feinte douceur prépare beaucoup mieux
Ce piége où tu vas choir, et bientôt, à mes yeux.
Toutefois qu'as-tu fait qui te rende coupable?
Pour chercher sa fortune est-on si punissable?
Tu m'aimes, mais le bien te fait être inconstant:
Au siècle où nous vivons, qui n'en ferait autant?
Oublions des mépris où par force il s'excite,
Et laissons-le jouir du bonheur qu'il mérite.
S'il m'aime, il se punit en m'osant dédaigner;
Et, si je l'aime encor, je le dois épargner.
Dieux! à quoi me réduit ma folle inquiétude,

De vouloir faire grâce à tant d'ingratitude ?
Digne soif de vengeance, à quoi m'exposez-vous ?
De laisser affaiblir un si juste courroux ?
Il m'aime, et de mes yeux je m'en vois méprisée !
Je l'aime, et ne lui sers que d'objet de risée !
Silence, amour, silence ; il est temps de punir :
J'en ai donné ma foi, laisse-moi la tenir ;
Puisque ton faux espoir ne fait qu'aigrir ma peine,
Fais céder tes douceurs à celles de la haine.
Il est temps qu'en mon cœur elle règne à son tour,
Et l'amour outragé ne doit plus être amour.

Matamore, caché, assiste à une conversation tendre d'Isabelle et de son domestique. Il éclate en reproches.

MATAMORE. Viens çà. Tu sais ton crime, et qu'à l'objet que j'aime,
Loin de parler pour moi, tu parlais pour toi-même ?
CLINDOR. Oui, pour me rendre heureux j'ai fait quelques efforts.
MATAMORE. Je te donne le choix de trois ou quatre morts ;
Je vais d'un coup de poing te briser comme un verre,
Ou t'enfoncer tout vif au centre de la terre,
Ou te fendre en dix parts d'un seul coup de revers,
Ou te jeter si haut au-dessus des éclairs,
Que tu sois dévoré des feux élémentaires.
Choisis donc promptement, et pense à tes affaires.
CLINDOR. Vous-même choisissez.
MATAMORE.   Quel choix proposes-tu ?
CLINDOR. De fuir en diligence, ou d'être bien battu.
MATAMORE. Me menacer encore ! ah ventre ! quelle audace !
Au lieu d'être à genoux, et d'implorer ma grâce !...
Il a donné le mot, ces valets vont sortir...
Je m'en vais commander aux mers de t'engloutir.
CLINDOR. Sans vous chercher si loin un si grand cimetière,
Je vous vais, de ce pas, jeter dans la rivière.
MATAMORE. Ils sont d'intelligence. Ah ! tête !
CLINDOR.   Point de bruit :
J'ai déjà massacré dix hommes cette nuit ;
Et, si vous me fâchez, vous en croîtrez le nombre.
MATAMORE. Cadédiou ! ce coquin a marché dans mon ombre ;
Il s'est fait tout vaillant d'avoir suivi mes pas :
S'il avait du respect, j'en voudrais faire cas.
Ecoute : je suis bon, et ce serait dommage
De priver l'univers d'un homme de courage.
Demande-moi pardon, et cesse par tes feux
De profaner l'objet digne seul de mes vœux ;
Tu connais ma valeur, éprouve ma clémence.
CLINDOR. Plutôt, si votre amour a tant de véhémence,
Faisons deux coups d'épée au nom de sa beauté.
MATAMORE. Pardieu, tu me ravis de générosité.

Va, pour la conquérir n'use plus d'artifices;
Je te la veux donner pour prix de tes services

Au moment où il promet sa protection au jeune couple, Adraste survient l'épée à la main. Clindor le blesse en se défendant, et est entraîné en prison par les domestiques de Géronte.

ALCANDRE, PRIDAMANT.

PRIDAMANT. Hélas! mon fils est mort.
ALCANDRE. Que vous avez d'alarmes!
PRIDAMANT. Ne lui refusez point le secours de vos charmes.
ALCANDRE. Un peu de patience, et, sans un tel secours,
Vous le verrez bientôt heureux en ses amours.

Dans l'acte IV, Lyse séduit un geôlier et délivre Clindor, qui s'enfuit avec Isabelle.

LYSE. Eh bien, il est absent.
ISABELLE. C'est la source des maux que mon âme ressent;
Nous sommes ses voisins, et l'amour qu'il nous porte
Dedans son grand jardin nous permet cette porte.
La princesse Rosine et mon perfide époux,
Durant qu'il est absent en font leur rendez-vous:
Je l'attends au passage, et lui ferai connaître
Que je ne suis pas femme à rien souffrir d'un traître.
LYSE. Madame, croyez-moi, loin de le quereller,
Vous ferez beaucoup mieux de tout dissimuler.
Il nous vient peu de fruit de telles jalousies.

Cette haute fortune est la profession dramatique, et Corneille nous le montre jouant une pièce à la fin de laquelle l'acteur Eraste le poignarde en disant:

Reçois, traître, avec joie
Les faveurs que par nous ta maîtresse t'envoie.

Une toile tombe sur le tableau; Pridamant, ignorant qu'il a devant les yeux une comédie, se désespère et s'écrie:

N'attendez pas de moi des plaintes davantage:
La douleur qui se plaint cherche qu'on la soulage;
La mienne court après son déplorable sort.
Adieu; je vais mourir, puisque mon fils est mort.
ALCANDRE. D'un juste désespoir l'effort est légitime,
Et de le détourner je croirais faire un crime.
Oui, suivez ce cher fils sans attendre à demain:
Mais épargnez du moins ce coup à votre main;
Laissez faire aux douleurs qui rongent vos entrailles,
Et, pour les redoubler, voyez ses funérailles.

(*Ici on relève la toile, et tous les comédiens paraissent avec leur portier, qui comptent de l'argent sur une table, et en prennent chacun leur part.*)

PRIDAMANT. Que vois-je? chez les morts compte-t-on de l'argent?

ALCANDRE. Voyez si pas un d'eux s'y montre négligent.
PRIDAMANT. Je vois Clindor! ah! dieux! quelle étrange surprise!
Je vois ses assassins, je vois sa femme et Lyse!
Quel charme en un moment étouffe leurs discords,
Pour assembler ainsi les vivants et les morts?
ALCANDRE. Ainsi, tous les acteurs d'une troupe comique,
Leur poëme récité, partagent leur pratique:
L'un tue et l'autre meurt, l'autre vous fait pitié;
Mais la scène préside à leur inimitié.
Leurs vers font leurs combats, leur mort suit leurs paroles;
Et, sans prendre intérêt en pas un de leurs rôles,
Le traître et le trahi, le mort et le vivant
Se trouvent à la fin amis comme devant.
Votre fils et son train ont bien su, par leur fuite,
D'un père et d'un prévôt éviter la poursuite;
Mais, tombant dans les mains de la nécessité,
Ils ont pris le théâtre en cette extrémité.
PRIDAMANT. Mon fils comédien!
ALCANDRE. D'un art si difficile
Tous les quatre, au besoin, ont fait un doux asile;
Et, depuis sa prison, ce que vous avez vu,
Son adultère amour, son trépas imprévu,
N'est que la triste fin d'une pièce tragique
Qu'il expose aujourd'hui sur la scène publique,
Par où ses compagnons en ce noble métier
Ravissent à Paris un peuple tout entier.
Le gain leur en demeure, et ce grand équipage,
Dont je vous ai fait voir le superbe étalage,
Est bien à votre fils, mais non pour s'en parer
Qu'alors que sur la scène il se fait admirer.
PRIDAMANT. J'ai pris sa mort pour vraie et ce n'était que feinte;
Mais je trouve partout même sujet de plainte.
Est-ce là cette gloire et ce haut rang d'honneur
Où le devait monter l'excès de son bonheur?
ALCANDRE. Cessez de vous en plaindre. A présent le théâtre
Est en un point si haut, que chacun l'idolâtre;
Et ce que votre temps voyait avec mépris
Est aujourd'hui l'amour de tous les bons esprits,
L'entretien de Paris, le souhait des provinces,
Le divertissement le plus doux de nos princes,
Les délices du peuple et le plaisir des grands;
Il tient le premier rang parmi leurs passe-temps:
Et ceux dont nous voyons la sagesse profonde
Par ses illustres soins conserver tout le monde,
Trouvent dans les douceurs d'un spectacle si beau
De quoi se délasser d'un si pesant fardeau.
Même notre grand roi, ce foudre de la guerre
Dont le nom se fait craindre aux deux bouts de la terre,

Le front ceint de lauriers daigne bien quelquefois
Prêter l'œil et l'oreille au théâtre françois.

Pridamant rassuré remercie Alcandre, et s'éloigne en annonçant qu'il va chercher son fils et se réconcilier avec lui.

LE CID (1636).

HORACE (1639).

CINNA (1639).

POLYEUCTE (1640).

POMPÉE (1641).

LE MENTEUR (1642).

LA SUITE DU MENTEUR, *comédie en cinq actes et en vers, représentée en 1643 sur le théâtre de l'hôtel de Bourgogne*

Elle eut peu de succès, cependant elle fut reprise avantageusement cinq ans après par la troupe du Marais, établie à l'hôtel d'Argent, au coin de la rue de la Poterie. Le principal défaut de la pièce, c'est que le *Menteur* a cessé de l'être, et que ce n'est plus qu'un homme ordinaire. Au lieu de se marier avec Lucrèce, il s'est enfui en réfléchissant qu'il était trop jeune pour s'enchaîner. Il a couru le pays; aux environs de Lyon il a rencontré deux hommes qui se battaient et qu'il a séparés, et dont l'un a blessé l'autre à mort. Il venait de faire évader le vainqueur quand des sergents l'ont surpris auprès de la victime, et l'ont arrêté comme assassin. Cléandre, le véritable coupable, parvient à le délivrer et lui donne sa sœur en mariage.

THÉODORE, VIERGE ET MARTYRE, *tragédie chrétienne, représentée en 1645 sur le théâtre de l'hôtel de Bourgogne.*

Marcelle a épousé Valens, gouverneur d'Antioche; elle a une fille, Flavie, qu'elle veut unir à Placide, fils de Valens, mais Placide est épris de la princesse Théodore.

Marcelle demande à Théodore une explication :

MARCELLE. Jurez-moi par ce Dieu qui porte en main la foudre,
Et dont tout l'univers doit craindre le courroux,
Que Placide jamais ne sera votre époux.
Je lui fais pour Flavie offrir un sacrifice :
Peut-être que vos vœux le rendront plus propice;
Venez les joindre aux miens et le prendre à témoin.
THÉODORE. Je veux vous satisfaire; et, sans aller si loin,
J'atteste ici le Dieu qui lance le tonnerre,
Ce monarque absolu du ciel et de la terre,
Et dont tout l'univers doit craindre le courroux,
Que Placide jamais ne sera mon époux.
En est-ce assez, madame? êtes-vous satisfaite?
MARCELLE. Ce serment à peu près est ce que je souhaite;

>   Mais, pour vous dire tout, la sainteté des lieux,
>   Le respect des autels, la présence des dieux,
>   Le rendant et plus saint et plus inviolable,
>   Me le pourraient aussi rendre bien plus croyable.
> THÉODORE. Le Dieu que j'ai juré connaît tout, entend tout;
>   Il remplit l'univers de l'un à l'autre bout;
>   Sa grandeur est sans borne ainsi que sans exemple;
>   Il n'est pas moins ici qu'au milieu de son temple,
>   Et ne m'entend pas mieux dans son temple qu'ici.
> MARCELLE. S'il vous entend partout, je vous entends aussi :
>   On ne m'éblouit point d'une mauvaise ruse;
>   Suivez-moi dans le temple, et tôt, et sans excuse.
> THÉODORE. Votre cœur soupçonneux ne m'y croirait non plus,
>   Et je vous y ferais des serments superflus.
> MARCELLE. Vous désobéissez?
> THÉODORE.   Je crois vous satisfaire.
> MARCELLE. Suivez, suivez mes pas.
> THÉODORE.   Ce serait vous déplaire;
>   Vos desseins d'autant plus en seraient reculés;
>   Ma désobéissance est ce que vous voulez.
> MARCELLE. Il faut de deux raisons que l'une vous retienne :
>   Ou vous aimez Placide, ou vous êtes chrétienne.
> THÉODORE. Oui, je le suis, madame, et le tiens à plus d'heur
>   Qu'une autre ne tiendrait toute votre grandeur.

Un aveu si formel mérite la mort, mais Valens rêve pour Théodore un supplice honteux; il dit à son confident Paulin :

>   Je connais les chrétiens; la mort la plus cruelle
>   Affermit leur constance et redouble leur zèle,
>   Et, sans s'épouvanter de tous nos châtiments,
>   Ils trouvent des douceurs au milieu des tourments :
>   Mais la pudeur peut tout sur l'esprit d'une fille
>   Dont la vertu répond à l'illustre famille;
>   Et j'attends aujourd'hui d'un si puissant effort
>   Ce que n'obtiendraient pas les frayeurs de la mort.
>   Après ce grand effet, j'oserai tout pour elle,
>   En dépit de Flavie, en dépit de Marcelle;
>   Et je n'ai rien à craindre auprès de l'empereur,
>   Si ce cœur endurci renonce à son erreur :
>   Lui-même il me louera d'avoir su l'y réduire;
>   Lui-même il détruira ceux qui m'en voudraient nuire.
>   J'aurai lieu de braver Marcelle et ses amis :
>   Ma vertu me soutient où son crédit m'a mis;
>   Mais elle me perdrait, quelque rang que je tienne,
>   Si j'osais à ses yeux sauver cette chrétienne.
>   Va la voir de ma part, et tâche à l'étonner :
>   Dis-lui qu'à tout le peuple on va l'abandonner,
>   Tranche le mot enfin, que je la prostitue :

Et, quand tu la verras troublée et combattue,
Donne entrée à Placide, et souffre que son feu
Tâche d'en arracher un favorable aveu.

Théodore demande à Paulin :

Où m'allez-vous conduire?

PAULIN. Il est en votre choix :
Suivez-moi dans le temple, ou subissez mes lois.
THÉODORE. De ces indignités vos juges sont capables!
PAULIN. Ils égalent la peine aux crimes des coupables.
THÉODORE. Si le mien est trop grand pour le dissimuler,
N'est-il point de tourments qui puissent l'égaler?
PAULIN. Comme dans les tourments vous trouvez des délices,
Ils ont trouvé pour vous ailleurs de vrais supplices,
Et par un châtiment aussi grand que nouveau,
De votre vertu même ils font votre bourreau.
THÉODORE. Ah! qu'un si détestable et honteux sacrifice
Est pour elle en effet un rigoureux supplice!
PAULIN. Ce mépris de la mort qui partout à nos yeux
Brave si hautement et nos lois et nos dieux,
Cette indigne fierté ne serait pas punie
A ne vous ôter rien de plus cher que la vie :
Il faut qu'on leur immole, après de tels mépris,
Ce que chez votre sexe on met à plus haut prix;
Ou que cette fierté, de nos lois ennemie,
Cède aux justes horreurs d'une pleine infamie,
Et que votre pudeur rende à nos immortels
L'encens que votre orgueil refuse à leurs autels.
THÉODORE. Valens me fait par vous porter cette menace :
Mais, s'il hait les chrétiens, il respecte ma race;
Le sang d'Antiochus n'est pas encor si bas,
Qu'on l'abandonne en proie aux fureurs des soldats.
PAULIN. Ne vous figurez point qu'en un tel sacrilége
Le sang d'Antiochus ait quelque privilége :
Les dieux sont au-dessus des rois dont vous sortez,
Et l'on vous traite ici comme vous les traitez.
Vous les déshonorez, et l'on vous déshonore.
THÉODORE. Vous leur immolez donc l'honneur de Théodore,
A ces dieux dont enfin la plus sainte action
N'est qu'inceste, adultère et prostitution?
Pour venger les mépris que je fais de leurs temples,
Je me vois condamnée à suivre leurs exemples;
Et, dans vos dures lois, je ne puis éviter
Ou de leur rendre hommage, ou de les imiter!
Dieu de la pureté, que vos lois sont bien autres!
PAULIN. Au lieu de blasphémer, obéissez aux nôtres,
Et ne redoublez point par vos impiétés
La haine et le courroux de nos dieux irrités :

Après nos châtiments ils ont encor leur foudre.
On vous donne de grâce une heure à vous résoudre;
Vous savez votre arrêt, vous avez à choisir:
Usez utilement de ce peu de loisir.

Théodore se résigne à prendre pour séjour le mauvais lieu que Voltaire nomme crûment dans ses commentaires sur Corneille; mais Didyme, qui l'aime en secret, la fait évader en lui donnant ses propres habits. Les deux fugitifs sont arrêtés par les ordres de Marcelle; le généreux Placide veut les sauver, mais l'impitoyable mégère les poignarde et se tue ensuite. Placide au désespoir se suicide.

On conçoit aisément la chute de cette pièce. « Les honnêtes gens assemblés, dit Voltaire, sont toujours chastes. On souffrait, du temps de Hardy, qu'on parlât de viol sur le théâtre de la manière la plus grossière; mais c'est qu'alors il n'y avait que des hommes grossiers qui fréquentassent les spectacles. Mairet et Rotrou furent les premiers qui épurèrent un peu la scène des indécences les plus révoltantes. Il était impossible que cette pièce de Corneille eût du succès en 1645; elle en aurait eu vingt ans auparavant. Il choisit ce sujet parce qu'il connaissait plus son cabinet que le monde, et qu'il avait plus de génie que de goût. »

Corneille, dans l'examen qu'il fit de *Théodore*, accepta franchement sa disgrâce. « J'aurais tort, dit-il, de m'opposer au jugement du public, il m'a été trop avantageux en d'autres ouvrages pour le contredire en celui-ci; et si je l'accusais d'erreur ou d'injustice pour *Théodore*, mon exemple donnerait lieu à tout le monde de soupçonner des mêmes choses les arrêts qu'il a prononcés en ma faveur. Ce n'est pas toutefois sans quelque satisfaction que je vois la meilleure et la plus saine partie de mes juges imputer ce mauvais succès à l'idée de la prostitution, qu'on n'a pu souffrir, bien qu'on sût assez qu'elle n'aurait point d'effet, et que, pour en exténuer l'horreur, j'aie employé tout ce que l'art et l'expérience m'ont pu fournir de lumière. »

RODOGUNE (1646).

HÉRACLIUS (1647).

ANDROMÈDE, *tragédie en cinq actes, représentée en 1650 sur le théâtre du Petit-Bourbon.*

Le sujet de cette pièce est tiré d'un passage des *Métamorphoses* d'Ovide, ainsi traduit par Pierre Corneille dans sa préface :

« Cassiope, femme de Céphée, roi d'Ethiopie, fut si vaine de sa beauté, qu'elle osa la préférer à celle des Néréides; dont ces nymphes irritées firent sortir de la mer un monstre qui fit de si étranges ravages sur les terres de l'obéissance du roi son mari, que, les forces humaines ne pouvant donner aucun remède à des misères si grandes, on recourut à l'oracle de Jupiter Ammon. La réponse qu'en reçurent ces malheureux princes fut un commandement d'exposer à ce monstre Andromède, leur fille unique, pour en être dévorée. Il fallut exécuter ce triste arrêt; et cette illustre victime fut attachée à un rocher, où elle n'attendait que la mort, lorsque Persée, fils de Jupiter et de Danaé, passant par hasard, jeta les yeux sur elle : il revenait de la conquête glorieuse de la tête de Méduse, qu'il portait sous son bouclier, et volait au milieu de l'air au moyen des ailes qu'il avait attachées aux deux pieds, de la façon qu'on nous peint Mercure. Ce fut d'elle-même qu'il apprit la cause de sa disgrâce; et l'amour que ses premiers regards lui donnèrent lui fit en même temps former le dessein de combattre ce monstre, pour conserver des jours qui lui étaient devenus si précieux.

» Avant que d'entrer au combat il eut loisir de tirer parole de ses parents que les fruits en seraient pour lui, et reçut les effets de cette promesse sitôt qu'il eut tué le monstre.

» Le roi et la reine donnèrent avec grande joie leur fille à son libérateur; mais la magnificence des noces fut troublée par la violence que voulut faire Phinée, frère du roi et oncle de la princesse, à qui elle avait été promise avant son malheur. Il se jeta dans le palais royal avec une troupe de gens armés, et Persée s'en défendit quelque temps sans autre secours que celui de sa valeur et de quelques amis généreux : mais, se voyant près de succomber sous le nombre, il se servit enfin de cette tête de Méduse, qu'il tira de dessous son bouclier; et l'exposant aux yeux de Phinée et des assassins qui le suivaient, cette fatale vue les convertit en autant de statues de pierre qui servirent d'ornement au même palais qu'ils voulaient teindre du sang de ce héros. »

Corneille ne s'occupa de ce sujet mythologique que pour fournir au machiniste Torelli et aux décorateurs de la cour l'occasion de montrer leur habileté. « Mon principal but, dit-il, a été de satisfaire la vue par l'éclat et la diversité du spectacle. »

DON SANCHE D'ARAGON (1651).

NICOMÈDE (1652).

PERTHARITE, *roi des Lombards, tragédie en cinq actes, représentée sur le théâtre de l'hôtel de Bourgogne en 1653.*

Le sujet de cette pièce était emprunté à un récit contenu dans le liv. IV des *Diverses leçons* d'Antoine du Verdier, philosophe du seizième siècle. Elle éprouva un échec mérité, et Pierre Corneille, en la publiant, la fit précéder de ces touchants adieux :

« La mauvaise réception que le public a faite à cet ouvrage m'avertit qu'il est temps que je sonne la retraite, et que des préceptes de mon Horace je ne songe plus à pratiquer que celui-ci :

Solve senescentem mature sanus equum, ne
Peccet ad extremum ridendus et ilia ducat.

» Il vaut mieux que je prenne congé de moi-même que d'attendre qu'on me le donne tout à fait; et il est juste qu'après vingt années de travail, je commence à m'apercevoir que je deviens trop vieux pour être encore à la mode. J'en remporte cette satisfaction, que je laisse le théâtre français en meilleur état que je l'ai retrouvé, et du côté de l'art, et du côté des mœurs : les grands génies qui lui ont prêté leurs veilles, de mon temps, y ont beaucoup contribué; et je me flatte jusqu'à penser que mes soins n'y ont pas nui. Il en viendra de plus heureux après nous qui le mettront à sa perfection, et achèveront de l'épurer; je le souhaite de tout mon cœur. Cependant agréez que je joigne ce malheureux poëme aux vingt et un qui l'ont précédé avec plus d'éclat; ce sera la dernière importunité que je vous ferai de cette nature : non que j'en fasse une résolution si forte qu'elle ne se puisse rompre; mais il y a grande apparence que j'en demeurerai là. »

OEDIPE, *tragédie en cinq actes*, *représentée en* 1659.

Elle fut favorablement accueillie, quoique froide et imparfaite, et le vieil auteur, en la dédiant au surintendant Fouquet, put lui dire avec orgueil :

> Oui, généreux appui de tout notre Parnasse,
> Tu me rends ma vigueur lorsque tu me fais grâce;
> Et je veux bien apprendre à tout notre avenir
> Que tes regards bénins ont su me rajeunir.
> Je m'élève sans crainte avec de si bons guides :
> Depuis que je t'ai vu, je ne vois plus mes rides;
> Et, plein d'une plus claire et noble vision,
> Je prends mes cheveux gris pour cette illusion.
> Je sens le même feu, je sens la même audace,
> Qui fit plaindre le Cid, qui fit combattre Horace;
> Et je me trouve encor la main qui crayonna
> L'âme du grand Pompée et l'esprit de Cinna.

LA CONQUÊTE DE LA TOISON D'OR, *tragédie en cinq actes*.

Louis XIV épousa Marie-Thérèse à Saint-Jean-de-Luz, le 9 juin 1661. A l'occasion de ce mariage, le marquis de Sourdéac, l'un des fondateurs de l'Opéra, donna au château de Neubourg des fêtes magnifiques, pendant lesquelles la *Toison d'or* fut représentée, par la troupe du Marais, avec une pompe extraordinaire. Elle ne dut surtout sa vogue qu'aux décorations, et l'on n'y remarque guère que les quatre vers que, dans le prologue, la France personnifiée adresse à la Victoire :

> A vaincre tant de fois mes forces s'affaiblissent :
> L'Etat est florissant, mais les peuples gémissent;
> Leurs membres décharnés courbent sous mes hauts faits,
> Et la gloire du trône accable les sujets.

Ces vers étaient oubliés, lorsqu'en 1690 Campistron les mit dans la bouche d'un personnage de sa tragédie d'*Andronice*. Mais la police en ordonna la suppression.

SERTORIUS (1662).

SOPHONISBE, *tragédie en cinq actes et en vers, représentée sur le théâtre de l'hôtel de Bourgogne le 18 janvier 1663.*

Il existait déjà sous ce titre plusieurs tragédies : par Melin de Saint-Gelais (1560); Marnet (1583); Mont-Chrétien (1596); Nicolas de Montreux (1601); Jean Mairet (1629). Cette dernière pièce était restée au théâtre, et celle de Corneille ne l'éclipsa point.

OTHON, *tragédie en cinq actes, représentée sur le théâtre de l'hôtel de Bourgogne le 6 novembre 1664.*

Cette pièce est l'histoire de la chute de Galba, et l'avénement d'Othon à l'empire. Elle a le défaut d'être exclusivement politique, et de se passer en conversations glaciales. Boileau avouait que c'était contre elle qu'il avait dirigé ces quatre vers du chant III de l'*Art poétique* :

> Vos froids raisonnements ne feront qu'attiédir
> Un spectateur toujours paresseux d'applaudir,
> Et qui des vains efforts de votre rhétorique
> Justement fatigué s'endort ou vous critique.

Othon cependant obtint la protection du maréchal de Grammont, qui disait que Corneille devait être le bréviaire des rois, et celle de Louvois, qui formula ainsi son avis : « Pour juger cette pièce, il faudrait un parterre composé de ministres d'Etat. »

« Il y a peu de pièces, dit Voltaire, qui commencent plus heureusement que celle-ci; je crois même que de toutes les expositions celle d'*Othon* peut passer pour la plus belle, et je ne connais que l'exposition de *Bajazet* qui lui soit supérieure. Cette première scène d'*Othon* prouve que Corneille avait encore beaucoup de génie. Je crois qu'il ne lui a manqué que d'être sévère pour lui-même et d'avoir des amis sévères. Un homme capable de faire une telle scène pouvait assurément faire encore de bonnes pièces. C'est un très-grand malheur, il faut le dire, que personne ne l'avertît qu'il choisissait mal ses sujets, que ces dissertations politiques n'étaient pas propres au théâtre, qu'il fallait parler au cœur, observer les règles de la langue, s'exprimer avec clarté et avec élégance, ne jamais rien dire de trop, préférer le sentiment au raisonnement : il le pouvait; il ne l'a fait dans aucune de ses dernières pièces. »

Voici cette exposition tant vantée :

OTHON, ALBIN.

ALBIN.
Notre amitié, seigneur, me rendra téméraire :
J'en abuse, et je sais que je vais vous déplaire,
Que vous condamnerez ma curiosité;
Mais je croirais vous faire une infidélité,

Si je vous cachais rien de ce que j'entends dire
De votre amour nouveau sous ce nouvel empire.
   On s'étonne de voir qu'un homme tel qu'Othon,
Othon dont les hauts faits soutiennent le grand nom,
Daigne d'un Vinius se réduire à la fille,
S'attache à ce consul qui ravage, qui pille,
Qui peut tout, je l'avoue, auprès de l'empereur,
Mais dont tout le pouvoir ne sert qu'à faire horreur,
Et détruit d'autant plus que plus on le voit croître,
Ce que l'on doit d'amour aux vertus de son maître.

OTHON.   Ceux qu'on voit s'étonner de ce nouvel amour
N'ont jamais bien conçu ce que c'est que la cour
Un homme tel que moi jamais ne s'en détache;
Il n'est point de retraite ou d'ombre qui le cache;
Et, si du souverain la faveur n'est pour lui,
Il faut, ou qu'il périsse, ou qu'il prenne un appui.
   Quand le monarque agit par sa propre conduite,
Mes pareils sans péril se rangent à sa suite;
Le mérite et le sang nous y font discerner :
Mais quand le potentat se laisse gouverner,
Et que de son pouvoir les grands dépositaires
N'ont pour raison d'Etat que leurs propres affaires,
Ces lâches ennemis de tous les gens de cœur
Cherchent à nous pousser avec toute rigueur,
A moins que notre adroite et prompte servitude
Nous dérobe aux fureurs de leur inquiétude.
   Sitôt que de Galba le sénat eut fait choix,
Dans mon gouvernement j'en établis les lois,
Et je fus le premier qu'on vit au nouveau prince
Donner toute une armée et toute une province :
Ainsi je me comptais de ses premiers suivants.
Mais déjà Vinius avait pris les devants :
Martian l'affranchi, dont tu vois les pillages,
Avait avec Lacus fermé tous les passages;
On n'approchait de lui que sous leur bon plaisir.
J'eus donc pour m'y produire un des trois à choisir.
Je les voyais tous trois se hâter sous un maître
Qui, chargé d'un long âge, a peu de temps à l'être,
Et tous trois à l'envi s'empresser ardemment
A qui dévorerait ce règne d'un moment.
J'eus horreur des appuis qui restaient seuls à prendre.
J'espérai quelque temps de m'en pouvoir défendre;
Mais quand Nymphidius dans Rome assassiné
Fit place au favori qui l'avait condamné,
Que Lacus par sa mort fut préfet du prétoire,
Que pour couronnement d'une action si noire
Les mêmes assassins furent encor percer
Varron, Turpilian, Capiton et Macer,

Je vis qu'il était temps de prendre mes mesures,
Qu'on perdait de Néron toutes les créatures,
Et que, demeuré seul de toute cette cour,
A moins d'un protecteur j'aurais bientôt mon tour.
Je choisis Vinius dans cette défiance;
Pour plus de sûreté j'en cherchai l'alliance.
Les autres n'ont ni sœur ni fille à me donner;
Et d'eux sans ce grand nœud tout est à soupçonner.

ALBIN. Vos vœux furent reçus?
OTHON. Oui; déjà l'hyménée
Aurait avec Plautine uni ma destinée,
Si ces rivaux d'Etat n'en savaient divertir
Un maître qui sans eux n'ose rien consentir.

ALBIN. Ainsi tout votre amour n'est qu'une politique?
Et le cœur ne sent point ce que la bouche explique?

OTHON. Il ne le sentit pas, Albin, du premier jour;
Mais cette politique est devenue amour :
Tout m'en plaît, tout m'en charme, et mes premiers scrupules
Près d'un si cher objet passent pour ridicules.
Vinius est consul, Vinius est puissant;
Il a de la naissance; et, s'il est agissant,
S'il suit des favoris la pente trop commune,
Plautine hait en lui ces soins de la fortune :
Son cœur est noble et grand.

ALBIN. Quoi qu'elle ait de vertu,
Vous devriez dans l'âme être un peu combattu.
La nièce de Galba pour dot aura l'empire,
Et vaut bien que pour elle à ce prix on soupire :
Son oncle doit bientôt lui choisir un époux.
Le mérite et le sang font un éclat en vous,
Qui pour y joindre encor celui du diadème...

OTHON. Quand mon cœur se pourrait soustraire à ce que j'aime,
Et que pour moi Camille aurait tant de bonté
Que je dusse espérer de m'en voir écouté,
Si, comme tu le dis, sa main doit faire un maître,
Aucun de nos tyrans n'est encor las de l'être;
Et ce serait tous trois les attirer sur moi,
Qu'aspirer sans leur ordre à recevoir sa foi.
Surtout de Vinius le sensible courage
Ferait tout pour me perdre après un tel outrage,
Et se vengerait même à la face des dieux
Si j'avais sur Camille osé tourner les yeux.

ALBIN. Pensez-y toutefois : ma sœur est auprès d'elle;
Je puis vous y servir, l'occasion est belle;
Tout autre amant que vous s'en laisserait charmer;
Et je vous dirais plus, si vous osiez l'aimer.

OTHON. Porte à d'autres qu'à moi cette amorce inutile;
Mon cœur, tout à Plautine, est fermé pour Camille.

NOTICE SUR CORNEILLE.

> La beauté de l'objet, la honte de changer,
> Le succès incertain, l'infaillible danger,
> Tout fait à tes projets d'invincibles obstacles.

ALBIN. Seigneur, en moins de rien il se fait des miracles :
> A ces deux grands rivaux peut-être il serait doux
> D'ôter à Vinius un gendre tel que vous ;
> Et si l'un par bonheur à Galba vous propose...
> Ce n'est pas qu'après tout j'en sache aucune chose :
> Je leur suis trop suspect pour s'en ouvrir à moi ;
> Mais si je vous puis dire enfin ce que j'en croi,
> Je vous proposerais, si j'étais en leur place.

OTHON. Aucun d'eux ne fera ce que tu veux qu'il fasse ;
> Et s'ils peuvent jamais trouver quelque douceur
> A faire que Galba choisisse un successeur,
> Ils voudront par ce choix se mettre en assurance,
> Et n'en proposeront que de leur dépendance.
> Je sais... Mais Vinius, que j'aperçois venir...
> Laissez-nous seuls, Albin ; je veux l'entretenir.

AGÉSILAS, *tragédie en vers libres, représentée au théâtre de Bourgogne, mois d'avril* (1666).

Elle n'est plus connue aujourd'hui que par cette épigramme de Boileau :

> Après l'Agésilas, hélas !

ATTILA, ROI DES HUNS, *tragédie en cinq actes*.

Corneille, mécontent de la préférence que les comédiens de l'hôtel de Bourgogne accordaient à Racine, fit jouer cette tragédie par la troupe du Palais-Royal à la fin de février 1667. La Thorillière remplit le rôle d'Attila, et Armande Béjart, femme de Molière, celui de Flavie, confidente. La pièce eut quelque succès, mais elle ne tarda pas à disparaître pour toujours de la scène. On n'en a retenu que les vers par lesquels Valamir, roi des Ostrogoths, conseille au roi des Huns de s'allier à Méroë, qui vient de s'établir en Gaule.

VALAMIR. Seigneur, dans le penchant que prennent les affaires,
> Les grands discours ici ne sont pas nécessaires,
> Il ne faut que des yeux ; et pour tout découvrir,
> Pour décider de tout, on n'a qu'à les ouvrir.
>   Un grand destin commence, un grand destin s'achève :
> L'empire est prêt à choir, et la France s'élève ;
> L'une peut avec elle affermir son appui,
> Et l'autre en trébuchant l'ensevelir sous lui.
> Vos devins vous l'ont dit ; n'y mettez point d'obstacles,
> Vous qui n'avez jamais douté de leurs oracles :
> Soutenir un Etat chancelant et brisé,
> C'est chercher par sa chute à se voir écrasé.
> Appuyez donc la France, et laissez tomber Rome ;

Aux grands ordres du ciel prêtez ceux d'un grand homme :
D'un si bel avenir avouez vos devins,
Avancez les succès, et hâtez les destins.

TITE ET BÉRÉNICE, *comédie héroïque.*

Le sujet de *Bérénice* fut donné par Henriette d'Angleterre à Racine et à Corneille, qui travaillèrent à l'insu l'un de l'autre. La *Bérénice* de Racine fut jouée au théâtre de l'hôtel de Bourgogne le 21 novembre 1670. La comédie héroïque de Corneille, représentée sept jours après sur le théâtre du Palais-Royal, tomba pour ne jamais se relever.

PSYCHÉ, *tragédie-ballet*, 1671.

Cette pièce est de Molière, mais l'avis inséré en tête de la première édition indique que Corneille y a participé.

LE LIBRAIRE AU LECTEUR.

Cet ouvrage n'est pas tout d'une main. M. Quinault a fait les paroles qui s'y chantent en musique, à la réserve de la plainte italienne. M. Molière a dressé le plan de la pièce et réglé la disposition, où il s'est plus attaché aux beautés et à la pompe du spectacle qu'à l'exacte régularité. Quant à la versification, il n'a pas eu le loisir de la faire entière. Le carnaval approchait; et les ordres pressants du roi, qui se voulait donner ce magnifique divertissement plusieurs fois avant le carême, l'ont mis dans la nécessité de souffrir un peu de secours. Ainsi il n'y a que le prologue, le premier acte, la première scène du second, et la première du troisième, dont les vers soient de lui. M. Corneille a employé une quinzaine au reste; et, par ce moyen, Sa Majesté s'est trouvée servie dans le temps qu'elle l'avait ordonné.

PULCHÉRIE, *comédie héroïque en cinq actes, représentée sur le théâtre du Marais le vendredi* 25 *novembre* 1672.

Palissot reproche à Voltaire d'avoir comparé ces dernières tragédies de Corneille à celles de Pradon et de Bonnecorse; il faut cependant avouer que les unes et les autres se valent, quoiqu'il y ait encore quelques beaux vers dans *Pulchérie*. Tels sont ceux de la scène Ire, que l'impératrice d'Orient adresse à son amant Léon.

PULCHÉRIE, LÉON.

PULCHÉRIE. Je vous aime, Léon, et n'en fais point mystère,
Des feux tels que les miens n'ont rien qu'il faille taire :
Je vous aime, et non point de cette folle ardeur
Que les yeux éblouis font maîtresse du cœur,
Non d'un amour conçu par les sens en tumulte,
A qui l'âme applaudit sans qu'elle se consulte,
Et qui, ne concevant que d'aveugles désirs,
Languit dans les faveurs, et meurt dans les plaisirs :
Ma passion pour vous, généreuse et solide,

A la vertu pour âme, et la raison pour guide,
La gloire pour objet, et veut sous votre loi
Mettre en ce jour illustre et l'univers et moi.
  Mon aïeul Théodose, Arcadius mon père,
Cet empire quinze ans gouverné pour un frère,
L'habitude à régner, et l'horreur d'en déchoir,
Voulaient dans un mari trouver même pouvoir.
Je vous en ai cru digne; et, dans ces espérances,
Dont un penchant flatteur m'a fait des assurances,
De tout ce que sur vous j'ai fait tomber d'emplois
Aucun n'a démenti l'attente de mon choix;
Vos hauts faits à grands pas nous portaient à l'empire;
J'avais réduit mon frère à ne m'en point dédire;
Il vous y donnait part, et j'étais toute à vous :
Mais ce malheureux prince est mort trop tôt pour nous.
L'empire est à donner, et le sénat s'assemble
Pour choisir une tête à ce grand corps qui tremble,
Et dont les Huns, les Goths, les Vandales, les Francs
Bouleversent la masse et déchirent les flancs.

SURÉNA, GÉNÉRAL DES PARTHES, *tragédie représentée sur le théâtre de l'hôtel de Bourgogne le 12 décembre 1674.*

Quelques traits épars dans le caractère noble et fier du principal personnage n'empêchèrent pas cette tragédie d'être promptement dédaignée.

La dernière scène renferme un vers plein d'énergie. Suréna est tué par les ordres d'Orode, roi des Parthes. Palmis, sœur du héros assassiné, dit à Eurydice, qui a refusé la main du roi par amour pour Suréna :

  Quoi! vous causez sa perte, et n'avez point de pleurs?

Eurydice répond :

  Non, je ne pleure point, madame, mais je meurs!

Outre les œuvres dramatiques dont nous venons de donner le catalogue, Pierre Corneille a laissé l'*Imitation de Jésus-Christ traduite et paraphrasée en vers français*. Ce long poëme fut imprimé à Leyde, chez Jean Sambix en 1657, avec une dédicace au pape Alexandre VII, et une approbation ainsi conçue :

« Monsieur Corneille ayant heureusement achevé cette admirable traduction du livre de l'*Imitation de Jésus-Christ*, nous sommes obligés de rendre ce témoignage à la vérité, en sa faveur, qu'il ne le pouvait pas mieux et que tout y est catholique, orthodoxe et conforme au sens de l'auteur. Nous ne doutons pas qu'un si excellent ouvrage, où la poésie parle si purement le langage des saints, ne trouve l'approbation qu'il mérite, et que la charité, qui en a fourni les plus riches idées, n'échauffe le cœur de ceux qui auront la piété de le lire avec application.

» Donné à Rouen, ce jour de Saint-Mathias, vingt-cinquième de février mil six cent cinquante-six.

» *Signé* Gaulde et R. le Corniel. »

Le talent de Corneille ne l'a pas complétement abandonné dans cette laborieuse traduction, à laquelle toutefois l'on préférera toujours une bonne interprétation en prose. Les poésies diverses de Pierre Corneille sont assez nombreuses. Il rima dès son adolescence. On conserve de lui à la bibliothèque nationale une petite pièce de vers licencieux qu'il fit imprimer, étant en rhétorique, et qu'il distribua à ses camarades. En sortant du collége il devint passionnément amoureux de madame du Pont, femme d'un maître des comptes de Rouen, et il composa pour elle diverses stances ou chansons dont quelques-unes seulement sont publiées à la suite de la première édition de *Clitandre* en l'année 1632.

En 1636 Pierre Corneille, dont la réputation naissante était attaquée, publia une épître à Ariste, qui redoubla les clameurs de ses ennemis, car il ne craignait pas de s'y louer presque sans réserve, comme on en peut juger par les vers suivants :

> Je satisfais ensemble et peuple et courtisans,
> Et mes vers en tous lieux sont mes seuls partisans ;
> Par leur seule beauté ma plume est estimée :
> Je ne dois qu'à moi seul toute ma renommée ;
> Et pense toutefois n'avoir point de rival
> A qui je fasse tort en le traitant d'égal.

A la mort du cardinal de Richelieu, Corneille lui fit cette épitaphe :

> Qu'on parle mal ou bien du fameux cardinal,
> Ma prose ni mes vers n'en diront jamais rien :
> Il m'a fait trop de bien pour en dire du mal,
> Il m'a fait trop de mal pour en dire du bien.

Le recueil de poésies choisies publié par Lercy en 1653 et en 1660 contient entre autres pièces de Corneille les deux charmantes chansons que voici :

STANCES.

> Marquise, si mon visage
> A quelques traits un peu vieux,
> Souvenez-vous qu'à mon âge
> Vous ne vaudrez guère mieux.

> Le temps aux plus belles choses
> Se plaît à faire un affront,
> Et saura faner vos roses
> Comme il a ridé mon front.

> Le même cours des planètes

Règle nos jours et nos nuits :
On m'a vu ce que vous êtes;
Vous serez ce que je suis.

Cependant j'ai quelques charmes
Qui sont assez éclatants
Pour n'avoir pas trop d'alarmes
De ces ravages du temps.

Vous en avez qu'on adore;
Mais ceux que vous méprisez
Pourraient bien durer encore
Quand ceux-là seront usés.

Ils pourront sauver la gloire
Des yeux qui me semblent doux,
Et dans mille ans faire croire
Ce qu'il me plaira de vous.

Chez cette race nouvelle,
Où j'aurai quelque crédit,
Vous ne passerez pour belle
Qu'autant que je l'aurai dit.

Pensez-y, belle marquise :
Quoiqu'un grison fasse effroi,
Il vaut bien qu'on le courtise
Quand il est fait comme moi.

CHANSON.

Vos beaux yeux sur ma franchise
N'adressent pas bien leurs coups,
Tête chauve et barbe grise
Ne sont pas viande pour vous:
Quand j'aurais l'heur de vous plaire,
Ce serait perdre du temps;
Iris, que pourriez-vous faire
D'un galant de cinquante ans?

Ce qui vous rend adorable
N'est propre qu'à m'alarmer.
Je vous trouve trop aimable,
Et crains de vous trop aimer :
Mon cœur à prendre est facile,
Mes vœux sont des plus constants,
Mais c'est un meuble inutile
Qu'un galant de cinquante ans.

Si l'armure n'est complète,
Si tout ne va comme il faut,

> Il vaut mieux faire retraite
> Que d'entreprendre un assaut :
> L'amour ne rend point la place
> A de mauvais combattants,
> Et rit de la vaine audace
> Des galants de cinquante ans.

A l'instar des écrivains de son temps, Pierre Corneille a rimé à plusieurs reprises pour célébrer les victoires que le roi remportait par l'entremise de ses généraux ou pour le remercier de la protection qu'il daignait accorder au génie. On remarque l'épître adressée à Louis XIV, qui avait fait représenter six pièces de Corneille, à Versailles, au mois d'octobre 1676. Le poëte s'y plaint en termes touchants de l'abandon de ses pièces :

> Le peuple, je l'avoue, et la cour les dégradent,
> Je faiblis ou du moins ils se le persuadent;
> Pour bien écrire encor j'ai trop longtemps écrit,
> Et les rides du front passent jusqu'à l'esprit.

Pour compléter un choix des poésies diverses de Corneille nous ajouterons la pièce suivante, qui a été reproduite dans plusieurs recueils de morceaux littéraires.

DÉFENSE

DES FABLES DANS LA POÉSIE.

IMITATION DU LATIN DE SANTEUL.

> Qu'on fait d'injure à l'art de lui voler la fable!
> C'est interdire aux vers ce qu'ils ont d'agréable,
> Anéantir leur pompe, éteindre leur vigueur,
> Et hasarder la muse à sécher de langueur.
> O vous qui prétendez qu'à force d'injustices
> Le vieil usage cède à de nouveaux caprices,
> Donnez-nous par pitié du moins quelques beautés
> Qui puissent remplacer ce que vous nous ôtez,
> Et ne nous livrez pas aux tons mélancoliques
> D'un style estropié par de vaines critiques!
>   Quoi! bannir des enfers Proserpine et Pluton!
> Dire toujours le diable, et jamais Alecton!
> Sacrifier Hécate et Diane à la Lune,
> Et dans son propre sein noyer le vieux Neptune!
> Un berger chantera ses déplaisirs secrets
> Sans que la triste Echo répète ses regrets!
> Les bois autour de lui n'auront point de dryades!
> L'air sera sans zéphyrs, les fleuves sans naïades!
> Et par nos délicats les faunes assommés
> Rentreront au néant dont on les a formés!

NOTICE SUR CORNEILLE.

Pourras-tu, dieu des vers, endurer ce blasphème,
Toi qui fis tous ces dieux, qui fis Jupiter même?
Pourras-tu respecter ces nouveaux souverains
Jusqu'à laisser périr l'ouvrage de tes mains?
  O digne de périr si jamais tu l'endures!
D'un si mortel affront sauve tes créatures;
Confonds leurs ennemis, insulte à leurs tyrans,
Fais-nous, en dépit d'eux, garder nos premiers rangs;
Et, retirant ton feu de leurs veines glacées,
Laisse leurs vers sans force, et leurs rimes forcées.
La fable en nos écrits, disent-ils, n'est pas bien:
La gloire des païens déshonore un chrétien.
L'Eglise toutefois, que l'Esprit saint gouverne,
Dans ses hymnes sacrés nous chante encor l'Averne,
Et par le vieil abus le Tartare inventé
N'y déshonore point un Dieu ressuscité.
Ces rigides censeurs ont-ils plus d'esprit qu'elle?
Et font-ils dans l'Eglise une Eglise nouvelle?
Quittons cet avantage, et ne confondons pas
Avec des droits si saints de profanes appas.
L'œil se peut-il fixer sur la vérité nue?
Elle a trop de brillant pour arrêter la vue;
Et, telle qu'un éclair qui ne fait qu'éblouir,
Elle échappe aussitôt qu'on présume en jouir;
La fable, qui la couvre, allume, presse, irrite
L'ingénieuse ardeur d'en voir tout le mérite:
L'art d'en montrer le prix consiste à le cacher,
Et sa beauté redouble à se faire chercher.
  Otez Pan et sa flûte, adieu les pâturages;
Otez Pomone et Flore, adieu les jardinages:
Des roses et des lis le plus superbe éclat,
Sans la fable, en nos vers, n'aura rien que de plat.
Qu'on y peigne en savant une plante nourrie
Des impures vapeurs d'une terre pourrie,
Le portrait plaira-t-il, s'il n'a pour agrément
Les larmes d'une amante ou le sang d'un amant?
Qu'aura de beau la guerre, à moins qu'on n'y crayonne
Ici le char de Mars, là celui de Bellone,
Que la Victoire vole, et que les grands exploits
Soient portés en tous lieux par la nymphe à cent voix?
  Qu'ont la terre et la mer, si l'on n'ose décrire
Ce qu'il faut de tritons à pousser un navire,
Cet empire qu'Eole a sur les tourbillons,
Bacchus sur les coteaux, Cérès sur les sillons?
Tous ces vieux ornements, traitez-les d'antiquailles:
Moi, si jamais je peins Saint-Germain et Versailles,
Les nymphes, malgré vous, danseront tout autour,
Cent demi-dieux follets leur parleront d'amour.

Du satyre caché les brusques échappées
Dans les bras des sylvains feront fuir les napées ;
Et si je fais baller pour l'un de ces beaux lieux,
J'y ferai malgré vous trépigner tous les dieux.
    Vous donc, encore un coup, troupe docte et choisie,
Qui nous forgez des lois à votre fantaisie,
Puissiez-vous à jamais adorer cette erreur
Qui pour tant de beautés inspire tant d'horreur,
Nous laisser à jamais ces charmes en partage,
Qui portent les grands noms au delà de notre âge !
Et, si le vôtre atteint quelque postérité,
Puisse-t-il n'y traîner qu'un vers décrédité !

Nous ne donnerons aucun extrait d'un recueil d'hymnes et de psaumes publié par Corneille à Paris en 1665, et intitulé : *Louanges de la sainte Vierge composées en rimes latines* par saint Bonaventure, et *mises en français* par Pierre Corneille. Nous n'y trouvons rien qui soit capable de rehausser la gloire de l'écrivain, et nous croyons avoir recueilli dans cette édition tout ce qui justifie les hommages rendus à un génie créateur.

ÉMILE DE LA BÉDOLLIÈRE.

LE CID,

TRAGÉDIE EN CINQ ACTES.

NOTICE.

Le *Cid*, représenté au théâtre de l'hôtel de Bourgogne vers la fin de 1636, accomplit une véritable révolution, tant il était supérieur à tous les essais de Hardy, de Garnier, de Guérin de Bouscal, de Mairet ou de Rotrou.

Le sujet était emprunté à Guilhen de Castro auteur espagnol; mais Corneille y ajouta des beautés tellement originales, que sa propre pièce a été traduite en espagnol par Jean-Baptiste Diamante. Voltaire, dans ses *Commentaires*, a confondu les deux *Cids* espagnols, et les a supposés tous deux antérieurs au *Cid* français. Il en résulte qu'il a présenté comme des imitations faites par Corneille des passages que Diamante a copiés textuellement sur la pièce française.

Le héros que Corneille a choisi est célèbre dans les vieilles romances espagnoles sans que l'on connaisse très-exactement les particularités de sa vie. Son véritable nom était don Rodrigue-Diaz-de-Bivar, et il naquit à Burgos en 1040. Il fut armé chevalier, à l'âge de vingt ans, par Ferdinand Ier, roi de Léon et de Castille, et se rendit redoutable aux Maures. Ce furent cinq chefs qu'il avait vaincus, qui, en venant apporter leurs tributs à la cour, le saluèrent du titre de Seïd ou seigneur. Il mourut à Valence en 1099. Quant à son duel avec don Gomès et ses amours avec Chimène, ce sont deux faits qui ne sont pas historiquement établis.

Pierre Corneille, qui régénérait l'art dramatique, fut persécuté comme tous les novateurs et attaqué par tous les poëtes du temps, à l'instigation du cardinal de Richelieu. Sous prétexte d'examiner le *Cid*, on publia divers opuscules dont le véritable but était de refroidir l'enthousiasme du public. Tels furent les *Observations sur le Cid*, de Georges Scudéry, et les *Sentiments de l'Académie française sur la tragi-comédie du Cid*. Pour apprécier ces deux critiques, il suffit d'en lire le début. L'Académie commence en ces termes : « Ceux qui par quelque désir de gloire donnent leurs ouvrages au public, ne doivent pas trouver étrange que le public s'en fasse le juge. » Scudéry dit de son côté avec une partialité plus flagrante : « Il est de certaines pièces, comme de certains animaux qui sont en la nature, qui de loin semblent des étoiles, et qui de près ne sont que des vermisseaux. » Les critiques passèrent et le *Cid* resta. D'abord présenté timidement sous le titre de tragi-comédie, il reprit bientôt le nom plus pompeux de tragédie, que personne ne lui disputa. Cette pièce eut une popularité jusqu'alors inconnue. On la traduisit dans toutes les langues de l'Europe. On en faisait apprendre les vers aux enfants, et il était passé en proverbe de dire : « C'est beau comme le *Cid*. »

C'est encore aujourd'hui la pièce de Corneille qui produit la plus vive impression; mais J.-B. Rousseau, dans une édition publiée à Bruxelles en 1728, a supprimé le personnage de l'infante.

Le succès du *Cid* excita la verve de plusieurs poëtes, et l'on vit paraître successivement en 1637 : *la Suite et le Mariage du Cid*, tragi-comédie par Chevreau; *la Vraie Suite du Cid*, tragi-comédie par Desfontaines; *l'Ombre du comte de Gormas et la Mort du Cid*, par Chillac. De nos jours Casimir Delavigne a fait jouer *la Fille du Cid* et Hippolyte Lucas *la Jeunesse du Cid*.

ÉMILE DE LA BÉDOLLIÈRE.

PERSONNAGES.

Don FERNAND, premier roi de Castille.
Doña URRAQUE, infante de Castille.
Don DIÈGUE, père de don Rodrigue.
Don GOMÈS, comte de Gormas, père de Chimène.
CHIMÈNE, fille de don Gomès.
Don RODRIGUE, amant de Chimène.
Don SANCHE, amoureux de Chimène.
Don ARIAS, gentilhomme castillan.
Don ALONSE, gentilhomme castillan.
LÉONOR, gouvernante de l'infante.
ELVIRE, gouvernante de Chimène.
UN PAGE de l'infante.

La scène est à Séville.

LE CID.

ACTE PREMIER.

SCÈNE I.
CHIMÈNE, ELVIRE.

CHIMÈNE. Elvire, m'as-tu fait un rapport bien sincère ?
Ne déguises-tu rien de ce qu'a dit mon père ?
ELVIRE. Tous mes sens à moi-même en sont encor charmés ;
Il estime Rodrigue autant que vous l'aimez ;
Et, si je ne m'abuse à lire dans son âme,
Il vous commandera de répondre à sa flamme.
CHIMÈNE. Dis-moi donc, je te prie, une seconde fois
Ce qui te fait juger qu'il approuve mon choix,
Apprends-moi de nouveau quel espoir j'en dois prendre ;
Un si charmant discours ne se peut trop entendre ;
Tu ne peux trop promettre aux feux de notre amour
La douce liberté de se montrer au jour.
Que t'a-t-il répondu sur la secrète brigue
Que font auprès de toi don Sanche et don Rodrigue ?
N'as-tu point trop fait voir quelle inégalité
Entre ces deux amants me penche d'un côté ?
ELVIRE. Non : j'ai peint votre cœur dans une indifférence
Qui n'enfle d'aucun d'eux ni n'abat l'espérance,
Et, sans les voir d'un œil trop sévère ou trop doux,
Attend l'ordre d'un père à choisir un époux.
Ce respect l'a ravi ; sa bouche et son visage
M'en ont donné sur l'heure un digne témoignage :
Et, puisqu'il faut encor vous en faire un récit,
Voici d'eux et de vous ce qu'en hâte il m'a dit :
« Elle est dans le devoir ; tous deux sont dignes d'elle,
» Tous deux formés d'un sang noble, vaillant, fidèle,
» Jeunes, mais qui font lire aisément dans leurs yeux
» L'éclatante vertu de leurs braves aïeux.
» Don Rodrigue surtout n'a trait en son visage
» Qui d'un homme de cœur ne soit la haute image,
» Et sort d'une maison si féconde en guerriers,
» Qu'ils y prennent naissance au milieu des lauriers.
» La valeur de son père en son temps sans pareille,
» Tant qu'a duré sa force, a passé pour merveille ;
» Ses rides sur son front ont gravé ses exploits,

» Et nous disent encor ce qu'il fut autrefois.
» Je me promets du fils ce que j'ai vu du père;
» Et ma fille, en un mot, peut l'aimer et me plaire. »
Il allait au conseil, dont l'heure qui pressait
A tranché ce discours qu'à peine il commençait;
Mais à ce peu de mots je crois que sa pensée
Entre vos deux amants n'est pas fort balancée.
Le roi doit à son fils élire un gouverneur;
Et c'est lui que regarde un tel degré d'honneur :
Ce choix n'est pas douteux; et sa rare vaillance
Ne peut souffrir qu'on craigne aucune concurrence.
Comme ses hauts exploits le rendent sans égal,
Dans un espoir si juste il sera sans rival;
Et puisque don Rodrigue a résolu son père
Au sortir du conseil à proposer l'affaire,
Je vous laisse à juger s'il prendra bien son temps,
Et si tous vos désirs seront bientôt contents.

CHIMÈNE. Il semble toutefois que mon âme troublée
Refuse cette joie, et s'en trouve accablée.
Un moment donne au sort des visages divers;
Et dans ce grand bonheur je crains un grand revers.

ELVIRE. Vous verrez cette crainte heureusement déçue.

CHIMÈNE. Allons, quoi qu'il en soit, en attendre l'issue.

SCÈNE II.
L'INFANTE, LÉONOR, UN PAGE.

L'INFANTE. Page, allez avertir Chimène de ma part
Qu'aujourd'hui pour me voir elle attend un peu tard,
Et que mon amitié se plaint de sa paresse.

SCÈNE III.
L'INFANTE, LÉONOR.

LÉONOR. Madame, chaque jour même désir vous presse;
Et dans son entretien je vous vois chaque jour
Demander en quel point se trouve son amour.

L'INFANTE. Ce n'est pas sans sujet : je l'ai presque forcée
A recevoir les traits dont son âme est blessée.
Elle aime don Rodrigue, et le tient de ma main;
Et par moi don Rodrigue a vaincu son dédain :
Ainsi de ces amants ayant formé les chaînes,
Je dois prendre intérêt à voir finir leurs peines.

LÉONOR. Madame, toutefois, parmi leurs bons succès,
Vous montrez un chagrin qui va jusqu'à l'excès.
Cet amour qui tous deux les comble d'allégresse
Fait-il de ce grand cœur la profonde tristesse?
Et ce grand intérêt que vous prenez pour eux
Vous rend-il malheureuse alors qu'ils sont heureux?
Mais je vais trop avant, et deviens indiscrète.

ACTE I.

L'INFANTE. Ma tristesse redouble à la tenir secrète.
Ecoute, écoute enfin comme j'ai combattu;
Et, plaignant ma faiblesse, admire ma vertu.
L'amour est un tyran qui n'épargne personne :
Ce jeune chevalier, cet amant que je donne,
Je l'aime.

LÉONOR. Vous l'aimez!

L'INFANTE. Mets la main sur mon cœur,
Et vois comme il se trouble au nom de son vainqueur,
Comme il le reconnaît.

LÉONOR. Pardonnez-moi, madame,
Si je sors du respect pour blâmer cette flamme.
Choisir pour votre amant un simple chevalier!
Une grande princesse à ce point s'oublier!
Et que dira le roi? que dira la Castille?
Vous souvenez-vous bien de qui vous êtes fille?

L'INFANTE. Oui, oui, je m'en souviens; et j'épandrai mon sang
Avant que je m'abaisse à démentir mon rang.
Je te répondrais bien que dans les belles âmes
Le seul mérite a droit de produire des flammes;
Et si ma passion cherchait à s'excuser,
Mille exemples fameux pourraient l'autoriser :
Mais je n'en veux point suivre où ma gloire s'engage.
Si j'ai beaucoup d'amour, j'ai bien plus de courage;
Un noble orgueil m'apprend qu'étant fille de roi,
Tout autre qu'un monarque est indigne de moi.
Quand je vis que mon cœur ne se pouvait défendre,
Moi-même je donnai ce que je n'osais prendre,
Je mis, au lieu de moi, Chimène en ces liens,
Et j'allumai leurs feux pour éteindre les miens.
Ne t'étonne donc plus si mon âme gênée
Avec impatience attend leur hyménée;
Tu vois que mon repos en dépend aujourd'hui.
Si l'amour vit d'espoir, il périt avec lui;
C'est un feu qui s'éteint faute de nourriture;
Et, malgré la rigueur de ma triste aventure,
Si Chimène a jamais Rodrigue pour mari,
Mon espérance est morte, et mon esprit guéri.
Je souffre cependant un tourment incroyable;
Jusques à cet hymen Rodrigue m'est aimable;
Je travaille à le perdre, et le perds à regret,
Et de là prend son cours mon déplaisir secret.
Je suis au désespoir que l'amour me contraigne
A pousser des soupirs pour ce que je dédaigne :
Je sens en deux partis mon esprit divisé :
Si mon courage est haut, mon cœur est embrasé.
Cet hymen m'est fatal; je le crains et souhaite;
Je n'ose en espérer qu'une joie imparfaite;

Ma gloire et mon amour ont pour moi tant d'appas,
Que je meurs s'il s'achève, ou ne s'achève pas.
LÉONOR. Madame, après cela je n'ai rien à vous dire,
Sinon que de vos maux avec vous je soupire :
Je vous blâmais tantôt, je vous plains à présent.
Mais puisque dans un mal si doux et si cuisant
Votre vertu combat et son charme et sa force,
En repousse l'assaut, en rejette l'amorce,
Elle rendra le calme à vos esprits flottants :
Espérez donc tout d'elle et du secours du temps;
Espérez tout du ciel : il a trop de justice
Pour laisser la vertu dans un si long supplice.
L'INFANTE. Ma plus douce espérance est de perdre l'espoir.

SCÈNE IV.

L'INFANTE, LÉONOR, UN PAGE.

LE PAGE. Par vos commandements Chimène vous vient voir.
L'INFANTE *à Léonor.* Allez l'entretenir en cette galerie.
LÉONOR. Voulez-vous demeurer dedans la rêverie?
L'INFANTE. Non, je veux seulement, malgré mon déplaisir,
Remettre mon visage un peu plus à loisir.
Je vous suis.

SCÈNE V.

L'INFANTE.

Juste ciel, d'où j'attends mon remède,
Mets enfin quelque borne au mal qui me possède;
Assure mon repos, assure mon honneur.
Dans le bonheur d'autrui je cherche mon bonheur.
Cet hyménée à trois également importe;
Rends son effet plus prompt, ou mon âme plus forte.
D'un lien conjugal joindre ces deux amants,
C'est briser tous mes fers et finir mes tourments.
Mais je tarde un peu trop, allons trouver Chimène,
Et par son entretien soulager notre peine.

SCÈNE VI.

LE COMTE, D. DIÈGUE.

LE COMTE. Enfin vous l'emportez, et la faveur du roi
Vous élève en un rang qui n'était dû qu'à moi;
Il vous fait gouverneur du prince de Castille.
D. DIÈGUE. Cette marque d'honneur qu'il met dans ma famille
Montre à tous qu'il est juste, et fait connaître assez
Qu'il sait récompenser les services passés.
LE COMTE. Pour grands que soient les rois, ils sont ce que nous sommes,
Ils peuvent se tromper comme les autres hommes;
Et ce choix sert de preuve à tous les courtisans
Qu'ils savent mal payer les services présents.

D. DIÈGUE. Ne parlons plus d'un choix dont votre esprit s'irrite ;
La faveur l'a pu faire autant que le mérite ;
Mais on doit ce respect au pouvoir absolu,
De n'examiner rien quand un roi l'a voulu.
A l'honneur qu'il m'a fait ajoutez-en un autre ;
Joignons d'un sacré nœud ma maison à la vôtre :
Rodrigue aime Chimène, et ce digne sujet
De ses affections est le plus cher objet ;
Consentez-y, monsieur, et l'acceptez pour gendre.

LE COMTE. A de plus hauts partis Rodrigue doit prétendre ;
Et le nouvel éclat de votre dignité
Lui doit enfler le cœur d'une autre vanité.
Exercez-la, monsieur, et gouvernez le prince ;
Montrez-lui comme il faut régir une province,
Faire trembler partout les peuples sous sa loi,
Remplir les bons d'amour et les méchants d'effroi.
Joignez à ces vertus celles d'un capitaine ;
Montrez-lui comme il faut s'endurcir à la peine,
Dans le métier de Mars se rendre sans égal,
Passer les jours entiers et les nuits à cheval,
Reposer tout armé, forcer une muraille,
Et ne devoir qu'à soi le gain d'une bataille.
Instruisez-le d'exemple, et vous ressouvenez
Qu'il faut faire à ses yeux ce que vous enseignez.

D. DIÈGUE. Pour s'instruire d'exemple, en dépit de l'envie,
Il lira seulement l'histoire de ma vie.
Là, dans un long tissu de belles actions,
Il verra comme il faut dompter des nations,
Attaquer une place, ordonner une armée,
Et sur de grands exploits bâtir sa renommée.

LE COMTE. Les exemples vivants ont bien plus de pouvoir ;
Un prince dans un livre apprend mal son devoir.
Et qu'a fait, après tout, ce grand nombre d'années,
Que ne puisse égaler une de mes journées ?
Si vous fûtes vaillant, je le suis aujourd'hui,
Et ce bras du royaume est le plus ferme appui.
Grenade et l'Aragon tremblent quand ce fer brille ;
Mon nom sert de rempart à toute la Castille ;
Sans moi vous passeriez bientôt sous d'autres lois,
Et vous auriez bientôt vos ennemis pour rois.
Chaque jour, chaque instant, pour rehausser ma gloire,
Met lauriers sur lauriers, victoire sur victoire.
Le prince, à mes côtés, ferait dans les combats
L'essai de son courage à l'ombre de mon bras ;
Il apprendrait à vaincre en me regardant faire ;
Et, pour répondre en hâte à son grand caractère,
Il verrait...

D. DIÈGUE.   Je le sais, vous servez bien le roi ;

Je vous ai vu combattre et commander sous moi :
Quand l'âge dans mes nerfs a fait couler sa glace,
Votre rare valeur a bien rempli ma place;
Enfin, pour épargner des discours superflus,
Vous êtes aujourd'hui ce qu'autrefois je fus.
Vous voyez toutefois qu'en cette concurrence
Un monarque entre nous met quelque différence.

LE COMTE. Ce que je méritais vous l'avez emporté.
D. DIÈGUE. Qui l'a gagné sur vous l'avait mieux mérité.
LE COMTE. Qui peut mieux l'exercer en est bien le plus digne.
D. DIÈGUE. En être refusé n'en est pas un bon signe.
LE COMTE. Vous l'avez eu par brigue, étant vieux courtisan.
D. DIÈGUE. L'éclat de mes hauts faits fut mon seul partisan.
LE COMTE. Parlons-en mieux, le roi fait honneur à votre âge.
D. DIÈGUE. Le roi, quand il en fait, le mesure au courage.
LE COMTE. Et par là cet honneur n'était dû qu'à mon bras.
D. DIÈGUE. Qui n'a pu l'obtenir ne le méritait pas.
LE COMTE. Ne le méritait pas! moi?
D. DIÈGUE. Vous.
LE COMTE. Ton impudence,
Téméraire vieillard, aura sa récompense.
    (Il lui donne un soufflet.)
D. DIÈGUE *l'épée à la main.*
Achève, et prends ma vie après un tel affront,
Le premier dont ma race ait vu rougir son front.
LE COMTE. Et que penses-tu faire avec tant de faiblesse?
D. DIÈGUE. O Dieu! ma force usée en ce besoin me laisse!
LE COMTE. Ton épée est à moi : mais tu serais trop vain
Si ce honteux trophée avait chargé ma main.
Adieu. Fais lire au prince, en dépit de l'envie,
Pour son instruction, l'histoire de ta vie;
D'un insolent discours ce juste châtiment
Ne lui servira pas d'un petit ornement.

SCÈNE VII.
D. DIÈGUE.

O rage! ô désespoir! ô vieillesse ennemie!
N'ai-je donc tant vécu que pour cette infamie!
Et ne suis-je blanchi dans les travaux guerriers
Que pour voir en un jour flétrir tant de lauriers!
Mon bras, qu'avec respect toute l'Espagne admire,
Mon bras, qui tant de fois a sauvé cet empire,
Tant de fois affermi le trône de son roi,
Trahit donc ma querelle et ne fait rien pour moi!
O cruel souvenir de ma gloire passée!
OEuvre de tant de jours en un jour effacée!
Nouvelle dignité fatale à mon bonheur!
Précipice élevé d'où tombe mon honneur!

Faut-il de votre éclat voir triompher le comte,
Et mourir sans vengeance ou vivre dans la honte?
 Comte, sois de mon prince à présent gouverneur;
Ce haut rang n'admet point un homme sans honneur,
Et ton jaloux orgueil, par cet affront insigne,
Malgré le choix du roi, m'en a su rendre indigne.
Et toi, de mes exploits glorieux instrument,
Mais d'un corps tout de glace inutile ornement,
Fer jadis tant à craindre, et qui, dans cette offense,
M'as servi de parade et non pas de défense,
Va, quitte désormais le dernier des humains,
Passe pour me venger en de meilleures mains.

SCÈNE VIII.
D. DIÈGUE, D. RODRIGUE.

D. DIÈGUE. Rodrigue, as-tu du cœur?
D. RODRIGUE. Tout autre que mon père
 L'éprouverait sur l'heure.
D. DIÈGUE. Agréable colère!
Digne ressentiment à ma douleur bien doux!
Je reconnais mon sang à ce noble courroux:
Ma jeunesse revit en cette ardeur si prompte.
Viens, mon fils, viens, mon sang, viens réparer ma honte;
Viens me venger.
D. RODRIGUE. De quoi?
D. DIÈGUE. D'un affront si cruel,
Qu'à l'honneur de tous deux il porte un coup mortel:
D'un soufflet. L'insolent en eût perdu la vie,
Mais mon âge a trompé ma généreuse envie;
Et ce fer, que mon bras ne peut plus soutenir,
Je le remets au tien pour venger et punir.
Va contre un arrogant éprouver ton courage.
Ce n'est que dans le sang qu'on lave un tel outrage.
Meurs ou tue. Au surplus, pour ne te point flatter,
Je te donne à combattre un homme à redouter:
Je l'ai vu tout sanglant, au milieu des batailles,
Se faire un beau rempart de mille funérailles.
D. RODRIGUE. Son nom? c'est perdre temps en propos superflus.
D. DIÈGUE. Donc pour te dire encor quelque chose de plus,
 Plus que brave soldat, plus que grand capitaine,
 C'est...
D. RODRIGUE. De grâce, achevez.
D. DIÈGUE. Le père de Chimène.
D. RODRIGUE. Le...
D. DIÈGUE. Ne réplique point, je connais ton amour;
Mais qui peut vivre infâme est indigne du jour;
Plus l'offenseur est cher, et plus grande est l'offense:

Enfin tu sais l'affront et tu tiens la vengeance;
Je ne te dis plus rien; venge-moi, venge-toi;
Montre-toi digne fils d'un père tel que moi :
Accablé des malheurs où le destin me range,
Je m'en vais les pleurer. Va, cours, vole et nous venge.

SCÈNE IX.

D. RODRIGUE.

Percé jusques au fond du cœur
D'une atteinte imprévue aussi bien que mortelle,
Misérable vengeur d'une juste querelle,
Et malheureux objet d'une injuste rigueur,
Je demeure immobile, et mon âme abattue
    Cède au coup qui me tue.
Si près de voir mon feu récompensé,
    O Dieu! l'étrange peine!
En cet affront mon père est l'offensé,
    Et l'offenseur le père de Chimène!
    Que je sens de rudes combats!
Contre mon propre honneur mon amour s'intéresse,
Il faut venger un père et perdre une maîtresse;
L'un m'anime le cœur, l'autre retient mon bras,
Réduit au triste choix, ou de trahir ma flamme,
    Ou de vivre en infâme,
Des deux côtés mon mal est infini.
    O Dieu! l'étrange peine!
Faut-il laisser un affront impuni?
Faut-il punir le père de Chimène?
    Père, maîtresse, honneur, amour,
Noble et dure contrainte, aimable tyrannie,
Tous mes plaisirs sont morts ou ma gloire ternie;
L'un me rend malheureux, l'autre indigne du jour.
Cher et cruel espoir d'une âme généreuse,
    Mais ensemble amoureuse,
Digne ennemi de mon plus grand bonheur,
    Fer, qui causes ma peine,
M'es-tu donné pour venger mon honneur?
M'es-tu donné pour perdre ma Chimène?
    Il vaut mieux courir au trépas;
Je dois à ma maîtresse aussi bien qu'à mon père;
J'attire, en me vengeant, sa haine et sa colère :
J'attire ses mépris en ne me vengeant pas.
A mon plus doux espoir l'un me rend infidèle,
    Et l'autre, indigne d'elle.
Mon mal augmente à le vouloir guérir,
    Tout redouble ma peine :
Allons, mon âme, et, puisqu'il faut mourir,
Mourons du moins sans offenser Chimène.

Mourir sans tirer ma raison !
Rechercher un trépas si mortel à ma gloire !
Endurer que l'Espagne impute à ma mémoire
D'avoir mal soutenu l'honneur de ma maison ;
Respecter un amour dont mon âme égarée
    Voit la perte assurée !
N'écoutons plus ce penser suborneur
    Qui ne sert qu'à ma peine :
  Allons, mon bras, sauvons du moins l'honneur,
  Puisque après tout il faut perdre Chimène.
    Oui, mon esprit s'était déçu ;
Je dois tout à mon père avant qu'à ma maîtresse :
Que je meure au combat ou meure de tristesse,
Je rendrai mon sang pur comme je l'ai reçu.
Je m'accuse déjà de trop de négligence,
    Courons à la vengeance ;
Et, tout honteux d'avoir tant balancé,
    Ne soyons plus en peine,
Puisque aujourd'hui mon père est l'offensé,
Si l'offenseur est père de Chimène.

ACTE DEUXIÈME.

SCÈNE I.

D. ARIAS, LE COMTE.

LE COMTE. Je l'avoue entre nous, quand je lui fis l'affront,
J'eus le sang un peu chaud et le bras un peu prompt ;
Mais, puisque c'en est fait, le coup est sans remède.

D. ARIAS. Qu'aux volontés du roi ce grand courage cède ;
Il y prend grande part, et son cœur irrité
Agira contre vous de pleine autorité.
Aussi vous n'avez point de valable défense :
Le rang de l'offensé, la grandeur de l'offense,
Demandent des devoirs et des soumissions
Qui passent le commun des satisfactions.

LE COMTE. Le roi peut, à son gré, disposer de ma vie.

D. ARIAS. De trop d'emportement votre faute est suivie.
Le roi vous aime encore, apaisez son courroux.
Il a dit : *Je le veux.* Désobéirez-vous ?

LE COMTE. Monsieur, pour conserver ma gloire et mon estime,
Désobéir un peu n'est pas un si grand crime ;
Et, quelque grand qu'il fût, mes services présents
Pour le faire abolir sont plus que suffisants.

D. ARIAS. Quoi qu'on fasse d'illustre et de considérable,
Jamais à son sujet un roi n'est redevable :
Vous vous flattez beaucoup ; et vous devez savoir
Que qui sert bien son roi ne fait que son devoir.

Vous vous perdrez, monsieur, sur cette confiance.
LE COMTE. Je ne vous en croirai qu'après l'expérience.
D. ARIAS. Vous devez redouter la puissance d'un roi.
LE COMTE. Un jour seul ne perd pas un homme tel que moi.
Que toute sa grandeur s'arme pour mon supplice,
Tout l'Etat périra, s'il faut que je périsse.
D. ARIAS. Quoi! vous craignez si peu le pouvoir souverain...
LE COMTE. D'un sceptre qui, sans moi, tomberait de sa main.
Il a trop d'intérêt lui-même à ma personne,
Et ma tête en tombant ferait choir sa couronne.
D. ARIAS. Souffrez que la raison remette vos esprits :
Prenez un bon conseil.
LE COMTE. Le conseil en est pris.
D. ARIAS. Que lui dirai-je enfin? je lui dois rendre compte.
LE COMTE. Que je ne puis du tout consentir à ma honte.
D. ARIAS. Mais songez que les rois veulent être absolus.
LE COMTE. Le sort en est jeté, monsieur, n'en parlons plus.
D. ARIAS. Adieu donc, puisqu'en vain je tâche à vous résoudre.
Tout couvert de lauriers, craignez encor la foudre.
LE COMTE. Je l'attendrai sans peur.
D. ARIAS. Mais non pas sans effet.
(*Il rentre.*)
LE COMTE. Nous verrons donc par là don Diègue satisfait.
Qui ne craint point la mort ne craint point les menaces :
J'ai le cœur au-dessus des plus fières disgrâces;
Et l'on peut me réduire à vivre sans bonheur,
Mais non pas me résoudre à vivre sans honneur.

SCÈNE II.
LE COMTE, D. RODRIGUE.

D. RODRIGUE. A moi, comte, deux mots.
LE COMTE. Parle.
D. RODRIGUE. Ote-moi d'un doute.
Connais-tu bien don Diègue?
LE COMTE. Oui.
D. RODRIGUE. Parlons bas, écoute.
Sais-tu que ce vieillard fut la même vertu,
La vaillance et l'honneur de son temps? Le sais-tu?
LE COMTE. Peut-être.
D. RODRIGUE. Cette ardeur que dans les yeux je porte,
Sais-tu que c'est son sang? Le sais-tu?
LE COMTE. Que m'importe?
D. RODRIGUE. A quatre pas d'ici je te le fais savoir.
LE COMTE. Jeune présomptueux!
D. RODRIGUE. Parle sans t'émouvoir.
Je suis jeune, il est vrai, mais aux âmes bien nées
La valeur n'attend pas le nombre des années.
LE COMTE. Te mesurer à moi! Qui t'a rendu si vain,
Toi qu'on n'a jamais vu les armes à la main?

D. RODRIGUE. Mes pareils à deux fois ne se font pas connaître,
  Et pour leur coup d'essai veulent des coups de maître.
LE COMTE. Sais-tu bien qui je suis?
D. RODRIGUE.   Oui : tout autre que moi
  Au seul bruit de ton nom pourrait trembler d'effroi.
  Mille et mille lauriers dont ta tête est couverte
  Semblent porter écrit le destin de ma perte;
  J'attaque en téméraire un bras toujours vainqueur;
  Mais j'aurai trop de force ayant assez de cœur.
  A qui venge son père il n'est rien d'impossible;
  Ton bras est invaincu, mais non pas invincible.
LE COMTE. Ce grand cœur qui paraît aux discours que tu tiens,
  Par tes yeux, chaque jour, se découvrait aux miens;
  Et, croyant voir en toi l'honneur de la Castille,
  Mon âme avec plaisir te destinait ma fille.
  Je sais ta passion, et suis ravi de voir
  Que tous ses mouvements cèdent à ton devoir,
  Qu'ils n'ont point affaibli cette ardeur magnanime,
  Que ta haute vertu répond à mon estime;
  Et que, voulant pour gendre un chevalier parfait,
  Je ne me trompais point au choix que j'avais fait.
  Mais je sens que pour toi ma pitié s'intéresse,
  J'admire ton courage, et je plains ta jeunesse.
  Ne cherche point à faire un coup d'essai fatal;
  Dispense ma valeur d'un combat inégal;
  Trop peu d'honneur pour moi suivrait cette victoire :
  A vaincre sans péril on triomphe sans gloire;
  On te croirait toujours abattu sans effort,
  Et j'aurais seulement le regret de ta mort.
D. RODRIGUE. D'une indigne pitié ton audace est suivie :
  Qui m'ose ôter l'honneur craint de m'ôter la vie!
LE COMTE. Retire-toi d'ici.
D. RODRIGUE.   Marchons sans discourir.
LE COMTE. Es-tu si las de vivre?
D. RODRIGUE.   As-tu peur de mourir?
LE COMTE. Viens; tu fais ton devoir; et le fils dégénère
  Qui survit un moment à l'honneur de son père.

SCÈNE III.

L'INFANTE, CHIMÈNE, LÉONOR.

L'INFANTE. Apaise, ma Chimène, apaise ta douleur,
  Fais agir ta constance en ce coup de malheur,
  Tu reverras le calme après ce faible orage;
  Ton bonheur n'est couvert que d'un peu de nuage,
  Et tu n'as rien perdu pour le voir différer.
CHIMÈNE. Mon cœur, outré d'ennuis, n'ose rien espérer.
  Un orage si prompt qui trouble une bonace
  D'un naufrage certain nous porte la menace;

Je n'en saurais douter, je péris dans le port.
J'aimais, j'étais aimée, et nos pères d'accord;
Et je vous en contais la première nouvelle
Au malheureux moment que naissait leur querelle,
Dont le récit fatal, sitôt qu'on vous l'a fait,
D'une si douce attente a ruiné l'effet.
  Maudite ambition, détestable manie,
Dont les plus généreux souffrent la tyrannie,
Impitoyable honneur, mortel à mes plaisirs,
Que tu me vas coûter de pleurs et de soupirs!

L'INFANTE. Tu n'as dans leur querelle aucun sujet de craindre;
Un moment l'a fait naître, un moment va l'éteindre;
Elle a fait trop de bruit pour ne pas s'accorder,
Puisque déjà le roi les veut accommoder:
Et tu sais que mon âme à tes ennuis sensible
Pour en tarir la source y fera l'impossible.

CHIMÈNE. Les accommodements ne font rien en ce point;
Les affronts à l'honneur ne se réparent point.
En vain on fait agir la force et la prudence;
Si l'on guérit le mal, ce n'est qu'en apparence;
La haine que les cœurs conservent au dedans
Nourrit des feux cachés, mais d'autant plus ardents.

L'INFANTE. Le saint nœud qui joindra don Rodrigue et Chimène
Des pères ennemis dissipera la haine;
Et nous verrons bientôt votre amour le plus fort,
Par un heureux hymen, étouffer ce discord.

CHIMÈNE. Je le souhaite ainsi, plus que je ne l'espère,
Don Diègue est trop altier, et je connais mon père.
Je sens couler des pleurs que je veux retenir:
Le passé me tourmente, et je crains l'avenir.

L'INFANTE. Que crains-tu? d'un vieillard l'impuissante faiblesse?

CHIMÈNE. Rodrigue a du courage.

L'INFANTE.   Il a trop de jeunesse.

CHIMÈNE. Les hommes valeureux le sont du premier coup.

L'INFANTE. Tu ne dois pas pourtant le redouter beaucoup,
Il est trop amoureux pour te vouloir déplaire,
Et deux mots de ta bouche arrêtent sa colère.

CHIMÈNE. S'il ne m'obéit point, quel comble à mon ennui!
Et s'il peut m'obéir, que dira-t-on de lui?
Etant né ce qu'il est, souffrir un tel outrage!
Soit qu'il cède ou résiste au feu qui me l'engage,
Mon esprit ne peut qu'être ou honteux ou confus
De son trop de respect ou d'un juste refus.

L'INFANTE. Chimène est généreuse, et, quoique intéressée,
Elle ne peut souffrir une lâche pensée:
Mais si, jusques au jour de l'accommodement,
Je fais mon prisonnier de ce parfait amant,
Et que j'empêche ainsi l'effet de son courage,

ACTE II.

       Ton esprit amoureux n'aura-t-il point n'ombrage ?
CHIMÈNE. Ah, madame ! en ce cas je n'ai plus de souci.

SCÈNE IV.

L'INFANTE, CHIMÈNE, LÉONOR, UN PAGE.

L'INFANTE. Page, cherchez Rodrigue et l'amenez ici.
LE PAGE. Le comte de Gormas et lui...
CHIMÈNE.   Bon Dieu ! je tremble.
L'INFANTE. Parlez.
LE PAGE.   De ce palais ils sont sortis ensemble.
CHIMÈNE. Seuls ?
LE PAGE.   Seuls, et qui semblaient tout bas se quereller.
CHIMÈNE. Sans doute ils sont aux mains, il n'en faut plus parler.
       Madame, pardonnez à cette promptitude.

SCÈNE V.

L'INFANTE, LÉONOR.

L'INFANTE. Hélas ! que dans l'esprit je sens d'inquiétude !
       Je pleure ses malheurs, son amant me ravit,
       Mon repos m'abandonne, et ma flamme revit.
       Ce qui va séparer Rodrigue de Chimène
       Fait renaître à la fois mon espoir et ma peine :
       Et leur division, que je vois à regret,
       Dans mon esprit charmé jette un plaisir secret.
LÉONOR. Cette haute vertu qui règne dans votre âme
       Se rend-elle sitôt à cette lâche flamme ?
L'INFANTE. Ne la nomme point lâche, à présent que chez moi
       Pompeuse et triomphante elle me fait la loi ;
       Porte-lui du respect puisqu'elle m'est si chère ;
       Ma vertu la combat, mais malgré moi j'espère ;
       Et d'un si fol espoir mon cœur mal défendu
       Vole après un amant que Chimène a perdu.
LÉONOR. Vous laissez choir ainsi ce glorieux courage ;
       Et la raison chez vous perd ainsi son usage.
L'INFANTE. Ah ! qu'avec peu d'effet on entend la raison
       Quand le cœur est atteint d'un si charmant poison !
       Et lorsque le malade aime sa maladie,
       Qu'il a peine à souffrir que l'on y remédie !
LÉONOR. Votre espoir vous séduit ; votre mal vous est doux ;
       Mais enfin ce Rodrigue est indigne de vous.
L'INFANTE. Je ne le sais que trop ; mais si ma vertu cède,
       Apprends comme l'amour flatte un cœur qu'il possède.
       Si Rodrigue une fois sort vainqueur du combat,
       Si dessous sa valeur ce grand guerrier s'abat,
       Je puis en faire cas, je puis l'aimer sans honte ;
       Que ne fera-t-il point s'il peut vaincre le comte !
       J'ose m'imaginer qu'à ses moindres exploits
       Les royaumes entiers tomberont sous ses lois ;

Et mon amour flatteur déjà me persuade
Que je le vois assis au trône de Grenade,
Les Maures subjugués trembler en l'adorant,
L'Aragon recevoir ce nouveau conquérant,
Le Portugal se rendre, et ses nobles journées
Porter delà les mers ses hautes destinées,
Du sang des Africains arroser ses lauriers :
Enfin, tout ce qu'on dit des plus fameux guerriers,
Je l'attends de Rodrigue après cette victoire,
Et fais de son amour un sujet de ma gloire.

LÉONOR. Mais, madame, voyez où vous portez son bras
En suite d'un combat qui peut-être n'est pas.

L'INFANTE. Rodrigue est offensé, le comte a fait l'outrage,
Ils sont sortis ensemble, en faut-il davantage?

LÉONOR. Je veux que ce combat demeure pour certain;
Votre esprit va-t-il pas bien vite pour sa main?

L'INFANTE. Que veux-tu? Je suis folle, et mon esprit s'égare :
Mais c'est le moindre mal que l'amour me prépare.
Viens dans mon cabinet consoler mes ennuis,
Et ne me quitte point dans le trouble où je suis.

SCÈNE VI.

D. FERNAND, D. ARIAS, D. SANCHE, D. ALONSE

D. FERNAND. Le comte est donc si vain et si peu raisonnable?
Ose-t-il croire encor son crime pardonnable?

D. ARIAS. Je l'ai de votre part longtemps entretenu;
J'ai fait mon pouvoir, sire, et n'ai rien obtenu.

D. FERNAND. Justes cieux! Ainsi donc un sujet téméraire
A si peu de respect et de soin de me plaire!
Il offense don Diègue, et méprise son roi!
Au milieu de ma cour il me donne la loi!
Qu'il soit brave guerrier, qu'il soit grand capitaine,
Je saurai bien rabattre une humeur si hautaine :
Fût-il la valeur même et le dieu des combats,
Il verra ce que c'est que de n'obéir pas.
Quoi qu'ait pu mériter une telle insolence,
Je l'ai voulu d'abord traiter sans violence :
Mais, puisqu'il en abuse, allez dès aujourd'hui,
Soit qu'il résiste ou non, vous assurer de lui.

SCÈNE VII.

D. FERNAND, D. SANCHE, D. ARIAS.

D. SANCHE. Peut-être un peu de temps le rendrait moins rebelle,
On l'a pris tout bouillant encor de sa querelle;
Sire, dans la chaleur d'un premier mouvement,
Un cœur si généreux se rend malaisément :
Il voit bien qu'il a tort; mais une âme si haute
N'est pas sitôt réduite à confesser sa faute.

D. FERNAND. Don Sanche, taisez-vous, et soyez averti
Qu'on se rend criminel à prendre son parti.
D. SANCHE. J'obéis, et me tais; mais, de grâce encor, sire,
Deux mots en sa défense.
D. FERNAND. Et que pourrez-vous dire?
D. SANCHE. Qu'une âme accoutumée aux grandes actions
Ne se peut abaisser à des soumissions.
Elle n'en conçoit point qui s'expliquent sans honte;
Et c'est à ce mot seul qu'a résisté le comte.
Il trouve en son devoir un peu trop de rigueur,
Et vous obéirait s'il avait moins de cœur.
Commandez que son bras, nourri dans les alarmes,
Répare cette injure à la pointe des armes;
Il satisfera, sire; et vienne qui voudra,
Attendant qu'il l'ait su, voici qui répondra.
D. FERNAND. Vous perdez le respect; mais je pardonne à l'âge,
Et j'excuse l'ardeur en un jeune courage.
Un roi dont la prudence a de meilleurs objets
Est meilleur ménager du sang de ses sujets;
Je veille pour les miens, mes soucis les conservent,
Comme le chef a soin des membres qui le servent.
Ainsi votre raison n'est pas raison pour moi :
Vous parlez en soldat; je dois agir en roi;
Et quoi qu'on veuille dire, et quoi qu'il ose croire,
Le comte à m'obéir ne peut perdre sa gloire.
D'ailleurs l'affront me touche; il a perdu d'honneur
Celui que de mon fils j'ai fait le gouverneur.
S'attaquer à mon choix, c'est se prendre à moi-même,
Et faire un attentat sur le pouvoir suprême.
N'en parlons plus. Au reste, on a vu dix vaisseaux
De nos vieux ennemis arborer les drapeaux :
Vers la bouche du fleuve ils ont osé paraître.
D. ARIAS. Les Maures ont appris par force à vous connaître;
Et, tant de fois vaincus, ils ont perdu le cœur
De se plus hasarder contre un si grand vainqueur.
D. FERNAND. Ils ne verront jamais sans quelque jalousie
Mon sceptre, en dépit d'eux, régir l'Andalousie;
Et ce pays si beau, qu'ils ont trop possédé,
Avec un œil d'envie est toujours regardé.
C'est l'unique raison qui m'a fait dans Séville
Placer depuis dix ans le trône de Castille,
Pour les voir de plus près et d'un ordre plus prompt
Renverser aussitôt ce qu'ils entreprendront.
D. ARIAS. Sire, ils ont trop appris, aux dépens de leurs têtes,
Combien votre présence assure vos conquêtes;
Vous n'avez rien à craindre.
D. FERNAND. Et rien à négliger.
Le trop de confiance attire le danger;

Et le même ennemi que l'on vient de détruire,
S'il sait prendre son temps, est capable de nuire.
Toutefois j'aurais tort de jeter dans les cœurs,
L'avis étant mal sûr, de paniques terreurs;
L'effroi que produirait cette alarme inutile,
Dans la nuit qui survient, troublerait trop la ville.
Faites doubler la garde aux murs et sur le port;
C'est assez pour ce soir.

SCÈNE VIII.
D. FERNAND, D. SANCHE, D. ARIAS, D. ALONSE.

D. ALONSE. Sire, le comte est mort.
Don Diègue par son fils a vengé son offense.
D. FERNAND. Dès que j'ai su l'affront, j'ai prévu la vengeance,
Et j'ai voulu dès lors prévenir ce malheur.
D. ALONSE. Chimène à vos genoux apporte sa douleur;
Elle vient tout en pleurs vous demander justice.
D. FERNAND. Bien qu'à ses déplaisirs mon âme compatisse,
Ce que le comte a fait semble avoir mérité
Ce juste châtiment de sa témérité.
Quelque juste pourtant que puisse être sa peine,
Je ne puis sans regret perdre un tel capitaine.
Après un long service à mon Etat rendu,
Après son sang pour moi mille fois répandu,
A quelque sentiment que son orgueil m'oblige,
Sa perte m'affaiblit, et son trépas m'afflige.

SCÈNE IX.
D. FERNAND, D. DIÈGUE, CHIMÈNE, D. SANCHE, D. ARIAS, D. ALONSE.

CHIMÈNE. Sire, sire, justice.
D. DIÈGUE. Ah! sire, écoutez-nous.
CHIMÈNE. Je me jette à vos pieds.
D. DIÈGUE. J'embrasse vos genoux.
CHIMÈNE. Je demande justice.
D. DIÈGUE. Entendez ma défense.
CHIMÈNE. D'un jeune audacieux punissez l'insolence;
Il a de votre sceptre abattu le soutien,
Il a tué mon père.
D. DIÈGUE. Il a vengé le sien
CHIMÈNE. Au sang de ses sujets un roi doit la justice.
D. DIÈGUE. Pour la juste vengeance il n'est point de supplice.
D. FERNAND. Levez-vous l'un et l'autre, et parlez à loisir.
Chimène, je prends part à votre déplaisir,
D'une égale douleur je sens mon âme atteinte.
Vous parlerez après, ne troublez pas sa plainte.
CHIMÈNE. Sire, mon père est mort; mes yeux ont vu son sang

Couler à gros bouillons de son généreux flanc;
Ce sang qui tant de fois garantit vos murailles,
Ce sang qui tant de fois vous gagna des batailles,
Ce sang qui tout sorti fume encor de courroux
De se voir répandu pour d'autres que pour vous,
Qu'au milieu des hasards n'osait verser la guerre,
Rodrigue en votre cour vient d'en couvrir la terre.
Et, pour son coup d'essai, son indigne attentat,
D'un si ferme soutien a privé votre Etat,
De vos meilleurs soldats abattu l'assurance,
Et de vos ennemis relevé l'espérance.
J'ai couru sur le lieu, sans force et sans couleur;
Je l'ai trouvé sans vie. Excusez ma douleur,
Sire, la voix me manque à ce récit funeste;
Mes pleurs et mes soupirs vous diront mieux le reste.

D. FERNAND. Prends courage, ma fille, et sache qu'aujourd'hui
Ton roi te veut servir de père au lieu de lui.

CHIMÈNE. Sire, de trop d'honneur ma misère est suivie.
Je vous l'ai déjà dit; je l'ai trouvé sans vie;
Son flanc était ouvert; et, pour mieux m'émouvoir,
Son sang sur la poussière écrivait mon devoir;
Ou plutôt sa valeur en cet état réduite
Me parlait par sa plaie, et hâtait ma poursuite;
Et, pour se faire entendre au plus juste des rois,
Par cette triste bouche elle empruntait ma voix.
  Sire, ne souffrez pas que sous votre puissance
Règne devant vos yeux une telle licence,
Que les plus valeureux avec impunité
Soient exposés aux coups de la témérité,
Qu'un jeune audacieux triomphe de leur gloire,
Se baigne dans leur sang, et brave leur mémoire.
Un si vaillant guerrier qu'on vient de vous ravir
Eteint, s'il n'est vengé, l'ardeur de vous servir.
Enfin, mon père est mort, j'en demande vengeance,
Plus pour votre intérêt que pour mon allégeance;
Vous perdez en la mort d'un homme de son rang;
Vengez-la par une autre, et le sang par le sang;
Immolez, non à moi, mais à votre couronne,
Mais à votre grandeur, mais à votre personne,
Immolez, dis-je, sire, au bien de tout l'Etat
Tout ce qu'enorgueillit un si grand attentat.

D. FERNAND. Don Diègue, répondez.

D. DIÈGUE.   Qu'on est digne d'envie,
Lorsqu'en perdant la force on perd aussi la vie;
Et qu'un long âge apprête aux hommes généreux,
Au bout de leur carrière, un destin malheureux!
Moi, dont les longs travaux ont acquis tant de gloire,
Moi, que jadis partout a suivi la victoire,

Je me vois aujourd'hui, pour avoir trop vécu,
Recevoir un affront, et demeurer vaincu.
Ce que n'a pu jamais combat, siége, embuscade,
Ce que n'a pu jamais Aragon, ni Grenade,
Ni tous vos ennemis, ni tous mes envieux,
Le comte en votre cour l'a fait presque à vos yeux,
Jaloux de votre choix, et fier de l'avantage
Que lui donnait sur moi l'impuissance de l'âge.
Sire, ainsi ces cheveux blanchis sous le harnois
Ce sang pour vous servir prodigué tant de fois,
Ce bras jadis l'effroi d'une armée ennemie,
Descendaient au tombeau tout chargés d'infamie,
Si je n'eusse produit un fils digne de moi,
Digne de son pays, et digne de son roi.
Il m'a prêté sa main, il a tué le comte,
Il m'a rendu l'honneur, il a lavé ma honte.
Si montrer du courage et du ressentiment,
Si venger un soufflet mérite un châtiment,
Sur moi seul doit tomber l'éclat de la tempête :
Quand le bras a failli, l'on en punit la tête.
Qu'on nomme crime, ou non, ce qui fait nos débats,
Sire, j'en suis la tête, il n'en est que le bras.
Si Chimène se plaint qu'il a tué son père,
Il ne l'eût jamais fait, si je l'eusse pu faire.
Immolez donc ce chef que les ans vont ravir,
Et conservez pour vous le bras qui peut servir;
Aux dépens de mon sang satisfaites Chimène,
Je n'y résiste point, je consens à ma peine;
Et loin de murmurer d'un rigoureux décret,
Mourant sans déshonneur, je mourrai sans regret.

D. FERNAND. L'affaire est d'importance, et, bien considérée,
Mérite en plein conseil d'être délibérée.
Don Sanche, remettez Chimène en sa maison;
Don Diègue aura ma cour et sa foi pour prison.
Qu'on me cherche son fils. Je vous ferai justice.

CHIMÈNE. Il est juste, grand roi, qu'un meurtrier périsse.

D. FERNAND. Prends du repos, ma fille, et calme tes douleurs.

CHIMÈNE. M'ordonner du repos, c'est croître mes malheurs.

ACTE TROISIÈME.

SCÈNE I.
D. RODRIGUE, ELVIRE.

ELVIRE. Rodrigue, qu'as-tu fait? Où viens-tu, misérable?

D. RODRIGUE. Suivre le triste cours de mon sort déplorable.

ELVIRE. Où prends-tu cette audace et ce nouvel orgueil

ACTE III.

De paraître en des lieux que tu remplis de deuil ?
Quoi ! viens-tu jusqu'ici braver l'ombre du comte ?
Ne l'as-tu pas tué ?

D. RODRIGUE. Sa vie était ma honte ;
Mon honneur de ma main a voulu cet effort.

ELVIRE. Mais chercher ton asile en la maison du mort
Jamais un meurtrier en fit-il son refuge ?

D. RODRIGUE. Et je n'y viens aussi que m'offrir à mon juge.
Ne me regarde plus d'un visage étonné ;
Je cherche le trépas après l'avoir donné.
Mon juge est mon amour, mon juge est ma Chimène ;
Je mérite la mort de mériter sa haine ;
Et j'en viens recevoir, comme un bien souverain,
Et l'arrêt de sa bouche, et le coup de sa main.

ELVIRE. Fuis plutôt de ses yeux, fuis de sa violence ;
A ses premiers transports dérobe ta présence ;
Va, ne t'expose point aux premiers mouvements
Que poussera l'ardeur de ses ressentiments.

D. RODRIGUE. Non, non, ce cher objet, à qui j'ai pu déplaire,
Ne peut pour mon supplice avoir trop de colère ;
Et d'un heur sans pareil je me verrai combler,
Si, pour mourir plus tôt, je puis la redoubler.

ELVIRE. Chimène est au palais, de pleurs toute baignée,
Et n'en reviendra point que bien accompagnée.
Rodrigue, fuis, de grâce, ôte-moi de souci :
Que ne dira-t-on point si l'on te voit ici ?
Veux-tu qu'un médisant, pour comble à sa misère,
L'accuse d'y souffrir l'assassin de son père ?
Elle va revenir... elle vient, je la voi ;
Du moins pour son honneur, Rodrigue, cache-toi.

(*Il se cache.*)

SCÈNE II.
D. SANCHE, CHIMÈNE, ELVIRE.

D. SANCHE. Oui, madame, il vous faut de sanglantes victimes ;
Votre colère est juste, et vos pleurs légitimes ;
Et je n'entreprends pas, à force de parler,
Ni de vous adoucir, ni de vous consoler.
Mais si de vous servir je puis être capable,
Employez mon épée à punir le coupable ;
Employez mon amour à venger cette mort :
Sous vos commandements mon bras sera trop fort.

CHIMÈNE. Malheureuse !

D. SANCHE. De grâce, acceptez mon service.

CHIMÈNE. J'offenserais le roi, qui m'a promis justice

D. SANCHE. Vous savez qu'elle marche avec tant de langueur
Qu'assez souvent le crime échappe à sa longueur ;
Son cours lent et douteux fait trop perdre de larmes :

Souffrez qu'un chevalier vous venge par les armes;
La voie en est plus sûre et plus prompte à punir.
CHIMÈNE. C'est le dernier remède; et s'il y faut venir,
Et que de mes malheurs cette pitié vous dure,
Vous serez libre alors de venger mon injure.
D. SANCHE. C'est l'unique bonheur où mon âme prétend,
Et, pouvant l'espérer, je m'en vais trop content.

SCÈNE III.
CHIMÈNE, ELVIRE.

CHIMÈNE. Enfin je me vois libre, et je puis sans contrainte
De mes vives douleurs te faire voir l'atteinte;
Je puis donner passage à mes tristes soupirs,
Je puis t'ouvrir mon âme et tous mes déplaisirs.
Mon père est mort, Elvire, et la première épée
Dont s'est armé Rodrigue a sa trame coupée.
Pleurez, pleurez, mes yeux, et fondez-vous en eau,
La moitié de ma vie a mis l'autre au tombeau,
Et m'oblige à venger, après ce coup funeste,
Celle que je n'ai plus sur celle qui me reste.
ELVIRE. Reposez-vous, madame.
CHIMÈNE. Ah! que mal à propos,
Dans un malheur si grand, tu parles de repos!
Par où sera jamais ma douleur apaisée,
Si je ne puis haïr la main qui l'a causée?
Et que puis-je espérer qu'un tourment éternel,
Si je poursuis un crime, aimant le criminel?
ELVIRE. Il vous prive d'un père, et vous l'aimez encore!
CHIMÈNE. C'est peu de dire aimer, Elvire, je l'adore;
Ma passion s'oppose à mon ressentiment,
Dedans mon ennemi je trouve mon amant,
Et je sens qu'en dépit de toute ma colère
Rodrigue dans mon cœur combat encor mon père;
Il l'attaque, il le presse, il cède, il se défend,
Tantôt fort, tantôt faible, et tantôt triomphant:
Mais en ce dur combat de colère et de flamme,
Il déchire mon cœur sans partager mon âme,
Et, quoi que mon amour ait sur moi de pouvoir,
Je ne consulte point pour suivre mon devoir.
Je cours sans balancer où mon honneur m'oblige.
Rodrigue m'est bien cher, son intérêt m'afflige,
Mon cœur prend son parti; mais, malgré son effort
Je sais ce que je suis, et que mon père est mort.
ELVIRE. Pensez-vous le poursuivre?
CHIMÈNE. Ah! cruelle pensée,
Et cruelle poursuite où je me vois forcée!
Je demande sa tête, et crains de l'obtenir;
Ma mort suivra la sienne, et je le veux punir.

ELVIRE. Quittez, quittez, madame, un dessein si tragique;
Ne vous imposez point de loi si tyrannique.
CHIMÈNE. Quoi! j'aurai vu mourir mon père entre mes bras,
Son sang criera vengeance, et je ne l'aurai pas!
Mon cœur, honteusement surpris par d'autres charmes,
Croira ne lui devoir que d'impuissantes larmes!
Et je pourrai souffrir qu'un amour suborneur
Sous un lâche silence étouffe mon honneur!
ELVIRE. Madame, croyez-moi, vous serez excusable
De conserver pour vous un homme incomparable.
Un amant si chéri : vous avez assez fait;
Vous avez vu le roi; n'en pressez point d'effet,
Ne vous obstinez point en cette humeur étrange.
CHIMÈNE. Il y va de ma gloire, il faut que je me venge;
Et, de quoi que nous flatte un désir amoureux,
Toute excuse est honteuse aux esprits généreux.
ELVIRE. Mais vous aimez Rodrigue, il ne vous peut déplaire.
CHIMÈNE. Je l'avoue.
ELVIRE. Après tout, que pensez-vous donc faire?
CHIMÈNE. Pour conserver ma gloire et finir mon ennui,
Le poursuivre, le perdre, et mourir après lui.

SCÈNE IV.
D. RODRIGUE, CHIMÈNE, ELVIRE.

D. RODRIGUE. Hé bien! sans vous donner la peine de poursuivre,
Assurez-vous l'honneur de m'empêcher de vivre.
CHIMÈNE. Elvire, où sommes-nous? et qu'est-ce que je voi?
Rodrigue en ma maison! Rodrigue devant moi!
D. RODRIGUE. N'épargnez point mon sang; goûtez sans résistance
La douceur de ma perte et de votre vengeance.
CHIMÈNE. Hélas!
D. RODRIGUE. Ecoute-moi.
CHIMÈNE. Je me meurs.
D. RODRIGUE. Un moment.
CHIMÈNE. Va, laisse-moi mourir.
D. RODRIGUE. Quatre mots seulement,
Après, ne me réponds qu'avecque cette épée.
CHIMÈNE. Quoi! du sang de mon père encor toute trempée!
D. RODRIGUE. Ma Chimène!
CHIMÈNE. Ote-moi cet objet odieux,
Qui reproche ton crime et ta vie à mes yeux.
D. RODRIGUE. Regarde-le plutôt pour exciter ta haine,
Pour croître ta colère, et pour hâter ma peine.
CHIMÈNE. Il est teint de mon sang.
D. RODRIGUE. Plonge-le dans le mien,
Et fais-lui perdre ainsi la teinture du tien.
CHIMÈNE. Ah! quelle cruauté, qui tout en un jour tue
Le père par le fer, la fille par la vue!

Ote-moi cet objet, je ne le puis souffrir !
Tu veux que je t'écoute, et tu me fais mourir !

D. RODRIGUE. Je fais ce que tu veux, mais sans quitter l'envie
De finir par tes mains ma déplorable vie ;
Car enfin n'attends pas de mon affection
Un lâche repentir d'une bonne action.
De la main de ton père un coup irréparable
Déshonorait du mien la vieillesse honorable,
Tu sais comme un soufflet touche un homme de cœur ;
J'avais part à l'affront, j'en ai cherché l'auteur,
Je l'ai vu, j'ai vengé mon honneur et mon père,
Je le ferais encor, si j'avais à le faire.
Ce n'est pas qu'en effet contre mon père et moi
Ma flamme assez longtemps n'ait combattu pour toi ;
Juge de son pouvoir : dans une telle offense
J'ai pu douter encor si j'en prendrais vengeance :
Réduit à te déplaire, ou souffrir un affront,
J'ai retenu ma main, j'ai cru mon bras trop prompt ;
Je me suis accusé de trop de violence ;
Et ta beauté sans doute emportait la balance,
Si je n'eusse opposé contre tous tes appas
Qu'un homme sans honneur ne te méritait pas ;
Qu'après m'avoir chéri quand je vivais sans blâme,
Qui m'aima généreux me haïrait infâme ;
Qu'écouter ton amour, obéir à sa voix,
C'était m'en rendre indigne, et diffamer ton choix.
Je te le dis encore, et veux, tant que j'expire,
Sans cesse le penser, et sans cesse le dire.
Je t'ai fait une offense, et j'ai dû m'y porter
Pour effacer ma honte et pour te mériter :
Mais quitte envers l'honneur, et quitte envers mon père,
C'est maintenant à toi que je viens satisfaire ;
C'est pour t'offrir mon sang qu'en ce lieu tu me vois.
J'ai fait ce que j'ai dû, je fais ce que je dois ;
Je sais qu'un père mort t'arme contre mon crime,
Je ne t'ai pas voulu dérober ta victime :
Immole avec courage au sang qu'il a perdu
Celui qui met sa gloire à l'avoir répandu.

CHIMÈNE. Ah, Rodrigue ! il est vrai, quoique ton ennemie,
Je ne te puis blâmer d'avoir fui l'infamie ;
Et, de quelque façon qu'éclatent mes douleurs,
Je ne t'accuse point, je pleure mes malheurs.
Je sais ce que l'honneur, après un tel outrage,
Demandait à l'ardeur d'un généreux courage :
Tu n'as fait le devoir que d'un homme de bien ;
Mais aussi, le faisant, tu m'as appris le mien.
Ta funeste valeur m'instruit par ta victoire :
Elle a vengé ton père, et soutenu ta gloire;

ACTE III.

Même soin me regarde; et j'ai, pour m'affliger,
Ma gloire à soutenir, et mon père à venger.
Hélas! ton intérêt ici me désespère :
Si quelque autre malheur m'avait ravi mon père,
Mon âme aurait trouvé dans le bien de te voir
Tout le soulagement qu'elle eût pu recevoir;
Et contre ma douleur j'aurais senti des charmes,
Quand une main si chère eût essuyé mes larmes.
Mais il me faut te perdre après l'avoir perdu;
Cet effort sur ma flamme à mon honneur est dû;
Et cet affreux devoir, dont l'ordre m'assassine,
Me force à travailler moi-même à ta ruine.
Car enfin, n'attends pas de mon affection
De lâches sentiments pour ta punition.
De quoi qu'en ta faveur notre amour m'entretienne,
Ma générosité doit répondre à la tienne :
Tu t'es en m'offensant montré digne de moi,
Je me dois par ta mort montrer digne de toi.

D. RODRIGUE. Ne diffère donc plus ce que l'honneur t'ordonne;
Il demande ma tête, et je te l'abandonne :
Fais-en un sacrifice à ce noble intérêt;
Le coup m'en sera doux aussi bien que l'arrêt.
Attendre après mon crime une lente justice,
C'est reculer ta gloire autant que mon supplice;
Je mourrai trop heureux mourant d'un coup si beau.

CHIMÈNE. Va, je suis ta partie, et non pas ton bourreau.
Si tu m'offres ta tête, est-ce à moi de la prendre?
Je la dois attaquer, mais tu dois la défendre;
C'est d'un autre que toi qu'il me faut l'obtenir;
Et je dois te poursuivre, et non pas te punir.

D. RODRIGUE. De quoi qu'en ma faveur notre amour t'entretienne,
Ta générosité doit répondre à la mienne;
Et pour venger un père emprunter d'autres bras,
Ma Chimène, crois-moi, c'est n'y répondre pas.
Ma main seule du mien a su venger l'offense,
Ta main seule du tien doit prendre la vengeance.

CHIMÈNE. Cruel, à quel propos sur ce point t'obstiner?
Tu t'es vengé sans aide, et tu m'en veux donner!
Je suivrai ton exemple; et j'ai trop de courage
Pour souffrir qu'avec toi ma gloire se partage.
Mon père et mon honneur ne veulent rien devoir
Aux traits de ton amour, ni de ton désespoir.

D. RODRIGUE. Rigoureux point d'honneur! Hélas! quoi que je fasse,
Ne pourrai-je à la fin obtenir cette grâce?
Au nom d'un père mort, ou de notre amitié,
Punis-moi par vengeance, ou du moins par pitié;
Ton malheureux amant aura bien moins de peine
A mourir par ta main, qu'à vivre avec ta haine.

CHIMÈNE. Va, je ne te hais point.
D. RODRIGUE. Tu le dois.
CHIMÈNE. Je ne puis.
D. RODRIGUE. Crains-tu si peu le blâme, et si peu les faux bruits?
Quand on saura mon crime et que ta flamme dure,
Que ne publieront point l'envie et l'imposture?
Force-les au silence, et, sans plus discourir,
Sauve ta renommée en me faisant mourir.
CHIMÈNE. Elle éclate bien mieux en te laissant la vie;
Et je veux que la voix de la plus noire envie
Elève au ciel ma gloire, et plaigne mes ennuis,
Sachant que je t'adore, et que je te poursuis.
Va-t'en, ne montre plus à ma douleur extrême
Ce qu'il faut que je perde, encore que je l'aime;
Dans l'ombre de la nuit cache bien ton départ.
Si l'on te voit sortir, mon honneur court hasard;
La seule occasion qu'aura la médisance,
C'est de savoir qu'ici j'ai souffert ta présence :
Ne lui donne point lieu d'attaquer ma vertu.
D. RODRIGUE. Que je meure.
CHIMÈNE. Va-t'en.
D. RODRIGUE. A quoi te résous-tu?
CHIMÈNE. Malgré des feux si beaux qui troublent ma colère,
Je ferai mon possible à bien venger mon père;
Mais, malgré la rigueur d'un si cruel devoir,
Mon unique souhait est de ne rien pouvoir.
D. RODRIGUE. O miracle d'amour!
CHIMÈNE. O comble de misères!
D. RODRIGUE. Que de maux et de pleurs nous coûteront nos pères!
CHIMÈNE. Rodrigue, qui l'eût cru!...
D. RODRIGUE. Chimène, qui l'eût dit!...
CHIMÈNE. Que notre heur fût si proche, et sitôt se perdît!...
D. RODRIGUE. Et que, si près du port, contre toute apparence,
Un orage si prompt brisât notre espérance!
CHIMÈNE. Ah! mortelles douleurs!
D. RODRIGUE. Ah! regrets superflus!
CHIMÈNE. Va-t'en, encore un coup, je ne t'écoute plus.
D. RODRIGUE. Adieu. Je vais traîner une mourante vie,
Tant que par ta poursuite elle me soit ravie.
CHIMÈNE. Si j'en obtiens l'effet, je t'engage ma foi
De ne respirer pas un moment après toi.
Adieu. Sors; et surtout garde bien qu'on te voie.
ELVIRE. Madame, quelques maux que le ciel nous envoie...
CHIMÈNE. Ne m'importune plus, laisse-moi soupirer;
Je cherche le silence et la nuit pour pleurer.

SCÈNE V.
D. DIÈGUE *seul.*

Jamais nous ne goûtons de parfaite allégresse;
Nos plus heureux succès sont mêlés de tristesse;
Toujours quelques soucis en ces événements
Troublent la pureté de nos contentements.
Au milieu du bonheur mon âme en sent l'atteinte;
Je nage dans la joie, et je tremble de crainte;
J'ai vu mort l'ennemi qui m'avait outragé,
Et je ne saurais voir la main qui m'a vengé.
En vain je m'y travaille, et d'un soin inutile,
Tout cassé que je suis, je cours toute la ville;
Ce peu que mes vieux ans m'ont laissé de vigueur
Se consume sans fruit à chercher ce vainqueur.
A toute heure, en tous lieux, dans une nuit si sombre,
Je pense l'embrasser, et n'embrasse qu'une ombre;
Et mon amour, déçu par cet objet trompeur,
Se forme des soupçons qui redoublent ma peur.
Je ne découvre point de marques de sa fuite;
Je crains du comte mort les amis et la suite;
Leur nombre m'épouvante, et confond ma raison.
Rodrigue ne vit plus, ou respire en prison.
Justes cieux, me trompé-je encore à l'apparence,
Ou si je vois enfin mon unique espérance?
C'est lui, n'en doutons plus; mes vœux sont exaucés;
Ma crainte est dissipée, et mes ennuis cessés.

SCÈNE VI.
D. DIÈGUE, D. RODRIGUE.

D. DIÈGUE. Rodrigue, enfin le ciel permet que je te voie!
D. RODRIGUE. Hélas!
D. DIÈGUE.   Ne mêle point de soupirs à ma joie;
Laisse-moi prendre haleine, afin de te louer.
Ma valeur n'a point lieu de te désavouer,
Tu l'as bien imitée; et ton illustre audace
Fait bien revivre en toi les héros de ma race.
C'est d'eux que tu descends, c'est de moi que tu viens.
Ton premier coup d'épée égale tous les miens;
Et d'une belle ardeur ta jeunesse animée
Par cette grande épreuve atteint ma renommée.
Appui de ma vieillesse, et comble de mon heur,
Touche ces cheveux blancs à qui tu rends l'honneur;
Viens baiser cette joue, et reconnais la place
Où fut empreint l'affront que ton courage efface.
D. RODRIGUE. L'honneur vous en est dû; je ne pouvais pas moins,
Étant sorti de vous, et nourri par vos soins:

Je me tiens trop heureux, et mon âme est ravie
Que mon coup d'essai plaise à qui je dois la vie.
Mais parmi vos plaisirs ne soyez point jaloux,
Si j'ose satisfaire à moi-même après vous.
Souffrez qu'en liberté mon désespoir éclate ;
Assez et trop longtemps votre discours le flatte.
Je ne me repens point de vous avoir servi ;
Mais rendez-moi le bien que ce coup m'a ravi.
Mon bras, pour vous venger, armé contre ma flamme,
Par ce coup glorieux m'a privé de mon âme :
Ne me dites plus rien ; pour vous j'ai tout perdu ;
Ce que je vous devais, je vous l'ai bien rendu.

D. DIÈGUE. Porte encore plus haut le fruit de ta victoire.
Je t'ai donné la vie, et tu me rends ma gloire ;
Et d'autant que l'honneur m'est plus cher que le jour,
D'autant plus maintenant je te dois de retour.
Mais d'un cœur magnanime éloigne ces faiblesses :
Nous n'avons qu'un honneur ; il est tant de maîtresses !
L'amour n'est qu'un plaisir, l'honneur est un devoir.

D. RODRIGUE. Ah ! que me dites-vous ?
D. DIÈGUE.   Ce que tu dois savoir.
D. RODRIGUE. Mon honneur offensé sur moi-même se venge,
Et vous m'osez pousser à la honte du change !
L'infamie est pareille, et suit également
Le guerrier sans courage, et le perfide amant.
A ma fidélité ne faites point d'injure,
Souffrez-moi généreux sans me rendre parjure :
Mes liens sont trop forts pour être ainsi rompus ;
Ma foi m'engage encor si je n'espère plus ;
Et, ne pouvant quitter ni posséder Chimène,
Le trépas que je cherche est ma plus douce peine.

D. DIÈGUE. Il n'est pas temps encor de chercher le trépas ;
Ton prince et ton pays ont besoin de ton bras.
La flotte qu'on craignait, dans le grand fleuve entrée,
Vient surprendre la ville, et piller la contrée ;
Les Maures vont descendre ; et le flux et la nuit,
Dans une heure, à nos murs les amènent sans bruit.
La cour est en désordre, et le peuple en alarmes :
On n'entend que des cris, on ne voit que des larmes.
Dans ce malheur public mon bonheur a permis
Que j'ai trouvé chez moi cinq cents de mes amis,
Qui, sachant mon affront, poussés d'un même zèle,
Se venaient tous offrir à venger ma querelle :
Tu les as prévenus ; mais leurs vaillantes mains
Se tremperont bien mieux au sang des Africains.
Va marcher à leur tête où l'honneur te demande ;
C'est toi que veut pour chef leur généreuse bande :
De ces vieux ennemis va soutenir l'abord ;

Là, si tu veux mourir, trouve une belle mort;
Prends-en l'occasion, puisqu'elle t'est offerte;
Fais devoir à ton roi son salut à ta perte.
Mais reviens-en plutôt les palmes sur le front;
Ne borne pas ta gloire à venger un affront :
Porte-la plus avant; force par ta vaillance
La justice au pardon, et Chimène au silence.
Si tu l'aimes, apprends que revenir vainqueur
C'est l'unique moyen de regagner son cœur.
Mais le temps est trop cher pour le perdre en paroles.
Je t'arrête en discours, et je veux que tu voles :
Viens, suis-moi; va combattre, et montrer à ton roi
Que ce qu'il perd au comte il le recouvre en toi.

ACTE QUATRIÈME.

SCÈNE I.

CHIMÈNE, ELVIRE.

CHIMÈNE. N'est-ce point un faux bruit? Le sais-tu bien, Elvire?
ELVIRE. Vous ne croiriez jamais comme chacun l'admire,
Et porte jusqu'au ciel, d'une commune voix,
De ce jeune héros les glorieux exploits.
Les Maures devant lui n'ont paru qu'à leur honte;
Leur abord fut bien prompt, leur fuite encor plus prompte;
Trois heures de combat laissent à nos guerriers
Une victoire entière, et deux rois prisonniers;
La valeur de leur chef ne trouvait point d'obstacles.
CHIMÈNE. Et la main de Rodrigue a fait tous ces miracles?
ELVIRE. De ses nobles efforts ces deux rois sont le prix;
Sa main les a vaincus, et sa main les a pris.
CHIMÈNE. De qui peux-tu savoir ces nouvelles étranges?
ELVIRE. Du peuple, qui partout fait sonner ses louanges,
Le nomme de sa joie et l'objet et l'auteur
Son ange tutélaire, et son libérateur.
CHIMÈNE. Et le roi, de quel œil voit-il tant de vaillance?
ELVIRE. Rodrigue n'ose encor paraître en sa présence;
Mais don Diègue ravi lui présente enchaînés,
Au nom de ce vainqueur, ces captifs couronnés,
Et demande pour grâce à ce généreux prince
Qu'il daigne voir la main qui sauve la province.
CHIMÈNE. Mais n'est-il point blessé?
ELVIRE. Je n'en ai rien appris.
Vous changez de couleur! Reprenez vos esprits.
CHIMÈNE. Reprenons donc aussi ma colère affaiblie :
Pour avoir soin de lui faut-il que je m'oublie?

On le vante, on le loue, et mon cœur y consent!
Mon honneur est muet, mon devoir impuissant!
Silence, mon amour! laisse agir ma colère ;
S'il a vaincu deux rois, il a tué mon père.
Ces tristes vêtements où je lis mon malheur
Sont les premiers effets qu'ait produits sa valeur :
Et quoi qu'on dise ailleurs d'un cœur si magnanime,
Ici tous les objets me parlent de son crime.
 Vous, qui rendez la force à mes ressentiments,
Voiles, crêpes, habits, lugubres ornements,
Pompe que me prescrit sa première victoire,
Contre ma passion soutenez bien ma gloire;
Et lorsque mon amour prendra trop de pouvoir,
Parlez à mon esprit de mon triste devoir;
Attaquez, sans rien craindre, une main triomphante.

ELVIRE. Modérez ces transports, voici venir l'infante.

SCÈNE II.
L'INFANTE, CHIMÈNE, LÉONOR, ELVIRE.

L'INFANTE. Je ne viens pas ici consoler tes douleurs;
 Je viens plutôt mêler mes soupirs à tes pleurs.
CHIMÈNE. Prenez bien plutôt part à la commune joie;
 Et goûtez le bonheur que le ciel vous envoie.
 Madame, autre que moi n'a droit de soupirer :
 Le péril dont Rodrigue a su vous retirer,
 Et le salut public que vous rendent ses armes,
 A moi seule aujourd'hui permet encor les larmes.
 Il a sauvé la ville, il a servi son roi,
 Et son bras valeureux n'est funeste qu'à moi.
L'INFANTE. Ma Chimène, il est vrai qu'il a fait des merveilles.
CHIMÈNE. Déjà ce bruit fâcheux a frappé mes oreilles;
 Et je l'entends partout publier hautement
 Aussi brave guerrier que malheureux amant.
L'INFANTE. Qu'a de fâcheux pour toi ce discours populaire?
 Ce jeune Mars qu'on loue a su jadis te plaire;
 Il possédait ton âme, il vivait sous tes lois;
 Et vanter sa valeur, c'est honorer ton choix.
CHIMÈNE. Chacun peut la vanter avec quelque justice
 Mais pour moi sa louange est un nouveau supplice.
 On aigrit ma douleur en l'élevant si haut;
 Je sens ce que je perds, quand je vois ce qu'il vaut.
 Ah! cruels déplaisirs à l'esprit d'une amante!
 Plus j'apprends son mérite, et plus mon feu s'augmente.
 Cependant mon devoir est toujours le plus fort,
 Et, malgré mon amour, va poursuivre sa mort.
L'INFANTE. Hier ce devoir te mit en une haute estime;
 L'effort que tu te fis parut si magnanime,
 Si digne d'un grand cœur, que chacun à la cour

Admirait ton courage et plaignait ton amour.
Mais croirais-tu l'avis d'une amitié fidèle ?

CHIMÈNE. Ne vous obéir pas me rendrait criminelle.

L'INFANTE. Ce qui fut juste alors ne l'est plus aujourd'hui.
Rodrigue maintenant est notre unique appui,
L'espérance et l'amour d'un peuple qui l'adore,
Le soutien de Castille, et la terreur du Maure;
Ses faits nous ont rendu ce qu'ils nous ont ôté;
Et ton père en lui seul se voit ressuscité;
Et si tu veux enfin qu'en deux mots je m'explique,
Tu poursuis en sa mort la ruine publique.
Quoi ! pour venger un père est-il jamais permis
De livrer sa patrie aux mains des ennemis?
Contre nous ta poursuite est-elle légitime?
Et, pour être punis, avons-nous part au crime?
Ce n'est pas qu'après tout tu doives épouser
Celui qu'un père mort t'obligeait d'accuser;
Je te voudrais moi-même en arracher l'envie :
Ôte-lui ton amour, mais laisse-nous sa vie.

CHIMÈNE. Ah ! ce n'est pas à moi d'avoir tant de bonté;
Le devoir qui m'aigrit n'a rien de limité.
Quoique pour ce vainqueur mon âme s'intéresse,
Quoiqu'un peuple l'adore, et qu'un roi le caresse,
Qu'il soit environné des plus vaillants guerriers,
J'irai sous mes cyprès accabler ses lauriers.

L'INFANTE. C'est générosité, quand, pour venger un père,
Notre devoir attaque une tête si chère :
Mais c'en est une encor d'un plus illustre rang,
Quand on donne au public les intérêts du sang;
Non, crois-moi, c'est assez que d'éteindre ta flamme,
Il sera trop puni s'il n'est plus dans ton âme.
Que le bien du pays t'impose cette loi :
Aussi bien, que crois-tu que t'accorde le roi?

CHIMÈNE. Il peut me refuser, mais je ne puis me taire.

L'INFANTE. Pense bien, ma Chimène, à ce que tu veux faire.
Adieu. Tu pourras seule y songer à loisir.

CHIMÈNE. Après mon père mort, je n'ai point à choisir.

SCÈNE III.

D. FERNAND, D. DIÈGUE, D. ARIAS, D. RODRIGUE, D. SANCHE.

D. FERNAND. Généreux héritier d'une illustre famille
Qui fut toujours la gloire et l'appui de Castille,
Race de tant d'aïeux en valeur signalés,
Que l'essai de la tienne a sitôt égalés,
Pour te récompenser ma force est trop petite;
Et j'ai moins de pouvoir que tu n'as de mérite.
Le pays délivré d'un si rude ennemi,

Mon sceptre dans ma main par la tienne affermi,
Et les Maures défaits, avant qu'en ces alarmes
J'eusse pu donner ordre à repousser leurs armes,
Ne sont point des exploits qui laissent à ton roi
Le moyen ni l'espoir de s'acquitter vers toi.
Mais les deux rois captifs seront ta récompense;
Ils t'ont nommé tous deux leur Cid en ma présence :
Puisque Cid, en leur langue, est autant que seigneur,
Je ne t'envierai pas ce beau titre d'honneur.
Sois désormais le Cid ; qu'à ce grand nom tout cède;
Qu'il comble d'épouvante et Grenade et Tolède ;
Et qu'il marque à tous ceux qui vivent sous mes lois,
Et ce que tu me vaux, et ce que je te dois.

D. RODRIGUE. Que Votre Majesté, sire, épargne ma honte;
D'un si faible service elle fait trop de compte,
Et me force à rougir devant un si grand roi
De mériter si peu l'honneur que j'en reçoi.
Je sais trop que je dois au bien de votre empire
Et le sang qui m'anime et l'air que je respire;
Et quand je les perdrai pour un si digne objet,
Je ferai seulement le devoir d'un sujet.

D. FERNAND. Tous ceux que ce devoir à mon service engage
Ne s'en acquittent pas avec même courage;
Et lorsque la valeur ne va point dans l'excès
Elle ne produit point de si rares succès.
Souffre donc qu'on te loue; et de cette victoire
Apprends-moi plus au long la véritable histoire.

D. RODRIGUE. Sire, vous avez su qu'en ce danger pressant
Qui jeta dans la ville un effroi si puissant
Une troupe d'amis chez mon père assemblée
Sollicita mon âme encor toute troublée...
Mais, sire, pardonnez à ma témérité,
Si j'osai l'employer sans votre autorité ;
Le péril approchait; leur brigade était prête;
Me montrant à la cour je hasardais ma tête;
Et s'il fallait la perdre, il m'était bien plus doux
De sortir de la vie en combattant pour vous.

D. FERNAND. J'excuse ta chaleur à venger ton offense,
Et l'État défendu me parle en ta défense.
Crois que dorénavant Chimène a beau parler
Je ne l'écoute plus que pour la consoler.
Mais poursuis.

D. RODRIGUE.   Sous moi donc cette troupe s'avance,
Et porte sur le front une mâle assurance.
Nous partîmes cinq cents; mais, par un prompt renfort,
Nous nous vîmes trois mille en arrivant au port,
Tant à nous voir marcher en si bon équipage
Les plus épouvantés reprenaient de courage !

J'en cache les deux tiers aussitôt qu'arrivés
Dans le fond des vaisseaux qui lors furent trouvés ;
Le reste, dont le nombre augmentait à toute heure,
Brûlant d'impatience, autour de moi demeure,
Se couche contre terre et sans faire aucun bruit
Passe une bonne part d'une si belle nuit.
Par mon commandement la garde en fait de même,
Et se tenant cachée aide à mon stratagème
Et je feins hardiment d'avoir reçu de vous
L'ordre qu'on me voit suivre et que je donne à tous.
 Cette obscure clarté qui tombe des étoiles
Enfin avec le flux nous fait voir trente voiles ;
L'onde s'enfle dessous, et d'un commun effort
Les Maures et la mer montent jusques au port.
On les laisse passer ; tout leur paraît tranquille ;
Point de soldats au port, point aux murs de la ville,
Notre profond silence abusant leurs esprits,
Ils n'osent plus douter de nous avoir surpris ;
Ils abordent sans peur, ils ancrent, ils descendent,
Et courent se livrer aux mains qui les attendent.
Nous nous levons alors, et tous en même temps
Poussons jusques au ciel mille cris éclatants.
Les nôtres à ces cris de nos vaisseaux répondent ;
Ils paraissent, armés. Les Maures se confondent,
L'épouvante les prend à demi descendus ;
Avant que de combattre ils s'estiment perdus.
Ils couraient au pillage, et rencontrent la guerre ;
Nous les pressons sur l'eau, nous les pressons sur terre,
Et nous faisons courir des ruisseaux de leur sang,
Avant qu'aucun résiste ou reprenne son rang.
Mais bientôt, malgré nous, leurs princes les rallient ;
Leur courage renaît, et leurs terreurs s'oublient ;
La honte de mourir sans avoir combattu
Arrête le désordre, et leur rend la vertu.
Contre nous de pied ferme ils tirent leurs épées :
Des plus braves soldats les trames sont coupées ;
Et la terre, et le fleuve, et leur flotte, et le port,
Sont des champs de carnage où triomphe la mort.
 O combien d'actions, combien d'exploits célèbres
Sont demeurés sans gloire au milieu des ténèbres,
Où chacun, seul témoin des grands coups qu'il portait,
Ne pouvait discerner où le sort inclinait !
J'allais de tous côtés encourager les nôtres,
Faire avancer les uns, et soutenir les autres,
Ranger ceux qui venaient, les pousser à leur tour,
Et ne l'ai pu savoir jusques au point du jour.
Mais enfin sa clarté montre notre avantage ;
Le Maure voit sa perte, et perd soudain courage ;

En voyant un renfort qui nous vient secourir,
L'ardeur de vaincre cède à la peur de mourir.
Ils gagnent leurs vaisseaux, ils en coupent les câbles,
Poussent jusques aux cieux des cris épouvantables,
Font retraite en tumulte, et sans considérer
Si leurs rois avec eux peuvent se retirer.
Ainsi leur devoir cède à la frayeur plus forte;
Le flux les apporta, le reflux les remporte,
Cependant que leurs rois engagés parmi nous,
Et quelque peu des leurs tout percés de nos coups,
Disputent vaillamment et vendent bien leur vie.
A se rendre moi-même en vain je les convie;
Le cimeterre au poing, ils ne m'écoutent pas :
Mais voyant à leurs pieds tomber tous leurs soldats,
Et que seuls désormais en vain ils se défendent,
Ils demandent le chef : je me nomme; ils se rendent.
Je vous les envoyai tous deux en même temps;
Et le combat cessa, faute de combattants.
C'est de cette façon que, pour votre service...

SCÈNE IV.

D. FERNAND, D. DIÈGUE, D. RODRIGUE, D. ARIAS, D. SANCHE,
D. ALONSE.

D. ALONSE. Sire, Chimène vient vous demander justice.
D. FERNAND. La fâcheuse nouvelle, et l'importun devoir!
Va, je ne la veux pas obliger à te voir,
Pour tous remercîments il faut que je te chasse;
Mais avant que sortir, viens, que ton roi t'embrasse.
            (D. Rodrigue rentre.)
D. DIÈGUE. Chimène le poursuit, et voudrait le sauver.
D. FERNAND. On m'a dit qu'elle l'aime, et je vais l'éprouver.
Montrez un œil plus triste.

SCÈNE V.

D. FERNAND, D. DIÈGUE, D. ARIAS, D. SANCHE, D. ALONSE,
CHIMÈNE, ELVIRE.

D. FERNAND.   Enfin, soyez contente,
Chimène; le succès répond à votre attente.
Si de nos ennemis Rodrigue a le dessus,
Il est mort à nos yeux des coups qu'il a reçus;
Rendez grâces au ciel qui vous en a vengée.
(A. D. Diègue.)
Voyez comme déjà sa couleur est changée.
D. DIÈGUE. Mais voyez qu'elle pâme; et d'un amour parfait,
Dans cette pâmoison, sire, admirez l'effet.
Sa douleur a trahi les secrets de son âme,
Et ne vous permet plus de douter de sa flamme.
CHIMÈNE. Quoi! Rodrigue est donc mort?

D. FERNAND. Non, non, il voit le jour,
Et te conserve encore un immuable amour.
Calme cette douleur qui pour lui s'intéresse.
CHIMÈNE. Sire, on pâme de joie ainsi que de tristesse,
Un excès de plaisir nous rend tout languissants,
Et quand il surprend l'âme, il accable les sens.
D. FERNAND. Tu veux qu'en ta faveur nous croyions l'impossible ;
Chimène, ta douleur a paru trop visible.
CHIMÈNE. Hé bien ! sire, ajoutez ce comble à mon malheur,
Nommez ma pâmoison l'effet de ma douleur,
Un juste déplaisir à ce point m'a réduite ;
Son trépas dérobait sa tête à ma poursuite.
S'il meurt des coups reçus pour le bien du pays,
Ma vengeance est perdue, et mes desseins trahis :
Une si belle fin m'est trop injurieuse ;
Je demande sa mort, mais non pas glorieuse,
Non pas dans un éclat qui l'élève si haut,
Non pas au lit d'honneur, mais sur un échafaud.
Qu'il meure pour mon père, et non pour la patrie ;
Que son nom soit taché, sa mémoire flétrie ;
Mourir pour le pays n'est pas un triste sort ;
C'est s'immortaliser par une belle mort.
J'aime donc sa victoire, et je le puis sans crime ;
Elle assure l'Etat, et me rend ma victime,
Mais noble, mais fameuse entre tous les guerriers,
Le chef, au lieu de fleurs, couronné de lauriers,
Et pour dire en un mot ce que j'en considère,
Digne d'être immolée aux mânes de mon père.
Hélas ! à quel espoir me laissé-je emporter ?
Rodrigue de ma part n'a rien à redouter.
Que pourraient contre lui des larmes qu'on méprise ?
Pour lui tout votre empire est un lieu de franchise ;
Là, sous votre pouvoir, tout lui devient permis ;
Il triomphe de moi comme des ennemis ;
Dans leur sang répandu la justice étouffée
Au crime du vainqueur sert d'un nouveau trophée ;
Nous en croissons la pompe ; et le mépris des lois
Nous fait suivre son char au milieu de deux rois.
D. FERNAND. Ma fille, ces transports ont trop de violence :
Quand on rend la justice, on met tout en balance.
On a tué ton père ; il était l'agresseur,
Et la même équité m'ordonne la douceur.
Avant que d'accuser ce que j'en fais paraître,
Consulte bien ton cœur ; Rodrigue en est le maître ;
Et ta flamme, en secret, rend grâces à ton roi,
Dont la faveur conserve un tel amant pour toi.
CHIMÈNE. Pour moi, mon ennemi ! l'objet de ma colère !
L'auteur de mes malheurs ! l'assassin de mon père !

De ma juste poursuite on fait si peu de cas,
Qu'on me croit obliger en ne m'écoutant pas!
 Puisque vous refusez la justice à mes larmes,
Sire, permettez-moi de recourir aux armes;
C'est par là seulement qu'il a su m'outrager,
Et c'est aussi par là que je me dois venger.
A tous vos chevaliers je demande sa tête;
Oui, qu'un d'eux me l'apporte, et je suis sa conquête;
Qu'ils le combattent, sire; et, le combat fini,
J'épouse le vainqueur, si Rodrigue est puni.
Sous votre autorité souffrez qu'on le publie.

D. FERNAND. Cette vieille coutume en ces lieux établie,
Sous couleur de punir un injuste attentat,
Des meilleurs combattants affaiblit un État.
Souvent de cet abus le succès déplorable
Opprime l'innocent et soutient le coupable :
J'en dispense Rodrigue; il m'est trop précieux
Pour l'exposer aux coups d'un sort capricieux;
Et, quoi qu'ait pu commettre un cœur si magnanime,
Les Maures en fuyant ont emporté son crime.

D. DIÈGUE. Quoi, sire! pour lui seul vous renversez des lois
Qu'a vu toute la cour observer tant de fois!
Que croira votre peuple? et que dira l'envie,
Si, sous votre défense, il ménage sa vie,
Et s'en fait un prétexte à ne paraître pas
Où tous les gens d'honneur cherchent un beau trépas?
De pareilles faveurs terniraient trop sa gloire :
Qu'il goûte sans rougir les fruits de sa victoire.
Le comte eut de l'audace, il l'en a su punir;
Il l'a fait en brave homme, et le doit maintenir.

D. FERNAND. Puisque vous le voulez, j'accorde qu'il le fasse
Mais d'un guerrier vaincu mille prendraient la place;
Et le prix que Chimène au vainqueur a promis
De tous mes chevaliers ferait ses ennemis.
L'opposer seul à tous serait trop d'injustice;
Il suffit qu'une fois il entre dans la lice.
 Choisis qui tu voudras, Chimène, et choisis bien;
Mais après ce combat ne demande plus rien.

D. DIÈGUE. N'excusez point par là ceux que son bras étonne;
Laissez un champ ouvert où n'entrera personne.
Après ce que Rodrigue a fait voir aujourd'hui,
Quel courage assez vain s'oserait prendre à lui?
Qui se hasarderait contre un tel adversaire?
Qui serait ce vaillant, ou bien ce téméraire?

D. SANCHE. Faites ouvrir le champ, vous voyez l'assaillant;
Je suis ce téméraire, ou plutôt ce vaillant.
 (*A Chimène.*)
Accordez cette grâce à l'ardeur qui me presse,

Madame; vous savez quelle est votre promesse.
D. FERNAND. Chimène, remets-tu ta querelle en sa main?
CHIMÈNE. Sire, je l'ai promis.
D. FERNAND.   Soyez prêt à demain.
D. DIÈGUE. Non, sire, il ne faut pas différer davantage;
On est toujours tout prêt quand on a du courage.
D. FERNAND. Sortir d'une bataille et combattre à l'instant!
D. DIÈGUE. Rodrigue a pris haleine en vous la racontant.
D. FERNAND. Du moins une heure ou deux je veux qu'il se délasse;
Mais, de peur qu'en exemple un tel combat ne passe,
Pour témoigner à tous qu'à regret je permets
Un sanglant procédé qui ne me plut jamais,
De moi ni de ma cour il n'aura la présence.
    (A D. Arias.)
Vous seul des combattants jugerez la vaillance :
Ayez soin que tous deux fassent en gens de cœur;
Et, le combat fini, m'amenez le vainqueur.
Quel qu'il soit, même prix est acquis à sa peine,
Je le veux de ma main présenter à Chimène,
Et que, pour récompense, il reçoive sa foi.
CHIMÈNE. Quoi! sire, m'imposer une si dure loi!
D. FERNAND. Tu t'en plains; mais ton feu, loin d'avouer ta plainte,
Si Rodrigue est vainqueur, l'accepte sans contrainte.
Cesse de murmurer contre un arrêt si doux :
Qui que ce soit des deux, j'en ferai ton époux.

ACTE CINQUIÈME.

SCÈNE I.
D. RODRIGUE, CHIMENE.

CHIMÈNE. Quoi! Rodrigue, en plein jour! D'où te vient cette audace?
Va, tu me perds d'honneur; retire-toi, de grâce.
RODRIGUE. Je vais mourir, madame, et vous viens en ce lieu,
Avant le coup mortel, dire un dernier adieu.
Cet immuable amour qui sous vos lois m'engage
N'ose accepter ma mort sans vous en faire hommage.
CHIMÈNE. Tu vas mourir!
D. RODRIGUE.   Je cours à ces heureux moments
Qui vont livrer ma vie à vos ressentiments.
CHIMÈNE. Tu vas mourir! Don Sanche est-il si redoutable
Qu'il donne l'épouvante à ce cœur indomptable?
Qui t'a rendu si faible? ou qui le rend si fort?
Rodrigue va combattre, et se croit déjà mort!
Celui qui n'a pas craint les Maures ni mon père
Va combattre don Sanche, et déjà désespère!
Ainsi donc au besoin ton courage s'abat!

D. RODRIGUE. Je cours à mon supplice, et non pas au combat;
Et ma fidèle ardeur sait bien m'ôter l'envie,
Quand vous cherchez ma mort, de défendre ma vie.
J'ai toujours même cœur; mais je n'ai point de bras
Quand il faut conserver ce qui ne vous plaît pas;
Et déjà cette nuit m'aurait été mortelle
Si j'eusse combattu pour ma seule querelle.
Mais, défendant mon roi, son peuple et mon pays,
A me défendre mal je les aurais trahis.
Mon esprit généreux ne hait pas tant la vie
Qu'il en veuille sortir par une perfidie.
Maintenant qu'il s'agit de mon seul intérêt,
Vous demandez ma mort, j'en accepte l'arrêt;
Votre ressentiment choisit la main d'un autre,
Je ne méritais pas de mourir de la vôtre :
On ne me verra point en repousser les coups;
Je dois plus de respect à qui combat pour vous;
Et, ravi de penser que c'est de vous qu'ils viennent,
Puisque c'est votre honneur que ses armes soutiennent,
Je vais lui présenter mon estomac ouvert,
Adorant en sa main la vôtre qui me perd.
CHIMÈNE. Si d'un triste devoir la juste violence,
Qui me fait, malgré moi, poursuivre ta vaillance,
Prescrit à ton amour une si forte loi
Qu'il te rend sans défense à qui combat pour moi,
En cet aveuglement ne perds pas la mémoire
Qu'ainsi que de ta vie il y va de ta gloire,
Et que, dans quelque éclat que Rodrigue ait vécu,
Quand on le saura mort on le croira vaincu.
Ton honneur t'est plus cher que je ne te suis chère,
Puisqu'il trempe tes mains dans le sang de mon père,
Et te fait renoncer, malgré ta passion,
A l'espoir le plus doux de ma possession.
Je t'en vois cependant faire si peu de compte,
Que, sans rendre combat, tu veux qu'on te surmonte!
Quelle inégalité ravale ta vertu?
Pourquoi ne l'as-tu plus, ou pourquoi l'avais-tu?
Quoi! n'es-tu généreux que pour me faire outrage?
S'il ne faut m'offenser n'as-tu point de courage?
Et traites-tu mon père avec tant de rigueur,
Qu'après l'avoir vaincu tu souffres un vainqueur?
Va, sans vouloir mourir, laisse-moi te poursuivre,
Et défends ton honneur, si tu ne veux plus vivre.
D. RODRIGUE. Après la mort du comte, et les Maures défaits,
Faudrait-il à ma gloire encor d'autres effets?
Elle peut dédaigner le soin de me défendre;
On sait que mon courage ose tout entreprendre,
Que ma valeur peut tout, et que dessous les cieux

ACTE V.

Auprès de mon honneur rien ne m'est précieux.
Non, non, en ce combat, quoi que vous veuilliez croire,
Rodrigue peut mourir sans hasarder sa gloire,
Sans qu'on l'ose accuser d'avoir manqué de cœur,
Sans passer pour vaincu, sans souffrir un vainqueur.
On dira seulement : « Il adorait Chimène ;
» Il n'a pas voulu vivre, et mériter sa haine ;
» Il a cédé lui-même à la rigueur du sort
» Qui forçait sa maîtresse à poursuivre sa mort :
» Elle voulait sa tête ; et son cœur magnanime,
» S'il l'en eût refusée, eût pensé faire un crime.
» Pour venger son honneur il perdit son amour ;
» Pour venger sa maîtresse il a quitté le jour,
» Préférant, quelque espoir qu'eût son âme asservie,
» Son honneur à Chimène, et Chimène à sa vie. »
Ainsi donc vous verrez ma mort, en ce combat,
Loin d'obscurcir ma gloire en rehausser l'éclat ;
Et cet honneur suivra mon trépas volontaire,
Que tout autre que moi n'eût pu vous satisfaire.

CHIMÈNE. Puisque, pour t'empêcher de courir au trépas,
Ta vie et ton honneur sont de faibles appas,
Si jamais je t'aimai, cher Rodrigue, en revanche,
Défends-toi maintenant, pour m'ôter à don Sanche.
Combats, pour m'affranchir d'une condition,
Qui me livre à l'objet de mon aversion.
Te dirai-je encor plus ? va, songe à ta défense,
Pour forcer mon devoir, pour m'imposer silence ;
Et si tu sens pour moi ton cœur encore épris,
Sors vainqueur d'un combat dont Chimène est le prix.
Adieu. Ce mot lâché me fait rougir de honte.

SCÈNE II.
D. RODRIGUE seul.

Est-il quelque ennemi qu'à présent je ne dompte?
Paraissez, Navarrois, Maures et Castillans,
Et tout ce que l'Espagne a nourri de vaillants ;
Unissez-vous ensemble, et faites une armée
Pour combattre une main de la sorte animée ;
Joignez tous vos efforts contre un espoir si doux ;
Pour en venir à bout c'est trop peu que de vous.

SCÈNE III.
L'INFANTE.

T'écouterai-je encor, respect de ma naissance,
    Qui fais un crime de mes feux ?
T'écouterai-je, amour, dont la douce puissance
Contre ce fier tyran fait révolter mes vœux ?
    Pauvre princesse, auquel des deux

Dois-tu prêter obéissance ?
Rodrigue, ta valeur te rend digne de moi ;
Mais, pour être vaillant, tu n'es pas fils de roi.
Impitoyable sort, dont la rigueur sépare
   Ma gloire d'avec mes désirs !
Est-il dit que le choix d'une vertu si rare
Coûte à ma passion de si grands déplaisirs ?
   O ciel ! à combien de soupirs
   Faut-il que mon cœur se prépare,
Si jamais il n'obtient, sur un si long tourment,
Ni d'éteindre l'amour, ni d'accepter l'amant ?
Mais c'est trop de scrupule ; et ma raison s'étonne
   Du mépris d'un si digne choix :
Bien qu'aux monarques seuls ma naissance me donne
Rodrigue, avec honneur je vivrai sous tes lois.
   Après avoir vaincu deux rois,
   Pourrais-tu manquer de couronne ?
Et ce grand nom de Cid, que tu viens de gagner,
Ne fait-il pas trop voir sur qui tu dois régner ?
Il est digne de moi : mais il est à Chimène ;
   Le don que j'en ai fait me nuit.
Entre eux la mort d'un père a si peu mis de haine,
Que le devoir du sang à regret le poursuit :
   Ainsi n'espérons aucun fruit
   De son crime ni de ma peine,
Puisque, pour me punir, le destin a permis
Que l'amour dure même entre deux ennemis.

SCÈNE IV.

L'INFANTE, LÉONOR.

L'INFANTE. Où viens-tu, Léonor ?
LÉONOR.   Vous applaudir, madame,
Sur le repos qu'enfin a retrouvé votre âme.
L'INFANTE. D'où viendrait ce repos dans un comble d'ennui ?
LÉONOR. Si l'amour vit d'espoir, et s'il meurt avec lui,
Rodrigue ne peut plus charmer votre courage :
Vous savez le combat où Chimène l'engage ;
Puisqu'il faut qu'il y meure, ou qu'il soit son mari
Votre espérance est morte et votre esprit guéri.
L'INFANTE. Ah ! qu'il s'en faut encor !
LÉONOR.   Que pouvez-vous prétendre ?
L'INFANTE. Mais plutôt quel espoir me pourrais-tu défendre ?
Si Rodrigue combat sous ces conditions,
   Pour en rompre l'effet j'ai trop d'inventions ;
L'amour, ce doux auteur de mes cruels supplices,
Aux esprits des amants apprend trop d'artifices.
LÉONOR. Pourrez-vous quelque chose après qu'un père mort
N'a pu dans leurs esprits allumer de discord ?

Car Chimène aisément montre par sa conduite
Que la haine aujourd'hui ne fait pas sa poursuite.
Elle obtient un combat, et pour son combattant
C'est le premier offert qu'elle accepte à l'instant.
Elle n'a point recours à ces mains généreuses
Que tant d'exploits fameux rendent si glorieuses;
Don Sanche lui suffit et mérite son choix,
Parce qu'il va s'armer pour la première fois.
Elle aime en ce duel son peu d'expérience;
Comme il est sans renom, elle est sans défiance :
Un tel choix et si prompt vous doit bien faire voir
Qu'elle cherche un combat qui force son devoir,
Qui livre à son Rodrigue une victoire aisée,
Et l'autorise enfin à paraître apaisée.

L'INFANTE. Je le remarque assez; et toutefois mon cœur,
A l'envi de Chimène, adore ce vainqueur.
A quoi me résoudrai-je, amante infortunée?

LÉONOR. A vous mieux souvenir de qui vous êtes née;
Le ciel vous doit un roi, vous aimez un sujet.

L'INFANTE. Mon inclination a bien changé d'objet.
Je n'aime plus Rodrigue, un simple gentilhomme;
Non, ce n'est plus ainsi que mon amour le nomme :
Si j'aime, c'est l'auteur de tant de beaux exploits,
C'est le valeureux Cid, le maître de deux rois.

Je me vaincrai pourtant, non de peur d'aucun blâme,
Mais pour ne troubler pas une si belle flamme;
Et quand, pour m'obliger, on l'aurait couronné,
Je ne veux point reprendre un bien que j'ai donné.
Puisqu'en un tel combat sa victoire est certaine,
Allons encore un coup le donner à Chimène.
Et toi, qui vois les traits dont mon cœur est percé,
Viens me voir achever comme j'ai commencé.

SCÈNE V.
CHIMÈNE, ELVIRE.

CHIMÈNE. Elvire, que je souffre! et que je suis à plaindre!
Je ne sais qu'espérer; et je vois tout à craindre.
Aucun vœu ne m'échappe où j'ose consentir;
Je ne souhaite rien sans un prompt repentir :
A deux rivaux pour moi je fais prendre les armes;
Le plus heureux succès me coûtera des larmes;
Et, quoi qu'en ma faveur en ordonne le sort,
Mon père est sans vengeance, ou mon amant est mort.

ELVIRE. D'un et d'autre côté je vous vois soulagée;
Ou vous avez Rodrigue, ou vous êtes vengée;
Et quoi que le destin puisse ordonner de vous,
Il soutient votre gloire et vous donne un époux.

CHIMÈNE. Quoi! l'objet de ma haine, ou bien de ma colère!
L'assassin de Rodrigue, ou celui de mon père!
De tous les deux côtés on me donne un mari
Encor tout teint du sang que j'ai le plus chéri.
De tous les deux côtés mon âme se rebelle ;
Je crains plus que la mort la fin de ma querelle :
Allez, vengeance, amour, qui troublez mes esprits,
Vous n'avez point pour moi de douceurs à ce prix.
Et toi, puissant moteur du destin qui m'outrage,
Termine ce combat sans aucun avantage,
Sans faire aucun des deux ni vaincu ni vainqueur.

ELVIRE. Ce serait vous traiter avec trop de rigueur.
Ce combat pour votre âme est un nouveau supplice,
S'il vous laisse obligée à demander justice,
A témoigner toujours ce haut ressentiment,
Et poursuivre toujours la mort de votre amant.
Madame, il vaut bien mieux que sa rare vaillance,
Lui couronnant le front, vous impose silence,
Que la loi du combat étouffe vos soupirs,
Et que le roi vous force à suivre vos désirs.

CHIMÈNE. Quand il sera vainqueur, crois-tu que je me rende?
Mon devoir est trop fort, et ma perte trop grande ;
Et ce n'est pas assez, pour leur faire la loi,
Que celle du combat, et le vouloir du roi.
Il peut vaincre don Sanche avec fort peu de peine
Mais non pas avec lui la gloire de Chimène :
Et, quoi qu'à sa victoire un monarque ait promis,
Mon honneur lui fera mille autres ennemis.

ELVIRE. Gardez, pour vous punir de cet orgueil étrange,
Que le ciel à la fin ne souffre qu'on vous venge.
Quoi! vous voulez encor refuser le bonheur
De pouvoir maintenant vous taire avec honneur!
Que prétend ce devoir, et qu'est-ce qu'il espère?
La mort de votre amant vous rendra-t-elle un père?
Est-ce trop peu pour vous que d'un coup de malheur?
Faut-il perte sur perte, et douleur sur douleur?
Allez, dans le caprice où votre honneur s'obstine,
Vous ne méritez pas l'amant qu'on vous destine ;
Et nous verrons du ciel l'équitable courroux
Vous laisser par sa mort don Sanche pour époux.

CHIMÈNE. Elvire, c'est assez des peines que j'endure ;
Ne les redouble point par ce funeste augure.
Je veux, si je le puis, les éviter tous deux,
Sinon en ce combat Rodrigue a tous mes vœux.
Non qu'une folle ardeur de son côté me penche ;
Mais, s'il était vaincu, je serais à don Sanche ;
Cette appréhension fait naître mon souhait.
Que vois-je? malheureuse! Elvire, c'en est fait.

SCÈNE VI.
D. SANCHE, CHIMÈNE, ELVIRE.

D. SANCHE. Madame, à vos genoux j'apporte cette épée...
CHIMÈNE. Quoi! du sang de Rodrigue encor toute trempée!
Perfide, oses-tu bien te montrer à mes yeux,
Après m'avoir ôté ce que j'aimais le mieux?
Eclate, mon amour, tu n'as plus rien à craindre:
Mon père est satisfait, cesse de te contraindre.
Un même coup a mis ma gloire en sûreté,
Mon âme au désespoir, ma flamme en liberté.
D. SANCHE. D'un esprit plus rassis...
CHIMÈNE.   Tu me parles encore,
Exécrable assassin d'un héros que j'adore!
Va, tu l'as pris en traître; un guerrier si vaillant
N'eût jamais succombé sous un tel assaillant.
N'espère rien de moi, tu ne m'as point servie;
En croyant me venger, tu m'as ôté la vie.
D. SANCHE. Etrange impression, qui, loin de m'écouter...
CHIMÈNE. Veux-tu que de sa mort je t'écoute vanter,
Que j'entende à loisir avec quelle insolence
Tu peindras son malheur, mon crime et ta vaillance?

SCÈNE VII.
D. FERNAND, D. DIÈGUE, D. ARIAS, D. SANCHE, D. ALONSE, CHIMÈNE, ELVIRE.

CHIMÈNE. Sire, il n'est plus besoin de vous dissimuler
Ce que tous mes efforts ne vous ont pu celer.
J'aimais, vous l'avez su; mais, pour venger mon père,
J'ai bien voulu proscrire une tête si chère.
Votre Majesté, sire, elle-même a pu voir
Comme j'ai fait céder mon amour au devoir.
Enfin Rodrigue est mort, et sa mort m'a changée,
D'implacable ennemie, en amante affligée:
J'ai dû cette vengeance à qui m'a mise au jour,
Et je dois maintenant ces pleurs à mon amour.
Don Sanche m'a perdue en prenant ma défense,
Et du bras qui me perd je suis la récompense!
Sire, si la pitié peut émouvoir un roi,
De grâce, révoquez une si dure loi.
Pour prix d'une victoire où je perds ce que j'aime,
Je lui laisse mon bien; qu'il me laisse à moi-même,
Qu'en un cloître sacré je pleure incessamment
Jusqu'au dernier soupir mon père et mon amant.
D. DIÈGUE. Enfin elle aime, sire, et ne croit plus un crime
D'avouer par sa bouche un amour légitime.
D. FERNAND. Chimène, sors d'erreur, ton amant n'est pas mort
Et don Sanche vaincu t'a fait un faux rapport.

1.   6

D. SANCHE. Sire, un peu trop d'ardeur, malgré moi, l'a déçue.
Je venais du combat lui raconter l'issue.
Ce généreux guerrier dont son cœur est charmé,
« Ne crains rien, m'a-t-il dit quand il m'a désarmé;
» Je laisserais plutôt la victoire incertaine
» Que de répandre un sang hasardé pour Chimène :
» Mais puisque mon devoir m'appelle auprès du roi,
» Va de notre combat l'entretenir pour moi,
» De la part du vainqueur lui porter ton épée. »
Sire, j'y suis venu : cet objet l'a trompée;
Elle m'a cru vainqueur me voyant de retour,
Et soudain sa colère a trahi son amour
Avec tant de transport et tant d'impatience,
Que je n'ai pu gagner un moment d'audience.
Pour moi, bien que vaincu, je me répute heureux.
Et, malgré l'intérêt de mon cœur amoureux,
Perdant infiniment, j'aime encor ma défaite,
Qui fait le beau succès d'une amour si parfaite.

D. FERNAND. Ma fille, il ne faut point rougir d'un si beau feu,
Ni chercher les moyens d'en faire un désaveu;
Une louable honte en vain t'en sollicite;
Ta gloire est dégagée, et ton devoir est quitte;
Ton père est satisfait; et c'était le venger
Que mettre tant de fois ton Rodrigue en danger.
Tu vois comme le ciel autrement en dispose;
Ayant tant fait pour lui, fais pour toi quelque chose,
Et ne sois point rebelle à mon commandement,
Qui te donne un époux aimé si chèrement.

SCÈNE VIII.
D. FERNAND, D. DIÈGUE, D. ARIAS, D. RODRIGUE, D. ALONSE, D. SANCHE, L'INFANTE, CHIMENE, LÉONOR, ELVIRE.

L'INFANTE. Sèche tes pleurs, Chimène, et reçois sans tristesse
Ce généreux vainqueur des mains de ta princesse.

D. RODRIGUE. Ne vous offensez point, sire, si devant vous
Un respect amoureux me jette à ses genoux.
Je ne viens point ici demander ma conquête,
Je viens tout de nouveau vous apporter ma tête,
Madame; mon amour n'emploiera point pour moi
Ni la loi du combat, ni le vouloir du roi.
Si tout ce qui s'est fait est trop peu pour un père,
Dites par quels moyens il vous faut satisfaire.
Faut-il combattre encor mille et mille rivaux,
Aux deux bouts de la terre étendre mes travaux,
Forcer moi seul un camp, mettre en fuite une armée,
Des héros fabuleux passer la renommée?
Si mon crime par là se peut enfin laver,
J'ose tout entreprendre, et puis tout achever.

Mais si ce fier honneur, toujours inexorable,
Ne se peut apaiser sans la mort du coupable,
N'armez plus contre moi le pouvoir des humains;
Ma tête est à vos pieds, vengez-vous par vos mains.
Vos mains seules ont droit de vaincre un invincible;
Prenez une vengeance à tout autre impossible.
Mais du moins que ma mort suffise à me punir :
Ne me bannissez point de votre souvenir;
Et, puisque mon trépas conserve votre gloire,
Pour vous en revancher conservez ma mémoire,
Et dites quelquefois, en déplorant mon sort :
» S'il ne m'avait aimée, il ne serait pas mort. »

CHIMÈNE. Relève-toi, Rodrigue. Il faut l'avouer, sire,
Je vous en ai trop dit pour m'en pouvoir dédire;
Rodrigue a des vertus que je ne puis haïr;
Et quand un roi commande, on lui doit obéir.
Mais, à quoi que déjà vous m'ayez condamnée,
Pourrez-vous à vos yeux souffrir cet hyménée?
Et quand de mon devoir vous voulez cet effort,
Toute votre justice en est-elle d'accord?
Si Rodrigue à l'Etat devient si nécessaire,
De ce qu'il fait pour vous dois-je être le salaire,
Et me livrer moi-même au reproche éternel
D'avoir trempé mes mains dans le sang paternel?

D. FERNAND. Le temps assez souvent a rendu légitime
Ce qui semblait d'abord ne se pouvoir sans crime.
Rodrigue t'a gagnée, et tu dois être à lui;
Mais, quoi que sa valeur t'ait conquise aujourd'hui,
Il faudrait que je fusse ennemi de ta gloire,
Pour lui donner sitôt le prix de sa victoire.
Cet hymen différé ne rompt point une loi
Qui, sans marquer de temps, lui destine ta foi.
Prends un an, si tu veux, pour essuyer tes larmes.
Rodrigue, cependant il faut prendre les armes.
Après avoir vaincu les Maures sur nos bords,
Renversé leurs desseins, repoussé leurs efforts,
Va jusqu'en leur pays leur reporter la guerre,
Commander mon armée, et ravager leur terre.
A ce seul nom de Cid ils trembleront d'effroi;
Ils t'ont nommé seigneur, et te voudront pour roi.
Mais, parmi tes hauts faits, sois-lui toujours fidèle;
Reviens-en, s'il se peut, encor plus digne d'elle;
Et par tes grands exploits fais-toi si bien priser,
Qu'il lui soit glorieux alors de t'épouser.

D. RODRIGUE. Pour posséder Chimène, et pour votre service,
Que peut-on m'ordonner que mon bras n'accomplisse?
Quoi qu'absent de ses yeux il me faille endurer,

Sire, ce m'est trop d'heur de pouvoir espérer.

D. FERNAND. Espère en ton courage, espère en ma promesse;
Et, possédant déjà le cœur de ta maîtresse,
Pour vaincre un point d'honneur qui combat contre toi,
Laisse faire le temps, ta vaillance et ton roi.

EXAMEN DU CID.

Ce poëme a tant d'avantages du côté du sujet et des pensées brillantes dont il est semé, que la plupart de ses auditeurs n'ont pas voulu voir les défauts de sa conduite, et ont laissé enlever leurs suffrages au plaisir que leur a donné sa représentation. Bien que ce soit celui de tous mes ouvrages réguliers où je me suis permis le plus de licence, il passe encore pour le plus beau auprès de ceux qui ne s'attachent pas à la dernière sévérité des règles; et, depuis 1636 qu'il tient sa place sur nos théâtres, l'histoire ni l'effort de l'imagination n'y ont rien fait voir qui en ait effacé l'éclat. Aussi a-t-il les deux grandes conditions que demande Aristote aux tragédies parfaites, et dont l'assemblage se rencontre si rarement chez les anciens et les modernes. Il les assemble même plus fortement et plus noblement que les espèces que pose ce philosophe.

Une maîtresse que son devoir force à poursuivre la mort de son amant, qu'elle tremble d'obtenir, a les passions plus vives et plus allumées que tout ce qui peut se passer entre un mari et sa femme, une mère et son fils, un frère et sa sœur; et la haute vertu, dans un naturel sensible à ces passions, qu'elle dompte sans les affaiblir, et à qui elle laisse toute leur force pour en triompher plus glorieusement, a quelque chose de plus touchant, de plus élevé et de plus aimable que cette médiocre bonté, capable d'une faiblesse et même d'un crime, où nos anciens étaient contraints d'arrêter le caractère le plus parfait des rois et des princes dont ils faisaient leurs héros, afin que ces taches et ces forfaits, défigurant ce qu'ils leur laissaient de vertu, s'accommodassent au goût et aux souhaits de leurs spectateurs, et fortifiassent l'horreur qu'ils avaient conçue de leur domination et de la monarchie.

Rodrigue suit ici son devoir sans rien relâcher de sa passion: Chimène fait la même chose à son tour, sans laisser ébranler son dessein par la douleur où elle se voit abîmée; et si la présence de son amant lui fait faire quelque faux pas, c'est une glissade dont elle se relève à l'heure même; et non-seulement elle connaît si bien sa faute qu'elle en avertit; mais elle fait un prompt désaveu de tout ce qu'une vue si chère lui a pu arracher. Il n'est point besoin qu'on lui reproche qu'il lui est honteux de souffrir l'entretien de son amant après qu'il a tué son père; elle avoue que c'est la seule prise que la médisance aura sur elle. Si elle s'emporte jusqu'à lui dire qu'elle veut bien qu'on sache qu'elle l'adore et le poursuit, ce n'est point une résolution si ferme qu'elle l'empêche de cacher son amour de tout son pouvoir lorsqu'elle est en la présence du roi. S'il lui échappe de l'encourager au combat contre don Sanche par ces paroles,

> Sors vainqueur d'un combat dont Chimène est le prix,

elle ne se contente pas de s'enfuir de honte au même moment; mais sitôt qu'elle est avec Elvire, à qui elle ne déguise rien de ce qui se passe dans son âme, et que la vue de ce cher objet ne lui fait plus de violence, elle forme un souhait plus raisonnable, qui satisfait sa vertu et son amour tout ensemble, et demande au ciel que le combat se termine

> Sans faire aucun des deux ni vaincu ni vainqueur.

Si elle ne dissimule point qu'elle penche du côté de Rodrigue, de peur d'être à don Sanche pour qui elle a de l'aversion, cela ne détruit point la protestation qu'elle a faite un peu auparavant, que, malgré la loi de ce combat et les promesses que le roi a faites à Rodrigue, elle lui fera mille autres ennemis s'il en sort victorieux. Ce grand éclat même qu'elle laisse faire à son amour après qu'elle le croit mort, est suivi d'une opposition vigoureuse à l'exécution de cette loi qui la donne à son amant; et elle ne se tait qu'après que le roi l'a différée, et lui a laissé lieu d'espérer qu'avec le temps il pourra survenir quelque obstacle. Je sais bien que le silence passe d'ordinaire pour une marque de consentement; mais, quand les rois parlent, c'en est une de contradiction. On ne manque jamais de leur applaudir quand on entre dans leurs sentiments; et le seul moyen de leur contredire avec le respect qui leur est dû, c'est de se taire quand leurs ordres ne sont pas si pressants qu'on ne puisse remettre à s'excuser de leur obéir lorsque le temps en sera venu, et conserver cependant une espérance légitime d'un empêchement qu'on ne peut encore déterminément prévoir.

Il est vrai que, dans ce sujet, il faut se contenter de tirer Rodrigue de péril, sans le pousser jusqu'à son mariage avec Chimène. Il est historique et a plu en son temps, mais bien sûrement il déplairait au nôtre; et j'ai peine à voir que Chimène y consente chez l'auteur espagnol, bien qu'il donne plus de trois ans de durée à la comédie qu'il en a faite. Pour ne pas contredire l'histoire, j'ai cru ne me pouvoir dispenser d'en jeter quelque idée, mais avec incertitude de l'effet; et ce n'était que par là que je pouvais accorder la bienséance du théâtre avec la vérité de l'événement.

Les deux visites que Rodrigue fait à sa maîtresse ont quelque chose qui choque la bienséance de la part de celle qui les souffre. La rigueur du devoir voulait qu'elle refusât de lui parler, et s'enfermât dans son cabinet au lieu de l'écouter; mais permettez-moi de dire avec un des premiers esprits de notre siècle, « que leur conversation est remplie » de si beaux sentiments que plusieurs n'ont pas connu ce défaut, et » que ceux qui l'ont connu l'ont toléré. » J'irai plus outre, et dirai que presque tous ont souhaité que ces entretiens se fissent; et j'ai remarqué aux premières représentations, que, lorsque ce malheureux amant se présentait devant elle, il s'élevait un certain frémissement dans l'assemblée, qui marquait une curiosité merveilleuse et un redoublement d'attention pour ce qu'ils avaient à se dire dans un état si pitoyable. Aristote dit « qu'il y a des absurdités qu'il faut laisser » dans un poëme, quand on peut espérer qu'elles seront bien reçues; » et il est du devoir du poëte, en ce cas, de les couvrir de tant de » brillants qu'elles puissent éblouir. » Je laisse au jugement de mes auditeurs si je me suis assez bien acquitté de ce devoir pour justifier par là ces deux scènes. Les pensées de la première des deux sont quelquefois trop spirituelles pour partir de personnes fort affligées; mais, outre que je n'ai fait que la paraphraser de l'espagnol, si nous ne nous permettions quelque chose de plus ingénieux que le cours ordinaire de la passion, nos poëmes ramperaient souvent, et les grandes douleurs ne mettraient dans la bouche de nos acteurs que des exclamations et des *hélas!* Pour ne déguiser rien, cette offre que fait Rodrigue de son épée à Chimène, et cette protestation de se laisser tuer par don Sanche, ne me plairaient pas maintenant. Ces beautés étaient de mise en ce temps-là, et ne le seraient plus en celui-ci. La première est dans l'original espagnol, et l'autre est tirée sur ce modèle. Toutes les deux ont fait effet en ma faveur, mais je ferais scrupule d'en étaler de pareilles à l'avenir sur notre théâtre.

J'ai dit ailleurs ma pensée touchant l'infante et le roi; il reste néanmoins quelque chose à examiner sur la manière dont ce dernier agit, qui ne paraît pas assez vigoureuse, en ce qu'il ne fait pas arrêter le comte après le soufflet donné, et n'envoie pas des gardes à don Diègue et à son fils. Sur quoi on peut considérer que don Fernand étant le premier roi de Castille, et ceux qui en avaient été les maîtres avant lui n'ayant eu titre que de comtes, il n'était peut-être pas assez absolu sur les grands seigneurs de son royaume pour le pouvoir faire. Chez don Guilhen de Castro, qui a traité ce sujet avant moi, et qui devait mieux connaître que moi quelle était l'autorité de ce premier monarque de son pays, le soufflet se donne en sa présence et en celle de deux ministres d'État, qui lui conseillent, après que le comte s'est retiré fièrement et avec bravade, et que don Diègue a fait la même chose en soupirant, de ne le pousser point à bout, parce qu'il a quantité d'amis dans les Asturies, qui se pourraient révolter, et prendre parti avec les Maures dont son État est environné. Ainsi il se résout d'accommoder l'affaire sans bruit, et recommande le secret à ces deux ministres, qui ont été seuls témoins de l'action. C'est sur cet exemple que je me suis cru bien fondé à le faire agir plus mollement qu'on ne ferait en ce temps-ci, où l'autorité royale est plus absolue. Je ne pense pas non plus qu'il fasse une faute bien grande de ne jeter point l'alarme de nuit dans sa ville, sur l'avis incertain qu'il a du dessein des Maures, puisqu'on faisait bonne garde sur les murs et sur le port; mais il est inexcusable de n'y donner aucun ordre après leur arrivée, et de laisser tout faire à Rodrigue. La loi du combat qu'il propose à Chimène avant que de le permettre à don Sanche contre Rodrigue, n'est pas si injuste que quelques-uns ont voulu le dire, parce qu'elle est plutôt une menace pour la faire dédire de la demande de ce combat, qu'un arrêt qu'il lui veuille faire exécuter. Cela paraît en ce qu'après la victoire de Rodrigue il n'en exige pas précisément l'effet de sa parole, et la laisse en état d'espérer que cette condition n'aura point de lieu.

Je ne puis dénier que la règle des vingt-quatre heures presse trop les incidents de cette pièce. La mort du comte et l'arrivée des Maures s'y pouvaient entre-suivre d'aussi près qu'elles font, parce que cette arrivée est une surprise qui n'a point de communication ni de mesure à prendre avec le reste ; mais il n'en va pas ainsi du combat de don Sanche, dont le roi était le maître, et pouvait lui choisir un autre temps que deux heures après la fuite des Maures. Leur défaite avait assez fatigué Rodrigue toute la nuit pour mériter deux ou trois jours de repos ; et même il y avait quelque apparence qu'il n'en était pas échappé sans blessures, quoique je n'en aie rien dit, parce qu'elles n'auraient fait que nuire à la conclusion de l'action.

Cette même règle presse aussi trop Chimène de demander justice au roi la seconde fois. Elle l'avait fait le soir d'auparavant, et n'avait aucun sujet d'y retourner le lendemain matin pour importuner le roi, dont elle n'avait encore aucun lieu de se plaindre, puisqu'elle ne pouvait encore dire qu'il lui eût manqué de promesse. Le roman lui aurait donné sept ou huit jours de patience avant que de l'en presser de nouveau ; mais les vingt-quatre heures ne l'ont pas permis. C'est l'incommodité de la règle. Passons à celle de l'unité de lieu, qui ne m'a pas moins donné de gêne en cette pièce.

Je l'ai placé dans Séville, bien que Fernand n'en ait jamais été le maître ; et j'ai été obligé à cette falsification pour former quelque vraisemblance à la descente des Maures, dont l'armée ne pouvait venir si vite par terre que par eau. Je ne voudrais pas assurer toutefois que le flux de la mer monte effectivement jusque-là : mais comme dans notre Seine il fait encore plus de chemin qu'il ne lui en faut faire sur le Guadalquivir pour battre les murailles de cette ville, cela peut suffire à fonder quelque probabilité parmi nous pour ceux qui n'ont point été sur le lieu même.

Cette arrivée des Maures ne laisse pas d'avoir le défaut que j'ai marqué ailleurs, qu'ils se présentent d'eux-mêmes sans être appelés dans la pièce directement ni indirectement par aucun acteur du premier acte. Ils ont plus de justesse dans l'irrégularité de l'auteur espagnol. Rodrigue, n'osant plus se montrer à la cour, les va combattre sur la frontière, et ainsi le premier acteur les va chercher et leur donne place dans le poëme ; au contraire de ce qui arrive ici, où ils semblent se venir faire de fête exprès pour en être battus, et lui donner moyen de rendre à son roi un service d'importance qui lui fasse obtenir sa grâce. C'est une seconde incommodité de la règle dans cette tragédie.

Tout s'y passe donc dans Séville, et garde ainsi quelque espèce d'unité de lieu en général ; mais le lieu particulier change de scène en scène, et tantôt c'est le palais du roi, tantôt l'appartement de l'infante, tantôt la maison de Chimène, et tantôt une rue ou place publique. On le détermine aisément pour les scènes détachées ; mais pour celles qui ont leur liaison ensemble, comme les quatre dernières du premier acte, il est malaisé d'en choisir un qui convienne à toutes. Le comte et don Diègue se querellent au sortir du palais ; cela se peut passer dans une rue : mais après le soufflet reçu, don Diègue ne peut pas demeurer en cette rue à faire ses plaintes, en attendant que son fils survienne, qu'il ne soit tout aussitôt environné du peuple et ne reçoive l'offre de quelques amis. Ainsi il serait plus à propos qu'il se plaignît dans sa maison, où le met l'Espagnol, pour laisser aller ses sentiments en liberté ; mais en ce cas il faudrait délier les scènes comme il a fait. En l'état où elles sont ici, on peut dire qu'il faut quelquefois aider au théâtre, et suppléer favorablement ce qui ne s'y peut représenter. Deux personnes s'y arrêtent pour parler, et quelquefois il faut présumer qu'ils marchent ; ce qu'on ne peut exposer sensiblement à la vue, parce qu'ils échapperaient aux yeux avant que d'avoir pu dire ce qu'il est nécessaire qu'ils fassent savoir à l'auditeur. Ainsi par une fiction de théâtre on peut s'imaginer que don Diègue et le comte, sortant du palais du roi, avancent toujours en se querellant, et sont arrivés devant la maison de ce premier, lorsqu'il reçoit le soufflet qui l'oblige à y entrer pour y chercher du secours. Si cette fiction poétique ne vous satisfait point, laissons-le dans la place publique, et disons que le concours du peuple autour de lui après cette offense, et les offres de service que lui font les premiers amis qui s'y rencontrent, sont des circonstances que le roman ne doit pas oublier, mais que ces menues actions ne servant de rien à la principale, il n'est pas besoin que le poëte s'en embarrasse sur la scène. Horace l'en dispense par ce vers :

Hoc amet, hoc spernat promissi carminis auctor...
Pleraque differat.

Et ailleurs :

Semper ad eventum festinat.

C'est ce qui m'a fait négliger, au troisième acte, de donner à don Diègue, pour aide à chercher son fils, aucun des cinq cents amis qu'il avait chez lui. Il y a grande apparence que quelques-uns d'eux l'y accompagnaient, et même que quelques autres le cherchaient pour lui d'un autre côté ; mais ces accompagnements inutiles de personnes qui n'ont rien à dire, puisque celui qu'ils accompagnent a seul tout l'intérêt à l'action, ont, ces sortes d'accompagnements, dis-je, ont toujours mauvaise grâce au théâtre, et d'autant plus que les comédiens n'emploient à ces personnages muets que leurs moucheurs de chandelles et leurs valets, qui ne savent quelle posture tenir.

Les funérailles du comte étaient encore une chose fort embarrassante, soit qu'elles se soient faites avant la fin de la pièce, soit que le corps ait demeuré en présence dans son hôtel, en attendant qu'on y donnât ordre. Le moindre mot que j'en eusse laissé dire, pour en prendre soin, eût rompu toute la chaleur de l'attention, et rempli l'auditeur d'une fâcheuse idée. J'ai cru plus à propos de les dérober à son imagination par mon silence, aussi bien que le lieu précis de ces quatre scènes du premier acte dont je viens de parler ; et je m'assure que cet artifice m'a si bien réussi, que peu de personnes ont pris garde à l'un ni à l'autre, et que la plupart des spectateurs, laissant emporter leurs esprits à ce qu'ils ont vu et entendu de pathétique en ce poëme, ne se sont point avisés de réfléchir sur ces deux considérations.

J'achève par une remarque sur ce que dit Horace, que ce qu'on expose à la vue touche bien plus que ce qu'on n'apprend que par un récit.

C'est sur quoi je me suis fondé pour faire voir le soufflet que reçoit don Diègue, et cacher aux yeux la mort du comte, afin d'acquérir et de conserver à mon premier acteur l'amitié des auditeurs, si nécessaire pour réussir au théâtre. L'indignité d'un affront fait à un vieillard chargé d'années et de victoires les jette aisément dans le parti de l'offensé ; et cette mort qu'on vient dire au roi tout simplement, sans aucune narration touchante, n'excite point en eux la commisération qu'y eût fait naître le spectacle de son sang, et ne leur donne aucune aversion pour ce malheureux amant, qu'ils ont vu forcé, par ce qu'il devait à son honneur, d'en venir à cette extrémité, malgré l'intérêt et la tendresse de son amour.

FIN DU CID.

HORACE,

TRAGÉDIE EN CINQ ACTES.

NOTICE.

Les trois frères héros de la tragédie de Corneille s'illustrèrent l'an de Rome 85, 667 avant Jésus-Christ. Les Romains et les Albains, pour terminer leurs différends, résolurent d'en remettre l'issue à quelques guerriers d'élite, et décidèrent par un traité solennel que le peuple dont les champions seraient vainqueurs imposeraient à l'autre ses lois et son gouvernement.

Au jour fixé, les deux armées se rangèrent de chaque côté d'une lice, où l'on vit entrer, pour les Albains, trois frères de la famille Curiace, et, pour les Romains, trois frères de la famille Horace. L'une et l'autre étaient alliées; aussi, avant d'en venir aux mains, les combattants s'embrassèrent avec effusion et répandirent même des pleurs. Mais, rappelant tout à coup leur courage, ils prirent leurs armes des mains de leurs écuyers et se précipitèrent les uns sur les autres. Les trois Albains furent blessés, mais ils frappèrent mortellement deux de leurs adversaires, et Horace resta seul contre trois. Heureusement pour lui, les Curiaces étaient assez éloignés les uns des autres; il put les attaquer tous tour à tour. En frappant le dernier, il s'écria : « J'ai immolé deux Albains aux mânes de mes frères, je sacrifie le troisième à ma patrie, pour terminer la querelle des deux peuples et acquérir à Rome l'empire sur les Albains. »

Le pacte fut exécuté. Mettius Suffetius, chef des Albains, se soumit au roi Tullius Hostilius, et Horace fut reconduit triomphalement à Rome, chargé des triples dépouilles des vaincus. Arrivé à la porte de Capène, il fut surpris d'apercevoir sa sœur au milieu de la foule qui accourait à sa rencontre. Il n'était pas dans les habitudes romaines qu'une jeune fille quittât ainsi la maison paternelle. Mais il s'imagina que Camille avait oublié toutes les bienséances pour embrasser plus vite son frère victorieux. Ce n'était point ce sentiment qui l'animait : fiancée à l'un des Curiaces dont on lui avait déjà appris la mort, elle était sortie du gynécée sans écouter les remontrances de sa nourrice. Quand elle aperçut au milieu des trophées une cotte d'armes de diverses couleurs, qu'elle avait brodée elle-même pour son futur époux, et qui était teinte de sang, elle déchira ses vêtements, se frappa la poitrine et se répandit en imprécations. « Tu triomphes, lui dit-elle, ô le plus méchant de tous les hommes; tu t'applaudis de m'avoir privée d'un époux, seul objet de ma tendresse. Malheureux! tu fais gloire de ton crime, et, couvert du sang de mon cher Curiace, tu insultes à ma douleur! » Le jeune vainqueur, également irrité des lamentations et des invectives de sa sœur au milieu de la joie publique et de son triomphe, dans les transports de son emportement lui passe son épée au travers du corps en lui faisant ces reproches : « Va, sœur dénaturée qui oublies tes frères et ta patrie, va rejoindre celui pour qui seul tu marques tant d'attachement. Ainsi puisse périr toute Romaine qui pleurera l'ennemi de Rome! »

L'action parut atroce aux sénateurs et au peuple, mais l'éclat de sa victoire récente parlait en faveur du coupable. Le roi, qui ne voulait pas prendre sur lui les suites d'une affaire si odieuse, en laissa la connaissance aux duumvirs qu'il nomma à cet effet. Ils ne purent s'abstenir de condamner le coupable à mort, le crime étant manifeste. Déjà le licteur se mettait en devoir d'exécuter la sentence, et le supplice aurait suivi de près son triomphe si le père d'Horace, s'avançant dans l'assemblée, n'eût pris la défense de son fils. Il soutint que l'action dont il s'agissait ne devait point passer pour un meurtre, mais pour une juste vengeance; qu'il était le père du frère et de la sœur, et le juge le plus compétent des affaires de sa maison; que, s'il avait jugé son fils criminel, il aurait usé, pour le punir, du pouvoir que lui donnait sa qualité de père. Il conclut en déclarant qu'il en appelait au peuple : c'était le roi même qui lui avait suggéré ce moyen. Puis, ayant recours aux prières, il conjurait le peuple d'avoir compassion d'un père infortuné, et de ne pas lui ravir ce cher fils, seul reste d'une famille auparavant si nombreuse. « Quoi! Romains, leur disait-il, ce brave guerrier que vous venez de voir marcher glorieux et triomphant après une si belle victoire, vous pourrez vous résoudre à le voir les fers aux mains, attaché à un infâme poteau, expirant sous les coups et dans les tourments? spectacle dont les yeux mêmes des Albains pourraient à peine soutenir la vue! Va, licteur, lie ces mains victorieuses qui viennent d'acquérir l'empire au peuple romain. Jette un voile sur la tête du libérateur de cette ville. Frappe-le de verges, ou dans l'enceinte de la ville, pourvu que ce soit à la vue de ces dépouilles remportées par sa valeur; ou hors des murs, pourvu que ce soit entre les tombeaux des Curiaces; car, ajouta-t-il adressant la parole au peuple, de quel côté pouvez-vous mener ce jeune héros où il ne trouve dans les monuments de sa gloire une sauvegarde contre l'infamie du supplice? »

Le peuple ne put tenir ni contre les larmes du père, ni contre la constance du fils à l'épreuve de toute espèce de danger. Horace comparut dans ce jugement avec la même fermeté d'âme qu'il avait fait paraître dans son combat contre les Curiaces. Le peuple crut qu'en faveur d'un si grand service il pouvait oublier un peu la rigueur de la loi. Il le renvoya donc absous, plus par admiration pour son courage que par conviction de la justice de sa cause. Mais, pour ne pas laisser le crime du fils entièrement impuni, le père fut condamné pour lui à payer une amende et à offrir certains sacrifices expiatoires, et l'on fit passer le fils sous le joug : c'étaient deux solives, sur lesquelles on en mettait une en travers. Ce joug fut appelé la *solive de la sœur*. On le réparait tous les ans, et il subsistait encore du temps de Tite-Live. On érigea un tombeau à la sœur d'Horace dans le lieu où elle avait été tuée.

Telle est l'histoire que Pierre Corneille tira de Tite-Live et de Denys d'Halicarnasse pour en faire une œuvre dramatique. Le sujet présentait, au point de vue du théâtre, un inconvénient presque inévitable : le combat, la mort de Camille, le procès d'Horace vainqueur, étaient trois actions distinctes, dont chacune avait son dénoûment. Tous les critiques s'accordent à reconnaître que Corneille n'a pas triomphé de cette difficulté, mais il a racheté l'imperfection du plan par la magnificence des détails.

Horace fut représenté en 1639 par les comédiens de l'hôtel de Bourgogne. Les nombreux éditeurs de cette tragédie intitulent indifféremment la tragédie de Corneille *Horace* ou les *Horaces*. Le premier titre est le véritable ; l'autre est celui d'une tragédie que Pierre de Laudun, sieur d'Aiguliers, Languedocien, a publiée dans son recueil de *Pièces*; Paris, David Le Clerc, 1596, in-12. Voici l'analyse de cette œuvre dramatique peu connue.

Au lever du rideau, Tullus Hostilius, roi des Romains, s'entretient avec son confident des moyens de finir la guerre. Il a appris que Mettius Suffetius, dictateur d'Albe, propose le combat des trois Curiaces contre un nombre égal de Romains. Le père des trois Horaces vient les lui offrir pour combattre les défenseurs d'Albe. Tullus Hostilius les accepte. Le dictateur d'Albe paraît ensuite avec les trois Curiaces prêts à combattre. Les trois Horaces arrivent bientôt après. Ces six guerriers combattent sur le théâtre, cinq sont tués ; l'aîné des Horaces reste sans blessure et Rome est victorieuse. Horatia, sœur du vainqueur, au désespoir de la mort d'un des Curiaces son époux, rencontre son frère, s'exhale contre lui en reproches les plus amers, et en reçoit la mort. Sa confidente vient apprendre au roi le crime qu'Horace vient de commettre. Ce monarque le fait paraître devant lui et le condamne au supplice. Cependant, réfléchissant sur la sévérité de ce jugement contre un homme qui vient de faire triompher sa patrie, il le renvoie au jugement du peuple, qui, loin de le condamner, lui décerne au contraire le triomphe.

Mettius Suffetius, obligé, suivant le traité, de remettre Albe aux Romains et de se livrer entre leurs mains, vient trouver Tullus Hostilius, qui, par une cruelle et fausse politique, le fait mourir. Le ciel punit ce manque de foi en lançant la foudre sur lui et sur son confident.

On voit qu'il n'existe aucun rapport entre cette tragédie et celle du grand Corneille ; sans parler de la versification défectueuse de l'une et des idées sublimes qui fourmillent dans l'autre, on ne trouve pas la moindre ressemblance dans les scènes, dans la conduite ; et il est très-vraisemblable que du temps de Corneille le sieur d'Aiguliers était déjà aussi oublié qu'il l'est de nos jours.

Lorsque parut l'*Horace* de Corneille, le bruit se répandit que l'Académie allait soumettre la nouvelle pièce à l'analyse et la commenter de même que le *Cid*. « Peu m'importe, dit l'auteur, Horace fut condamné par les duumvirs, mais il fut absous par le peuple. » L'Académie attendait sans doute le mot d'ordre du ministre qui l'avait fondée; mais celui-ci, trop grand lui-même pour persécuter un grand homme, avait rendu justice à Corneille, qui l'en remercia par cette épître dédicatoire :

« MONSEIGNEUR,

» Je n'aurais jamais eu la témérité de présenter à Votre Eminence ce mauvais portrait d'Horace, si je n'eusse considéré qu'après tant de bienfaits que j'ai reçus d'elle, le silence où le respect m'a retenu passerait pour ingratitude. Le sujet était capable de plus de grâces s'il eût été traité d'une main plus savante, mais du moins il a reçu de la mienne toutes celles qu'elle était capable de lui donner, et qu'on pouvait raisonnablement attendre d'une muse de province. Et certes, Monseigneur, ce changement visible qu'on remarque dans mes ouvrages depuis que j'ai l'honneur d'être à Votre Eminence, qu'est-ce autre chose qu'un effet des grandes idées qu'elle inspire? Il faut, Monseigneur, que tous ceux qui donnent leurs veilles au théâtre publient hautement avec moi que nous vous avons deux obligations très-signalées : l'une d'avoir ennobli le but de l'art, l'autre de nous en avoir facilité les connaissances.

» Je suis et je serai toute ma vie, très-passionnément, Monseigneur, de votre Éminence, » etc.

Voltaire, auquel on peut reprocher d'avoir une hostilité secrète pour l'auteur qu'il a commenté, montre un véritable enthousiasme en faisant ressortir la grandeur de certains passages. Arrivé à ces vers de l'acte II, scène III :

> Je rends grâces aux dieux de n'être pas Romain,
> Pour conserver encor quelque chose d'humain;

il ajoute : « Cette tirade fit un effet surprenant sur tout le public, et les deux derniers vers sont devenus un proverbe ou plutôt une maxime admirable.

> Albe vous a nommé, je ne vous connais plus. —
> Je vous connais encore...

» A ces mots : « *Je ne vous connais plus, — je vous connais encore,* » on se récria d'admiration; on n'avait jamais rien vu de si sublime : il n'y a pas dans Longin un seul exemple d'une pareille grandeur. Ce sont ces traits qui ont mérité à Corneille le nom de grand. »

Il dit, à propos de la scène VIII, acte II :

> Faites votre devoir, et laissez faire aux dieux.

« J'ai cherché dans tous les anciens et dans tous les théâtres étrangers une situation pareille, un pareil mélange de grandeur d'âme, de douleur, de bienséance, et je ne l'ai point trouvé : je remarquerai surtout que chez les Grecs il n'y a rien dans ce goût. »

Le « *qu'il mourût!* » de l'acte III, scène VI, inspire à Voltaire les réflexions suivantes :

« Voilà ce fameux *qu'il mourût*, ce trait du plus grand sublime, ce mot auquel il n'en est aucun de comparable dans toute l'antiquité. Tout l'auditoire fut si transporté, qu'on n'entendit jamais le vers faible qui suit :

Ou qu'un beau désespoir alors le secourût.

» Le morceau :

N'eût-il que d'un moment reculé sa défaite,

étant plein de chaleur, augmenta encore la force du *qu'il mourût*. Que de beautés! et d'où naissent-elles? D'une simple méprise très-naturelle, sans complication d'événements, sans aucune intrigue recherchée, sans aucun effort. Il y a d'autres beautés tragiques, mais celle-ci est au premier rang. Il est vrai que le vieil Horace, qui était présent quand les Horaces et les Curiaces ont refusé qu'on nommât d'autres champions, a dû être présent à leur combat. Cela gâte jusqu'au *qu'il mourût*. »

On remarque souvent dans les commentaires littéraires de Voltaire ses perfides correctifs, ses insinuations malignes, qui tendent à dénigrer les écrivains dont il affecte de vanter le mérite. Aussi donnerons-nous dans nos résumés peu de place à ses observations.

Les recueils d'anecdotes dramatiques rapportent un épisode assez curieux d'une des représentations d'*Horace*. Marie-Anne Duclos, l'une des meilleures actrices de la Régence, jouait le rôle de Camille. Elle rentrait dans la coulisse après ses terribles imprécations, lorsque ses pieds s'embarrassèrent dans la robe longue et traînante dont elle était affublée. Pierre Trochon de Beaubourg, qui remplissait le rôle d'Horace, et qui la poursuivait avec furie, ôta poliment son casque ceint de lauriers, lui prit la main avec grâce et la conduisit dans la coulisse; puis il reparut, pour s'écrier avec empressement :

Ainsi reçoive un châtiment soudain
Quiconque ose pleurer un ennemi romain.

Baron, dont Beaubourg était le successeur, ne serait pas tombé dans la même faute; il aurait sans doute profité de la chute même de Camille, et l'aurait frappée sous les yeux des spectateurs.

Au nombre des qualités les plus essentielles à un acteur, il faut compter la présence d'esprit.

ÉMILE DE LA BÉDOLLIÈRE.

PERSONNAGES.

TULLE, roi de Rome.
LE VIEIL HORACE, chevalier romain.
HORACE, son fils.
CURIACE, gentilhomme d'Albe, amant de Camille.
VALÈRE, chevalier romain, amoureux de Camille.
SABINE, femme d'Horace, et sœur de Curiace.
CAMILLE, amante de Curiace, et sœur d'Horace.
JULIE, dame romaine, confidente de Sabine et de Camille.
FLAVIAN, soldat de l'armée d'Albe.
PROCULE, soldat de l'armée de Rome.

La scène est à Rome, dans une salle de la maison d'Horace.

HORACE.

ACTE PREMIER.

SCÈNE I.

SABINE, JULIE.

SABINE. Approuvez ma faiblesse et souffrez ma douleur;
Elle n'est que trop juste en un si grand malheur :
Si près de voir sur soi fondre de tels orages,
L'ébranlement sied bien aux plus fermes courages;
Et l'esprit le plus mâle et le moins abattu
Ne saurait sans désordre exercer sa vertu.
Quoique le mien s'étonne à ces rudes alarmes,
Le trouble de mon cœur ne peut rien sur mes larmes;
Et, parmi les soupirs qu'il pousse vers les cieux,
Ma constance du moins règne encor sur mes yeux.
Quand on arrête là les déplaisirs d'une âme,
Si l'on fait moins qu'un homme, on fait plus qu'une femme.
Commander à ses pleurs en cette extrémité,
C'est montrer pour le sexe assez de fermeté.

JULIE. C'en est peut-être assez pour une âme commune
Qui du moindre péril se fait une infortune;
Mais de cette faiblesse un grand cœur est honteux;
Il ose espérer tout dans un succès douteux.
Les deux camps sont rangés au pied de nos murailles;
Mais Rome ignore encor comme on perd des batailles.
Loin de trembler pour elle, il lui faut applaudir;
Puisqu'elle va combattre, elle va s'agrandir.
Bannissez, bannissez une frayeur si vaine,
Et concevez des vœux dignes d'une Romaine.

SABINE. Je suis Romaine, hélas! puisqu'Horace est Romain;
J'en ai reçu le titre en recevant sa main;
Mais ce nœud me tiendrait en esclave enchaînée,
S'il m'empêchait de voir en quels lieux je suis née.
Albe, où j'ai commencé de respirer le jour,
Albe, mon cher pays et mon premier amour,
Lorsqu'entre nous et toi je vois la guerre ouverte,
Je crains notre victoire autant que notre perte.
Rome, si tu te plains que c'est là te trahir,
Fais-toi des ennemis que je puisse haïr.

Quand je vois de tes murs leur armée et la nôtre,
Mes trois frères dans l'une et mon mari dans l'autre,
Puis-je former des vœux, et, sans impiété,
Importuner le ciel pour ta félicité?
Je sais que ton Etat, encore en sa naissance,
Ne saurait sans la guerre affermir sa puissance;
Je sais qu'il doit s'accroître, et que tes grands destins
Ne le borneront pas chez les peuples latins;
Que les dieux t'ont promis l'empire de la terre,
Et que tu n'en peux voir l'effet que par la guerre.
Bien loin de m'opposer à cette noble ardeur,
Qui suit l'arrêt des dieux et court à ta grandeur,
Je voudrais déjà voir tes troupes couronnées
D'un pas victorieux franchir les Pyrénées.
Va jusqu'en l'Orient pousser tes bataillons,
Va sur les bords du Rhin planter tes pavillons,
Fais trembler sous tes pas les colonnes d'Hercule,
Mais respecte une ville à qui tu dois Romule.
Ingrate, souviens-toi que du sang de ses rois
Tu tiens ton nom, tes murs et tes premières lois.
Albe est ton origine; arrête, et considère
Que tu portes le fer dans le sein de ta mère.
Tourne ailleurs les efforts de tes bras triomphants,
Sa joie éclatera dans l'heur de ses enfants;
Et se laissant ravir à l'amour maternelle,
Ses vœux seront pour toi, si tu n'es plus contre elle.

JULIE. Ce discours me surprend, vu que, depuis le temps
Qu'on a contre son peuple armé nos combattants,
Je vous ai vu pour elle autant d'indifférence
Que si d'un sang romain vous aviez pris naissance.
J'admirais la vertu qui réduisait en vous
Vos plus chers intérêts à ceux de votre époux;
Et je vous consolais au milieu de vos plaintes,
Comme si notre Rome eût fait toutes vos craintes.

SABINE. Tant qu'on ne s'est choqué qu'en de légers combats,
Trop faibles pour jeter un des partis à bas,
Tant qu'un espoir de paix a pu flatter ma peine,
Oui, j'ai fait vanité d'être toute Romaine.
Si j'ai vu Rome heureuse avec quelque regret,
Soudain j'ai condamné ce mouvement secret;
Et si j'ai ressenti, dans ses destins contraires,
Quelque maligne joie en faveur de mes frères,
Soudain, pour l'étouffer rappelant ma raison,
J'ai pleuré quand la gloire entrait dans leur maison.
Mais aujourd'hui qu'il faut que l'une ou l'autre tombe,
Qu'Albe devienne esclave ou que Rome succombe,
Et qu'après la bataille il ne demeure plus
Ni d'obstacle aux vainqueurs ni d'espoir aux vaincus,

J'aurais pour mon pays une cruelle haine
Si je pouvais encore être toute Romaine,
Et si je demandais votre triomphe aux dieux
Au prix de tant de sang qui m'est si précieux.
Je m'attache un peu moins aux intérêts d'un homme,
Je ne suis point pour Albe, et ne suis plus pour Rome ;
Je crains pour l'une et l'autre en ce dernier effort,
Et serai du parti qu'affligera le sort.
Egale à tous les deux jusques à la victoire,
Je prendrai part aux maux, sans en prendre à la gloire,
Et je garde, au milieu de tant d'âpres rigueurs,
Mes larmes aux vaincus, et ma haine aux vainqueurs.

JULIE. Qu'on voit naître souvent, de pareilles traverses,
En des esprits divers, des passions diverses!
Et qu'à nos yeux Camille agit bien autrement!
Son frère est votre époux, le vôtre est son amant;
Mais elle voit d'un œil bien différent du vôtre
Son sang dans une armée et son amour dans l'autre.
Lorsque vous conserviez un esprit tout romain,
Le sien irrésolu, le sien tout incertain,
De la moindre mêlée appréhendait l'orage,
De tous les deux partis détestait l'avantage,
Au malheur des vaincus donnait toujours ses pleurs,
Et nourrissait ainsi d'éternelles douleurs.
Mais hier quand elle sut qu'on avait pris journée,
Et qu'enfin la bataille allait être donnée,
Une soudaine joie, éclatant sur son front...

SABINE. Ah! que je crains, Julie, un changement si prompt!
Hier, dans sa belle humeur, elle entretint Valère :
Pour ce rival, sans doute, elle quitte mon frère;
Son esprit, ébranlé par les objets présents,
Ne trouve point d'absent aimable après deux ans.
Mais excusez l'ardeur d'une amour fraternelle,
Le soin que j'ai de lui me fait craindre tout d'elle :
Je forme des soupçons d'un trop léger sujet;
Près d'un jour si funeste on change peu d'objet;
Les âmes rarement sont de nouveau blessées;
Et dans un si grand trouble on a d'autres pensées :
Mais on n'a pas aussi de si doux entretiens,
Ni de contentements qui soient pareils aux siens.

JULIE. Les causes, comme à vous, m'en semblent fort obscures,
Je ne me satisfais d'aucunes conjectures.
C'est assez de constance, en un si grand danger,
Que de le voir, l'attendre et ne point s'affliger;
Mais certes c'en est trop d'aller jusqu'à la joie.

SABINE. Voyez qu'un bon génie à propos nous l'envoie.
Essayez sur ce point à la faire parler,
Elle vous aime assez pour ne vous rien celer :
Je vous laisse.

SCÈNE II.

CAMILLE, SABINE, JULIE.

SABINE.   Ma sœur, entretenez Julie;
J'ai honte de montrer tant de mélancolie;
Et mon cœur, accablé de mille déplaisirs,
Cherche la solitude à cacher ses soupirs.

SCÈNE III.

CAMILLE, JULIE.

CAMILLE. Qu'elle a tort de vouloir que je vous entretienne!
Croit-elle ma douleur moins vive que la sienne;
Et que, plus insensible à de si grands malheurs,
A mes tristes discours je mêle moins de pleurs?
De pareilles frayeurs mon âme est alarmée;
Comme elle je perdrai dans l'une et l'autre armée.
Je verrai mon amant, mon plus unique bien,
Mourir pour son pays ou détruire le mien;
Et cet objet d'amour devenir, pour ma peine,
Digne de mes soupirs ou digne de ma haine.
Hélas!

JULIE.   Elle est pourtant plus à plaindre que vous:
On peut changer d'amant, mais non changer d'époux.
Oubliez Curiace et recevez Valère,
Vous ne tremblerez plus pour le parti contraire,
Vous serez toute nôtre, et votre esprit remis
N'aura plus rien à perdre au camp des ennemis.

CAMILLE. Donnez-moi des conseils qui soient plus légitimes,
Et plaignez mes malheurs sans m'ordonner des crimes.
Quoiqu'à peine à mes maux je puisse résister,
J'aime mieux les souffrir que de les mériter.

JULIE. Quoi! vous appelez crime un change raisonnable?
CAMILLE. Quoi! le manque de foi vous semble pardonnable?
JULIE. Envers un ennemi qui peut nous obliger?
CAMILLE. D'un serment solennel qui peut nous dégager?
JULIE. Vous déguisez en vain une chose trop claire;
Je vous vis encore hier entretenir Valère;
Et l'accueil gracieux qu'il recevait de vous
Lui permet de nourrir un espoir assez doux.

CAMILLE. Si je l'entretins hier et lui fis bon visage
N'en imaginez rien qu'à son désavantage;
De mon contentement un autre était l'objet:
Mais, pour sortir d'erreur, sachez-en le sujet
Je garde à Curiace une amitié trop pure
Pour souffrir plus longtemps qu'on m'estime parjure
    Il vous souvient qu'à peine on voyait de sa sœur

Par un heureux hymen mon frère possesseur,
Quand, pour comble de joie, il obtint de mon père
Que de ses chastes feux je serais le salaire.
Ce jour nous fut propice et funeste à la fois ;
Unissant nos maisons, il désunit nos rois ;
Un même instant conclut notre hymen et la guerre
Fit naître notre espoir et le jeta par terre,
Nous ôta tout sitôt qu'il nous eut tout promis,
Et, nous faisant amants, il nous fit ennemis.
Combien nos déplaisirs parurent lors extrêmes !
Combien contre le ciel il vomit de blasphèmes !
Et combien de ruisseaux coulèrent de mes yeux !
Je ne vous le dis point ; vous vîtes nos adieux.
Vous avez vu depuis les troubles de mon âme ;
Vous savez pour la paix quels vœux a faits ma flamme,
Et quels pleurs j'ai versés à chaque événement,
Tantôt pour mon pays, tantôt pour mon amant.
Enfin mon désespoir, parmi ces longs obstacles,
M'a fait avoir recours à la voix des oracles ;
Ecoutez si celui qui me fut hier rendu
Eut droit de rassurer mon esprit éperdu.
Ce Grec si renommé, qui, depuis tant d'années,
Au pied de l'Aventin prédit nos destinées,
Lui qu'Apollon jamais n'a fait parler à faux,
Me promit par ces vers la fin de mes travaux :
« Albe et Rome demain prendront une autre face :
» Tes vœux sont exaucés ; elles auront la paix ;
» Et tu seras unie avec ton Curiace,
» Sans qu'aucun mauvais sort t'en sépare jamais. »
Je pris sur cet oracle une entière assurance ;
Et, comme le succès passait mon espérance,
J'abandonnai mon âme à des ravissements
Qui passaient les transports des plus heureux amants.
Jugez de leur excès : je rencontrai Valère ;
Et, contre sa coutume, il ne put me déplaire.
Il me parla d'amour sans me donner d'ennui :
Je ne m'aperçus pas que je parlais à lui ;
Je ne lui pus montrer de mépris ni de glace :
Tout ce que je voyais me semblait Curiace,
Tout ce qu'on me disait me parlait de ses feux,
Tout ce que je disais l'assurait de mes vœux.
Le combat général aujourd'hui se hasarde,
J'en sus hier la nouvelle, et je n'y pris pas garde ;
Mon esprit rejetait ces funestes objets,
Charmé des doux pensers d'hymen et de la paix.
La nuit a dissipé des erreurs si charmantes ;
Mille songes affreux, mille images sanglantes,

7.

Ou plutôt mille amas de carnage et d'horreur,
M'ont arraché ma joie et rendu ma terreur :
J'ai vu du sang, des morts, et n'ai rien vu de suite;
Un spectre en paraissant prenait soudain la fuite;
Ils s'effaçaient l'un l'autre; et chaque illusion
Redoublait mon effroi par sa confusion.

JULIE. C'est en contraire sens qu'un songe s'interprète.
CAMILLE. Je le dois croire ainsi puisque je le souhaite :
Mais je me trouve enfin, malgré tous mes souhaits,
Au jour d'une bataille et non pas d'une paix.
JULIE. Par là finit la guerre, et la paix lui succède.
CAMILLE. Dure à jamais le mal s'il y faut ce remède!
Soit que Rome y succombe ou qu'Albe ait le dessous,
Cher amant, n'attends plus d'être un jour mon époux;
Jamais, jamais ce nom ne sera pour un homme
Qui soit ou le vainqueur ou l'esclave de Rome.
Mais quel objet nouveau se présente en ces lieux?
Est-ce toi, Curiace? en croirai-je mes yeux?

SCÈNE IV.

CURIACE, CAMILLE, JULIE.

CURIACE. N'en doutez point, Camille, et revoyez un homme
Qui n'est ni le vainqueur ni l'esclave de Rome.
Cessez d'appréhender de voir rougir mes mains
Du poids honteux des fers ou du sang des Romains.
J'ai cru que vous aimiez assez Rome et la gloire
Pour mépriser ma chaîne et haïr ma victoire;
Et comme également, en cette extrémité,
Je craignais la victoire et la captivité...
CAMILLE. Curiace, il suffit; je devine le reste :
Tu fuis une bataille à tes vœux si funeste;
Et ton cœur tout à moi, pour ne me perdre pas,
Dérobe à ton pays le secours de ton bras.
Qu'un autre considère ici ta renommée,
Et te blâme, s'il veut, de m'avoir trop aimée;
Ce n'est point à Camille à t'en mésestimer;
Plus ton amour paraît, plus elle doit t'aimer;
Et si tu dois beaucoup aux lieux qui t'ont vu naître,
Plus tu quittes pour moi, plus tu le fais paraître.
Mais as-tu vu mon père? et peut-il endurer
Qu'ainsi dans sa maison tu t'oses retirer?
Ne préfère-t-il point l'Etat à sa famille?
Ne regarde-t-il point Rome plus que sa fille?
Enfin notre bonheur est-il bien affermi?
T'a-t-il vu comme gendre ou bien comme ennemi?
CURIACE. Il m'a vu comme gendre avec une tendresse
Qui témoignait assez une entière allégresse;

ACTE I.

Mais il ne m'a point vu, par une trahison,
Indigne de l'honneur d'entrer dans sa maison.
Je n'abandonne point l'intérêt de ma ville;
J'aime encor mon honneur en adorant Camille :
Tant qu'a duré la guerre, on m'a vu constamment
Aussi bon citoyen que véritable amant;
D'Albe avec mon amour j'accordais la querelle;
Je soupirais pour vous en combattant pour elle;
Et s'il fallait encor que l'on en vînt aux coups,
Je combattrais pour elle en soupirant pour vous :
Oui, malgré les désirs de mon âme charmée,
Si la guerre durait, je serais dans l'armée.
C'est la paix qui chez vous me donne un libre accès,
La paix à qui nos feux doivent ce beau succès.

CAMILLE. La paix ! et le moyen de croire un tel miracle !
JULIE. Camille, pour le moins, croyez-en votre oracle;
Et sachons pleinement par quels heureux effets
L'heure d'une bataille a produit cette paix.
CURIACE. L'aurait-on jamais cru? déjà les deux armées,
D'une égale chaleur au combat animées,
Se menaçaient des yeux, et, marchant fièrement,
N'attendaient, pour donner, que le commandement;
Quand notre dictateur devant les rangs s'avance,
Demande à votre prince un moment de silence;
Et l'ayant obtenu : « Que faisons-nous, Romains? »
Dit-il, « et quel démon nous fait venir aux mains?
» Souffrons que la raison éclaire enfin nos âmes.
» Nous sommes vos voisins, nos filles sont vos femmes;
» Et l'hymen nous a joints par tant et tant de nœuds,
» Qu'il est peu de nos fils qui ne soient vos neveux.
» Nous ne sommes qu'un sang et qu'un peuple en deux villes;
» Pourquoi nous déchirer par des guerres civiles,
» Où la mort des vaincus affaiblit les vainqueurs,
» Et le plus beau triomphe est arrosé de pleurs?
» Nos ennemis communs attendent avec joie
» Qu'un des partis défait leur donne l'autre en proie,
» Lassé, demi-rompu, vainqueur, mais, pour tout fruit,
» Dénué d'un secours par lui-même détruit.
» Ils ont assez longtemps joui de nos divorces;
» Contre eux dorénavant joignons toutes nos forces,
» Et noyons dans l'oubli ces petits différends
» Qui de si bons guerriers font de mauvais parents.
» Que si l'ambition de commander aux autres
» Fait marcher aujourd'hui vos troupes et les nôtres,
» Pourvu qu'à moins de sang nous voulions l'apaiser,
» Elle nous unira, loin de nous diviser.
» Nommons des combattants pour la cause commune,
» Que chaque peuple aux siens attache sa fortune;

» Et, suivant ce que d'eux ordonnera le sort,
» Que le parti plus faible obéisse au plus fort;
» Mais sans indignité pour des guerriers si braves;
» Qu'ils deviennent sujets sans devenir esclaves,
» Sans honte, sans tribut, et sans autre rigueur
» Que de suivre en tous lieux les drapeaux du vainqueur :
» Ainsi nos deux Etats ne feront qu'un empire. »
Il semble qu'à ces mots notre discorde expire :
Chacun, jetant les yeux dans un rang ennemi,
Reconnaît un beau-frère, un cousin, un ami.
Ils s'étonnent comment leurs mains de sang avides
Volaient, sans y penser, à tant de parricides,
Et font paraître un front couvert tout à la fois
D'horreur pour la bataille et d'ardeur pour ce choix.
Enfin l'offre s'accepte, et la paix désirée
Sous ces conditions est aussitôt jurée;
Trois combattront pour tous : mais, pour les mieux choisir,
Nos chefs ont voulu prendre un peu plus de loisir;
Le vôtre est au sénat, le nôtre dans sa tente.

CAMILLE. O dieux, que ce discours rend mon âme contente!

CURIACE. Dans deux heures au plus, par un commun accord,
Le sort de nos guerriers réglera notre sort.
Cependant tout est libre attendant qu'on les nomme.
Rome est dans notre camp et notre camp dans Rome.
D'un et d'autre côté l'accès étant permis,
Chacun va renouer avec ses vieux amis.
Pour moi, ma passion m'a fait suivre vos frères;
Et mes désirs ont eu des succès si prospères,
Que l'auteur de vos jours m'a promis à demain
Le bonheur sans pareil de vous donner la main.
Vous ne deviendrez pas rebelle à sa puissance?

CAMILLE. Le devoir d'une fille est dans l'obéissance.

CURIACE. Venez donc recevoir ce doux commandement
Qui doit mettre le comble à mon contentement.

CAMILLE. Je vais suivre vos pas, mais pour revoir mes frères,
Et savoir d'eux encor la fin de nos misères.

JULIE. Allez, et cependant au pied de nos autels
J'irai rendre pour vous grâces aux immortels.

ACTE DEUXIÈME.

SCÈNE I.

HORACE, CURIACE.

CURIACE. Ainsi Rome n'a point séparé son estime;
Elle eût cru faire ailleurs un choix illégitime.

Cette superbe ville en vos frères et vous
Trouve les trois guerriers qu'elle préfère à tous,
Et ne nous opposant d'autres bras que les vôtres,
D'une seule maison brave toutes les nôtres.
Nous croirons, à la voir tout entière en vos mains,
Que, hors les fils d'Horace, il n'est point de Romains.
Ce choix pouvait combler trois familles de gloire,
Consacrer hautement leurs noms à la mémoire :
Oui, l'honneur que reçoit la vôtre par ce choix
En pouvait à bon titre immortaliser trois;
Et, puisque c'est chez vous que mon heur et ma flamme
M'ont fait placer ma sœur et choisir une femme,
Ce que je vais vous être et ce que je vous suis
Me font y prendre part autant que je le puis.
Mais un autre intérêt tient ma joie en contrainte,
Et parmi ses douceurs mêle beaucoup de crainte :
La guerre en tel éclat a mis votre valeur,
Que je tremble pour Albe et prévois son malheur.
Puisque vous combattez, sa perte est assurée;
En vous faisant nommer, le destin l'a jurée :
Je vois trop dans ce choix ses funestes projets,
Et me compte déjà pour un de vos sujets.

HORACE. Loin de trembler pour Albe, il vous faut plaindre Rome
Voyant ceux qu'elle oublie et les trois qu'elle nomme.
C'est un aveuglement pour elle bien fatal
D'avoir tant à choisir et de choisir si mal.
Mille de ses enfants, beaucoup plus dignes d'elle,
Pouvaient bien mieux que nous soutenir sa querelle.
Mais, quoique ce combat me promette un cercueil,
La gloire de ce choix m'enfle d'un juste orgueil;
Mon esprit en conçoit une mâle assurance;
J'ose espérer beaucoup de mon peu de vaillance;
Et du sort envieux quels que soient les projets,
Je ne me compte point pour un de vos sujets.
Rome a trop cru de moi; mais mon âme ravie
Remplira son attente ou quittera la vie.
Qui veut mourir ou vaincre est vaincu rarement :
Ce noble désespoir périt malaisément.
Rome, quoi qu'il en soit, ne sera point sujette,
Que mes derniers soupirs n'assurent ma défaite.

CURIACE. Hélas, c'est bien ici que je dois être plaint!
Ce que veut mon pays, mon amitié le craint.
Dures extrémités, de voir Albe asservie,
Ou sa victoire au prix d'une si chère vie;
Et que l'unique bien où tendent ses désirs
S'achète seulement par vos derniers soupirs!
Quels vœux puis-je former, et quel bonheur attendre?
De tous les deux côtés j'ai des pleurs à répandre;

De tous les deux côtés mes désirs sont trahis.

HORACE. Quoi! vous me pleureriez mourant pour mon pays!
Pour un cœur généreux ce trépas a des charmes,
La gloire qui le suit ne souffre point de larmes;
Et je le recevrais en bénissant mon sort,
Si Rome et tout l'Etat perdaient moins à ma mort.

CURIACE. A vos amis pourtant permettez de le craindre;
Dans un si beau trépas ils sont les seuls à plaindre :
La gloire en est pour vous, et la perte pour eux;
Il vous fait immortel et les rend malheureux :
On perd tout quand on perd un ami si fidèle.
Mais Flavian m'apporte ici quelque nouvelle.

SCÈNE II.

HORACE, CURIACE, FLAVIAN.

CURIACE. Albe de trois guerriers a-t-elle fait le choix?
FLAVIAN. Je viens pour vous l'apprendre.
CURIACE. Eh bien! qui sont les trois?
FLAVIAN. Vos deux frères et vous.
CURIACE. Qui?
FLAVIAN. Vous et vos deux frères.
Mais pourquoi ce front triste et ces regards sévères?
Ce choix vous déplaît-il?
CURIACE. Non, mais il me surprend
Je m'estimais trop peu pour un honneur si grand.
FLAVIAN. Dirai-je au dictateur, dont l'ordre ici m'envoie,
Que vous le recevez avec si peu de joie?
Ce morne et froid accueil me surprend à mon tour.
CURIACE. Dis-lui que l'amitié, l'alliance et l'amour
Ne pourront empêcher que les trois Curiaces
Ne servent leur pays contre les trois Horaces.
FLAVIAN. Contre eux! Ah! c'est beaucoup me dire en peu de mots.
CURIACE. Porte-lui ma réponse et nous laisse en repos.

SCÈNE III.

HORACE, CURIACE.

CURIACE. Que désormais le ciel, les enfers et la terre
Unissent leurs fureurs à nous faire la guerre;
Que les hommes, les dieux, les démons et le sort
Préparent contre nous un général effort;
Je mets à faire pis, en l'état où nous sommes,
Le sort et les démons, et les dieux, et les hommes :
Ce qu'ils ont de cruel, et d'horrible, et d'affreux,
L'est bien moins que l'honneur qu'on nous fait à tous deux.

HORACE. Le sort, qui de l'honneur nous ouvre la barrière,
Offre à notre constance une illustre matière :
Il épuise sa force à former un malheur,

Pour mieux se mesurer avec notre valeur ;
Et comme il voit en nous des âmes peu communes,
Hors de l'ordre commun il nous fait des fortunes.
Combattre un ennemi pour le salut de tous,
Et contre un inconnu s'exposer seul aux coups,
D'une simple vertu c'est l'effet ordinaire ;
Mille déjà l'ont fait, mille pourraient le faire :
Mourir pour le pays est un si digne sort,
Qu'on briguerait en foule une si belle mort.
Mais vouloir au public immoler ce qu'on aime,
S'attacher au combat contre un autre soi-même,
Attaquer un parti qui prend pour défenseur
Le frère d'une femme et l'amant d'une sœur ;
Et, rompant tous ces nœuds, s'armer pour la patrie
Contre un sang qu'on voudrait racheter de sa vie,
Une telle vertu n'appartenait qu'à nous.
L'éclat de son grand nom lui fait peu de jaloux,
Et peu d'hommes au cœur l'ont assez imprimée
Pour oser aspirer à tant de renommée.

CURIACE. Il est vrai que nos noms ne sauraient plus périr ;
L'occasion est belle, il nous la faut chérir :
Nous serons les miroirs d'une vertu bien rare.
Mais votre fermeté tient un peu du barbare ;
Peu, même des grands cœurs, tireraient vanité
D'aller par ce chemin à l'immortalité.
A quelque prix qu'on mette une telle fumée,
L'obscurité vaut mieux que tant de renommée.
 Pour moi, je l'ose dire, et vous l'avez pu voir,
Je n'ai point consulté pour suivre mon devoir ;
Notre longue amitié, l'amour ni l'alliance,
N'ont pu mettre un moment mon esprit en balance ;
Et puisque, par ce choix, Albe montre en effet
Qu'elle m'estime autant que Rome vous a fait,
Je crois faire pour elle autant que vous pour Rome ;
J'ai le cœur aussi bon, mais enfin je suis homme.
Je vois que votre honneur demande tout mon sang,
Que tout le mien consiste à vous percer le flanc ;
Près d'épouser la sœur, qu'il faut tuer le frère,
Et que pour mon pays j'ai le sort si contraire :
Encor qu'à mon devoir je coure sans terreur,
Mon cœur s'en effarouche, et j'en frémis d'horreur ;
J'ai pitié de moi-même, et jette un œil d'envie
Sur ceux dont notre guerre a consumé la vie ;
Sans souhait toutefois de pouvoir reculer.
Ce triste et fier honneur m'émeut sans m'ébranler :
J'aime ce qu'il me donne, et je plains ce qu'il m'ôte ;
Et si Rome demande une vertu plus haute,
Je rends grâces aux dieux de n'être pas Romain,

HORACE. Pour conserver encor quelque chose d'humain.
HORACE. Si vous n'êtes Romain, soyez digne de l'être;
Et si vous m'égalez, faites-le mieux paraître.
La solide vertu dont je fais vanité
N'admet point de faiblesse avec sa fermeté;
Et c'est mal de l'honneur entrer dans la carrière
Que dès le premier pas regarder en arrière.
Notre malheur est grand, il est au plus haut point.
Je l'envisage entier; mais je n'en frémis point.
Contre qui que ce soit que mon pays m'emploie,
J'accepte aveuglément cette gloire avec joie :
Celle de recevoir de tels commandements
Doit étouffer en nous tous autres sentiments.
Qui, près de le servir, considère autre chose,
A faire ce qu'il doit lâchement se dispose :
Ce droit saint et sacré rompt tout autre lien.
Rome a choisi mon bras, je n'examine rien.
Avec une allégresse aussi pleine et sincère
Que j'épousai la sœur, je combattrai le frère;
Et, pour trancher enfin ces discours superflus,
Albe vous a nommé, je ne vous connais plus.

CURIACE. Je vous connais encore, et c'est ce qui me tue;
Mais cette âpre vertu ne m'était pas connue;
Comme notre malheur elle est au plus haut point :
Souffrez que je l'admire et ne l'imite point.

HORACE. Non, non, n'embrassez pas de vertu par contrainte;
Et puisque vous trouvez plus de charme à la plainte,
En toute liberté goûtez un bien si doux;
Voici venir ma sœur pour se plaindre avec vous :
Je vais revoir la vôtre et résoudre son âme
A se bien souvenir qu'elle est toujours ma femme,
A vous aimer encor si je meurs par vos mains,
Et prendre en son malheur des sentiments romains.

SCÈNE IV.

HORACE, CURIACE, CAMILLE.

HORACE. Avez-vous su l'état qu'on fait de Curiace,
Ma sœur?

CAMILLE. Hélas! mon sort a bien changé de face.

HORACE. Armez-vous de constance, et montrez-vous ma sœur;
Et si par mon trépas il retourne vainqueur,
Ne le recevez point en meurtrier d'un frère,
Mais en homme d'honneur qui fait ce qu'il doit faire,
Qui sert bien son pays et sait montrer à tous
Par sa haute vertu qu'il est digne de vous :
Comme si je vivais, achevez l'hyménée.
Mais si ce fer aussi tranche sa destinée,
Faites à ma victoire un pareil traitement;

Ne me reprochez point la mort de votre amant.
Vos larmes vont couler, et votre cœur se presse :
Consumez avec lui toute cette faiblesse;
Querellez ciel et terre, et maudissez le sort,
Mais après le combat ne pensez plus au mort.
(*A Curiace.*)
Je ne vous laisserai qu'un moment avec elle,
Puis nous irons ensemble où l'honneur nous appelle.

SCÈNE V.
CURIACE, CAMILLE.

CAMILLE. Iras-tu, Curiace? et ce funeste honneur
Te plaît-il aux dépens de tout notre bonheur?

CURIACE. Hélas! je vois trop bien qu'il faut, quoi que je fasse,
Mourir ou de douleur, ou de la main d'Horace.
Je vais, comme au supplice, à cet illustre emploi;
Je maudis mille fois l'état qu'on fait de moi;
Je hais cette valeur qui fait qu'Albe m'estime :
Ma flamme au désespoir passe jusques au crime,
Elle se prend au ciel et l'ose quereller;
Je vous plains, je me plains : mais il y faut aller.

CAMILLE. Non, je te connais mieux; tu veux que je te prie,
Et qu'ainsi mon pouvoir t'excuse à ta patrie.
Tu n'es que trop fameux par tes autres exploits;
Albe a reçu par eux tout ce que tu lui dois.
Autre n'a mieux que toi soutenu cette guerre,
Autre de plus de morts n'a couvert notre terre;
Ton nom ne peut plus croître, il ne lui manque rien;
Souffre qu'un autre ici puisse ennoblir le sien.

CURIACE. Que je souffre à mes yeux qu'on ceigne une autre tête
Des lauriers immortels que la gloire m'apprête;
Ou que tout mon pays reproche à ma vertu
Qu'il aurait triomphé si j'avais combattu,
Et que sous mon amour ma valeur endormie
Couronne tant d'exploits d'une telle infamie!
Non, Albe, après l'honneur que j'ai reçu de toi,
Tu ne succomberas ni vaincras que par moi :
Tu m'as commis ton sort, je t'en rendrai bon compte;
Je vivrai sans reproche, ou périrai sans honte.

CAMILLE. Quoi! tu ne veux pas voir qu'ainsi tu me trahis!

CURIACE. Avant que d'être à vous, je suis à mon pays.

CAMILLE. Mais te priver pour lui toi-même d'un beau-frère,
Ta sœur de son mari!

CURIACE. Telle est notre misère.
Le choix d'Albe et de Rome ôte toute douceur
Aux noms jadis si doux de beau-frère et de sœur.

CAMILLE. Tu pourras donc, cruel, me présenter sa tête,
Et demander ma main pour prix de ta conquête!

CURIACE. Il n'y faut plus penser : en l'état où je suis,
Vous aimer sans espoir c'est tout ce que je puis.
Vous en pleurez, Camille !
CAMILLE. 		Il faut bien que je pleure,
Mon insensible amant ordonne que je meure ;
Et quand l'hymen pour nous allume son flambeau,
Il l'éteint de sa main pour m'ouvrir le tombeau.
Ce cœur impitoyable à ma perte s'obstine,
Et dit qu'il m'aime encore alors qu'il m'assassine.
CURIACE. Que les pleurs d'une amante ont de puissants discours !
Et qu'un bel œil est fort avec un tel secours !
Que mon cœur s'attendrit à cette triste vue !
Ma constance contre elle à regret s'évertue.
N'attaquez plus ma gloire avec tant de douleurs,
Et laissez-moi sauver ma vertu de vos pleurs ;
Je sens qu'elle chancelle et défend mal la place,
Plus je suis votre amant, moins je suis Curiace :
Faible d'avoir déjà combattu l'amitié,
Vaincrait-elle à la fois l'amour et la pitié ?
Allez, ne m'aimez plus, ne versez plus de larmes,
Ou j'oppose l'offense à de si fortes armes ;
Je me défendrai mieux contre votre courroux,
Et pour le mériter je n'ai plus d'yeux pour vous.
Vengez-vous d'un ingrat, punissez un volage.
Vous ne vous montrez point sensible à cet outrage !
Je n'ai plus d'yeux pour vous, vous en avez pour moi !
En faut-il plus encor ? je renonce à ma foi.
Rigoureuse vertu dont je suis la victime,
Ne peux-tu résister sans le secours d'un crime ?
CAMILLE. Ne fais point d'autre crime, et j'atteste les dieux
Qu'au lieu de t'en haïr je t'en aimerai mieux :
Oui, je te chérirai tout ingrat et perfide,
Et cesse d'aspirer au nom de fratricide.
Pourquoi suis-je Romaine ? ou que n'es-tu Romain ?
Je te préparerais des lauriers de ma main,
Je t'encouragerais au lieu de te distraire,
Et je te traiterais comme j'ai fait mon frère.
Hélas ! j'étais aveugle en mes vœux aujourd'hui ;
J'en ai fait contre toi quand j'en ai fait pour lui.
Il revient ; quel malheur, si l'amour de sa femme
Ne peut non plus sur lui que le mien sur ton âme !

SCÈNE VI.
HORACE, CURIACE, SABINE, CAMILLE.

CURIACE. Dieux ! Sabine le suit ! Pour ébranler mon cœur,
Est-ce peu de Camille ? y joignez-vous ma sœur ?
Et, laissant à ses pleurs vaincre ce grand courage,
L'amenez-vous ici chercher même avantage ?

SABINE. Non, non, mon frère, non; je ne viens en ce lieu
Que pour vous embrasser et pour vous dire adieu.
Votre sang est trop bon, n'en craignez rien de lâche,
Rien dont la fermeté de ces grands cœurs se fâche;
Si ce malheur illustre ébranlait l'un de vous,
Je le désavouerais pour frère ou pour époux.
Pourrai-je toutefois vous faire une prière
Digne d'un tel époux, et digne d'un tel frère?
Je veux d'un coup si noble ôter l'impiété,
A l'honneur qui l'attend rendre sa pureté,
La mettre en son éclat sans mélange de crimes,
Enfin je vous veux faire ennemis légitimes.
 Du saint nœud qui vous joint je suis le seul lien;
Quand je ne serai plus, vous ne vous serez rien.
Brisez votre alliance et rompez-en la chaîne;
Et puisque votre honneur veut des effets de haine,
Achetez par ma mort le droit de vous haïr.
Albe le veut, et Rome; il faut leur obéir :
Qu'un de vous deux me tue, et que l'autre me venge;
Alors votre combat n'aura plus rien d'étrange,
Et du moins l'un des deux sera juste agresseur,
Ou pour venger sa femme, ou pour venger sa sœur.
Mais quoi! vous souilleriez une gloire si belle
Si vous vous animiez par quelque autre querelle :
Le zèle du pays vous défend de tels soins,
Vous feriez peu pour lui si vous vous étiez moins;
Il lui faut, et sans haine, immoler un beau-frère.
Ne différez donc plus ce que vous devez faire;
Commencez par sa sœur à répandre son sang;
Commencez par sa femme à lui percer le flanc;
Commencez par Sabine à faire de vos vies
Un digne sacrifice à vos chères patries :
Vous êtes ennemis en ce combat fameux,
Vous d'Albe, vous de Rome, et moi de toutes deux.
Quoi! me réservez-vous à voir une victoire
Où, pour haut appareil d'une pompeuse gloire,
Je verrai les lauriers d'un frère ou d'un mari
Fumer encor d'un sang que j'aurai tant chéri?
Pourrai-je entre vous deux régler alors mon âme?
Satisfaire aux devoirs et de sœur et de femme,
Embrasser le vainqueur en pleurant le vaincu?
Non, non : avant ce coup Sabine aura vécu;
Ma mort le préviendra, de qui que je l'obtienne;
Le refus de vos mains y condamne la mienne.
Sus donc, qui vous retient? Allez, cœurs inhumains,
J'aurai trop de moyens pour y forcer vos mains;
Vous ne les aurez point au combat occupées,
Que ce corps au milieu n'arrête vos épées;

Et, malgré vos refus, il faudra que leurs coups
Se fassent jour ici pour aller jusqu'à vous.
HORACE. O ma femme!
CURIACE. O ma sœur!
CAMILLE. Courage! ils s'amollissent.
SABINE. Vous poussez des soupirs, vos visages pâlissent!
Quelle peur vous saisit? sont-ce là ces grands cœurs,
Ces héros qu'Albe et Rome ont pris pour défenseurs?
HORACE. Que t'ai-je fait, Sabine? et quelle est mon offense
Qui t'oblige à chercher une telle vengeance?
Que t'a fait mon honneur? et par quel droit viens-tu
Avec toute ta force attaquer ma vertu?
Du moins contente-toi de l'avoir étonnée,
Et me laisse achever cette grande journée.
Tu me viens de réduire en un étrange point;
Aime assez ton mari pour n'en triompher point :
Va-t'en, et ne rends plus la victoire douteuse;
La dispute déjà m'en est assez honteuse;
Souffre qu'avec honneur je termine mes jours.
SABINE. Va, cesse de me craindre, on vient à ton secours.

SCÈNE VII.

LE VIEIL HORACE, HORACE, CURIACE, SABINE, CAMILLE.

LE VIEIL HORACE. Qu'est-ce ci, mes enfants? écoutez-vous vos flammes?
Et perdez-vous encor le temps avec des femmes?
Prêts à verser du sang, regardez-vous des pleurs?
Fuyez, et laissez-les déplorer leurs malheurs.
Leurs plaintes ont pour vous trop d'art et de tendresse,
Elles vous feraient part enfin de leur faiblesse :
Et ce n'est qu'en fuyant qu'on pare de tels coups.
SABINE. N'appréhendez rien d'eux, ils sont dignes de vous :
Malgré tous nos efforts, vous en devez attendre
Ce que vous souhaitez et d'un fils et d'un gendre;
Et si notre faiblesse avait pu les changer,
Nous vous laissons ici pour les encourager.
Allons, ma sœur, allons, ne perdons plus de larmes;
Contre tant de vertus ce sont de faibles armes;
Ce n'est qu'au désespoir qu'il nous faut recourir :
Tigres, allez combattre; et nous, allons mourir.

SCÈNE VIII.

LE VIEIL HORACE, HORACE, CURIACE.

HORACE. Mon père, retenez des femmes qui s'emportent,
Et de grâce empêchez surtout qu'elles ne sortent;
Leur amour importun viendrait avec éclat
Par des cris et des pleurs troubler notre combat;
Et ce qu'elles nous sont ferait qu'avec justice
On nous imputerait ce mauvais artifice.

L'honneur d'un si beau choix serait trop acheté
Si l'on nous soupçonnait de quelque lâcheté.
LE VIEIL HORACE. J'en aurai soin. Allez, vos frères vous attendent;
Ne pensez qu'aux devoirs que vos pays demandent.
CURIACE. Quel adieu vous dirai-je? et par quels compliments...
LE VIEIL HORACE. Ah! n'attendrissez point ici mes sentiments.
Pour vous encourager ma voix manque de termes.
Mon cœur ne forme point de pensers assez fermes;
Moi-même en cet adieu j'ai les larmes aux yeux.
Faites votre devoir, et laissez faire aux dieux.

ACTE TROISIÈME.

SCÈNE I.

SABINE.

Prenons parti, mon âme, en de telles disgrâces;
Soyons femme d'Horace, ou sœur des Curiaces :
Cessons de partager nos inutiles soins;
Souhaitons quelque chose, et craignons un peu moins.
Mais las! quel parti prendre en un sort si contraire?
Quel ennemi choisir d'un époux ou d'un frère?
La nature ou l'amour parle pour chacun d'eux,
Et la loi du devoir m'attache à tous les deux.
Sur leurs hauts sentiments réglons plutôt les nôtres,
Soyons femme de l'un ensemble et sœur des autres;
Regardons leur honneur comme un souverain bien;
Imitons leur constance, et ne craignons plus rien.
La mort qui les menace est une mort si belle,
Qu'il en faut sans frayeur attendre la nouvelle.
N'appelons point alors les destins inhumains;
Songeons pour quelle cause, et non par quelles mains;
Revoyons les vainqueurs sans penser qu'à la gloire
Que toute leur maison reçoit de leur victoire;
Et, sans considérer aux dépens de quel sang
Leur vertu les élève en cet illustre rang,
Faisons nos intérêts de ceux de leur famille :
En l'une je suis femme, en l'autre je suis fille,
Et tiens à toutes deux par de si forts liens,
Qu'on ne peut triompher que par les bras des miens.
Fortune, quelques maux que ta rigueur m'envoie,
J'ai trouvé les moyens d'en tirer de la joie,
Et puis voir aujourd'hui le combat sans terreur,
Les morts sans désespoir, les vainqueurs sans horreur.

Flatteuse illusion, erreur douce et grossière,
Vain effort de mon âme, impuissante lumière
De qui le faux brillant prend droit de m'éblouir,

Que tu sais peu durer et tôt t'évanouir!
Pareille à ces éclairs qui, dans le fort des ombres
Poussent un jour qui fuit et rend les nuits plus sombres,
Tu n'as frappé mes yeux d'un moment de clarté
Que pour les abîmer dans plus d'obscurité.
Tu charmais trop ma peine, et le ciel qui s'en fâche
Me vend déjà bien cher ce moment de relâche.
Je sens mon triste cœur percé de tous les coups
Qui m'ôtent maintenant un frère ou mon époux :
Quand je songe à leur mort, quoi que je me propose,
Je songe par quels bras, et non pour quelle cause.
Et ne vois les vainqueurs en leur illustre rang,
Que pour considérer aux dépens de quel sang.
La maison des vaincus touche seule mon âme;
En l'une je suis fille, en l'autre je suis femme,
Et tiens à toutes deux par de si forts liens,
Qu'on ne peut triompher que par la mort des miens.
C'est là donc cette paix que j'ai tant souhaitée!
Trop favorables dieux, vous m'avez écoutée!
Quels foudres lancez-vous quand vous vous irritez,
Si même vos faveurs ont tant de cruautés?
Et de quelle façon punissez-vous l'offense,
Si vous traitez ainsi les vœux de l'innocence?

SCÈNE II.

SABINE, JULIE.

SABINE. En est-ce fait, Julie? et que m'apportez-vous?
Est-ce la mort d'un frère, ou celle d'un époux?
Le funeste succès de leurs armes impies
De tous les combattants a-t-il fait des hosties;
Et, m'enviant l'horreur que j'aurais des vainqueurs,
Pour tous tant qu'ils étaient demande-t-il mes pleurs?
JULIE. Quoi! ce qui s'est passé, vous l'ignorez encore!
SABINE. Vous faut-il étonner de ce que je l'ignore?
Et ne savez-vous pas que de cette maison
Pour Camille et pour moi l'on fait une prison?
Julie, on nous renferme; on a peur de nos larmes :
Sans cela nous serions au milieu de leurs armes,
Et par les désespoirs d'une chaste amitié
Nous aurions des deux camps tiré quelque pitié.
JULIE. Il n'était pas besoin d'un si tendre spectacle;
Leur vue a leur combat apporte assez d'obstacle.
Sitôt qu'ils ont paru prêts à se mesurer,
On a dans les deux camps entendu murmurer.
A voir de tels amis, des personnes si proches,
Venir pour leur patrie aux mortelles approches,
L'un s'émeut de pitié, l'autre est saisi d'horreur;

ACTE III.

L'autre d'un si grand zèle admire la fureur
Tel porte jusqu'aux cieux leur vertu sans égale,
Et tel l'ose nommer sacrilége et brutale.
Ces divers sentiments n'ont pourtant qu'une voix,
Tous accusent leurs chefs, tous détestent leur choix;
Et ne pouvant souffrir un combat si barbare,
On s'écrie, on s'avance; enfin on les sépare.

SABINE. Que je vous dois d'encens, grands dieux, qui m'exaucez!
JULIE. Vous n'êtes pas, Sabine, encore où vous pensez :
Vous pouvez espérer, vous avez moins à craindre;
Mais il vous reste encore assez de quoi vous plaindre.
En vain d'un sort si triste on les veut garantir,
Ces cruels généreux n'y peuvent consentir.
La gloire de ce choix leur est si précieuse,
Et charme tellement leur âme ambitieuse,
Qu'alors qu'on les déplore ils s'estiment heureux,
Et prennent pour affront la pitié qu'on a d'eux.
Le trouble des deux camps souille leur renommée,
Ils combattront plutôt et l'une et l'autre armée,
Et mourront par les mains qui leur font d'autres lois,
Que pas un d'eux renonce aux honneurs d'un tel choix.

SABINE. Quoi! dans leur dureté ces cœurs d'acier s'obstinent!
JULIE. Oui : mais d'autre côté les deux camps se mutinent,
Et leurs cris, des deux parts poussés en même temps,
Demandent la bataille ou d'autres combattants.
La présence des chefs à peine est respectée;
Leur pouvoir est douteux, leur voix mal écoutée;
Le roi même s'étonne, et pour dernier effort :
« Puisque chacun, dit-il, s'échauffe en ce discord,
» Consultons des grands dieux la majesté sacrée,
» Et voyons si ce change à leurs bontés agrée.
» Quel impie osera se prendre à leur vouloir,
» Lorsqu'en un sacrifice ils nous l'auront fait voir? »
Il se tait, et ces mots semblent être des charmes;
Même aux six combattants ils arrachent les armes;
Et ce désir d'honneur qui leur ferme les yeux,
Tout aveugle qu'il est, respecte encor les dieux.
Leur plus bouillante ardeur cède à l'avis de Tulle;
Et, soit par déférence, ou par un prompt scrupule,
Dans l'une et l'autre armée on s'en fait une loi,
Comme si toutes deux le connaissaient pour roi.
Le reste s'apprendra par la mort des victimes.

SABINE. Les dieux n'avoueront point un combat plein de crimes.
J'en espère beaucoup, puisqu'il est différé,
Et je commence à voir ce que j'ai désiré.

SCÈNE III.

SABINE, CAMILLE, JULIE.

SABINE. Ma sœur, que je vous dise une bonne nouvelle.
CAMILLE. Je pense la savoir, s'il faut la nommer telle;
On l'a dite à mon père, et j'étais avec lui :
Mais je n'en conçois rien qui flatte mon ennui.
Ce délai de nos maux rendra leurs coups plus rudes;
Ce n'est qu'un plus long terme à nos inquiétudes;
Et tout l'allégement qu'il en faut espérer,
C'est de pleurer plus tard ceux qu'il faudra pleurer.
SABINE. Les dieux n'ont pas en vain inspiré ce tumulte.
CAMILLE. Disons plutôt, ma sœur, qu'en vain on les consulte.
Ces mêmes dieux à Tulle ont inspiré ce choix,
Et la voix du public n'est pas toujours leur voix.
Ils descendent bien moins dans de si bas étages
Que dans l'âme des rois, leurs vivantes images,
De qui l'indépendante et sainte autorité
Est un rayon secret de leur divinité.
JULIE. C'est vouloir sans raison vous former des obstacles
Que de chercher leurs voix ailleurs qu'en leurs oracles;
Et vous ne vous pouvez figurer tout perdu
Sans démentir celui qui vous fut hier rendu.
CAMILLE. Un oracle jamais ne se laisse comprendre;
On l'entend d'autant moins que plus on croit l'entendre :
Et loin de s'assurer sur un pareil arrêt,
Qui n'y voit rien d'obscur doit croire que tout l'est.
SABINE. Sur ce qu'il fait pour nous prenons plus d'assurance,
Et souffrons les douceurs d'une juste espérance.
Quand la faveur du ciel ouvre à demi ses bras,
Qui ne s'en promet rien ne la mérite pas;
Il empêche souvent qu'elle ne se déploie;
Et, lorsqu'elle descend, son refus la renvoie.
CAMILLE. Le ciel agit sans nous en ces événements,
Et ne les règle point dessus nos sentiments.
JULIE. Il ne vous a fait peur que pour vous faire grâce.
Adieu : je vais savoir comme enfin tout se passe.
Modérez vos frayeurs; j'espère, à mon retour,
Ne vous entretenir que de propos d'amour,
Et que nous n'emploierons la fin de la journée
Qu'aux doux préparatifs d'un heureux hyménée.
SABINE. J'ose encor l'espérer.
CAMILLE. Moi, je n'espère rien.
JULIE. L'effet vous fera voir que nous en jugeons bien.

SCÈNE IV.

SABINE, CAMILLE.

SABINE. Parmi nos déplaisirs, souffrez que je vous blâme ;
Je ne puis approuver tant de trouble en votre âme.
Que feriez-vous, ma sœur, au point où je me vois,
Si vous aviez à craindre autant que je le dois,
Et si vous attendiez de leurs armes fatales
Des maux pareils aux miens et des pertes égales ?

CAMILLE. Parlez plus sainement de vos maux et des miens.
Chacun voit ceux d'autrui d'un autre œil que les siens :
Mais à bien regarder ceux où le ciel me plonge,
Les vôtres auprès d'eux vous sembleront un songe.
La seule mort d'Horace est à craindre pour vous ;
Des frères ne sont rien à l'égal d'un époux :
L'hymen qui nous attache en une autre famille
Nous détache de celle où l'on a vécu fille ;
On voit d'un œil divers des nœuds si différents,
Et pour suivre un mari l'on quitte ses parents.
Mais si près d'un hymen l'amant que donne un père
Nous est moins qu'un époux, et non pas moins qu'un frère ;
Nos sentiments entre eux demeurent suspendus,
Notre choix impossible, et nos vœux confondus.
Ainsi, ma sœur, du moins, vous avez dans vos plaintes
Où porter vos souhaits et terminer vos craintes ;
Mais si le ciel s'obstine à nous persécuter,
Pour moi j'ai tout à craindre et rien à souhaiter.

SABINE. Quand il faut que l'un meure, et par les mains de l'autre,
C'est un raisonnement bien mauvais que le vôtre.
Quoique ce soient, ma sœur, des nœuds bien différents,
C'est sans les oublier qu'on quitte ses parents :
L'hymen n'efface point ces profonds caractères ;
Pour aimer un mari l'on ne hait pas ses frères ;
La nature en tout temps garde ses premiers droits :
Aux dépens de leur vie on ne fait point de choix,
Aussi bien qu'un époux ils sont d'autres nous-mêmes
Et tous maux sont pareils alors qu'ils sont extrêmes.
Mais l'amant qui vous charme, et pour qui vous brûlez,
Ne vous est, après tout, que ce que vous voulez :
Une mauvaise humeur, un peu de jalousie,
En fait assez souvent passer la fantaisie.
Ce que peut le caprice, osez-le par raison,
Et laissez votre sang hors de comparaison.
C'est crime qu'opposer des liens volontaires
A ceux que la naissance a rendus nécessaires.
Si donc le ciel s'obstine à nous persécuter,
Seule j'ai tout à craindre et rien à souhaiter :

Mais pour vous, le devoir vous donne dans vos plaintes
Où porter vos souhaits et terminer vos craintes.

CAMILLE. Je le vois bien, ma sœur, vous n'aimâtes jamais;
Vous ne connaissez point ni l'amour ni ses traits :
On peut lui résister quand il commence à naître,
Mais non pas le bannir quand il s'est rendu maître,
Et que l'aveu d'un père, engageant notre foi,
A fait de ce tyran un légitime roi.
Il entre avec douceur, mais il règne par force;
Et quand l'âme une fois a goûté son amorce,
Vouloir ne plus aimer, c'est ce qu'elle ne peut,
Puisqu'elle ne peut plus vouloir que ce qu'il veut;
Ses chaînes sont pour nous aussi fortes que belles.

SCÈNE V.

LE VIEIL HORACE, SABINE, CAMILLE.

LE VIEIL HORACE. Je viens vous apporter de fâcheuses nouvelles,
Mes filles; mais en vain je voudrais vous celer
Ce qu'on ne vous saurait longtemps dissimuler :
Vos frères sont aux mains, les dieux ainsi l'ordonnent.

SABINE. Je veux bien l'avouer, ces nouvelles m'étonnent,
Et je m'imaginais dans la divinité
Beaucoup moins d'injustice et bien plus de bonté.
Ne nous consolez point; contre tant d'infortune
La pitié parle en vain, la raison importune.
Nous avons en nos mains la fin de nos douleurs,
Et qui veut bien mourir peut braver les malheurs.
Nous pourrions aisément faire en votre présence
De notre désespoir une fausse constance;
Mais quand on peut sans honte être sans fermeté,
L'affecter au dehors c'est une lâcheté :
L'usage d'un tel art, nous le laissons aux hommes,
Et ne voulons passer que pour ce que nous sommes.
Nous ne demandons point qu'un courage si fort
S'abaisse, à notre exemple, à se plaindre du sort :
Recevez sans frémir ces mortelles alarmes;
Voyez couler nos pleurs sans y mêler vos larmes;
Enfin, pour toute grâce, en de tels déplaisirs,
Gardez votre constance et souffrez nos soupirs.

LE VIEIL HORACE. Loin de blâmer les pleurs que je vous vois répandre,
Je crois faire beaucoup de m'en pouvoir défendre,
Et céderais peut-être à de si rudes coups
Si je prenais ici même intérêt que vous :
Non qu'Albe par son choix m'ait fait haïr vos frères,
Tous trois me sont encor des personnes bien chères;
Mais enfin l'amitié n'est pas de même rang,
Et n'a point les effets de l'amour ni du sang :

Je ne sens point pour eux la douleur qui tourmente
Sabine comme sœur, Camille comme amante;
Je puis les regarder comme nos ennemis,
Et donne sans regret mes souhaits à mes fils.
Ils sont, grâces aux dieux, dignes de leur patrie;
Aucun étonnement n'a leur gloire flétrie;
Et j'ai vu leur honneur croître de la moitié
Quand ils ont des deux camps refusé la pitié.
Si par quelque faiblesse ils l'avaient mendiée,
Si leur haute vertu ne l'eût répudiée,
Ma main bientôt sur eux m'eût vengé hautement
De l'affront que m'eût fait ce mol consentement.
Mais lorsqu'en dépit d'eux on en a voulu d'autres,
Je ne le cèle point, j'ai joint mes vœux aux vôtres.
Si le ciel pitoyable eût écouté ma voix,
Albe serait réduite à faire un autre choix :
Nous pourrions voir tantôt triompher les Horaces,
Sans voir leurs bras souillés du sang des Curiaces;
Et de l'événement d'un combat plus humain
Dépendrait maintenant l'honneur du nom romain.
La prudence des dieux autrement en dispose;
Sur leur ordre éternel mon esprit se repose;
Il s'arme en ce besoin de générosité,
Et du bonheur public fait sa félicité.
Tâchez d'en faire autant pour soulager vos peines,
Et songez toutes deux que vous êtes Romaines;
Vous l'êtes devenue, et vous l'êtes encor :
Un si glorieux titre est un digne trésor.
Un jour, un jour viendra que par toute la terre
Rome se fera craindre à l'égal du tonnerre,
Et que, tout l'univers tremblant dessous ses lois,
Ce grand nom deviendra l'ambition des rois.
Les dieux à notre Énée ont promis cette gloire.

SCÈNE VI.

LE VIEIL HORACE, SABINE, CAMILLE, JULIE.

LE VIEIL HORACE. Nous venez-vous, Julie, apprendre la victoire?
JULIE. Mais plutôt du combat les funestes effets.
Rome est sujette d'Albe, et vos fils sont défaits;
Des trois les deux sont morts, son époux seul vous reste.
LE VIEIL HORACE. O d'un triste combat effet vraiment funeste!
Rome est sujette d'Albe! et pour l'en garantir
Il n'a pas employé jusqu'au dernier soupir!
Non, non, cela n'est point; on vous trompe, Julie :
Rome n'est point sujette, ou mon fils est sans vie;
Je connais mieux mon sang, il sait mieux son devoir.
JULIE. Mille de nos remparts comme moi l'ont pu voir.
Il s'est fait admirer tant qu'ont duré ses frères;

Mais quand il s'est vu seul contre trois adversaires,
Près d'être enfermé d'eux, sa fuite l'a sauvé.
LE VIEIL HORACE. Et nos soldats trahis ne l'ont point achevé!
Dans leurs rangs à ce lâche ils ont donné retraite!
JULIE. Je n'ai rien voulu voir après cette défaite.
CAMILLE. O mes frères!
LE VIEIL HORACE. Tout beau, ne les pleurez pas tous;
Deux jouissent d'un sort dont leur père est jaloux.
Que des plus nobles fleurs leur tombe soit couverte;
La gloire de leur mort m'a payé de leur perte :
Ce bonheur a suivi leur courage invaincu,
Qu'ils ont vu Rome libre autant qu'ils ont vécu,
Et ne l'auront point vue obéir qu'à son prince,
Ni d'un Etat voisin devenir la province.
Pleurez l'autre, pleurez l'irréparable affront
Que sa fuite honteuse imprime à notre front;
Pleurez le déshonneur de toute notre race,
Et l'opprobre éternel qu'il laisse au nom d'Horace.
JULIE. Que vouliez-vous qu'il fît contre trois?
LE VIEIL HORACE. Qu'il mourût!
Ou qu'un beau désespoir alors le secourût :
N'eût-il que d'un moment reculé sa défaite,
Rome eût été du moins un peu plus tard sujette;
Il eût avec honneur laissé mes cheveux gris,
Et c'était de sa vie un assez digne prix.
Il est de tout son sang comptable à sa patrie;
Chaque goutte épargnée a sa gloire flétrie;
Chaque instant de sa vie, après ce lâche tour,
Met d'autant plus ma honte avec la sienne au jour.
J'en romprai bien le cours; et ma juste colère,
Contre un indigne fils usant des droits d'un père
Saura bien faire voir dans sa punition
L'éclatant désaveu d'une telle action.
SABINE. Ecoutez un peu moins ces ardeurs généreuses,
Et ne nous rendez point tout à fait malheureuses.
LE VIEIL HORACE. Sabine, votre cœur se console aisément;
Nos malheurs jusqu'ici vous touchent faiblement :
Vous n'avez point encor de part à nos misères,
Le ciel vous a sauvé votre époux et vos frères;
Si nous sommes sujets, c'est de votre pays :
Vos frères sont vainqueurs quand nous sommes trahis;
Et voyant le haut point où leur gloire se monte,
Vous regardez fort peu ce qui nous vient de honte.
Mais votre trop d'amour pour cet infâme époux
Vous donnera bientôt à plaindre comme à nous.
Vos pleurs en sa faveur sont de faibles défenses.
J'atteste des grands dieux les suprêmes puissances
Qu'avant ce jour fini, ces mains, ces propres mains

Laveront dans son sang la honte des Romains.
SABINE. Suivons-le promptement, la colère l'emporte.
Dieux! verrons-nous toujours des malheurs de la sorte?
Nous faudra-t-il toujours en craindre de plus grands,
Et toujours redouter la main de nos parents?

ACTE QUATRIÈME.

SCÈNE I.

LE VIEIL HORACE, CAMILLE.

LE VIEIL HORACE. Ne me parlez jamais en faveur d'un infâme.
Qu'il me fuie à l'égal des frères de sa femme;
Pour conserver un sang qu'il tient si précieux,
Il n'a rien fait encor s'il n'évite mes yeux.
Sabine y peut mettre ordre, ou derechef j'atteste
Le souverain pouvoir de la troupe céleste...
CAMILLE. Ah, mon père! prenez un plus doux sentiment;
Vous verrez Rome même en user autrement,
Et, de quelque malheur que le ciel l'ait comblée,
Excuser la vertu sous le nombre accablée.
LE VIEIL HORACE. Le jugement de Rome est peu pour mon regard;
Camille, je suis père, et j'ai mes droits à part.
Je sais trop comme agit la vertu véritable;
C'est sans en triompher que le nombre l'accable;
Et sa mâle vigueur, toujours en même point,
Succombe sous la force et ne lui cède point.
Taisez-vous, et sachons ce que nous veut Valère.

SCÈNE II.

LE VIEIL HORACE, VALÈRE, CAMILLE.

VALÈRE. Envoyé par le roi pour consoler un père,
Et pour lui témoigner...
LE VIEIL HORACE. N'en prenez aucun soin,
C'est un soulagement dont je n'ai pas besoin;
Et j'aime mieux voir morts que couverts d'infamie
Ceux que vient de m'ôter une main ennemie.
Tous deux pour leur pays sont morts en gens d'honneur:
Il me suffit.
VALÈRE. Mais l'autre est un rare bonheur;
De tous les trois chez vous il doit tenir la place.
LE VIEIL HORACE. Que n'a-t-on vu périr en lui le nom d'Horace!
VALÈRE. Seul vous le maltraitez après ce qu'il a fait.
LE VIEIL HORACE. C'est à moi seul aussi de punir son forfait.
VALÈRE. Quel forfait trouvez-vous en sa bonne conduite?

8.

LE VIEIL HORACE. Quel éclat de vertu trouvez-vous en sa fuite?
VALÈRE. La fuite est glorieuse en cette occasion.
LE VIEIL HORACE. Vous redoublez ma honte et ma confusion.
Certes, l'exemple est rare et digne de mémoire
De trouver dans la fuite un chemin à la gloire!
VALÈRE. Quelle confusion et quelle honte à vous
D'avoir produit un fils qui nous conserve tous,
Qui fait triompher Rome, et lui gagne un empire?
A quels plus grands honneurs faut-il qu'un père aspire?
LE VIEIL HORACE. Quels honneurs, quel triomphe, et quel empire enfin,
Lorsque Albe sous ses lois range notre destin?
VALÈRE. Que parlez-vous ici d'Albe et de sa victoire?
Ignorez-vous encor la moitié de l'histoire?
LE VIEIL HORACE. Je sais que par sa fuite il a trahi l'Etat.
VALÈRE. Oui, s'il eût en fuyant terminé le combat;
Mais on a bientôt vu qu'il ne fuyait qu'en homme
Qui savait ménager l'avantage de Rome.
LE VIEIL HORACE. Quoi! Rome donc triomphe!
VALÈRE. Apprenez, apprenez
La valeur de ce fils qu'à tort vous condamnez.
Resté seul contre trois, mais en cette aventure
Tous trois étant blessés, et lui seul sans blessure,
Trop faible pour eux tous, trop fort pour chacun d'eux,
Il sait bien se tirer d'un pas si hasardeux;
Il fuit pour mieux combattre, et cette prompte ruse
Divise adroitement trois frères qu'elle abuse.
Chacun le suit d'un pas ou plus ou moins pressé,
Selon qu'il se rencontre ou plus ou moins blessé;
Leur ardeur est égale à poursuivre sa fuite,
Mais leurs coups inégaux séparent leur poursuite.
Horace, les voyant l'un de l'autre écartés,
Se retourne, et déjà les croit demi-domptés;
Il attend le premier, et c'était votre gendre.
L'autre, tout indigné qu'il ait osé l'attendre,
En vain en l'attaquant fait paraître un grand cœur;
Le sang qu'il a perdu ralentit sa vigueur.
Albe à son tour commence à craindre un sort contraire;
Elle crie au second qu'il secoure son frère;
Il se hâte et s'épuise en efforts superflus,
Il trouve en le joignant que son frère n'est plus.
CAMILLE. Hélas!
VALÈRE. Tout hors d'haleine il prend pourtant sa place,
Et redouble bientôt la victoire d'Horace:
Son courage sans force est un débile appui;
Voulant venger son frère, il tombe auprès de lui.
L'air résonne des cris qu'au ciel chacun envoie.
Albe en jette d'angoisse, et les Romains de joie.
Comme notre héros se voit près d'achever,

C'est peu pour lui de vaincre, il veut encor braver :
« J'en viens d'immoler deux aux mânes de mes frères,
» Rome aura le dernier de mes trois adversaires;
» C'est à ses intérêts que je vais l'immoler, »
Dit-il, et tout d'un temps on le voit y voler.
La victoire entre eux deux n'était pas incertaine;
L'Albain, percé de coups, ne se traînait qu'à peine;
Et, comme une victime aux marches de l'autel,
Il semblait présenter sa gorge au coup mortel :
Aussi le reçoit-il, peu s'en faut, sans défense;
Et son trépas de Rome établit la puissance.

LE VIEIL HORACE. O mon fils! ô ma joie! ô l'honneur de nos jours!
O d'un Etat penchant l'inespéré secours!
Vertu digne de Rome et sang digne d'Horace!
Appui de ton pays et gloire de ta race!
Quand pourrai-je étouffer dans tes embrassements
L'erreur dont j'ai formé de si faux sentiments?
Quand pourra mon amour baigner avec tendresse
Ton front victorieux de larmes d'allégresse?

VALÈRE. Vos caresses bientôt pourront se déployer :
Le roi dans un moment vous le va renvoyer,
Et remet à demain la pompe qu'il prépare
D'un sacrifice aux dieux pour un bonheur si rare.
Aujourd'hui seulement on s'acquitte vers eux
Par des chants de victoire et par de simples vœux;
C'est où le roi le mène; et tandis il m'envoie
Faire office vers vous de douleur et de joie.
Mais cet office encor n'est pas assez pour lui;
Il y viendra lui-même, et peut-être aujourd'hui :
Il croit mal reconnaître une vertu si pure
Si de sa propre bouche il ne vous en assure,
S'il ne vous dit chez vous combien vous doit l'Etat.

LE VIEIL HORACE. De tels remercîments ont pour moi trop d'éclat;
Et je me tiens déjà trop payé par les vôtres
Du service d'un fils et du sang des deux autres.

VALÈRE. Il ne sait ce que c'est d'honorer à demi;
Et son sceptre arraché des mains de l'ennemi
Fait qu'il tient cet honneur qu'il lui plaît de vous faire
Au-dessous du mérite et du fils et du père.
Je vais lui témoigner quels nobles sentiments
La vertu vous inspire en tous vos mouvements,
Et combien vous montrez d'ardeur pour son service.

LE VIEIL HORACE. Je vous devrai beaucoup pour un si bon office.

SCÈNE III.
LE VIEIL HORACE, CAMILLE.

LE VIEIL HORACE. Ma fille, il n'est plus temps de répandre des pleurs;
Il sied mal d'en verser où l'on voit tant d'honneurs;

On pleure injustement des pertes domestiques
Quand on en voit sortir des victoires publiques.
Rome triomphe d'Albe, et c'est assez pour nous;
Tous nos maux à ce prix doivent nous être doux.
En la mort d'un amant vous ne perdez qu'un homme
Dont la perte est aisée à réparer dans Rome :
Après cette victoire, il n'est point de Romain
Qui ne soit glorieux de vous donner la main.
Il me faut à Sabine en porter la nouvelle :
Ce coup sera sans doute assez rude pour elle;
Et ses trois frères morts par la main d'un époux
Lui donneront des pleurs bien plus justes qu'à vous :
Mais j'espère aisément en dissiper l'orage,
Et qu'un peu de prudence, aidant son grand courage,
Fera bientôt régner sur un si noble cœur
Le généreux amour qu'elle doit au vainqueur.
Cependant étouffez cette lâche tristesse;
Recevez-le, s'il vient, avec moins de faiblesse,
Faites-vous voir sa sœur, et qu'en un même flanc
Le ciel vous a tous deux formés d'un même sang.

SCÈNE IV.

CAMILLE.

Oui, je lui ferai voir par d'infaillibles marques
Qu'un véritable amour brave la main des Parques,
Et ne prend point de lois de ces cruels tyrans
Qu'un astre injurieux nous donne pour parents.
Tu blâmes ma douleur! tu l'oses nommer lâche!
Je l'aime d'autant plus que plus elle te fâche,
Impitoyable père! et, par un juste effort,
Je la veux rendre égale aux rigueurs de mon sort.
En vit-on jamais un dont les rudes traverses
Prissent en moins de rien tant de faces diverses;
Qui fût doux tant de fois et tant de fois cruel,
Et portât tant de coups avant le coup mortel?
Vit-on jamais une âme en un jour plus atteinte
De joie et de douleur, d'espérance et de crainte;
Asservie en esclave à plus d'événements,
Et le piteux jouet de plus de changements?
Un oracle m'assure; un songe me travaille :
La paix calme l'effroi que me fait la bataille;
Mon hymen se prépare; et, presque en un moment,
Pour combattre mon frère on choisit mon amant :
Ce choix me désespère, et tous le désavouent;
La partie est rompue; et les dieux la renouent!
Rome semble vaincue, et seul de trois Albains
Curiace en mon sang n'a point trempé ses mains;
O dieux! sentais-je alors des douleurs trop légères

Pour le malheur de Rome et la mort des deux frères!
Et me flattais-je trop quand je croyais pouvoir
L'aimer encor sans crime et nourrir quelque espoir?
Sa mort m'en punit bien, et la façon cruelle
Dont mon âme éperdue en reçoit la nouvelle;
Son rival me l'apprend, et, faisant à mes yeux
D'un si triste succès le récit odieux,
Il porte sur le front une allégresse ouverte
Que le bonheur public fait bien moins que ma perte,
Et, bâtissant en l'air sur le malheur d'autrui,
Aussi bien que mon frère il triomphe de lui.
Mais ce n'est rien encore au prix de ce qui reste :
On demande ma joie en un jour si funeste!
Il me faut applaudir aux exploits du vainqueur,
Et baiser une main qui me perce le cœur!
En un sujet de pleurs si grand, si légitime,
Se plaindre est une honte; et soupirer, un crime :
Leur brutale vertu veut qu'on s'estime heureux,
Et si l'on n'est barbare on n'est point généreux!

Dégénérons, mon cœur, d'un si vertueux père;
Soyons indigne sœur d'un si généreux frère;
C'est gloire de passer pour un cœur abattu
Quand la brutalité fait la haute vertu.
Éclatez, mes douleurs, à quoi bon vous contraindre?
Quand on a tout perdu, que saurait-on plus craindre?
Pour ce cruel vainqueur n'ayez point de respect;
Loin d'éviter ses yeux, croissez à son aspect,
Offensez sa victoire, irritez sa colère,
Et prenez, s'il se peut, plaisir à lui déplaire.
Il vient : préparons-nous à montrer constamment
Ce que doit une amante à la mort d'un amant.

SCÈNE V.

HORACE, CAMILLE, PROCULE *portant en sa main les trois épées des Curiaces.*

HORACE. Ma sœur, voici le bras qui venge nos deux frères;
Le bras qui rompt le cours de nos destins contraires,
Qui nous rend maîtres d'Albe; enfin voici le bras
Qui seul fait aujourd'hui le sort de deux États.
Vois ces marques d'honneur, ces témoins de ma gloire;
Et rends ce que tu dois à l'heur de ma victoire.
CAMILLE. Recevez donc mes pleurs; c'est ce que je lui dois.
HORACE. Rome n'en veut point voir après de tels exploits;
Et nos deux frères morts dans le malheur des armes
Sont trop payés de sang pour exiger des larmes.
Quand la perte est vengée, on n'a plus rien perdu.
CAMILLE. Puisqu'ils sont satisfaits par le sang épandu,
Je cesserai pour eux de paraître affligée,

Et j'oublierai leur mort que vous avez vengée.
Mais qui me vengera de celle d'un amant,
Pour me faire oublier sa perte en un moment?

HORACE. Que dis-tu, malheureuse?
CAMILLE. O mon cher Curiace!
HORACE. O d'une indigne sœur insupportable audace!
D'un ennemi public, dont je reviens vainqueur,
Le nom est dans ta bouche et l'amour dans ton cœur!
Ton ardeur criminelle à la vengeance aspire!
Ta bouche la demande, et ton cœur la respire!
Suis moins ta passion, règle mieux tes désirs;
Ne me fais plus rougir d'entendre tes soupirs.
Tes flammes désormais doivent être étouffées;
Bannis-les de ton âme, et songe à mes trophées:
Qu'ils soient dorénavant ton unique entretien.

CAMILLE. Donne-moi donc, barbare, un cœur comme le tien;
Et, si tu veux enfin que je t'ouvre mon âme,
Rends-moi mon Curiace, ou laisse agir ma flamme.
Ma joie et mes douleurs dépendaient de son sort:
Je l'adorais vivant, et je le pleure mort.
Ne cherche plus ta sœur où tu l'avais laissée;
Tu ne revois en moi qu'une amante offensée,
Qui, comme une furie attachée à tes pas,
Te veut incessamment reprocher son trépas.
Tigre altéré de sang, qui me défends les larmes,
Qui veux que dans sa mort je trouve encor des charmes,
Et que, jusques au ciel élevant tes exploits,
Moi-même je le tue une seconde fois!
Puissent tant de malheurs accompagner ta vie,
Que tu tombes au point de me porter envie,
Et toi bientôt souiller par quelque lâcheté
Cette gloire si chère à ta brutalité!

HORACE. O ciel! qui vit jamais une pareille rage!
Crois-tu donc que je sois insensible à l'outrage,
Que je souffre en mon sang ce mortel déshonneur!
Aime, aime cette mort qui fait notre bonheur;
Et préfère du moins au souvenir d'un homme
Ce que doit ta naissance aux intérêts de Rome.

CAMILLE. Rome, l'unique objet de mon ressentiment!
Rome, à qui vient ton bras d'immoler mon amant?
Rome qui t'a vu naître, et que ton cœur adore!
Rome enfin que je hais parce qu'elle t'honore!
Puissent tous ses voisins, ensemble conjurés,
Saper ses fondements encor mal assurés;
Et si ce n'est assez de toute l'Italie,
Que l'Orient contre elle à l'Occident s'allie;
Que cent peuples unis des bouts de l'univers
Passent pour la détruire et les monts et les mers;

Qu'elle-même sur soi renverse ses murailles,
Et de ses propres mains déchire ses entrailles!
Que le courroux du ciel allumé par mes vœux
Fasse pleuvoir sur elle un déluge de feux!
Puissé-je de mes yeux y voir tomber ce foudre,
Voir ses maisons en cendre et tes lauriers en poudre,
Voir le dernier Romain à son dernier soupir!
Moi seule en être cause, et mourir de plaisir!

HORACE *mettant l'épée à la main et poursuivant sa sœur, qui s'enfuit.*
C'est trop; ma passion à la raison fait place
Va dedans les enfers plaindre ton Curiace!

CAMILLE *blessée derrière le théâtre.* — Ah! traître!

HORACE *revenant sur le théâtre.* — Ainsi reçoive un châtiment soudain
Quiconque ose pleurer un ennemi romain!

SCÈNE VI.
HORACE, PROCULE.

PROCULE. Que venez-vous de faire?
HORACE.   Un acte de justice.
Un semblable forfait veut un pareil supplice.
PROCULE. Vous deviez la traiter avec moins de rigueur.
HORACE. Ne me dis point qu'elle est et mon sang et ma sœur
Mon père ne peut plus l'avouer pour sa fille:
Qui maudit son pays renonce à sa famille;
Des noms si pleins d'amour ne lui sont plus permis;
De ses plus chers parents il fait ses ennemis;
Le sang même les arme en haine de son crime;
La plus prompte vengeance en est plus légitime;
Et ce souhait impie, encore qu'impuissant,
Est un monstre qu'il faut étouffer en naissant.

SCÈNE VII.
HORACE, SABINE, PROCULE.

SABINE. A quoi s'arrête ici ton illustre colère?
Viens voir mourir ta sœur dans les bras de ton père;
Viens repaître tes yeux d'un spectacle si doux:
Ou, si tu n'es point las de ces généreux coups,
Immole au cher pays des vertueux Horaces
Ce reste malheureux du sang des Curiaces;
Si prodigue du tien, n'épargne pas le leur;
Joins Sabine à Camille, et ta femme à ta sœur.
Nos crimes sont pareils ainsi que nos misères:
Je soupire comme elle et déplore mes frères;
Plus coupable en ce point contre tes dures lois,
Qu'elle n'en pleurait qu'un, et que j'en pleure trois;
Qu'après son châtiment ma faute continue.
HORACE. Sèche tes pleurs, Sabine, ou les cache à ma vue;
Rends-toi digne du nom de ma chaste moitié;

Et ne m'accable point d'une indigne pitié.
Si l'absolu pouvoir d'une pudique flamme
Ne nous laisse à tous deux qu'un penser et qu'une âme,
C'est à toi d'élever tes sentiments aux miens,
Non à moi de descendre à la honte des tiens.
Je t'aime, et je connais la douleur qui te presse :
Embrasse ma vertu, pour vaincre ta faiblesse :
Participe à ma gloire, au lieu de la souiller;
Tâche à t'en revêtir, non à m'en dépouiller.
Es-tu de mon honneur si mortelle ennemie,
Que je te plaise mieux couvert d'une infamie?
Sois plus femme que sœur, et, te réglant sur moi,
Fais-toi de mon exemple une immuable loi.

SABINE. Cherche pour t'imiter des âmes plus parfaites.
Je ne t'impute point les pertes que j'ai faites;
J'en ai les sentiments que je dois en avoir;
Et je m'en prends au sort plutôt qu'à ton devoir.
Mais enfin je renonce à la vertu romaine,
Si pour la posséder je dois être inhumaine,
Et ne puis voir en moi la femme du vainqueur
Sans y voir des vaincus la déplorable sœur.
Prenons part en public aux victoires publiques;
Pleurons dans la maison nos malheurs domestiques;
Et ne regardons point des biens communs à tous
Quand nous voyons des maux qui ne sont que pour nous.
Pourquoi veux-tu, cruel, agir d'une autre sorte?
Laisse en entrant ici tes lauriers à la porte;
Mêle tes pleurs aux miens. Quoi ! ces lâches discours
N'arment point ta vertu contre mes tristes jours!
Mon crime redoublé n'émeut point ta colère!
Que Camille est heureuse ! elle a pu te déplaire;
Elle a reçu de toi ce qu'elle a prétendu,
Et recouvre là-bas tout ce qu'elle a perdu.
Cher époux, cher auteur du tourment qui me presse,
Ecoute la pitié, si ta colère cesse;
Exerce l'une ou l'autre, après de tels malheurs,
A punir ma faiblesse, ou finir mes douleurs.
Je demande la mort pour grâce ou pour supplice :
Qu'elle soit un effet d'amour ou de justice,
N'importe, tous ses traits n'auront rien que de doux
Si je les vois partir de la main d'un époux.

HORACE. Quelle injustice aux dieux d'abandonner aux femmes
Un empire si grand sur les plus belles âmes,
Et de se plaire à voir de si faibles vainqueurs
Régner si puissamment sur les plus nobles cœurs!
A quel point ma vertu devient-elle réduite!
Rien ne la saurait plus garantir que la fuite.
Adieu, ne me suis point, ou retiens tes soupirs.

SABINE *seule.* O colère! ô pitié! sourdes à mes désirs,
Vous négligez mon crime, et ma douleur vous lasse;
Et je n'obtiens de vous ni supplice ni grâce!
Allons-y par nos pleurs faire encore un effort;
Et n'employons après que nous à notre mort.

ACTE CINQUIÈME.

SCÈNE I.

LE VIEIL HORACE, HORACE.

LE VIEIL HORACE. Retirons nos regards de cet objet funeste,
Pour admirer ici le jugement céleste:
Quand la gloire nous enfle, il sait bien comme il faut
Confondre notre orgueil qui s'élève trop haut;
Nos plaisirs les plus doux ne vont point sans tristesse,
Il mêle à nos vertus des marques de faiblesse,
Et rarement accorde à notre ambition
L'entier et pur honneur d'une bonne action.
Je ne plains point Camille, elle était criminelle;
Je me tiens plus à plaindre, et je te plains plus qu'elle;
Moi, d'avoir mis au jour un cœur si peu romain;
Toi, d'avoir par sa mort déshonoré ta main.
Je ne la trouve point injuste ni trop prompte;
Mais tu pouvais, mon fils, t'en épargner la honte;
Son crime, quoique énorme et digne du trépas,
Etait mieux impuni, que puni par ton bras.

HORACE. Disposez de mon sang, les lois vous en font maître:
J'ai cru devoir le sien aux lieux qui m'ont vu naître.
Si dans vos sentiments mon zèle est criminel,
S'il m'en faut recevoir un reproche éternel,
Si ma main en devient honteuse et profanée,
Vous pouvez d'un seul mot trancher ma destinée:
Reprenez tout ce sang de qui ma lâcheté
A si brutalement souillé la pureté.
Ma main n'a pu souffrir de crime en votre race,
Ne souffrez point de tache en la maison d'Horace.
C'est en ces actions dont l'honneur est blessé
Qu'un père tel que vous se montre intéressé:
Son amour doit se taire où toute excuse est nulle,
Lui-même il y prend part lorsqu'il les dissimule;
Et de sa propre gloire il fait trop peu de cas
Quand il ne punit point ce qu'il n'approuve pas.

LE VIEIL HORACE. Il n'use pas toujours d'une rigueur extrême,
Il épargne ses fils bien souvent pour soi-même;
Sa vieillesse sur eux aime à se soutenir,
Et ne les punit point, de peur de se punir.

Je te vois d'un autre œil que tu ne te regardes
Je sais... Mais le roi vient; je vois entrer ses gardes.

SCÈNE II.

TULLE, VALÈRE, LE VIEIL HORACE, HORACE, TROUPE DE GARDES.

LE VIEIL HORACE. Ah! sire, un tel honneur a trop d'excès pour moi;
Ce n'est point en ce lieu que je dois voir mon roi.
Permettez qu'à genoux...

TULLE. Non, levez-vous, mon père
Je fais ce qu'en ma place un bon prince doit faire
Un si rare service et si fort important
Veut l'honneur le plus rare et le plus éclatant :
Vous en aviez déjà sa parole pour gage;
Je ne l'ai pas voulu différer davantage.
J'ai su par son rapport, et je n'en doutais pas,
Comme de vos deux fils vous portez le trépas;
Et que, déjà votre âme étant trop résolue,
Ma consolation vous serait superflue :
Mais je viens de savoir quel étrange malheur
D'un fils victorieux a suivi la valeur,
Et que son trop d'amour pour la cause publique
Par ses mains à son père ôte une fille unique.
Ce coup est un peu rude à l'esprit le plus fort;
Et je doute comment vous portez cette mort.

LE VIEIL HORACE. Sire, avec déplaisir, mais avec patience.

TULLE. C'est l'effet vertueux de votre expérience.
Beaucoup par un long âge ont appris comme vous
Que le malheur succède au bonheur le plus doux;
Peu savent comme vous s'appliquer ce remède,
Et dans leur intérêt toute leur vertu cède.
Si vous pouvez trouver dans ma compassion
Quelque soulagement pour votre affliction,
Ainsi que votre mal sachez qu'elle est extrême;
Et que je vous en plains autant que je vous aime.

VALÈRE. Sire, puisque le ciel entre les mains des rois
Dépose sa justice et la force des lois,
Et que l'Etat demande aux princes légitimes
Des prix pour les vertus, des peines pour les crimes,
Souffrez qu'un bon sujet vous fasse souvenir
Que vous plaignez beaucoup ce qu'il vous faut punir;
Souffrez...

LE VIEIL HORACE. Quoi! qu'on envoie un vainqueur au supplice?

TULLE. Permettez qu'il achève, et je ferai justice.
J'aime à la rendre à tous, à toute heure, en tout lieu;
C'est par elle qu'un roi se fait un demi-dieu;
Et c'est dont je vous plains, qu'après un tel service
On puisse contre lui me demander justice.

VALÈRE. Souffrez donc, ô grand roi, le plus juste des rois,

Que tous les gens de bien vous parlent par ma voix :
Non que nos cœurs jaloux de ses honneurs s'irritent ;
S'il en reçoit beaucoup, ses hauts faits les méritent :
Ajoutez-y plutôt que d'en diminuer ;
Nous sommes tous encor prêts d'y contribuer ;
Mais puisque d'un tel crime il s'est montré capable,
Qu'il triomphe en vainqueur, et périsse en coupable.
Arrêtez sa fureur, et sauvez de ses mains,
Si vous voulez régner, le reste des Romains ;
Il y va de la perte ou du salut du reste.
 La guerre avait un cours si sanglant, si funeste,
Et les nœuds de l'hymen, durant nos bons destins,
Ont tant de fois uni des peuples si voisins,
Qu'il est peu de Romains que le parti contraire
N'intéresse en la mort d'un gendre ou d'un beau-frère,
Et qui ne soient forcés de donner quelques pleurs,
Dans le bonheur public, à leurs propres malheurs :
Si c'est offenser Rome, et que l'heur de ses armes
L'autorise à punir ce crime de nos larmes,
Quel sang épargnera ce barbare vainqueur
Qui ne pardonne pas à celui de sa sœur,
Et ne peut excuser cette douleur pressante
Que la mort d'un amant jette au cœur d'une amante,
Quand, près d'être éclairés du nuptial flambeau,
Elle voit avec lui son espoir au tombeau ?
Faisant triompher Rome, il se l'est asservie ;
Il a sur nous un droit et de mort et de vie ;
Et nos jours criminels ne pourront plus durer
Qu'autant qu'à sa clémence il plaira l'endurer.
Je pourrais ajouter aux intérêts de Rome
Combien un pareil coup est indigne d'un homme ;
Je pourrais demander qu'on mît devant vos yeux
Ce grand et rare exploit d'un bras victorieux.
Vous verriez un beau sang, pour accuser sa rage,
D'un frère si cruel rejaillir au visage ;
Vous verriez des horreurs qu'on ne peut concevoir ;
Son âge et sa beauté vous pourraient émouvoir :
Mais je hais ces moyens qui sentent l'artifice.
Vous avez à demain remis le sacrifice ;
Pensez-vous que les dieux, vengeurs des innocents,
D'une main parricide acceptent de l'encens ?
Sur vous ce sacrilége attirerait sa peine ;
Ne le considérez qu'en objet de leur haine ;
Et croyez avec nous qu'en tous ces trois combats
Le bon destin de Rome a plus fait que son bras,
Puisque ces mêmes dieux, auteurs de sa victoire,
Ont permis qu'aussitôt il en souillât la gloire,
Et qu'un si grand courage, après ce noble effort,

Fût digne en même jour de triomphe et de mort.
Sire, c'est ce qu'il faut que votre arrêt décide.
En ce lieu Rome a vu le premier parricide;
La suite en est à craindre, et la haine des cieux.
Sauvez-nous de sa main, et redoutez les dieux.

TULLE. Défendez-vous, Horace.

HORACE. A quoi bon me défendre?
Vous savez l'action, vous la venez d'entendre;
Ce que vous en croyez me doit être une loi.
Sire, on se défend mal contre l'avis d'un roi;
Et le plus innocent devient souvent coupable
Quand aux yeux de son prince il paraît condamnable;
C'est crime qu'envers lui se vouloir excuser :
Notre sang est son bien, il en peut disposer;
Et c'est à nous de croire, alors qu'il en dispose,
Qu'il ne s'en prive point sans une juste cause.
Sire, prononcez donc, je suis prêt d'obéir;
D'autres aiment la vie, et je la dois haïr.
Je ne reproche point à l'ardeur de Valère
Qu'en amant de la sœur il accuse le frère :
Mes vœux avec les siens conspirent aujourd'hui;
Il demande ma mort, je la veux comme lui.
Un seul point entre nous met cette différence,
Que mon honneur par là cherche son assurance,
Et qu'à ce même but nous voulons arriver,
Lui pour flétrir ma gloire, et moi pour la sauver.
Sire, c'est rarement qu'il s'offre une matière
A montrer d'un grand cœur la vertu tout entière;
Suivant l'occasion elle agit plus ou moins,
Et paraît forte ou faible aux yeux de ses témoins.
Le peuple, qui voit tout seulement par l'écorce,
S'attache à son effet pour juger de sa force;
Il veut que ses dehors gardent un même cours,
Qu'ayant fait un miracle elle en fasse toujours :
Après une action pleine, haute, éclatante,
Tout ce qui brille moins remplit mal son attente :
Il veut qu'on soit égal en tous temps, en tous lieux
Il n'examine point si lors on pouvait mieux,
Ni que, s'il ne voit pas sans cesse une merveille,
L'occasion est moindre, et la vertu pareille :
Son injustice accable et détruit les grands noms;
L'honneur des premiers faits se perd par les seconds;
Et quand la renommée a passé l'ordinaire,
Si l'on n'en veut déchoir il faut ne plus rien faire.
Je ne vanterai point les exploits de mon bras;
Votre Majesté, sire, a vu mes trois combats :
Il est bien malaisé qu'un pareil les seconde,
Qu'une autre occasion à celle-ci réponde,

Et que tout mon courage, après de si grands coups,
Parvienne à des succès qui n'aillent au-dessous;
Si bien que, pour laisser une illustre mémoire,
La mort seule aujourd'hui peut conserver ma gloire :
Encor la fallait-il sitôt que j'eus vaincu,
Puisque pour mon honneur j'ai déjà trop vécu.
Un homme tel que moi voit sa gloire ternie
Quand il tombe en péril de quelque ignominie,
Et ma main aurait su déjà m'en garantir;
Mais sans votre congé mon sang n'ose sortir;
Comme il vous appartient, votre aveu doit se prendre;
C'est vous le dérober qu'autrement le répandre.
Rome ne manque point de généreux guerriers;
Assez d'autres sans moi soutiendront vos lauriers;
Que Votre Majesté désormais m'en dispense;
Et si ce que j'ai fait vaut quelque récompense,
Permettez, ô grand roi, que de ce bras vainqueur
Je m'immole à ma gloire, et non pas à ma sœur.

SCÈNE III.

TULLE, VALÈRE, LE VIEIL HORACE, HORACE, SABINE.

SABINE. Sire, écoutez Sabine, et voyez dans son âme
Les douleurs d'une sœur et celles d'une femme
Qui, toute désolée, à vos sacrés genoux,
Pleure pour sa famille et craint pour son époux.
Ce n'est pas que je veuille avec cet artifice
Dérober un coupable au bras de la justice;
Quoi qu'il ait fait pour vous, traitez-le comme tel,
Et punissez en moi ce noble criminel;
De mon sang malheureux expiez tout son crime :
Vous ne changerez point pour cela de victime;
Ce n'en sera point prendre une injuste pitié,
Mais en sacrifier la plus chère moitié.
Les nœuds de l'hyménée et son amour extrême
Font qu'il vit plus en moi qu'il ne vit en lui-même;
Et si vous m'accordez de mourir aujourd'hui,
Il mourra plus en moi qu'il ne mourrait en lui.
La mort que je demande et qu'il faut que j'obtienne,
Augmentera sa peine et finira la mienne.
Sire, voyez l'excès de mes tristes ennuis,
Et l'effroyable état où mes jours sont réduits.
Quelle horreur d'embrasser un homme dont l'épée
De toute ma famille a la trame coupée!
Et quelle impiété de haïr un époux
Pour avoir bien servi les siens, l'État et vous!
Aimer un bras souillé du sang de tous mes frères!
N'aimer pas un mari qui finit nos misères!
Sire, délivrez-moi, par un heureux trépas,

Des crimes de l'aimer et de ne l'aimer pas :
J'en nommerai l'arrêt une faveur bien grande,
Ma main peut me donner ce que je vous demande;
Mais ce trépas enfin me sera bien plus doux
Si je puis de sa honte affranchir mon époux;
Si je puis par mon sang apaiser la colère
Des dieux qu'a pu fâcher sa vertu trop sévère,
Satisfaire en mourant aux mânes de sa sœur,
Et conserver à Rome un si bon défenseur.

LE VIEIL HORACE. Sire, c'est donc à moi de répondre à Valère.
Mes enfants avec lui conspirent contre un père :
Tous trois veulent me perdre et s'arment sans raison
Contre si peu de sang qui reste en ma maison.
  (*A Sabine.*)
Toi, qui, par des douleurs à ton devoir contraires,
Veux quitter un mari pour rejoindre tes frères,
Va plutôt consulter leurs mânes généreux!
Ils sont morts, mais pour Albe, et s'en tiennent heureux :
Puisque le ciel voulait qu'elle fût asservie,
Si quelque sentiment demeure après la vie,
Ce malheur semble moindre et moins rudes ses coups,
Voyant que tout l'honneur en retombe sur nous;
Tous trois désavoueront la douleur qui te touche,
Les larmes de tes yeux, les soupirs de ta bouche,
L'horreur que tu fais voir d'un mari vertueux.
Sabine, sois leur sœur, suis ton devoir comme eux.
  (*Au roi.*)
Contre ce cher époux Valère en vain s'anime :
Un premier mouvement ne fut jamais un crime;
Et la louange est due au lieu du châtiment
Quand la vertu produit ce premier mouvement.
Aimer nos ennemis avec idolâtrie,
De rage en leur trépas maudire la patrie,
Souhaiter à l'Etat un malheur infini,
C'est ce qu'on nomme crime, et ce qu'il a puni.
Le seul amour de Rome a sa main animée;
Il serait innocent s'il l'avait moins aimée.
Qu'ai-je dit, sire? il l'est, et ce bras paternel
L'aurait déjà puni s'il était criminel;
J'aurais su mieux user de l'entière puissance
Que me donnent sur lui les droits de la naissance:
J'aime trop l'honneur, sire, et ne suis point de rang
A souffrir ni d'affront ni de crime en mon sang.
C'est dont je ne veux point de témoin que Valère;
Il a vu quel accueil lui gardait ma colère;
Lorsqu'ignorant encor la moitié du combat
Je croyais que sa fuite avait trahi l'Etat.
Qui le fait se charger des soins de ma famille?

ACTE V.

Qui le fait malgré moi vouloir venger ma fille?
Et par quelle raison dans son juste trépas
Prend-il un intérêt qu'un père ne prend pas?
On craint qu'après sa sœur il n'en maltraite d'autres!
Sire, nous n'avons part qu'à la honte des nôtres;
Et de quelque façon qu'un autre puisse agir,
Qui ne nous touche point ne nous fait point rougir.
    (A Valère.)
Tu peux pleurer, Valère, et même aux yeux d'Horace;
Il ne prend intérêt qu'aux crimes de sa race :
Qui n'est point de son sang ne peut faire d'affront
Aux lauriers immortels qui lui ceignent le front.
Lauriers, sacrés rameaux qu'on veut réduire en poudre,
Vous qui mettez sa tête à couvert de la foudre,
L'abandonnerez-vous à l'infâme couteau
Qui fait choir les méchants sous la main d'un bourreau?
Romains, souffrirez-vous qu'on vous immole un homme
Sans qui Rome aujourd'hui cesserait d'être Rome,
Et qu'un Romain s'efforce à tacher le renom
D'un guerrier à qui tous doivent un si beau nom?
Dis, Valère, dis-nous, si tu veux qu'il périsse,
Où tu penses choisir un lieu pour son supplice :
Sera-ce entre ces murs que mille et mille voix
Font résonner encor du bruit de ses exploits?
Sera-ce hors des murs, au milieu de ces places
Qu'on voit fumer encor du sang des Curiaces;
Entre leurs trois tombeaux et dans ce champ d'honneur
Témoin de sa vaillance et de notre bonheur?
Tu ne saurais cacher sa peine à sa victoire :
Dans les murs, hors des murs, tout parle de sa gloire;
Tout s'oppose à l'effort de ton injuste amour,
Qui veut d'un si bon sang souiller un si beau jour.
Albe ne pourra pas souffrir un tel spectacle,
Et Rome par ses pleurs y mettra trop d'obstacle.

    Vous les préviendrez, sire; et par un juste arrêt
Vous saurez embrasser bien mieux son intérêt.
Ce qu'il a fait pour elle il peut encor le faire;
Il peut la garantir encor d'un sort contraire.
Sire, ne donnez rien à mes débiles ans :
Rome aujourd'hui m'a vu père de quatre enfants;
Trois en ce même jour sont morts pour sa querelle.
Il m'en reste encore un; conservez-le pour elle :
N'ôtez pas à ces murs un si puissant appui,
Et souffrez, pour finir, que je m'adresse à lui.

    Horace, ne crois pas que le peuple stupide
Soit le maître absolu d'un renom bien solide.
Sa voix tumultueuse assez souvent fait bruit :
Mais un moment l'élève, un moment le détruit;

Et ce qu'il contribue à notre renommée
Toujours en moins de rien se dissipe en fumée.
C'est aux rois, c'est aux grands, c'est aux esprits bien faits,
A voir la vertu pleine en ses moindres effets ;
C'est d'eux seuls qu'on reçoit la véritable gloire,
Eux seuls des vrais héros assurent la mémoire.
Vis toujours en Horace ; et toujours auprès d'eux
Ton nom demeurera grand, illustre, fameux,
Bien que l'occasion moins haute ou moins brillante
D'un vulgaire ignorant trompe l'injuste attente.
Ne hais donc plus la vie, et du moins vis pour moi,
Et pour servir encor ton pays et ton roi.
   Sire, j'en ai trop dit : mais l'affaire vous touche ;
Et Rome tout entière a parlé par ma bouche.

VALÈRE. Sire, permettez-moi...
TULLE.   Valère, c'est assez ;
Vos discours par les leurs ne sont pas effacés ;
J'en garde en mon esprit les forces plus pressantes,
Et toutes vos raisons me sont encor présentes.
Cette énorme action faite presque à nos yeux
Outrage la nature et blesse jusqu'aux dieux.
Un premier mouvement qui produit un tel crime
Ne saurait lui servir d'excuse légitime :
Les moins sévères lois en ce point sont d'accord ;
Et si nous les suivons, il est digne de mort.
Si d'ailleurs nous voulons regarder le coupable,
Ce crime, quoique grand, énorme, inexcusable,
Vient de la même épée et part du même bras
Qui me fait aujourd'hui maître de deux Etats.
Deux sceptres en ma main, Albe à Rome asservie,
Parlent bien hautement en faveur de sa vie :
Sans lui j'obéirais où je donne la loi,
Et je serais sujet où je suis deux fois roi.
Assez de bons sujets dans toutes les provinces
Par des vœux impuissants s'acquittent vers leurs princes ;
Tous les peuvent aimer : mais tous ne peuvent pas
Par d'illustres effets assurer leurs Etats ;
Et l'art et le pouvoir d'affermir des couronnes
Sont des dons que le ciel fait à peu de personnes.
De pareils serviteurs sont les forces des rois,
Et de pareils aussi sont au-dessus des lois.
Qu'elles se taisent donc ; que Rome dissimule
Ce que dès sa naissance elle vit en Romule ;
Elle peut bien souffrir en son libérateur
Ce qu'elle a bien souffert en son premier auteur.
Vis donc, Horace, vis, guerrier trop magnanime ;
Ta vertu met ta gloire au-dessus de ton crime :
Sa chaleur généreuse a produit ton forfait ;

D'une cause si belle il faut souffrir l'effet.
Vis pour servir l'Etat; vis, mais aime Valère:
Qu'il ne reste entre vous ni haine ni colère;
Et, soit qu'il ait suivi l'amour ou le devoir,
Sans aucun sentiment résous-toi de le voir.
Sabine, écoutez moins la douleur qui vous presse;
Chassez de ce grand cœur ces marques de faiblesse:
C'est en séchant vos pleurs que vous vous montrerez
La véritable sœur de ceux que vous pleurez.

   Mais nous devons aux dieux demain un sacrifice;
Et nous aurions le ciel à nos vœux mal propice
Si nos prêtres, avant que de sacrifier,
Ne trouvaient le moyen de le purifier.
Son père en prendra soin : il lui sera facile
D'apaiser tout d'un temps les mânes de Camille.
Je la plains; et pour rendre à son sort rigoureux
Ce que peut souhaiter son esprit amoureux,
Puisqu'en un même jour l'ardeur d'un même zèle
Achève le destin de son amant et d'elle,
Je veux qu'un même jour, témoin de leurs deux mo:
Dans un même tombeau voie enfermer leurs corps.

SCÈNE IV.
JULIE seule.

Camille, ainsi le ciel t'avait bien avertie
Des tragiques succès qu'il t'avait préparés;
Mais toujours du secret il cache une partie
Aux esprits les plus nets et les plus éclairés.

Il semblait nous parler de ton proche hyménée,
Il semblait tout promettre à tes vœux innocents;
Et nous cachant ainsi ta mort inopinée,
Sa voix n'est que trop vraie en trompant notre sens.

« Albe et Rome aujourd'hui prennent une autre face.
» Tes vœux sont exaucés : elles goûtent la paix,
» Et tu vas être unie avec ton Curiace
» Sans qu'aucun mauvais sort t'en sépare jamais. »

9.

EXAMEN D'HORACE.

C'est une croyance assez générale que cette pièce pourrait passer pour la plus belle des miennes si les derniers actes répondaient aux premiers. Tous veulent que la mort de Camille en gâte la fin, et j'en demeure d'accord; mais je ne sais si tous en savent la raison. On l'attribue communément à ce qu'on voit cette mort sur la scène, ce qui serait plutôt la faute de l'actrice que la mienne, parce que quand elle voit son frère mettre l'épée à la main, la frayeur, si naturelle au sexe, lui doit faire prendre la fuite et recevoir le coup derrière le théâtre, comme je le marque dans cette impression. D'ailleurs, si c'est une règle de ne le point ensanglanter, elle n'est pas du temps d'Aristote, qui nous apprend que, pour émouvoir puissamment, il faut de grands déplaisirs, des blessures et des morts en spectacle. Horace ne veut pas que nous y hasardions les événements trop dénaturés, comme de Médée qui tue ses enfants; mais je ne vois pas qu'il en fasse une règle générale pour toutes sortes de morts, ni que l'emportement d'un homme passionné pour sa patrie contre une sœur qui la maudit en sa présence avec des imprécations horribles, soit de même nature que la cruauté de cette mère. Sénèque l'expose aux yeux du peuple en dépit d'Horace; et chez Sophocle, Ajax ne se cache point aux spectateurs lorsqu'il se tue. L'adoucissement que j'apporte dans le second de mes discours pour rectifier la mort de Clytemnestre ne peut être propre ici à celle de Camille. Quand elle s'enferrerait d'elle-même par désespoir en voyant son frère l'épée à la main, ce frère ne laisserait pas d'être criminel de l'avoir tirée contre elle, puisqu'il n'y a point de troisième personne sur le théâtre à qui il pût adresser le coup qu'elle recevrait, comme peut faire Oreste à Égiste. D'ailleurs, l'histoire est trop connue pour retrancher le péril qu'il court d'une mort infâme après l'avoir tuée, et la défense que lui prête son père pour obtenir sa grâce n'aurait plus de lieu s'il demeurait innocent. Quoi qu'il en soit, voyons si cette action n'a pu causer la chute de ce poëme que par là, et s'il n'a point d'autre irrégularité que de blesser les yeux.

Comme je n'ai point accoutumé de dissimuler mes défauts, j'en trouve ici deux ou trois assez considérables. Le premier est que cette action, qui devient la principale de la pièce, est momentanée et n'a point cette juste grandeur que lui demande Aristote, et qui consiste en un commencement, un milieu et une fin. Elle surprend tout d'un coup; et toute la préparation que j'y ai donnée par la peinture de la vertu farouche d'Horace, et par la défense qu'il fait à sa sœur de regretter qui que ce soit de lui ou de son amant qui meure au combat, n'est point suffisante pour faire attendre un emportement si extraordinaire et servir de commencement à cette action.

Le second défaut est que cette mort fait une action double par le second péril où tombe Horace après être sorti du premier. L'unité de péril d'un héros dans la tragédie fait l'unité d'action; et quand il en est garanti la pièce est finie, si ce n'est que la sortie même de ce péril l'engage si nécessairement dans un autre, que la liaison et la continuité des deux n'en fasse qu'une action, ce qui n'arrive point ici, où Horace revient triomphant, sans aucun besoin de tuer sa sœur, ni même de parler à elle : et l'action serait suffisamment terminée à sa victoire. Cette chute d'un péril en l'autre sans nécessité fait ici un effet d'autant plus mauvais que, d'un péril public où il y va de tout l'Etat, il tombe en un péril particulier où il n'y va que de sa vie ; et, pour dire encore plus, d'un péril illustre où il ne peut succomber que glorieusement, en un péril infâme dont il ne peut sortir sans tache. Ajoutez pour troisième imperfection, que Camille, qui ne tient que le second rang dans les trois premiers actes et y laisse le premier à Sabine, prend le premier en ces deux derniers, où cette Sabine n'est plus considérable, et qu'ainsi, s'il y a égalité dans les mœurs, il n'y en a point dans la dignité des personnages, où se doit étendre ce précepte d'Horace :

. . . . : *Servetur ad imum*
Qualis ab incepto processerit, et sibi constet.

Ce défaut en Rodelinde a été une des principales causes du mauvais succès de Pertharite, et je n'ai point encore vu sur nos théâtres cette inégalité de rang en un même acteur, qui n'ait produit un très-méchant effet. Il serait bon d'en établir une règle inviolable.

Du côté du temps, l'action n'est point trop pressée et n'a rien qui ne me semble vraisemblable. Pour le lieu, bien que l'unité y soit exacte, elle n'est pas sans quelque contrainte. Il est constant qu'Horace et Curiace n'ont point de raison de se séparer du reste de la famille pour commencer le second acte ; et c'est une adresse de théâtre de n'en donner aucune quand on n'en peut donner de bonnes. L'attachement de l'auditeur à l'action présente souvent ne lui permet pas de descendre à l'examen sévère de cette justesse, et ce n'est pas un crime que de s'en prévaloir pour l'éblouir quand il est malaisé de le satisfaire.

Le personnage de Sabine est assez heureusement inventé, et trouve sa vraisemblance aisée dans le rapport à l'histoire, qui marque assez d'amitié et d'égalité entre les deux familles, pour avoir pu faire cette double alliance.

Elle ne sert pas davantage à l'action que l'infante à celle du Cid, et ne fait que se laisser toucher diversement comme elle à la diversité des événements. Néanmoins on a généralement approuvé celle-ci et condamné l'autre. J'en ai cherché la raison et j'en ai trouvé deux. L'une est la liaison des scènes, qui semblent, s'il m'est permis de parler ainsi, incorporer Sabine dans cette pièce; au lieu que, dans le Cid, toutes celles de l'infante sont détachées et paraissent hors œuvre :

« . . . . . . : *Tantum series juncturaque pollet.*

L'autre, qu'ayant une fois posé Sabine pour femme d'Horace il est nécessaire que tous les incidents de ce poëme lui donnent les sentiments qu'elle en témoigne avoir, par l'obligation qu'elle a de prendre intérêt à ce qui regarde son mari et ses frères : mais l'infante n'est point obligée d'en prendre aucun en ce qui touche le Cid; et si elle a quelque inclination secrète pour lui, il n'est point besoin qu'elle en fasse rien paraître puisqu'elle ne produit aucun effet.

L'oracle qui est proposé au premier acte trouve son vrai sens à la conclusion du cinquième. Il semble clair d'abord et porte l'imagination à un sens contraire, et je les aimerais mieux de cette sorte sur nos théâtres, que ceux qu'on fait entièrement obscurs, parce que la surprise de leur véritable effet en est plus belle. J'en ai usé ainsi encore dans l'Andromède et dans l'OEdipe. Je ne dis pas la même chose des songes, qui peuvent faire encore un plus grand ornement dans la protase, pourvu qu'on ne s'en serve pas souvent. Je voudrais qu'ils eussent l'idée de la fin véritable de la pièce, mais avec quelque confusion qui n'en permît pas l'intelligence entière. C'est ainsi que je m'en suis servi deux fois, ici et dans Polyeucte, mais avec plus d'éclat et d'artifice dans ce dernier poëme, où il marque toutes les particularités de l'événement, qu'en celui-ci, où il ne fait qu'exprimer une ébauche tout à fait informe de ce qui doit arriver de funeste.

Il passe pour constant que le second acte est un des plus pathétiques qui soient sur la scène, et le troisième un des plus artificieux. Il est soutenu de la seule narration de la moitié du combat des trois frères, qui est coupée très-heureusement pour laisser Horace le père dans la colère et le déplaisir, et lui donner ensuite un beau retour à la joie dans le quatrième. Il a été à propos, pour le jeter dans cette erreur, de se servir de l'impatience d'une femme qui suit brusquement sa première idée, et présume le combat achevé, parce qu'elle a vu deux des Horaces par terre et le troisième en fuite. Un homme, qui doit être plus posé et plus judicieux, n'eût pas été propre à donner cette fausse alarme; il eût dû prendre plus de patience, afin d'avoir plus de certitude de l'événement, et n'eût pas été excusable de se laisser emporter si légèrement, par les apparences, à présumer le mauvais succès d'un combat dont il n'eût pas vu la fin.

Bien que le roi n'y paraisse qu'au cinquième, il y est mieux dans sa dignité que dans le Cid, parce qu'il a intérêt pour tout son État dans le reste de la pièce; et, bien qu'il n'y parle point, il ne laisse pas d'y agir comme roi. Il vient aussi dans ce cinquième comme roi qui veut honorer par cette visite un père dont les fils lui ont conservé sa couronne et acquis celle d'Albe au prix de leur sang. S'il y fait l'office de juge, ce n'est que par accident, et il le fait dans ce logis même d'Horace par la seule contrainte qu'impose la règle de l'unité de lieu. Tout ce cinquième est encore une des causes du peu de satisfaction que laisse cette tragédie : il est tout en plaidoyers, et ce n'est pas là la place des harangues ni des longs discours ; ils peuvent être supportés en un commencement de pièce, où l'action n'est pas encore échauffée ; mais le cinquième acte doit plus agir que discourir. L'attention de l'auditeur, déjà lassée, se rebute de ces conclusions qui traînent et tirent la fin en longueur.

Quelques-uns ne veulent pas que Valère y soit un digne accusateur d'Horace, parce que dans la pièce il n'a pas fait voir assez de passion pour Camille ; à quoi je réponds que ce n'est pas à dire qu'il n'en eût une très-forte, mais qu'un amant mal voulu ne pouvait se montrer de bonne grâce à sa maîtresse dans le jour qui la rejoignait à un amant aimé. Il n'y avait point de place pour lui au premier acte, et encore moins au second : il fallait qu'il tînt son rang à l'armée pendant le troisième ; et il se montre au quatrième, sitôt que la mort de son rival fait quelque ouverture à son espérance. Il tâche à gagner les bonnes grâces du père par la commission qu'il prend du roi de lui apporter les glorieuses nouvelles de l'honneur que ce prince lui veut faire, et, par occasion, il lui apprend la victoire de son fils qu'il ignorait. Il ne manque pas d'amour durant les trois premiers actes, mais d'un temps propre à le témoigner ; et dès la première scène de la pièce, il paraît bien qu'il rendait assez de soins à Camille, puisque Sabine s'en alarme pour son frère. S'il ne prend pas le procédé de France, il faut considérer qu'il est Romain et dans Rome, où il n'aurait pu entreprendre un duel contre un autre Romain sans faire un crime d'État, et que j'aurais fait un crime de théâtre si j'avais habillé un Romain à la française.

FIN D'HORACE.

CINNA,

TRAGÉDIE EN CINQ ACTES.

NOTICE.

C'est dans les récits de Sénèque et de Velleius Paterculus qu'est pris le sujet de cette tragédie. Petit-fils de Pompée, Cneius Cornelius Cinna trama contre Auguste une conjuration puissante qui fut dénoncée au moment où elle allait éclater. L'empereur fut instruit des moindres détails du complot et de l'heure à laquelle il devait être frappé. Dans un premier accès de colère, il résolut la mort du coupable, et convoqua pour le lendemain ses amis en conseil privé.

Auguste passa une nuit inquiète en songeant qu'il allait se défaire d'un jeune homme de haute naissance, irréprochable jusque-là. Il hésitait à verser le sang humain, lui qui jadis avait dicté des arrêts de proscription en soupant avec Marc-Antoine.

« Quoi! se disait-il, dois-je épargner la vie de mon assassin? Ne punirai-je pas l'homme qui a voué à la mort ma tête échappée à tant de combats sur terre et sur mer, et cela lorsque la paix est enfin assurée au monde entier? »

Puis passant brusquement à des sentiments contraires, Auguste s'écriait : « Pourquoi vis-tu, si tant de gens sont intéressés à ta perte? N'y aura-t-il point de terme aux supplices, à l'effusion du sang? Je sers de but aux poignards de tous les jeunes nobles, ma vie n'a plus de prix s'il faut frapper tant de citoyens pour ne pas périr. » L'impératrice Livie tira son époux de sa perplexité. « Veux-tu, lui dit-elle, recevoir le conseil d'une femme? imite les médecins qui, lorsque les remèdes ordinaires ne réussissent pas, en essayent d'absolument contraires. Tu n'es arrivé à rien par la sévérité; voyons le fruit que tu pourras retirer de la clémence. Pardonne à Cinna; étant arrêté, il sera hors d'état de te nuire, mais il pourra encore contribuer à ta renommée. »

Auguste suivit ce conseil; il contremanda le conseil qu'il avait eu l'intention de présider, et faisant venir Cinna, il demeura seul avec lui. « J'exige avant tout, lui dit-il, que tu m'écoutes sans m'interrompre, que tu me laisses achever ce que j'ai à dire sans te récrier. Tu auras ensuite le temps de t'expliquer. Je t'ai trouvé, Cinna, dans le camp de mes adversaires, tu étais mon ennemi, non pas seulement par choix, mais par naissance; et pourtant je t'ai comblé de faveurs. Ton patrimoine t'a été rendu; tu es riche, et si heureux que les vainqueurs portent envie au vaincu. Tu as désiré le sacerdoce, et je t'ai préféré à des compétiteurs dont les pères avaient combattu pour moi. Tu me dois de la reconnaissance, et tu as résolu de m'assassiner! »

A ces mots, Cinna voulut protester : « Tu ne tiens point ta parole, reprit l'empereur; nous étions convenus que tu ne m'interromprais pas. Oui, je le répète, tu veux m'assassiner! » Il ajouta alors toutes les particularités qu'on lui avait rapportées sur la conspiration, le lieu, le jour, les complices, la disposition de l'embuscade, le nom de celui qui devait porter les premiers coups; et lorsqu'il vit le coupable atterré et muet de confusion, il termina en ces termes : « Quel peut être ton but? d'être prince? Le peuple romain doit être bien heureux si je suis le seul obstacle à ton avénement! Toi qui ne sais pas même gouverner ta maison, tu as envie de remplacer César? Soit : je te cède la place; mais penses-tu avoir aussi bon marché de Paulus, de Fabius Maximus, des familles Cocia et Servilia, et de tant d'autres nobles dont les noms sont justement illustres? »

L'empereur entra dans quelques explications sur l'impossibilité d'un succès, et il dit en congédiant Cinna: « Je t'ai donné la vie quand tu étais mon ennemi; je te la donne encore quand tu es devenu traître et parricide. A partir d'aujourd'hui, que l'amitié s'établisse entre nous; attachons-nous désormais à prouver que nous sommes sincères, moi dans ma générosité, toi dans ta reconnaissance. » Auguste conçut pour Cinna une affection qui ne se démentit jamais. Il lui donna le consulat pour l'année suivante en lui reprochant de n'avoir pas osé le demander. De son côté, Cinna montra au prince un dévouement à toute épreuve, et l'institua son unique héritier.

Il y a dans toute cette histoire une élévation de sentiments qui devait séduire le grand Corneille; il mit tous ses soins à la traiter dignement, et il la considérait comme son chef-d'œuvre, quoiqu'il reconnût dans *Rodogune* des qualités plus réellement dramatiques. *Cinna, ou la clémence d'Auguste*, fut représenté en 1639 sur le théâtre de l'hôtel de Bourgogne. Le grand Condé, qui avait alors dix-huit ans, assistait à la représentation, et il versa des larmes en entendant Auguste s'écrier:

>Je suis maître de moi comme de l'univers;
>Je le suis, je veux l'être. O siècles! ô mémoire!
>Conservez à jamais ma dernière victoire :
>Je triomphe aujourd'hui du plus juste courroux
>De qui le souvenir puisse aller jusqu'à vous.
>   Soyons amis, Cinna; c'est moi qui t'en convie...

Cinna fut généralement admiré ; mais les contemporains ne lui rendirent pas complétement justice. Ils s'occupèrent à peine du beau caractère d'Auguste, et accordèrent toute leur attention au rôle de Cinna et d'Emilie. On peut en juger par la lettre que Guez de Balzac écrivit alors à Corneille qui lui envoyait sa tragédie.

« Monsieur,

» J'ai senti un notable soulagement depuis l'arrivée de votre paquet, et je crie miracle ! dès le commencement de ma lettre. Votre Cinna guérit les malades : il fait que les paralytiques battent des mains : il rend la parole à un muet, ce serait trop peu de dire à un enrhumé. En effet, j'avais perdu la parole avec la voix ; et, puisque je les recouvre l'une et l'autre par votre moyen, il est bien juste que je les emploie toutes deux à votre gloire, et à dire sans cesse, *la belle chose!* Vous avez peur néanmoins d'être de ceux qui sont accablés par la majesté des sujets qu'ils traitent, et ne pensez pas avoir apporté assez de force pour soutenir la grandeur romaine. Quoique cette modestie me plaise, elle ne me persuade pas, et je m'y oppose par l'intérêt de la vérité. Vous êtes trop subtil examinateur d'une composition universellement approuvée : et s'il était vrai qu'en quelqu'une de ses parties vous eussiez senti quelque faiblesse, ce serait un secret entre vos muses et vous, car je vous assure que personne ne l'a reconnue. La faiblesse serait de notre expression, et non pas de votre pensée ; elle viendrait du défaut des instruments, et non pas de la faute de l'ouvrier ; il faudrait en accuser l'incapacité de notre langue.

» Vous nous faites voir Rome tout ce qu'elle peut être à Paris, et ne l'avez point brisée en la remuant. Ce n'est point une Rome de Cassiodore, et aussi déchirée qu'elle était au siècle des Théodorics : c'est une Rome de Tite-Live, et aussi pompeuse qu'elle l'était au temps des premiers Césars. Vous avez même trouvé ce qu'elle avait perdu dans les ruines de la République, cette noble et magnanime fierté ; et il se voit bien quelques passables traducteurs de ses paroles et de ses locutions, mais vous êtes le vrai et le fidèle interprète de son esprit et de son courage. Je dis plus, monsieur, vous êtes souvent son pédagogue, et l'avertissez de la bienséance, quand elle ne s'en souvient pas. Vous êtes le réformateur du vieux temps, s'il a besoin d'embellissement ou d'appui. Aux endroits où Rome est de brique, vous la rebâtissez de marbre. Quand vous trouvez du vide, vous le remplissez d'un chef-d'œuvre, et je prends garde que ce que vous prêtez à l'histoire est toujours meilleur que ce que vous empruntez d'elle.

» La femme d'Horace et la maîtresse de Cinna, qui sont vos deux véritables enfantements, et les deux pures créatures de votre esprit, ne sont-elles pas aussi les deux principaux ornements de vos deux poëmes ? Et qu'est-ce que la sainte Antiquité a produit de vigoureux et de ferme dans le sexe faible, qui soit comparable à ces nouvelles héroïnes que vous avez mises au monde, à ces Romaines de votre façon ? Je ne m'ennuie point depuis quinze jours de considérer celle que j'ai reçue la dernière.

» Je l'ai fait admirer à tous les habiles de notre province; nos orateurs et nos poëtes en disent merveille; mais un docteur de mes voisins, qui se met d'ordinaire sur le haut style, en parle certes d'une étrange sorte; et il n'y a point de mal que vous sachiez jusqu'où vous avez porté son esprit. Il se contentait le premier jour de dire que votre Émilie était la rivale de Caton et de Brutus dans la passion de la liberté. A cette heure, il va bien plus loin : tantôt il la nomme la possédée du démon de la République, et quelquefois, la belle, la raisonnable, la sainte et l'adorable Furie. Voilà d'étranges paroles sur le sujet de votre Romaine, mais elles ne sont pas sans fondement. Elle inspire en effet toute la conjuration, et donne chaleur au parti par le feu qu'elle jette dans l'âme du chef. Elle entreprend, en se vengeant, de venger toute la terre. Elle veut sacrifier à son père une victime qui serait trop grande pour Jupiter même. C'est à mon gré une personne si excellente, que je pense dire peu à son avantage, de dire que vous êtes beaucoup plus heureux en votre race que Pompée n'a été en la sienne, et que votre Émilie vaut, sans comparaison, davantage que Cinna son petit-fils. Si celui-ci même a plus de vertu que n'a cru Sénèque, c'est pour être tombé entre vos mains, et à cause que vous avez pris soin de lui. Il vous est obligé de son mérite, comme à Auguste de sa dignité. L'empereur le fit consul, et vous l'avez fait honnête homme. Mais vous l'avez pu faire par les lois d'un art qui polit et orne la vérité, qui permet de favoriser en imitant, qui quelquefois se propose le semblable, et quelquefois le meilleur. J'en dirais trop, si j'en disais davantage. Je ne veux pas commencer une dissertation, je veux finir une lettre, et conclure par les protestations ordinaires, mais très-sincères et très-véritables, que je suis, monsieur, votre très-humble serviteur.

» Balzac. »

Corneille fit imprimer sa pièce à Rouen en 1643; il avait eu d'abord l'intention de la dédier au cardinal Mazarin, mais ayant été averti qu'il n'en obtiendrait aucune gratification, il fit sa dédicace en l'honneur de M. de Montauron, trésorier de l'épargne, qui lui donna mille pistoles. Le théâtre était alors de peu de rapport, et les poëtes dramatiques étaient obligés à ces actes de condescendance envers les grands. Cinna produisit sur Louis XIV une profonde et salutaire impression. En 1674, une conspiration s'était formée en Normandie pour livrer Quillebœuf aux Hollandais, dont la flotte croisait à l'embouchure de la Seine, sous les ordres de l'amiral Tromp. Le chef de l'intrigue était le chevalier de Rohan, homme brave, intelligent, mais qui avait dissipé son patrimoine en de folles débauches. Il fut arrêté, conduit à la Bastille, et condamné à la peine capitale. Comme il était d'une famille illustre, toute la noblesse intercéda pour lui; mais le roi fut inflexible, et l'exécution eut lieu le 27 novembre 1674.

Louis XIV avait assisté la veille à une représentation de *Cinna*. Il en avait été tellement ému, comme il l'avoua depuis, qu'il n'attendait plus qu'une démarche pour pardonner. On lui entendit dire : J'avais été frappé de la clémence d'Auguste; et si l'on eût saisi cet instant pour me parler en faveur du chevalier de Rohan, j'aurais accordé tout ce qu'on aurait voulu.

ÉMILE DE LA BÉDOLLIÈRE.

PERSONNAGES.

OCTAVE-CÉSAR-AUGUSTE, empereur de Rome.
LIVIE, impératrice.
CINNA, fils d'une fille de Pompée, chef de la conjuration contre Auguste.
MAXIME, autre chef de la conjuration.
ÉMILIE, fille de C. Toranius, tuteur d'Auguste, et proscrit par lui durant le triumvirat.
FULVIE, confidente d'Émilie.
POLYCLÈTE, affranchi d'Auguste.
ÉVANDRE, affranchi de Cinna.
EUPHORBE, affranchi de Maxime.

La scène est à Rome.

CINNA.

ACTE PREMIER.

SCÈNE I.

ÉMILIE.

Impatients désirs d'une illustre vengeance
Dont la mort de mon père a formé la naissance,
Enfants impétueux de mon ressentiment,
Que ma douleur séduite embrasse aveuglément,
Vous prenez sur mon âme un trop puissant empire;
Durant quelques moments souffrez que je respire,
Et que je considère, en l'état où je suis,
Et ce que je hasarde et ce que je poursuis
Quand je regarde Auguste au milieu de sa gloire,
Et que vous reprochez à ma triste mémoire
Que par sa propre main mon père massacré
Du trône où je le vois fait le premier degré;
Quand vous me présentez cette sanglante image,
La cause de ma haine et l'effet de ma rage;
Je m'abandonne toute à vos ardents transports,
Et crois pour une mort lui devoir mille morts.
Au milieu toutefois d'une fureur si juste,
J'aime encor plus Cinna que je ne hais Auguste;
Et je sens refroidir ce bouillant mouvement,
Quand il faut pour le suivre exposer mon amant.
Oui, Cinna, contre moi moi-même je m'irrite
Quand je songe aux dangers où je te précipite.
Quoique pour me servir tu n'appréhendes rien,
Te demander du sang, c'est exposer le tien.
D'une si haute place on n'abat point de têtes
Sans attirer sur soi mille et mille tempêtes;
L'issue en est douteuse, et le péril certain.
Un ami déloyal peut trahir ton dessein;
L'ordre mal concerté, l'occasion mal prise,
Peuvent sur son auteur renverser l'entreprise
Tourner sur toi les coups dont tu le veux frapper;
Dans sa ruine même il peut t'envelopper;
Et quoi qu'en ma faveur ton amour exécute,
Il te peut en tombant écraser sous sa chute.

Ah! cesse de courir à ce mortel danger :
Te perdre en me vengeant ce n'est pas me venger.
Un cœur est trop cruel quand il trouve des charmes
Aux douceurs que corrompt l'amertume des larmes,
Et l'on doit mettre au rang des plus cuisants malheurs
La mort d'un ennemi qui coûte tant de pleurs.
    Mais peut-on en verser alors qu'on venge un père?
Est-il perte à ce prix qui ne semble légère?
Et quand son assassin tombe sous notre effort,
Doit-on considérer ce que coûte sa mort?
Cessez, vaines frayeurs, cessez, lâches tendresses,
De jeter dans mon cœur vos indignes faiblesses;
Et toi qui les produis par tes soins superflus,
Amour, sers mon devoir et ne le combats plus.
Lui céder c'est ta gloire, et le vaincre ta honte :
Montre-toi généreux, souffrant qu'il te surmonte;
Plus tu lui donneras, plus il te va donner,
Et ne triomphera que pour te couronner.

SCÈNE II.

ÉMILIE, FULVIE.

ÉMILIE. Je l'ai juré, Fulvie, et je le jure encore,
Quoique j'aime Cinna, quoique mon cœur l'adore,
S'il me veut posséder, Auguste doit périr;
Sa tête est le seul prix dont il peut m'acquérir :
Je lui prescris la loi que mon devoir m'impose.

FULVIE. Elle a, pour la blâmer, une trop juste cause :
Par un si grand dessein vous vous faites juger
Digne sang de celui que vous voulez venger.
Mais, encore une fois, souffrez que je vous die
Qu'une si juste ardeur devrait être attiédie :
Auguste chaque jour, à force de bienfaits,
Semble assez réparer les maux qu'il vous a faits;
Sa faveur envers vous paraît si déclarée
Que vous êtes chez lui la plus considérée;
Et de ses courtisans souvent les plus heureux
Vous pressent à genoux de lui parler pour eux.

ÉMILIE. Toute cette faveur ne me rend pas mon père;
Et de quelque façon que l'on me considère,
Abondante en richesse, ou puissante en crédit,
Je demeure toujours la fille d'un proscrit.
Les bienfaits ne font pas toujours ce que tu penses;
D'une main odieuse ils tiennent lieu d'offenses :
Plus nous en prodiguons à qui nous peut haïr,
Plus d'armes nous donnons à qui nous veut trahir.
Il m'en fait chaque jour sans changer mon courage;

ACTE I.

Je suis ce que j'étais et je puis davantage;
Et des mêmes présents qu'il verse dans mes mains
J'achète contre lui les esprits des Romains.
Je recevrais de lui la place de Livie
Comme un moyen plus sûr d'attenter à sa vie :
Pour qui venge son père il n'est point de forfaits,
Et c'est vendre son sang que se rendre aux bienfaits.

FULVIE. Quel besoin toutefois de passer pour ingrate?
Ne pouvez-vous haïr sans que la haine éclate?
Assez d'autres sans vous n'ont pas mis en oubli
Par quelles cruautés son trône est établi.
Tant de braves Romains, tant d'illustres victimes,
Qu'à son ambition ont immolés ses crimes,
Laissent à leurs enfants d'assez vives douleurs
Pour venger votre perte en vengeant leurs malheurs.
Beaucoup l'ont entrepris, mille autres vont les suivre :
Qui vit haï de tous ne saurait longtemps vivre.
Remettez à leurs bras les communs intérêts,
Et n'aidez leurs desseins que par des vœux secrets.

ÉMILIE. Quoi! je le haïrai sans tâcher de lui nuire?
J'attendrai du hasard qu'il ose le détruire?
Et je satisferai des devoirs si pressants
Par une haine obscure et des vœux impuissants?
Sa perte, que je veux, me deviendrait amère
Si quelqu'un l'immolait à d'autres qu'à mon père;
Et tu verrais mes pleurs couler pour son trépas,
Qui, le faisant périr, ne me vengerait pas.
C'est une lâcheté que de remettre à d'autres
Les intérêts publics qui s'attachent aux nôtres.
Joignons à la douceur de venger nos parents
La gloire qu'on remporte à punir les tyrans;
Et faisons publier par toute l'Italie :
« La liberté de Rome est l'œuvre d'Émilie :
» On a touché son âme, et son cœur s'est épris;
» Mais elle n'a donné son amour qu'à ce prix. »

FULVIE. Votre amour à ce prix n'est qu'un présent funeste
Qui porte à votre amant sa perte manifeste.
Pensez mieux, Emilie, à quoi vous l'exposez;
Combien à cet écueil se sont déjà brisés :
Ne vous aveuglez point quand sa mort est visible.

ÉMILIE. Ah! tu sais me frapper par où je suis sensible.
Quand je songe aux dangers que je lui fais courir,
La crainte de sa mort me fait déjà mourir;
Mon esprit en désordre à soi-même s'oppose,
Je veux et ne veux pas, je m'emporte et je n'ose;
Et mon devoir, confus, languissant, étonné,
Cède aux rébellions de mon cœur mutine.
    Tout beau, ma passion, deviens un peu moins forte;

Tu vois bien des hasards, ils sont grands, mais n'importe;
Cinna n'est pas perdu pour être hasardé.
De quelques légions qu'Auguste soit gardé,
Quelque soin qu'il se donne, et quelque ordre qu'il tienne,
Qui méprise la vie est maître de la sienne :
Plus le péril est grand, plus doux en est le fruit;
La vertu nous y jette, et la gloire le suit.
Quoi qu'il en soit, qu'Auguste ou que Cinna périsse,
Aux mânes paternels je dois ce sacrifice;
Cinna me l'a promis en recevant ma foi,
Et ce coup seul aussi le rend digne de moi.
Il est tard, après tout, de m'en vouloir dédire :
Aujourd'hui l'on s'assemble, aujourd'hui l'on conspire;
L'heure, le lieu, le bras se choisit aujourd'hui;
Et c'est à faire enfin à mourir après lui...
Mais, le voici qui vient.

SCÈNE III.

CINNA, ÉMILIE, FULVIE.

ÉMILIE.   Cinna, votre assemblée
Par l'effroi du péril n'est-elle point troublée?
Et reconnaissez-vous au front de vos amis
Qu'ils soient prêts à tenir ce qu'ils vous ont promis?

CINNA. Jamais contre un tyran entreprise conçue
Ne permit d'espérer une si belle issue;
Jamais de telle ardeur on n'en jura la mort;
Et jamais conjurés ne furent mieux d'accord.
Tous s'y montrent portés avec tant d'allégresse
Qu'ils semblent, comme moi, servir une maîtresse;
Et tous font éclater un si puissant courroux
Qu'ils semblent tous venger un père, comme vous.

ÉMILIE. Je l'avais bien prévu que pour un tel ouvrage
Cinna saurait choisir des hommes de courage,
Et ne remettrait pas en de mauvaises mains
L'intérêt d'Emilie et celui des Romains.

CINNA. Plût aux dieux que vous-même eussiez vu de quel zèle
Cette troupe entreprend une action si belle!
Au seul nom de César, d'Auguste et d'empereur,
Vous eussiez vu leurs yeux s'enflammer de fureur,
Et dans un même instant, par un effet contraire,
Leur front pâlir d'horreur et rougir de colère.
« Amis, leur ai-je dit, voici le jour heureux
» Qui doit conclure enfin nos desseins généreux :
» Le ciel entre nos mains a mis le sort de Rome,
» Et son salut dépend de la perte d'un homme,
» Si l'on doit le nom d'homme à qui n'a rien d'humain,

» A ce tigre altéré de tout le sang romain :
» Combien pour le répandre a-t-il formé de brigues !
» Combien de fois changé de partis et de ligues,
» Tantôt ami d'Antoine, et tantôt ennemi,
» Et jamais insolent ni cruel à demi ! »
    Là, par un long récit de toutes les misères
Que durant notre enfance ont enduré nos pères,
Renouvelant leur haine avec leur souvenir,
Je redouble en leurs cœurs l'ardeur de le punir.
Je leur fais des tableaux de ces tristes batailles
Où Rome par ses mains déchirait ses entrailles,
Où l'aigle abattait l'aigle, et de chaque côté
Nos légions s'armaient contre leur liberté ;
Où les meilleurs soldats et les chefs les plus braves
Mettaient toute leur gloire à devenir esclaves ;
Où, pour mieux assurer la honte de leurs fers,
Tous voulaient à leur chaîne attacher l'univers ;
Et l'exécrable honneur de lui donner un maître
Faisant aimer à tous l'infâme nom de traître ;
Romains contre Romains, parents contre parents,
Combattaient seulement pour le choix des tyrans.
J'ajoute à ces tableaux la peinture effroyable
De leur concorde impie, affreuse, inexorable,
Funeste aux gens de bien, aux riches, au sénat,
Et, pour tout dire enfin, de leur triumvirat.
Mais je ne trouve point de couleurs assez noires
Pour en représenter les tragiques histoires :
Je les peins dans le meurtre à l'envi triomphants,
Rome entière noyée au sang de ses enfants ;
Les uns assassinés dans les places publiques,
Les autres dans le sein de leurs dieux domestiques ;
Le méchant par le prix au crime encouragé,
Le mari par sa femme en son lit égorgé ;
Le fils tout dégouttant du meurtre de son père,
Et sa tête à la main demandant son salaire ;
Sans pouvoir exprimer par tant d'horribles traits
Qu'un crayon imparfait de leur sanglante paix.
Vous dirai-je les noms de ces grands personnages
Dont j'ai dépeint les morts pour aigrir les courages,
De ces fameux proscrits, ces demi-dieux mortels,
Qu'on a sacrifiés jusque sur les autels ?
Mais pourrais-je vous dire à quelle impatience,
A quels frémissements, à quelle violence,
Ces indignes trépas, quoique mal figurés,
Ont porté les esprits de tous nos conjurés ?
Je n'ai point perdu temps ; et voyant leur colère
Au point de ne rien craindre, en état de tout faire
J'ajoute en peu de mots : « Toutes ces cruautés

» La perte de nos biens et de nos libertés,
» Le ravage des champs, le pillage des villes,
» Et les proscriptions, et les guerres civiles,
» Sont les degrés sanglants dont Auguste a fait choix
» Pour monter sur le trône et nous donner des lois.
» Mais nous pouvons changer un destin si funeste,
» Puisque de trois tyrans c'est le seul qui nous reste;
» Et que juste une fois il s'est privé d'appui,
» Perdant, pour régner seul, deux méchants comme lui.
» Lui mort, nous n'avons point de vengeur ni de maître;
» Avec la liberté Rome s'en va renaître;
» Et nous mériterons le nom de vrais Romains
» Si le joug qui l'accable est brisé par nos mains.
» Prenons l'occasion tandis qu'elle est propice :
» Demain au Capitole il fait un sacrifice;
» Qu'il en soit la victime; et faisons en ces lieux
» Justice à tout le monde à la face des dieux.
» Là presque pour sa suite il n'a que notre troupe,
» C'est de ma main qu'il prend et l'encens et la coupe :
» Et je veux pour signal que cette même main
» Lui donne au lieu d'encens d'un poignard dans le sein.
» Ainsi d'un coup mortel la victime frappée
» Fera voir si je suis du sang du grand Pompée;
» Faites voir après moi si vous vous souvenez
» Des illustres aïeux de qui vous êtes nés. »
A peine ai-je achevé que chacun renouvelle,
Par un noble serment, le vœu d'être fidèle :
L'occasion leur plaît; mais chacun veut pour soi
L'honneur du premier coup, que j'ai choisi pour moi.
La raison règle enfin l'ardeur qui les emporte :
Maxime et la moitié s'assurent de la porte,
L'autre moitié me suit et doit l'environner,
Prête au moindre signal que je voudrai donner.
 Voilà, belle Émilie, à quel point nous en sommes.
Demain j'attends la haine ou la faveur des hommes,
Le nom de parricide ou de libérateur;
César celui de prince ou d'un usurpateur.
Du succès qu'on obtient contre la tyrannie
Dépend ou notre gloire ou notre ignominie;
Et le peuple, inégal à l'endroit des tyrans,
S'il les déteste morts, les adore vivants.
Pour moi, soit que le ciel me soit dur ou propice,
Qu'il m'élève à la gloire ou me livre au supplice,
Que Rome se déclare ou pour ou contre nous,
Mourant pour vous servir, tout me semblera doux.

ÉMILIE. Ne crains point de succès qui souille ta mémoire :
Le bon et le mauvais sont égaux pour ta gloire;
Et dans un tel dessein le manque de bonheur

Met en péril ta vie et non pas ton honneur.
Regarde le malheur de Brute et de Cassie;
La splendeur de leur nom en est-elle obscurcie?
Sont-ils morts tout entiers avec leurs grands desseins?
Ne les compte-t-on plus pour les derniers Romains?
Leur mémoire dans Rome est encor précieuse,
Autant que de César la vie est odieuse :
Si leur vainqueur y règne, ils y sont regrettés,
Et par les vœux de tous leurs pareils souhaités.
Va marcher sur leurs pas où l'honneur te convie :
Mais ne perds pas le soin de conserver ta vie;
Souviens-toi du beau feu dont nous sommes épris,
Qu'aussi bien que la gloire Emilie est ton prix,
Que tu me dois ton cœur, que mes faveurs t'attendent,
Que tes jours me sont chers, que les miens en dépendent...
Mais quelle occasion mène Evandre vers nous?

SCÈNE IV.

CINNA, ÉMILIE, ÉVANDRE, FULVIE.

ÉVANDRE. Seigneur, César vous mande, et Maxime avec vous.
CINNA. Et Maxime avec moi! Le sais-tu bien, Evandre?
ÉVANDRE. Polyclète est encor chez vous à vous attendre,
Et fût venu lui-même avec moi vous chercher,
Si ma dextérité n'eût su l'en empêcher.
Je vous en donne avis de peur d'une surprise :
Il presse fort.
ÉMILIE.   Mander les chefs de l'entreprise!
Tous deux! en même temps! vous êtes découverts.
CINNA. Espérons mieux, de grâce!
ÉMILIE.   Ah! Cinna, je te perds!
Et les dieux, obstinés à nous donner un maître,
Parmi tes vrais amis ont mêlé quelque traître.
Il n'en faut point douter, Auguste a tout appris.
Quoi! tous deux! et sitôt que le conseil est pris!
CINNA. Je ne vous puis celer que son ordre m'étonne :
Mais souvent il m'appelle auprès de sa personne;
Maxime est comme moi de ses plus confidents;
Et nous nous alarmons peut-être en imprudents.
ÉMILIE. Sois moins ingénieux à te tromper toi-même,
Cinna; ne porte point mes maux jusqu'à l'extrême;
Et, puisque désormais tu ne peux me venger,
Dérobe au moins ta tête à ce mortel danger;
Fuis d'Auguste irrité l'implacable colère :
Je verse assez de pleurs pour la mort de mon père;
N'aigris point ma douleur par un nouveau tourment;
Et ne me réduis point à pleurer mon amant.
CINNA. Quoi! sur l'illusion d'une terreur panique,

	Trahir vos intérêts et la cause publique!
	Par cette lâcheté moi-même m'accuser,
	Et tout abandonner quand il faut tout oser!
	Que feront nos amis si vous êtes déçue?
ÉMILIE.	Mais que deviendras-tu si l'entreprise est sue?
CINNA.	S'il est pour me trahir des esprits assez bas,
	Ma vertu pour le moins ne me trahira pas;
	Vous la verrez, brillante au bord des précipices,
	Se couronner de gloire en bravant les supplices,
	Rendre Auguste jaloux du sang qu'il répandra,
	Et le faire trembler alors qu'il me perdra.
	Je deviendrais suspect à tarder davantage;
	Adieu : raffermissez ce généreux courage.
	S'il faut subir le coup d'un destin rigoureux,
	Je mourrai tout ensemble heureux et malheureux :
	Heureux pour vous servir de perdre ainsi la vie;
	Malheureux de mourir sans vous avoir servie.
ÉMILIE.	Oui, va, n'écoute plus ma voix qui te retient;
	Mon trouble se dissipe, et ma raison revient :
	Pardonne à mon amour cette indigne faiblesse.
	Tu voudrais fuir en vain, Cinna, je le confesse;
	Si tout est découvert, Auguste a su pourvoir
	A ne te laisser pas ta fuite en ton pouvoir.
	Porte, porte chez lui cette mâle assurance,
	Digne de notre amour, digne de ta naissance;
	Meurs, s'il y faut mourir, en citoyen romain,
	Et par un beau trépas couronne un beau dessein.
	Ne crains pas qu'après toi rien ici me retienne;
	Ta mort emportera mon âme vers la tienne;
	Et mon cœur, aussitôt percé des mêmes coups...
CINNA.	Ah! souffrez que tout mort je vive encore en vous;
	Et du moins en mourant permettez que j'espère
	Que vous saurez venger l'amant avec le père.
	Rien n'est pour vous à craindre; aucun de nos amis
	Ne sait ni vos desseins, ni ce qui m'est promis;
	Et, leur parlant tantôt des misères romaines,
	Je leur ai tu la mort qui fait naître nos haines,
	De peur que mon ardeur touchant vos intérêts
	D'un si parfait amour ne trahît les secrets.
	Il n'est su que d'Evandre et de votre Fulvie.
ÉMILIE.	Avec moins de frayeur je vais donc chez Livie,
	Puisque dans ton péril il me reste un moyen
	De faire agir pour toi son crédit et le mien.
	Mais si mon amitié par là ne te délivre,
	N'espère pas qu'enfin je veuille te survivre.
	Je fais de ton destin des règles à mon sort,
	Et j'obtiendrai ta vie, ou je suivrai ta mort.
CINNA.	Soyez en ma faveur moins cruelle à vous-même.
ÉMILIE.	Va-t'en, et souviens-toi seulement que je t'aime.

ACTE DEUXIÈME.
SCÈNE I.
AUGUSTE, CINNA, MAXIME, TROUPE DE COURTISANS.

AUGUSTE. Que chacun se retire, et qu'aucun n'entre ici.
Vous, Cinna, demeurez, et vous, Maxime, aussi.
(Tous se retirent à la réserve de Cinna et de Maxime.)
Cet empire absolu sur la terre et sur l'onde,
Ce pouvoir souverain que j'ai sur tout le monde,
Cette grandeur sans borne, et cet illustre rang
Qui m'a jadis coûté tant de peine et de sang,
Enfin tout ce qu'adore en ma haute fortune
D'un courtisan flatteur la présence importune,
N'est que de ces beautés dont l'éclat éblouit,
Et qu'on cesse d'aimer sitôt qu'on en jouit.
L'ambition déplaît quand elle est assouvie;
D'une contraire ardeur son ardeur est suivie;
Et comme notre esprit jusqu'au dernier soupir
Toujours vers quelque objet pousse quelque désir,
Il se ramène en soi n'ayant plus où se prendre,
Et, monté sur le faîte, il aspire à descendre.
J'ai souhaité l'empire, et j'y suis parvenu;
Mais en le souhaitant je ne l'ai pas connu:
Dans sa possession j'ai trouvé pour tous charmes
D'effroyables soucis, d'éternelles alarmes,
Mille ennemis secrets, la mort à tous propos,
Point de plaisir sans trouble, et jamais de repos.
Sylla m'a précédé dans ce pouvoir suprême;
Le grand César mon père en a joui de même:
D'un œil si différent tous deux l'ont regardé,
Que l'un s'en est démis, et l'autre l'a gardé:
Mais l'un cruel, barbare, est mort aimé, tranquille,
Comme un bon citoyen dans le sein de sa ville;
L'autre, tout débonnaire, au milieu du sénat,
A vu trancher ses jours par un assassinat.
Ces exemples récents suffiraient pour m'instruire,
Si par l'exemple seul on se devait conduire;
L'un m'invite à le suivre, et l'autre me fait peur:
Mais l'exemple souvent n'est qu'un miroir trompeur;
Et l'ordre du destin qui gêne nos pensées
N'est pas toujours écrit dans les choses passées;
Quelquefois l'un se brise où l'autre s'est sauvé,
Et par où l'un périt un autre est conservé.
Voilà, mes chers amis, ce qui me met en peine.
Vous qui me tenez lieu d'Agrippe et de Mécène,

10.

Pour résoudre ce point avec eux débattu,
Prenez sur mon esprit le pouvoir qu'ils ont eu.
Ne considérez point cette grandeur suprême,
Odieuse aux Romains, et pesante à moi-même;
Traitez-moi comme ami, non comme souverain;
Rome, Auguste, l'Etat, tout est en votre main :
Vous mettrez et l'Europe, et l'Asie, et l'Afrique,
Sous les lois d'un monarque ou d'une république :
Votre avis est ma règle ; et, par ce seul moyen,
Je veux être empereur, ou simple citoyen.

CINNA. Malgré notre surprise et mon insuffisance,
Je vous obéirai, seigneur, sans complaisance,
Et mets bas le respect qui pourrait m'empêcher
De combattre un avis où vous semblez pencher.
Souffrez-le d'un esprit jaloux de votre gloire,
Que vous allez souiller d'une tache trop noire,
Si vous ouvrez votre âme à ces impressions,
Jusques à condamner toutes vos actions.
 On ne renonce point aux grandeurs légitimes :
On garde sans remords ce qu'on acquiert sans crimes;
Et plus le bien qu'on quitte est noble, grand, exquis,
Plus qui l'ose quitter le juge mal acquis.
N'imprimez pas, seigneur, cette honteuse marque
A ces rares vertus qui vous ont fait monarque :
Vous l'êtes justement, et c'est sans attentat
Que vous avez changé la forme de l'Etat.
Rome est dessous vos lois par le droit de la guerre
Qui sous les lois de Rome a mis toute la terre :
Vos armes l'ont conquise ; et tous les conquérants,
Pour être usurpateurs, ne sont pas des tyrans.
Quand ils ont sous leurs lois asservi des provinces,
Gouvernant justement ils s'en font justes princes.
C'est ce que fit César : il vous faut aujourd'hui
Condamner sa mémoire, ou faire comme lui :
Si le pouvoir suprême est blâmé par Auguste,
César fut un tyran, et son trépas fut juste ;
Et vous devez aux dieux compte de tout le sang
Dont vous l'avez vengé pour monter à son rang.
N'en craignez point, seigneur, les tristes destinées;
Un plus puissant démon veille sur vos années :
On a dix fois sur vous attenté sans effet ;
Et qui l'a voulu perdre, au même instant l'a fait.
On entreprend assez, mais aucun n'exécute ;
Il est des assassins, mais il n'est plus de Brute :
Enfin, s'il faut attendre un semblable revers,
Il est beau de mourir maître de l'univers.
C'est ce qu'en peu de mots j'ose dire ; et j'estime
Que ce peu que j'ai dit est l'avis de Maxime.

MAXIME. Oui ; j'accorde qu'Auguste a droit de conserver
L'empire où sa vertu l'a fait seule arriver,
Et qu'au prix de son sang, au péril de sa tête,
Il a fait de l'Etat une juste conquête :
Mais que, sans se noircir, il ne puisse quitter
Le fardeau que sa main est lasse de porter ;
Qu'il accuse par là César de tyrannie,
Qu'il approuve sa mort ; c'est ce que je dénie.
 Rome est à vous, seigneur ; l'empire est votre bien :
Chacun en liberté peut disposer du sien ;
Il le peut, à son choix, garder ou s'en défaire :
Vous seul ne pourriez pas ce que peut le vulgaire !
Et seriez devenu, pour avoir tout dompté,
Esclave des grandeurs où vous êtes monté !
Possédez-les, seigneur, sans qu'elles vous possèdent ;
Loin de vous captiver, souffrez qu'elles vous cèdent ;
Et faites hautement connaître enfin à tous
Que tout ce qu'elles ont est au-dessous de vous.
Votre Rome autrefois vous donna la naissance ;
Vous lui voulez donner votre toute-puissance ;
Et Cinna vous impute à crime capital
La libéralité vers le pays natal !
Il appelle remords l'amour de la patrie !
Par la haute vertu la gloire est donc flétrie,
Et ce n'est qu'un objet digne de nos mépris,
Si de ses pleins effets l'infamie est le prix.
Je veux bien avouer qu'une action si belle
Donne à Rome bien plus que vous ne tenez d'elle :
Mais commet-on un crime indigne de pardon,
Quand la reconnaissance est au-dessus du don ?
Suivez, suivez, seigneur, le ciel qui vous inspire ;
Votre gloire redouble à mépriser l'empire ;
Et vous serez fameux chez la postérité,
Moins pour l'avoir conquis, que pour l'avoir quitté.
Le bonheur peut conduire à la grandeur suprême ;
Mais, pour y renoncer, il faut la vertu même ;
Et peu de généreux vont jusqu'à dédaigner,
Après un sceptre acquis, la douceur de régner.
Considérez d'ailleurs que vous régnez dans Rome,
Où, de quelque façon que votre cour vous nomme,
On hait la monarchie ; et le nom d'empereur,
Cachant celui de roi, ne fait pas moins d'horreur :
Il passe pour tyran quiconque s'y fait maître,
Qui le sert, pour esclave, et qui l'aime, pour traître ;
Qui le souffre a le cœur lâche, mol, abattu,
Et pour s'en affranchir tout s'appelle vertu.
Vous en avez, seigneur, des preuves trop certaines :
On a fait contre vous dix entreprises vaines,
Peut-être que l'onzième est prête d'éclater,

        Et que ce mouvement qui vous vient d'agiter
        N'est qu'un avis secret que le ciel vous envoie,
        Qui, pour vous conserver, n'a plus que cette voie.
        Ne vous exposez plus à ces fameux revers:
        Il est beau de mourir maître de l'univers;
        Mais la plus belle mort souille notre mémoire
        Quand nous avons pu vivre et croître notre gloire.

CINNA. Si l'amour du pays doit ici prévaloir,
        C'est son bien seulement que vous devez vouloir;
        Et cette liberté, qui lui semble si chère,
        N'est pour Rome, seigneur, qu'un bien imaginaire,
        Plus nuisible qu'utile, et qui n'approche pas
        De celui qu'un bon prince apporte à ses Etats.
        Avec ordre et raison les honneurs il dispense,
        Avec discernement punit et récompense,
        Et dispose de tout en juste possesseur,
        Sans rien précipiter de peur d'un successeur.
        Mais quand le peuple est maître, on n'agit qu'en tumulte;
        La voix de la raison jamais ne se consulte;
        Les honneurs sont vendus aux plus ambitieux;
        L'autorité livrée aux plus séditieux:
        Ces petits souverains qu'il fait pour une année,
        Voyant d'un temps si court leur puissance bornée,
        Des plus heureux desseins font avorter le fruit,
        De peur de le laisser à celui qui les suit:
        Comme ils ont peu de part au bien dont ils ordonnent,
        Dans le champ du public largement ils moissonnent,
        Assurés que chacun leur pardonne aisément,
        Espérant à son tour un pareil traitement.
        Le pire des Etats c'est l'Etat populaire.

AUGUSTE. Et toutefois le seul qui dans Rome peut plaire.
        Cette haine des rois, que depuis cinq cents ans
        Avec le premier lait sucent tous ses enfants,
        Pour l'arracher des cœurs, est trop enracinée.

MAXIME. Oui, seigneur, dans son mal Rome est trop obstinée:
        Son peuple, qui s'y plaît, en fuit la guérison;
        Sa coutume l'emporte, et non pas la raison;
        Et cette vieille erreur que Cinna veut abattre
        Est une heureuse erreur dont il est idolâtre,
        Par qui le monde entier, asservi sous ses lois,
        L'a vu cent fois marcher sur la tête des rois,
        Son épargne s'enfler du sac de leurs provinces:
        Que lui pouvaient de plus donner les meilleurs princes?
          J'ose dire, seigneur, que par tous les climats
        Ne sont pas bien reçus toutes sortes d'Etats;
        Chaque peuple a le sien conforme à sa nature,
        Qu'on ne saurait changer sans lui faire une injure:
        Telle est la loi du ciel, dont la sage équité

	Sème dans l'univers cette diversité.
	Les Macédoniens aiment le monarchique,
	Et le reste des Grecs la liberté publique;
	Les Parthes, les Persans, veulent des souverains;
	Et le seul consulat est bon pour les Romains.
CINNA.	Il est vrai que du ciel la prudence infinie
	Départ à chaque peuple un différent génie;
	Mais il n'est pas moins vrai que cet ordre des cieux
	Change selon les temps, comme selon les lieux.
	Rome a reçu des rois ses murs et sa naissance;
	Elle tient des consuls sa gloire et sa puissance;
	Et reçoit maintenant de vos rares bontés,
	Le comble souverain de ses prospérités.
	Sous vous, l'Etat n'est plus en pillage aux armées;
	Les portes de Janus par vos mains sont fermées,
	Ce que sous ses consuls on n'a vu qu'une fois,
	Et qu'a fait voir comme eux le second de ses rois.
MAXIME.	Les changements d'Etat que fait l'ordre céleste
	Ne coûtent point de sang, n'ont rien qui soit funeste.
CINNA.	C'est un ordre des dieux, qui jamais ne se rompt,
	De nous vendre bien cher les grands biens qu'il nous font.
	L'exil des Tarquins même ensanglanta nos terres,
	Et nos premiers consuls nous ont coûté des guerres.
MAXIME.	Donc votre aïeul Pompée au ciel a résisté,
	Quand il a combattu pour notre liberté?
CINNA.	Si le ciel n'eût voulu que Rome l'eût perdue,
	Par les mains de Pompée il l'aurait défendue.
	Il a choisi sa mort pour servir dignement
	D'une marque éternelle à ce grand changement;
	Et devait cette gloire aux mânes d'un tel homme,
	D'emporter avec eux la liberté de Rome.
	Ce nom, depuis longtemps, ne sert qu'à l'éblouir,
	Et sa propre grandeur l'empêche d'en jouir.
	Depuis qu'elle se voit la maîtresse du monde,
	Depuis que la richesse entre ses murs abonde,
	Et que son sein, fécond en glorieux exploits,
	Produit des citoyens plus puissants que des rois,
	Les grands, pour s'affermir achetant les suffrages,
	Tiennent pompeusement leurs maîtres à leurs gages,
	Qui, par des fers dorés se laissant enchaîner,
	Reçoivent d'eux les lois qu'ils pensent leur donner.
	Envieux l'un de l'autre ils mènent tout par brigues,
	Que leur ambition tourne en sanglantes ligues.
	Ainsi de Marius Sylla devint jaloux,
	César de mon aïeul, Marc-Antoine de vous;
	Ainsi la liberté ne peut plus être utile
	Qu'à former les fureurs d'une guerre civile,
	Lorsque, par un désordre à l'univers fatal,

L'un ne veut point de maître, et l'autre point d'égal.
   Seigneur, pour sauver Rome, il faut qu'elle s'unisse
En la main d'un bon chef à qui tout obéisse.
Si vous aimez encore à la favoriser,
Otez-lui les moyens de se plus diviser.
Sylla, quittant la place enfin bien usurpée,
N'a fait qu'ouvrir le champ à César et Pompée,
Que le malheur des temps ne nous eût pas fait voir,
S'il eût dans sa famille assuré son pouvoir.
Qu'a fait du grand César le cruel parricide,
Qu'élever contre vous Antoine avec Lépide,
Qui n'eussent pas détruit Rome par les Romains,
Si César eût laissé l'empire entre vos mains?
Vous la replongerez, en quittant cet empire,
Dans les maux dont à peine encore elle respire;
Et de ce peu, seigneur, qui lui reste de sang
Une guerre nouvelle épuisera son flanc.
   Que l'amour du pays, que la pitié vous touche;
Votre Rome à genoux vous parle par ma bouche.
Considérez le prix que vous avez coûté:
Non pas qu'elle vous croie avoir trop acheté;
Des maux qu'elle a soufferts elle est trop bien payée;
Mais une juste peur tient son âme effrayée.
Si, jaloux de son heur et las de commander,
Vous lui rendez un bien qu'elle ne peut garder,
S'il lui faut à ce prix en acheter un autre,
Si vous ne préférez son intérêt au vôtre,
Si ce funeste don la met au désespoir,
Je n'ose dire ici ce que j'ose prévoir.
Conservez-vous, seigneur, en lui laissant un maître
Sous qui son vrai bonheur commence de renaître;
Et, pour mieux assurer le bien commun de tous,
Donnez un successeur qui soit digne de vous.

AUGUSTE. N'en délibérons plus, cette pitié l'emporte:
Mon repos m'est bien cher, mais Rome est la plus forte,
Et, quelque grand malheur qui m'en puisse arriver,
Je consens à me perdre afin de la sauver.
Pour ma tranquillité mon cœur en vain soupire.
Cinna, par vos conseils je retiendrai l'empire;
Mais je le retiendrai pour vous en faire part.
Je vois trop que vos cœurs n'ont point pour moi de fard,
Et que chacun de vous, dans l'avis qu'il me donne,
Regarde seulement l'Etat et ma personne.
Votre amour en tous deux fait ce combat d'esprits,
Et vous allez tous deux en recevoir le prix.
   Maxime, je vous fais gouverneur de Sicile:
Allez donner mes lois à ce terroir fertile;
Songez que c'est pour moi que vous gouvernerez,

Et que je répondrai de ce que vous ferez.
  Pour épouse, Cinna, je vous donne Émilie;
Vous savez qu'elle tient la place de Julie,
Et que, si nos malheurs et la nécessité
M'ont fait traiter son père avec sévérité,
Mon épargne depuis en sa faveur ouverte
Doit avoir adouci l'aigreur de cette perte.
Voyez-la de ma part, tâchez de la gagner :
Vous n'êtes point pour elle un homme à dédaigner;
De l'offre de vos vœux elle sera ravie.
Adieu; j'en veux porter la nouvelle à Livie.

SCÈNE II.

CINNA, MAXIME.

MAXIME. Quel est votre dessein après ces beaux discours?
CINNA. Le même que j'avais et que j'aurai toujours.
MAXIME. Un chef de conjurés flatte la tyrannie!
CINNA. Un chef de conjurés la veut voir impunie!
MAXIME. Je veux voir Rome libre.
CINNA.   Et vous pouvez juger
Que je veux l'affranchir ensemble et la venger
  Octave aura donc vu ses fureurs assouvies,
Pillé jusqu'aux autels, sacrifié nos vies,
Rempli les champs d'horreur, comblé Rome de morts,
Et sera quitte après pour l'effet d'un remords!
Quand le ciel par nos mains à le punir s'apprête,
Un lâche repentir garantira sa tête!
C'est trop semer d'appas, et c'est trop inviter,
Par son impunité, quelque autre à l'imiter.
Vengeons nos citoyens, et que sa peine étonne
Quiconque après sa mort aspire à la couronne;
Que le peuple aux tyrans ne soit plus exposé :
S'il eût puni Sylla, César eût moins osé.
MAXIME. Mais la mort de César, que vous trouvez si juste,
A servi de prétexte aux cruautés d'Auguste :
Voulant nous affranchir, Brute s'est abusé;
S'il n'eût puni César, Auguste eût moins osé.
CINNA. La faute de Cassie et ses terreurs paniques
Ont fait rentrer l'Etat sous des lois tyranniques;
Mais nous ne verrons point de pareils accidents
Lorsque Rome suivra des chefs moins imprudents.
MAXIME. Nous sommes encor loin de mettre en évidence
Si nous nous conduirons avec plus de prudence :
Cependant c'en est peu que de n'accepter pas
Le bonheur qu'on recherche au péril du trépas.
CINNA. C'en est encor bien moins alors qu'on s'imagine

Guérir un mal si grand sans couper la racine.
Employer la douceur à cette guérison,
C'est, en fermant la plaie, y verser du poison.
MAXIME. Vous la voulez sanglante, et la rendez douteuse.
CINNA. Vous la voulez sans peine, et la rendez honteuse.
MAXIME. Pour sortir de ses fers jamais on ne rougit.
CINNA. On en sort lâchement si la vertu n'agit.
MAXIME. Jamais la liberté ne cesse d'être aimable;
Et c'est toujours pour Rome un bien inestimable.
CINNA. Ce ne peut être un bien qu'elle daigne estimer,
Quand il vient d'une main lasse de l'opprimer.
Elle a le cœur trop bon pour se voir avec joie
Le rebut du tyran dont elle fut la proie;
Et tout ce que la gloire a de vrais partisans
Le hait trop puissamment pour aimer ses présents.
MAXIME. Donc pour vous Emilie est un objet de haine?
CINNA. La recevoir de lui me serait une gêne.
Mais quand j'aurai vengé Rome des maux soufferts,
Je saurai le braver jusque dans les enfers;
Oui, quand par son trépas je l'aurai méritée,
Je veux joindre à sa main ma main ensanglantée,
L'épouser sur sa cendre, et qu'après notre effort
Les présents du tyran soient le prix de sa mort.
MAXIME. Mais l'apparence, ami, que vous puissiez lui plaire,
Teint du sang de celui qu'elle aime comme un père?
Car vous n'êtes pas homme à la violenter.
CINNA. Ami, dans ce palais on peut nous écouter;
Et nous parlons peut-être avec trop d'imprudence
Dans un lieu si mal propre à notre confidence.
Sortons, qu'en sûreté j'examine avec vous
Pour en venir à bout les moyens les plus doux.

ACTE TROISIÈME.

SCÈNE I.

MAXIME, EUPHORBE.

MAXIME. Lui-même il m'a tout dit : leur flamme est mutuelle;
Il adore Emilie, il est adoré d'elle;
Mais sans venger son père il n'y peut aspirer;
Et c'est pour l'acquérir qu'il nous fait conspirer.
EUPHORBE. Je ne m'étonne plus de cette violence
Dont il contraint Auguste à garder sa puissance;
La ligue se romprait s'il s'en était démis,
Et tous vos conjurés deviendraient ses amis.

ACTE III.

MAXIME. Ils servent à l'envi la passion d'un homme
Qui n'agit que pour soi, feignant d'agir pour Rome;
Et moi, par un malheur qui n'eut jamais d'égal,
Je pense servir Rome, et je sers mon rival.
EUPHORBE. Vous êtes son rival?
MAXIME. Oui; j'aime sa maîtresse,
Et l'ai caché toujours avec assez d'adresse.
Mon ardeur inconnue, avant que d'éclater,
Par quelque grand exploit la voulait mériter.
Cependant par mes mains je vois qu'il me l'enlève :
Son dessein fait ma perte, et c'est moi qui l'achève;
J'avance des succès dont j'attends le trépas,
Et pour m'assassiner je lui prête mon bras.
Que l'amitié me plonge en un malheur extrême!
EUPHORBE. L'issue en est aisée : agissez pour vous-même;
D'un dessein qui vous perd rompez le coup fatal;
Gagnez une maîtresse, accusant un rival.
Auguste, à qui par là vous sauverez la vie,
Ne vous pourra jamais refuser Emilie.
MAXIME. Quoi! trahir mon ami!
EUPHORBE. L'amour rend tout permis;
Un véritable amant ne connaît point d'amis;
Et même avec justice on peut trahir un traître
Qui pour une maîtresse ose trahir son maître.
Oubliez l'amitié, comme lui les bienfaits.
MAXIME. C'est un exemple à fuir que celui des forfaits.
EUPHORBE. Contre un si noir dessein tout devient légitime:
On n'est point criminel quand on punit un crime.
MAXIME. Un crime par qui Rome obtient sa liberté!
EUPHORBE. Craignez tout d'un esprit si plein de lâcheté
L'intérêt du pays n'est point ce qui l'engage;
Le sien, et non la gloire, anime son courage;
Il aimerait César s'il n'était amoureux,
Et n'est enfin qu'ingrat, et non pas généreux.
Pensez-vous avoir lu jusqu'au fond de son âme?
Sous la cause publique il vous cachait sa flamme,
Et peut cacher encor sous cette passion
Les détestables feux de son ambition.
Peut-être qu'il prétend, après la mort d'Octave,
Au lieu d'affranchir Rome en faire son esclave;
Qu'il vous compte déjà pour un de ses sujets,
Ou que sur votre perte il fonde ses projets.
MAXIME. Mais comment l'accuser sans nommer tout le reste?
A tous nos conjurés l'avis serait funeste;
Et par là nous verrions indignement trahis
Ceux qu'engage avec nous le seul bien du pays.
D'un si lâche dessein mon âme est incapable;
Il perd trop d'innocents pour punir un coupable :

J'ose tout contre lui, mais je crains tout pour eux.
EUPHORBE. Auguste s'est lassé d'être si rigoureux.
En ces occasions, ennuyé de supplices,
Ayant puni les chefs, il pardonne aux complices.
Si toutefois pour eux vous craignez son courroux,
Quand vous lui parlerez, parlez au nom de tous.
MAXIME. Nous disputons en vain ; et ce n'est que folie
De vouloir par sa perte acquérir Emilie :
Ce n'est pas le moyen de plaire à ses beaux yeux
Que de priver du jour ce qu'elle aime le mieux.
Pour moi, j'estime peu qu'Auguste me la donne :
Je veux gagner son cœur plutôt que sa personne,
Et ne fais point d'état de sa possession,
Si je n'ai point de part à son affection.
Puis-je la mériter par une triple offense?
Je trahis son amant, je détruis sa vengeance,
Je conserve le sang qu'elle veut voir périr;
Et j'aurais quelque espoir qu'elle me pût chérir?
EUPHORBE. C'est ce qu'à dire vrai je vois fort difficile :
L'artifice pourtant vous y peut être utile;
Il en faut trouver un qui la puisse abuser;
Et du reste le temps en pourra disposer.
MAXIME. Mais si pour s'excuser il nomme sa complice,
S'il arrive qu'Auguste avec lui la punisse,
Puis-je lui demander, pour prix de mon rapport,
Celle qui nous oblige à conspirer sa mort?
EUPHORBE. Vous pourriez m'opposer tant et de tels obstacles,
Que pour les surmonter il faudrait des miracles.
J'espère toutefois qu'à force d'y rêver...
MAXIME. Eloigne-toi, dans peu j'irai te retrouver :
Cinna vient; et je veux en tirer quelque chose,
Pour mieux résoudre après ce que je me propose.

SCÈNE II.

CINNA, MAXIME.

MAXIME. Vous me semblez pensif.
CINNA. Ce n'est pas sans sujet.
MAXIME. Puis-je d'un tel chagrin savoir quel est l'objet?
CINNA. Emilie et César. L'un et l'autre me gêne;
L'un me semble trop bon, l'autre trop inhumaine.
Plût aux dieux que César employât mieux ses soins,
Et s'en fit plus aimer, ou m'aimât un peu moins!
Que sa bonté touchât la beauté qui me charme,
Et la pût adoucir comme elle me désarme!
Je sens au fond du cœur mille remords cuisants,
Qui rendent à mes yeux tous ses bienfaits présents.
Cette faveur si pleine et si mal reconnue

ACTE III.

Par un mortel reproche à tous moments me tue :
Il me semble surtout incessamment le voir
Déposer en nos mains son absolu pouvoir,
Ecouter nos avis, m'applaudir et me dire :
« Cinna, par vos conseils je retiendrai l'empire;
» Mais je le retiendrai pour vous en faire part. »
Et je puis dans son sein enfoncer un poignard!
Ah! plutôt.... Mais, hélas! j'idolâtre Emilie;
Un serment exécrable à sa haine me lie;
L'horreur qu'elle a de lui me le rend odieux :
Des deux côtés j'offense et ma gloire et les dieux :
Je deviens sacrilége ou je suis parricide;
Et vers l'un ou vers l'autre il faut être perfide.

MAXIME. Vous n'aviez point tantôt ces agitations;
Vous paraissiez plus ferme en vos intentions;
Vous ne sentiez au cœur ni remords ni reproche.

CINNA. On ne les sent aussi que quand le coup approche;
Et l'on ne reconnaît de semblables forfaits
Que quand la main s'apprête à venir aux effets.
L'âme, de son dessein jusque-là possédée,
S'attache aveuglément à sa première idée :
Mais alors quel esprit n'en devient point troublé?
Ou plutôt quel esprit n'en est point accablé?
Je crois que Brute même, à tel point qu'on le prise,
Voulut plus d'une fois rompre son entreprise;
Qu'avant que de frapper elle lui fit sentir
Plus d'un remords en l'âme et plus d'un repentir.

MAXIME. Il eut trop de vertu pour tant d'inquiétude :
Il ne soupçonna point sa main d'ingratitude;
Et fut contre un tyran d'autant plus animé
Qu'il en reçut de biens et qu'il s'en vit aimé.
Comme vous l'imitez, faites la même chose;
Et formez vos remords d'une plus juste cause,
De vos lâches conseils, qui seuls ont arrêté
Le bonheur renaissant de notre liberté ;
C'est vous seul aujourd'hui qui nous l'avez ôtée :
De la main de César Brute l'eût acceptée,
Et n'eût jamais souffert qu'un intérêt léger
De vengeance ou d'amour l'eût remise en danger.
N'écoutez plus la voix d'un tyran qui vous aime,
Et vous veut faire part de son pouvoir suprême;
Mais entendez crier Rome à votre côté :
« Rends-moi, rends-moi, Cinna, ce que tu m'as ôté;
» Et si tu m'as tantôt préféré ta maîtresse,
» Ne me préfère pas le tyran qui m'oppresse. »

CINNA. Ami, n'accable plus un esprit malheureux
Qui ne forme qu'en lâche un dessein généreux.
Envers nos citoyens je sais quelle est ma faute,
Et leur rendrai bientôt tout ce que je leur ôte :

Mais pardonne aux abois d'une vieille amitié
Qui ne peut expirer sans me faire pitié;
Et laisse-moi, de grâce, attendant Emilie,
Donner un libre cours à ma mélancolie.
Mon chagrin t'importune, et le trouble où je suis
Veut de la solitude à calmer tant d'ennuis.

MAXIME. Vous voulez rendre compte à l'objet qui vous blesse
De la bonté d'Octave et de votre faiblesse :
L'entretien des amants veut un entier secret;
Adieu : je me retire en confident discret.

SCÈNE III.

CINNA.

Donne un plus digne nom au glorieux empire
Du noble sentiment que la vertu m'inspire,
Et que l'honneur oppose au coup précipité
De mon ingratitude et de ma lâcheté :
Mais plutôt continue à le nommer faiblesse,
Puisqu'il devient si faible auprès d'une maîtresse;
Qu'il respecte un amour qu'il devrait étouffer,
Ou que, s'il le combat, il n'ose en triompher.
En ces extrémités quel conseil dois-je prendre?
De quel côté pencher? à quel parti me rendre?
    Qu'une âme généreuse a de peine à faillir!
Quelque fruit que par là j'espère de cueillir,
Les douceurs de l'amour, celles de la vengeance,
La gloire d'affranchir le lieu de ma naissance,
N'ont point assez d'appas pour flatter ma raison,
S'il les faut acquérir par une trahison;
S'il faut percer le flanc d'un prince magnanime
Qui du peu que je suis fait une telle estime,
Qui me comble d'honneurs, qui m'accable de biens,
Qui ne prend pour régner de conseils que les miens.
O coup, ô trahison trop indigne d'un homme!
Dure, dure à jamais l'esclavage de Rome,
Périsse mon amour, périsse mon espoir,
Plutôt que de ma main parte un crime si noir!
Quoi! ne m'offre-t-il pas tout ce que je souhaite,
Et qu'au prix de son sang ma passion achète?
Pour jouir de ses dons faut-il l'assassiner?
Et faut-il lui ravir ce qu'il me veut donner?
    Mais je dépends de vous, ô serment téméraire!
O haine d'Emilie! ô souvenir d'un père!
Ma foi, mon cœur, mon bras, tout vous est engagé,
Et je ne puis plus rien que par votre congé :
C'est à vous à régler ce qu'il faut que je fasse;
C'est à vous, Emilie, à lui donner sa grâce :

Vos seules volontés président à son sort,
Et tiennent en mes mains et sa vie et sa mort.
O dieux, qui comme vous la rendez adorable,
Rendez-la, comme vous, à mes vœux exorable,
Et puisque de ses lois je ne puis m'affranchir,
Faites qu'à mes désirs je la puisse fléchir!
Mais voici de retour cette aimable inhumaine.

SCÈNE IV.

ÉMILIE, CINNA, FULVIE.

ÉMILIE. Grâces aux dieux, Cinna, ma frayeur était vaine;
Aucun de tes amis ne t'a manqué de foi,
Et je n'ai point eu lieu de m'employer pour toi.
Octave, en ma présence, a tout dit à Livie,
Et par cette nouvelle il m'a rendu la vie.

CINNA. Le désavouerez-vous? et du don qu'il me fait
Voudrez-vous retarder le bienheureux effet?

ÉMILIE. L'effet est en ta main.

CINNA. Mais plutôt en la vôtre.

ÉMILIE. Je suis toujours moi-même, et mon cœur n'est point autre :
Me donner à Cinna, c'est ne lui donner rien;
C'est seulement lui faire un présent de son bien.

CINNA. Vous pouvez toutefois... O ciel! l'osé-je dire!

ÉMILIE. Que puis-je? et que crains-tu?

CINNA. Je tremble, je soupire,
Et vois que, si nos cœurs avaient mêmes désirs,
Je n'aurais pas besoin d'expliquer mes soupirs;
Ainsi je suis trop sûr que je vais vous déplaire :
Mais je n'ose parler, et je ne puis me taire.

ÉMILIE. C'est trop me gêner; parle.

CINNA. Il faut vous obéir :
Je vais donc vous déplaire, et vous m'allez haïr.
Je vous aime, Émilie, et le ciel me foudroie
Si cette passion ne fait toute ma joie,
Et si je ne vous aime avec toute l'ardeur
Que peut un digne objet attendre d'un grand cœur!
Mais voyez à quel prix vous me donnez votre âme;
En me rendant heureux vous me rendez infâme :
Cette bonté d'Auguste...

ÉMILIE. Il suffit, je t'entends;
Je vois ton repentir et tes vœux inconstants.
Les faveurs du tyran emportent tes promesses;
Tes feux et tes serments cèdent à ses caresses;
Et ton esprit crédule ose s'imaginer
Qu'Auguste pouvant tout peut aussi me donner;
Tu me veux de sa main plutôt que de la mienne :
Mais ne crois pas qu'ainsi jamais je t'appartienne.

	Il peut faire trembler la terre sous ses pas,
	Mettre un roi hors du trône et donner ses États,
	De ses proscriptions rougir la terre et l'onde,
	Et changer à son gré l'ordre de tout le monde;
	Mais le cœur d'Émilie est hors de son pouvoir.
CINNA.	Aussi n'est-ce qu'à vous que je veux le devoir.
	Je suis toujours moi-même, et ma foi toujours pure :
	La pitié que je sens ne me rend point parjure;
	J'obéis sans réserve à tous vos sentiments,
	Et prends vos intérêts par delà mes serments.
	J'ai pu, vous le savez, sans parjure et sans crime,
	Vous laisser échapper cette illustre victime :
	César, se dépouillant du pouvoir souverain,
	Nous ôtait tout prétexte à lui percer le sein;
	La conjuration s'en allait dissipée,
	Vos desseins avortés, votre haine trompée :
	Moi seul j'ai raffermi son esprit étonné;
	Et pour vous l'immoler ma main l'a couronné.
ÉMILIE.	Pour me l'immoler, traître! Et tu veux que moi-même
	Je retienne ta main, qu'il vive, et que je l'aime,
	Que je sois le butin de qui l'ose épargner,
	Et le prix du conseil qui le force à régner!
CINNA.	Ne me condamnez point quand je vous ai servie :
	Sans moi vous n'auriez plus de pouvoir sur sa vie;
	Et, malgré ses bienfaits, je rends tout à l'amour,
	Quand je veux qu'il périsse, ou vous doive le jour.
	Avec les premiers vœux de mon obéissance,
	Souffrez ce faible effort de ma reconnaissance;
	Que je tâche de vaincre un indigne courroux,
	Et vous donner pour lui l'amour qu'il a pour vous.
	Une âme généreuse, et que la vertu guide,
	Fuit la honte des noms d'ingrate et de perfide;
	Elle en hait l'infamie attachée au bonheur,
	Et n'accepte aucun bien aux dépens de l'honneur.
ÉMILIE.	Je fais gloire, pour moi, de cette ignominie :
	La perfidie est noble envers la tyrannie;
	Et quand on rompt le cours d'un sort si malheureux,
	Les cœurs les plus ingrats sont les plus généreux.
CINNA.	Vous faites des vertus au gré de votre haine.
ÉMILIE.	Je me fais des vertus dignes d'une Romaine.
CINNA.	Un cœur vraiment romain...
ÉMILIE.	Ose tout pour ravir
	Une odieuse vie à qui le fait servir;
	Il fuit plus que la mort la honte d'être esclave.
CINNA.	C'est l'être avec honneur que de l'être d'Octave :
	Et nous voyons souvent des rois à nos genoux
	Implorer la faveur d'esclaves tels que nous.
	Il abaisse à nos pieds l'orgueil des diadèmes;

ACTE III.

Il nous fait souverains sur leurs grandeurs suprêmes;
Il prend d'eux les tributs dont il nous enrichit,
Et leur impose un joug dont il nous affranchit.

ÉMILIE. L'indigne ambition que ton cœur se propose!
Pour être plus qu'un roi, tu te crois quelque chose!
Aux deux bouts de la terre en est-il un si vain
Qu'il prétende égaler un citoyen romain?
Antoine sur sa tête attira notre haine
En se déshonorant par l'amour d'une reine;
Attale, ce grand roi dans la pourpre blanchi,
Qui du peuple romain se nommait l'affranchi,
Quand de toute l'Asie il se fût vu l'arbitre
Eût encor moins prisé son trône que ce titre.
Souviens-toi de ton nom, soutiens sa dignité;
Et, prenant d'un Romain la générosité,
Sache qu'il n'en est point que le ciel n'ait fait naître
Pour commander aux rois et pour vivre sans maître.

CINNA. Le ciel a trop fait voir, en de tels attentats,
Qu'il hait les assassins, et punit les ingrats;
Et quoi qu'on entreprenne, et quoi qu'on exécute,
Quand il élève un trône, il en venge la chute:
Il se met du parti de ceux qu'il fait régner;
Le coup dont on les tue est longtemps à saigner;
Et quand à les punir il a pu se résoudre,
De pareils châtiments n'appartiennent qu'au foudre.

ÉMILIE. Dis que de leur parti toi-même tu te rends,
De te remettre au foudre à punir les tyrans.
Je ne t'en parle plus: va, sers la tyrannie;
Abandonne ton âme à son lâche génie;
Et, pour rendre le calme à ton esprit flottant,
Oublie et ta naissance et le prix qui t'attend.
Sans emprunter ta main pour servir ma colère,
Je saurai bien venger mon pays et mon père.
J'aurais déjà l'honneur d'un si fameux trépas,
Si l'amour jusqu'ici n'eût arrêté mon bras:
C'est lui qui, sous tes lois me tenant asservie,
M'a fait en ta faveur prendre soin de ma vie;
Seule contre un tyran, en le faisant périr,
Par les mains de sa garde il me fallait mourir,
Je t'eusse par ma mort dérobé ta captive;
Et comme pour toi seul l'amour veut que je vive,
J'ai voulu, mais en vain, me conserver pour toi,
Et te donner moyen d'être digne de moi.
Pardonnez-moi, grands dieux, si je me suis trompée
Quand j'ai pensé chérir un neveu de Pompée,
Et si d'un faux semblant mon esprit abusé
A fait choix d'un esclave en son lieu supposé.
Je t'aime toutefois, quel que tu puisses être;

Et si pour me gagner il faut trahir ton maître
Mille autres à l'envi recevraient cette loi
S'ils pouvaient m'acquérir à même prix que toi.
Mais n'appréhende pas qu'un autre ainsi m'obtienne;
Vis pour ton cher tyran, tandis que je meurs tienne :
Mes jours avec les siens se vont précipiter,
Puisque ta lâcheté n'ose me mériter.
Viens me voir, dans son sang et dans le mien baignée,
De ma seule vertu mourir accompagnée,
Et te dire en mourant d'un esprit satisfait :
« N'accuse point mon sort, c'est toi seul qui l'as fait.
» Je descends dans la tombe où tu m'as condamnée,
» Où la gloire me suit qui t'était destinée :
» Je meurs en détruisant un pouvoir absolu ;
» Mais je vivrais à toi si tu l'avais voulu. »

CINNA. Hé bien ! vous le voulez, il faut vous satisfaire,
Il faut affranchir Rome, il faut venger un père,
Il faut sur un tyran porter de justes coups :
Mais apprenez qu'Auguste est moins tyran que vous;
S'il nous ôte à son gré nos biens, nos jours, nos femmes,
Il n'a point jusqu'ici tyrannisé nos âmes;
Mais l'empire inhumain qu'exercent vos beautés
Force jusqu'aux esprits et jusqu'aux volontés.
Vous me faites priser ce qui me déshonore;
Vous me faites haïr ce que mon âme adore;
Vous me faites répandre un sang pour qui je dois
Exposer tout le mien et mille et mille fois;
Vous le voulez, j'y cours, ma parole est donnée :
Mais ma main aussitôt, contre mon sein tournée,
Aux mânes d'un tel prince immolant votre amant,
A mon crime forcé joindra mon châtiment;
Et, par cette action dans l'autre confondue,
Recouvrera ma gloire aussitôt que perdue.
Adieu.

SCÈNE V.
ÉMILIE, FULVIE.

FULVIE. Vous avez mis son âme au désespoir.
ÉMILIE. Qu'il cesse de m'aimer, et suive son devoir.
FULVIE. Il va vous obéir aux dépens de sa vie.
Vous en pleurez ?
ÉMILIE. Hélas ! cours après lui, Fulvie;
Et si ton amitié daigne me secourir,
Arrache-lui du cœur ce dessein de mourir.
Dis-lui...
FULVIE. Qu'en sa faveur vous laissez vivre Auguste?
ÉMILIE. Ah ! c'est faire à ma haine une loi trop injuste.

FULVIE. Et quoi donc?
ÉMILIE.   Qu'il achève, et dégage sa foi;
Et qu'il choisisse après, de la mort ou de moi.

ACTE QUATRIÈME.

SCÈNE I.

AUGUSTE, EUPHORBE, POLYCLÈTE, GARDES.

AUGUSTE. Tout ce que tu me dis, Euphorbe, est incroyable.
EUPHORBE. Seigneur, le récit même en paraît effroyable;
On ne conçoit qu'à peine une telle fureur,
Et la seule pensée en fait frémir d'horreur.
AUGUSTE. Quoi! mes plus chers amis! quoi! Cinna! quoi! Maxime!
Les deux que j'honorais d'une si haute estime,
A qui j'ouvrais mon cœur, et dont j'avais fait choix
Pour les plus importants et plus nobles emplois!
Après qu'entre leurs mains j'ai remis mon empire,
Pour m'arracher le jour l'un et l'autre conspire!
Maxime a vu sa faute, il m'en fait avertir,
Et montre un cœur touché d'un juste repentir.
Mais Cinna!
EUPHORBE.   Cinna seul dans sa rage s'obstine,
Et contre vos bontés d'autant plus se mutine;
Lui seul combat encor les vertueux efforts
Que sur les conjurés fait ce juste remords;
Et, malgré les frayeurs à leurs regrets mêlées,
Il tâche à raffermir leurs âmes ébranlées.
AUGUSTE. Lui seul les encourage, et lui seul les séduit!
O le plus déloyal que la terre ait produit!
O trahison conçue au sein d'une furie!
O trop sensible coup d'une main si chérie!
Cinna, tu me trahis!... Polyclète, écoutez.
        (*Il lui parle à l'oreille.*)
POLYCLÈTE. Tous vos ordres, seigneur, seront exécutés.
AUGUSTE. Qu'Éraste en même temps aille dire à Maxime
Qu'il vienne recevoir le pardon de son crime.

SCÈNE II.

AUGUSTE, EUPHORBE.

EUPHORBE. Il l'a jugé trop grand pour ne pas s'en punir:
A peine du palais il a pu revenir,
Que, les yeux égarés, et le regard farouche,
Le cœur gros de soupirs, les sanglots à la bouche,
Il déteste sa vie, et ce complot maudit,

M'en apprend l'ordre entier tel que je vous l'ai dit;
Et m'ayant commandé que je vous avertisse,
Il ajoute : « Dis-lui que je me fais justice,
» Que je n'ignore point ce que j'ai mérité. »
Puis soudain dans le Tibre il s'est précipité,
Dont l'eau grosse et rapide, et la nuit assez noire,
M'ont dérobé la fin de sa tragique histoire.

AUGUSTE. Sous ce pressant remords il a trop succombé,
Et s'est à mes bontés lui-même dérobé;
Il n'est crime envers moi qu'un repentir n'efface.
Mais, puisqu'il a voulu renoncer à ma grâce,
Allez pourvoir au reste, et faites qu'on ait soin
De tenir en lieu sûr ce fidèle témoin.

SCÈNE III.

AUGUSTE.

Ciel! à qui voulez-vous désormais que je fie
Les secrets de mon âme et le soin de ma vie?
Reprenez le pouvoir que vous m'avez commis,
Si, donnant des sujets, il ôte les amis;
Si tel est le destin des grandeurs souveraines,
Que leurs plus grands bienfaits n'attirent que des haines;
Et si votre rigueur les condamne à chérir
Ceux que vous animez à les faire périr.
Pour elles rien n'est sûr; qui peut tout, doit tout craindre.
    Rentre en toi-même, Octave, et cesse de te plaindre :
Quoi! tu veux qu'on t'épargne, et n'as rien épargné!
Songe aux fleuves de sang où ton bras s'est baigné,
De combien ont rougi les champs de Macédoine,
Combien en a versé la défaite d'Antoine,
Combien celle de Sexte; et revois tout d'un temps
Pérouse au sien noyée, et tous ses habitants :
Remets dans ton esprit, après tant de carnages,
De tes proscriptions les sanglantes images,
Où toi-même, des tiens devenu le bourreau,
Au sein de ton tuteur enfonças le couteau :
Et puis ose accuser le destin d'injustice
Quand tu vois que les tiens s'arment pour ton supplice,
Et que, par ton exemple, à ta perte guidés,
Ils violent des droits que tu n'as pas gardés!
Leur trahison est juste, et le ciel l'autorise :
Quitte ta dignité comme tu l'as acquise;
Rends un sang infidèle à l'infidélité,
Et souffre des ingrats après l'avoir été.
    Mais que mon jugement au besoin m'abandonne!
Quelle fureur, Cinna, m'accuse et te pardonne,
Toi dont la trahison me force à retenir

Ce pouvoir souverain dont tu me veux punir,
Me traite en criminel, et fait seule mon crime,
Relève, pour l'abattre, un trône illégitime,
Et, d'un zèle effronté couvrant son attentat,
S'oppose, pour me perdre, au bonheur de l'État?
Donc jusqu'à l'oublier je pourrais me contraindre!
Tu vivrais en repos après m'avoir fait craindre.
Non, non; je me trahis moi-même d'y penser :
Qui pardonne aisément invite à l'offenser :
Punissons l'assassin, proscrivons les complices.
 Mais quoi! toujours du sang, et toujours des supplices!
Ma cruauté se lasse, et ne peut s'arrêter;
Je veux me faire craindre, et ne fais qu'irriter.
Rome a pour ma ruine une hydre trop fertile,
Une tête coupée en fait renaître mille :
Et le sang répandu de mille conjurés
Rend mes jours plus maudits et non plus assurés.
Octave, n'attends plus le coup d'un nouveau Brute,
Meurs, et dérobe-lui la gloire de ta chute;
Meurs, tu ferais pour vivre un lâche et vain effort,
Si tant de gens de cœur font des vœux pour ta mort,
Et si tout ce que Rome a d'illustre jeunesse
Pour te faire périr tour à tour s'intéresse;
Meurs, puisque c'est un mal que tu ne peux guérir;
Meurs, enfin, puisqu'il faut ou tout perdre, ou mourir;
La vie est peu de chose, et le peu qui t'en reste
Ne vaut pas l'acheter par un prix si funeste :
Meurs; mais quitte du moins la vie avec éclat;
Eteins-en le flambeau dans le sang de l'ingrat;
A toi-même, en mourant, immole ce perfide;
Contentant ses désirs, punis son parricide;
Fais un tourment pour lui de ton propre trépas,
En faisant qu'il le voie, et n'en jouisse pas.
Mais jouissons plutôt nous-même de sa peine;
Et si Rome nous hait, triomphons de sa haine.
 O Romains! ô vengeance! ô pouvoir absolu!
O rigoureux combat d'un cœur irrésolu
Qui fuit en même temps tout ce qu'il se propose!
D'un prince malheureux ordonnez quelque chose!
Qui des deux dois-je suivre, et duquel m'éloigner?
Ou laissez-moi périr, ou laissez-moi régner.

SCÈNE IV.

AUGUSTE, LIVIE.

AUGUSTE. Madame, on me trahit, et la main qui me tue
Rend sous mes déplaisirs ma constance abattue.

Cinna, Cinna le traître...

LIVIE. Euphorbe m'a tout dit,
Seigneur, et j'ai pâli cent fois à ce récit.
Mais écouteriez-vous les conseils d'une femme?

AUGUSTE. Hélas! de quel conseil est capable mon âme?

LIVIE. Votre sévérité, sans produire aucun fruit,
Seigneur, jusqu'à présent a fait beaucoup de bruit.
Par les peines d'un autre aucun ne s'intimide :
Salvidien à bas a soulevé Lépide;
Murène a succédé, Cépion l'a suivi;
Le jour à tous les deux dans les tourments ravi
N'a point mêlé de crainte à la fureur d'Egnace,
Dont Cinna maintenant ose prendre la place;
Et, dans les plus bas rangs, les noms les plus abjects
Ont voulu s'ennoblir par de si hauts projets.
Après avoir en vain puni leur insolence,
Essayez sur Cinna ce que peut la clémence;
Faites son châtiment de sa confusion;
Cherchez le plus utile en cette occasion :
Sa peine peut aigrir une ville animée;
Son pardon peut servir à votre renommée;
Et ceux que vos rigueurs ne font qu'effaroucher
Peut-être à vos bontés se laisseront toucher.

AUGUSTE. Gagnons-les tout à fait en quittant cet empire
Qui nous rend odieux, contre qui l'on conspire.
J'ai trop par vos avis consulté là-dessus;
Ne m'en parlez jamais, je ne consulte plus.
Cesse de soupirer, Rome, pour ta franchise;
Si je t'ai mise aux fers, moi-même je les brise,
Et te rends ton État, après l'avoir conquis,
Plus paisible et plus grand que je ne te l'ai pris.
Si tu me veux haïr, hais-moi sans plus rien feindre;
Si tu me veux aimer, aime-moi sans me craindre :
De tout ce qu'eut Sylla de puissance et d'honneur,
Lassé comme il en fut, j'aspire à son bonheur.

LIVIE. Assez et trop longtemps son exemple vous flatte;
Mais gardez que sur vous le contraire n'éclate.
Ce bonheur sans pareil qui conserva ses jours
Ne serait pas bonheur s'il arrivait toujours.

AUGUSTE. Eh bien! s'il est trop grand, si j'ai tort d'y prétendre,
J'abandonne mon sang à qui voudra l'épandre.
Après un long orage il faut trouver un port;
Et je n'en vois que deux, le repos ou la mort.

LIVIE. Quoi! vous voulez quitter le fruit de tant de peines?

AUGUSTE. Quoi! vous voulez garder l'objet de tant de haines?

LIVIE. Seigneur, vous emporter à cette extrémité,
C'est plutôt désespoir que générosité.

AUGUSTE. Régner et caresser une main si traîtresse,

ACTE IV.

	Au lieu de sa vertu c'est montrer sa faiblesse.
LIVIE.	C'est régner sur vous-même, et, par un noble choix,
	Pratiquer la vertu la plus digne des rois.
AUGUSTE.	Vous m'aviez bien promis des conseils d'une femme;
	Vous me tenez parole; et c'en sont là, madame.
	Après tant d'ennemis à mes pieds abattus,
	Depuis vingt ans je règne, et j'en sais les vertus;
	Je sais leur divers ordre, et de quelle nature
	Sont les devoirs d'un prince en cette conjoncture.
	Tout son peuple est blessé par un tel attentat,
	Et la seule pensée est un crime d'État,
	Une offense qu'on fait à toute sa province,
	Dont il faut qu'il la venge ou cesse d'être prince.
LIVIE.	Donnez moins de croyance à votre passion.
AUGUSTE.	Ayez moins de faiblesse, ou moins d'ambition.
LIVIE.	Ne traitez pas si mal un conseil salutaire.
AUGUSTE.	Le ciel m'inspirera ce qu'ici je dois faire :
	Adieu; nous perdons temps.
LIVIE.	Je ne vous quitte point,
	Seigneur, que mon amour n'ait obtenu ce point.
AUGUSTE.	C'est l'amour des grandeurs qui vous rend importune.
LIVIE.	J'aime votre personne, et non votre fortune.
	(Seule.)
	Il m'échappe : suivons; et forçons-le de voir
	Qu'il peut, en faisant grâce, affermir son pouvoir;
	Et qu'enfin la clémence est la plus belle marque
	Qui fasse à l'univers connaître un vrai monarque.

SCÈNE V.

ÉMILIE, FULVIE.

ÉMILIE.	D'où me vient cette joie? et que mal à propos
	Mon esprit malgré moi goûte un entier repos!
	César mande Cinna, sans me donner d'alarmes!
	Mon cœur est sans soupirs, mes yeux n'ont point de larmes,
	Comme si j'apprenais d'un secret mouvement
	Que tout doit succéder à mon contentement!
	Ai-je bien entendu? me l'as-tu dit, Fulvie?
FULVIE.	J'avais gagné sur lui qu'il aimerait la vie,
	Et je vous l'amenais, plus traitable et plus doux,
	Faire un second effort contre votre courroux;
	Je m'en applaudissais, quand soudain Polyclète,
	Des volontés d'Auguste ordinaire interprète,
	Est venu l'aborder et sans suite et sans bruit,
	Et de sa part sur l'heure au palais l'a conduit.
	Auguste est fort troublé, l'on ignore la cause :
	Chacun diversement soupçonne quelque chose;

Tous présument qu'il ait un grand sujet d'ennui,
Et qu'il mande Cinna pour prendre avis de lui.
Mais ce qui m'embarrasse, et que je viens d'apprendre,
C'est que deux inconnus se sont saisis d'Evandre,
Qu'Euphorbe est arrêté sans qu'on sache pourquoi;
Que même de son maître on dit je ne sais quoi;
On lui veut imputer un désespoir funeste;
On parle d'eaux, de Tibre, et l'on se tait du reste.

ÉMILIE. Que de sujets de craindre et de désespérer,
Sans que mon triste cœur en daigne murmurer!
A chaque occasion le ciel y fait descendre
Un sentiment contraire à celui qu'il doit prendre.
Une vaine frayeur tantôt m'a pu troubler;
Et je suis insensible alors qu'il faut trembler.
Je vous entends, grands dieux; vos bontés que j'adore
Ne peuvent consentir que je me déshonore,
Et, ne me permettant soupirs, sanglots, ni pleurs,
Soutiennent ma vertu contre de tels malheurs :
Vous voulez que je meure avec ce grand courage
Qui m'a fait entreprendre un si fameux ouvrage;
Et je veux bien périr comme vous l'ordonnez,
Et dans la même assiette où vous me retenez.
O liberté de Rome! ô mânes de mon père!
J'ai fait de mon côté tout ce que j'ai pu faire;
Contre votre tyran j'ai ligué ses amis,
Et plus osé pour vous qu'il ne m'était permis.
Si l'effet a manqué, ma gloire n'est pas moindre;
N'ayant pu vous venger, je vous irai rejoindre,
Mais si fumante encor d'un généreux courroux,
Par un trépas si noble et si digne de vous,
Qu'il vous fera sur l'heure aisément reconnaître
Le sang des grands héros dont vous m'avez fait naître.

SCÈNE VI.

MAXIME, ÉMILIE, FULVIE.

ÉMILIE. Mais je vous vois, Maxime, et l'on vous faisait mort!
MAXIME. Euphorbe trompe Auguste avec ce faux rapport;
Se voyant arrêté, la trame découverte,
Il a feint ce trépas pour empêcher ma perte.
ÉMILIE. Que dit-on de Cinna?
MAXIME. Que son plus grand regret,
C'est de voir que César sait tout votre secret.
En vain il le dénie et le veut méconnaître,
Evandre a tout conté pour excuser son maître :
Et par l'ordre d'Auguste on vient vous arrêter.
ÉMILIE. Celui qui l'a reçu tarde à l'exécuter;

ACTE IV.

	Je suis prête à le suivre, et lasse de l'attendre.
MAXIME.	Il vous attend chez moi.
ÉMILIE.	Chez vous !
MAXIME.	C'est vous surprendre

Mais apprenez le soin que le ciel a de vous :
C'est un des conjurés qui va fuir avec nous.
Prenons notre avantage avant qu'on nous poursuive;
Nous avons pour partir un vaisseau sur la rive.

ÉMILIE. Me connais-tu, Maxime? et sais-tu qui je suis?

MAXIME. En faveur de Cinna je fais ce que je puis,
Et tâche à garantir de ce malheur extrême
La plus belle moitié qui reste de lui-même.
Sauvons-nous, Emilie; et conservons le jour,
Afin de le venger par un heureux retour.

ÉMILIE. Cinna dans son malheur est de ceux qu'il faut suivre,
Qu'il ne faut pas venger de peur de leur survivre.
Quiconque après sa perte aspire à se sauver
Est indigne du jour qu'il tâche à conserver.

MAXIME. Quel désespoir aveugle à ces fureurs vous porte?
O dieux! que de faiblesse en une âme si forte!
Ce cœur si généreux rend si peu de combat!
Et du premier revers la fortune l'abat!
Rappelez, rappelez cette vertu sublime;
Ouvrez enfin les yeux, et connaissez Maxime :
C'est un autre Cinna qu'en lui vous regardez;
Le ciel vous rend en lui l'amant que vous perdez;
Et puisque l'amitié n'en faisait plus qu'une âme,
Aimez en cet ami l'objet de votre flamme :
Avec la même ardeur il saura vous chérir,
Que...

ÉMILIE. Tu m'oses aimer, et tu n'oses mourir!
Tu prétends un peu trop : mais, quoi que tu prétendes,
Rends-toi digne du moins de ce que tu demandes;
Cesse de fuir en lâche un glorieux trépas,
Ou de m'offrir un cœur que tu fais voir si bas;
Fais que je porte envie à ta vertu parfaite;
Ne te pouvant aimer, fais que je te regrette;
Montre d'un vrai Romain la dernière vigueur,
Et mérite mes pleurs au défaut de mon cœur.
Quoi! si ton amitié pour Cinna s'intéresse,
Crois-tu qu'elle consiste à flatter sa maîtresse?
Apprends, apprends de moi quel en est le devoir;
Et donne-m'en l'exemple, ou viens le recevoir.

MAXIME. Votre juste douleur est trop impétueuse.

ÉMILIE. La tienne en ta faveur est trop ingénieuse.
Tu me parles déjà d'un bienheureux retour,
Et dans tes déplaisirs tu conçois de l'amour!

MAXIME. Cet amour en naissant est toutefois extrême.

C'est votre amant en vous, c'est mon ami que j'aime,
Et des mêmes ardeurs dont il fut embrasé...
ÉMILIE. Maxime, en voilà trop pour un homme avisé.
Ma perte m'a surprise, et ne m'a point troublée;
Mon noble désespoir ne m'a point aveuglée :
Ma vertu tout entière agit sans s'émouvoir;
Et je vois malgré moi plus que je ne veux voir.
MAXIME. Quoi! vous suis-je suspect de quelque perfidie?
ÉMILIE. Oui, tu l'es, puisqu'enfin tu veux que je le die.
L'ordre de notre fuite est trop bien concerté,
Pour ne te soupçonner d'aucune lâcheté :
Les dieux seraient pour nous prodigues en miracles
S'ils en avaient sans toi levé tous les obstacles.
Fuis sans moi : tes amours sont ici superflus.
MAXIME. Ah! vous m'en dites trop.
ÉMILIE.   J'en présume encor plus.
Ne crains pas toutefois que j'éclate en injures,
Mais n'espère non plus m'éblouir de parjures.
Si c'est te faire tort que de m'en défier,
Viens mourir avec moi pour te justifier.
MAXIME. Vivez, belle Emilie, et souffrez qu'un esclave...
ÉMILIE. Je ne t'écoute plus qu'en présence d'Octave.
Allons, Fulvie, allons.

SCÈNE VII.

MAXIME.

          Désespéré, confus,
Et digne, s'il se peut, d'un plus cruel refus,
Que résous-tu, Maxime? et quel est le supplice
Que ta vertu prépare à ton vain artifice?
Aucune illusion ne te doit plus flatter;
Emilie en mourant va tout faire éclater.
Sur un même échafaud la perte de sa vie
Etalera sa gloire et ton ignominie,
Et sa mort va laisser à la postérité
L'infâme souvenir de ta déloyauté.
Un même jour t'a vu, par une fausse adresse,
Trahir ton souverain, ton ami, ta maîtresse,
Sans que de tant de droits en un jour violés,
Sans que de deux amants au tyran immolés,
Il te reste aucun fruit que la honte et la rage
Qu'un remords inutile allume en ton courage.
Euphorbe, c'est l'effet de tes lâches conseils!
Mais que peut-on attendre enfin de tes pareils?
Jamais un affranchi n'est qu'un esclave infâme;
Bien qu'il change d'état, il ne change point d'âme;

La tienne, encor servile, avec la liberté
N'a pu prendre un rayon de générosité.
Tu m'as fait relever une injuste puissance;
Tu m'as fait démentir l'honneur de ma naissance :
Mon cœur te résistait, et tu l'as combattu
Jusqu'à ce que ta fourbe ait souillé sa vertu :
Il m'en coûte la vie, il m'en coûte la gloire;
Et j'ai tout mérité pour t'avoir voulu croire.
Mais les dieux permettront à mes ressentiments
De te sacrifier aux yeux des deux amants;
Et j'ose m'assurer qu'en dépit de mon crime
Mon sang leur servira d'assez pure victime,
Si dans le tien mon bras justement irrité
Peut laver le forfait de t'avoir écouté.

ACTE CINQUIÈME.

SCÈNE I.

AUGUSTE, CINNA.

AUGUSTE. Prends un siége, Cinna, prends; et, sur toute chose,
Observe exactement la loi que je t'impose :
Prête, sans me troubler, l'oreille à mes discours;
D'aucun mot, d'aucun cri, n'en interromps le cours;
Tiens ta langue captive; et si ce grand silence
A ton émotion fait quelque violence,
Tu pourras me répondre, après, tout à loisir.
Sur ce point seulement contente mon désir.

CINNA. Je vous obéirai, seigneur.

AUGUSTE. Qu'il te souvienne
De garder ta parole; et je tiendrai la mienne.
Tu vois le jour, Cinna; mais ceux dont tu le tiens
Furent les ennemis de mon père, et les miens :
Au milieu de leur camp tu reçus la naissance;
Et lorsqu'après leur mort tu vins en ma puissance,
Leur haine, enracinée au milieu de ton sein,
T'avait mis contre moi les armes à la main.
Tu fus mon ennemi même avant que de naître,
Et tu le fus encor quand tu me pus connaître;
Et l'inclination jamais n'a démenti
Ce sang qui t'avait fait du contraire parti :
Autant que tu l'as pu, les effets l'ont suivie.
Je ne m'en suis vengé qu'en te donnant la vie :
Je te fis prisonnier pour te combler de biens;
Ma cour fut ta prison, mes faveurs tes liens.

Je te restituai d'abord ton patrimoine ;
Je t'enrichis après des dépouilles d'Antoine ;
Et tu sais que depuis à chaque occasion
Je suis tombé pour toi dans la profusion.
Toutes les dignités que tu m'as demandées,
Je te les ai sur l'heure et sans peine accordées ;
Je t'ai préféré même à ceux dont les parents
Ont jadis dans mon camp tenu les premiers rangs,
A ceux qui de leur sang m'ont acheté l'empire,
Et qui m'ont conservé le jour que je respire :
De la façon enfin qu'avec toi j'ai vécu,
Les vainqueurs sont jaloux du bonheur du vaincu.
Quand le ciel me voulut, en rappelant Mécène,
Après tant de faveurs montrer un peu de haine,
Je te donnai sa place en ce triste accident,
Et te fis après lui mon plus cher confident.
Aujourd'hui même encor, mon âme irrésolue
Me pressant de quitter ma puissance absolue,
De Maxime et de toi j'ai pris les seuls avis,
Et ce sont malgré lui les tiens que j'ai suivis.
Bien plus, ce même jour, je te donne Emilie,
Le digne objet des vœux de toute l'Italie,
Et qu'ont mise si haut mon amour et mes soins,
Qu'en te couronnant roi je t'aurais donné moins.
Tu t'en souviens, Cinna ; tant d'heur et tant de gloire
Ne peuvent pas sitôt sortir de ta mémoire ;
Mais, ce qu'on ne pourrait jamais s'imaginer,
Cinna, tu t'en souviens, et veux m'assassiner.

CINNA. Moi, seigneur ! moi, que j'eusse une âme si traîtresse !
Qu'un si lâche dessein...

AUGUSTE.   Tu tiens mal ta promesse :
Sieds-toi, je n'ai pas dit encor ce que je veux :
Tu te justifieras après, si tu le peux.
Ecoute cependant, et tiens mieux ta parole.
    Tu veux m'assassiner demain au Capitole,
Pendant le sacrifice ; et ta main, pour signal,
Me doit, au lieu d'encens, donner le coup fatal.
La moitié de tes gens doit occuper la porte,
L'autre moitié te suivre et te prêter main-forte.
Ai-je de bons avis, ou de mauvais soupçons ?
De tous ces meurtriers te dirai-je les noms ?
Procule, Glabrion, Virginian, Rutile,
Marcel, Plaute, Lénas, Pompone, Albin, Icile,
Maxime, qu'après toi j'avais le plus aimé :
Le reste ne vaut pas l'honneur d'être nommé ;
Un tas d'hommes perdus de dettes et de crimes,
Que pressent de mes lois les ordres légitimes ;
Et qui, désespérant de les plus éviter,

Si tout n'est renversé ne sauraient subsister.
Tu te tais maintenant, et gardes le silence
Plus par confusion que par obéissance.
Quel était ton dessein, et que prétendais-tu,
Après m'avoir au temple à tes pieds abattu?
Affranchir ton pays d'un pouvoir monarchique?
Si j'ai bien entendu tantôt ta politique,
Son salut désormais dépend d'un souverain
Qui, pour tout conserver, tienne tout en sa main :
Et si sa liberté te faisait entreprendre,
Tu ne m'eusses jamais empêché de la rendre;
Tu l'aurais acceptée au nom de tout l'État,
Sans vouloir l'acquérir par un assassinat.
Quel était donc ton but? d'y régner à ma place?
D'un étrange malheur son destin le menace,
Si, pour monter au trône et lui donner la loi,
Tu ne trouves dans Rome autre obstacle que moi;
Si jusques à ce point son sort est déplorable,
Que tu sois après moi le plus considérable,
Et que ce grand fardeau de l'empire romain
Ne puisse après ma mort tomber mieux qu'en ta main.
Apprends à te connaître, et descends en toi-même :
On t'honore dans Rome, on te courtise, on t'aime :
Chacun tremble sous toi, chacun t'offre des vœux,
Ta fortune est bien haut, tu peux ce que tu veux;
Mais tu ferais pitié, même à ceux qu'elle irrite,
Si je t'abandonnais à ton peu de mérite.
Ose me démentir, dis-moi ce que tu vaux;
Compte-moi tes vertus, tes glorieux travaux,
Les rares qualités par où tu m'as dû plaire,
Et tout ce qui t'élève au-dessus du vulgaire.
Ma faveur fait ta gloire, et ton pouvoir en vient;
Elle seule t'élève, et seule te soutient;
C'est elle qu'on adore, et non pas ta personne;
Tu n'as crédit ni rang qu'autant qu'elle t'en donne;
Et, pour te faire choir, je n'aurais aujourd'hui
Qu'à retirer la main qui seule est ton appui.
J'aime mieux toutefois céder à ton envie;
Règne, si tu le peux, aux dépens de ma vie.
Mais oses-tu penser que les Serviliens,
Les Cosses, les Métels, les Pauls, les Fabiens,
Et tant d'autres enfin de qui les grands courages
Des héros de leur sang sont les vives images,
Quittent le noble orgueil d'un sang si généreux
Jusqu'à pouvoir souffrir que tu règnes sur eux?
Parle, parle, il est temps.

CINNA.
                    Je demeure stupide;
Non que votre colère ou la mort m'intimide;

Je vois qu'on m'a trahi; vous m'y voyez rêver;
Et j'en cherche l'auteur sans le pouvoir trouver;
Mais c'est trop y tenir toute l'âme occupée.
Seigneur, je suis Romain, et du sang de Pompée :
Le père et les deux fils, lâchement égorgés,
Par la mort de César étaient trop peu vengés :
C'est là d'un beau dessein l'illustre et seule cause;
Et puisqu'à vos rigueurs la trahison m'expose,
N'attendez point de moi d'infâmes repentirs,
D'inutiles regrets, ni de honteux soupirs.
Le sort vous est propice autant qu'il m'est contraire :
Je sais ce que j'ai fait, et ce qu'il vous faut faire;
Vous devez un exemple à la postérité,
Et mon trépas importe à votre sûreté.

AUGUSTE. Tu me braves, Cinna; tu fais le magnanime;
Et, loin de t'excuser, tu couronnes ton crime :
Voyons si ta constance ira jusques au bout.
Tu sais ce qui t'est dû, tu vois que je sais tout;
Fais ton arrêt toi-même, et choisis tes supplices.

SCÈNE II.

AUGUSTE, LIVIE, CINNA, ÉMILIE, FULVIE.

LIVIE. Vous ne connaissez pas encor tous les complices;
Votre Emilie en est, seigneur, et la voici.
CINNA. C'est elle-même, ô dieux!
AUGUSTE. Et toi, ma fille, aussi!
ÉMILIE. Oui, tout ce qu'il a fait, il l'a fait pour me plaire;
Et j'en étais, seigneur, la cause et le salaire.
AUGUSTE. Quoi! l'amour qu'en ton cœur j'ai fait naître aujourd'hui
T'emporte-t-il déjà jusqu'à mourir pour lui?
Ton âme à ses transports un peu trop s'abandonne,
Et c'est trop tôt aimer l'amant que je te donne.
ÉMILIE. Cet amour qui m'expose à vos ressentiments
N'est point le prompt effet de vos commandements :
Ces flammes dans nos cœurs sans votre ordre étaient nées;
Et ce sont des secrets de plus de quatre années.
Mais, quoique je l'aimasse et qu'il brûlât pour moi,
Une haine plus forte à tous deux fit la loi :
Je ne voulus jamais lui donner d'espérance
Qu'il ne m'eût de mon père assuré la vengeance;
Je la lui fis jurer : il chercha des amis.
Le ciel rompt le succès que je m'étais promis;
Et je vous viens, seigneur, offrir une victime,
Non pour sauver sa vie en me chargeant du crime,
Son trépas est trop juste après son attentat,
Et toute excuse est vaine en un crime d'Etat :
Mourir en sa présence, et rejoindre mon père,

C'est tout ce qui m'amène, et tout ce que j'espère.
AUGUSTE. Jusques à quand, ô ciel, et par quelle raison
Prendrez-vous contre moi des traits dans ma maison?
Pour ses débordements j'en ai chassé Julie;
Mon amour en sa place a fait choix d'Emilie,
Et je la vois comme elle indigne de ce rang.
L'une m'ôtait l'honneur, l'autre a soif de mon sang;
Et prenant toutes deux leurs passions pour guide,
L'une fut impudique, et l'autre est parricide.
O ma fille! est-ce là le prix de mes bienfaits?
ÉMILIE. Ceux de mon père en vous firent mêmes effets.
AUGUSTE. Songe avec quel amour j'élevai ta jeunesse.
ÉMILIE. Il éleva la vôtre avec même tendresse;
Il fut votre tuteur, et vous son assassin;
Et vous m'avez au crime enseigné le chemin.
Le mien d'avec le vôtre en ce point seul diffère,
Que votre ambition s'est immolé mon père;
Et qu'un juste courroux dont je me sens brûler
A son sang innocent voulait vous immoler.
LIVIE. C'en est trop, Emilie; arrête, et considère
Qu'il t'a trop bien payé les bienfaits de ton père.
Sa mort, dont la mémoire allume ta fureur,
Fut un crime d'Octave et non de l'empereur.
Tous ces crimes d'Etat qu'on fait pour la couronne,
Le ciel nous en absout alors qu'il nous la donne;
Et, dans le sacré rang où sa faveur l'a mis,
Le passé devient juste et l'avenir permis.
Qui peut y parvenir ne peut être coupable;
Quoi qu'il ait fait, ou fasse, il est inviolable :
Nous lui devons nos biens, nos jours sont en sa main,
Et jamais on n'a droit sur ceux du souverain.
ÉMILIE. Aussi, dans le discours que vous venez d'entendre,
Je parlais pour l'aigrir, et non pour me défendre.
Punissez donc, seigneur, ces criminels appas
Qui de vos favoris font d'illustres ingrats.
Tranchez mes tristes jours pour assurer les vôtres :
Si j'ai séduit Cinna, j'en séduirai bien d'autres;
Et je suis plus à craindre, et vous plus en danger,
Si j'ai l'amour ensemble et le sang à venger.
CINNA. Que vous m'ayez séduit, et que je souffre encore
D'être déshonoré par celle que j'adore!
Seigneur, la vérité doit ici s'exprimer :
J'avais fait ce dessein avant que de l'aimer.
A mes plus saints désirs la trouvant inflexible,
Je crus qu'à d'autres soins elle serait sensible;
Je parlai de son père et de votre rigueur,
Et l'offre de mon bras suivit celle du cœur.
Que la vengeance est douce à l'esprit d'une femme!

Je l'attaquai par là, par là je pris son âme.
Dans mon peu de mérite elle me négligeait
Et ne put négliger le bras qui la vengeait.
Elle n'a conspiré que par mon artifice ;
J'en suis le seul auteur, elle n'est que complice.

ÉMILIE. Cinna, qu'oses-tu dire ? Est-ce là me chérir,
Que de m'ôter l'honneur quand il me faut mourir ?
CINNA. Mourez ; mais en mourant ne souillez point ma gloire.
ÉMILIE. La mienne se flétrit si César te veut croire.
CINNA. Et la mienne se perd, si vous tirez à vous
Toute celle qui suit de si généreux coups.
ÉMILIE. Hé bien ! prends-en ta part, et me laisse la mienne ;
Ce serait l'affaiblir que d'affaiblir la tienne :
La gloire et le plaisir, la honte et les tourments,
Tout doit être commun entre de vrais amants.
Nos deux âmes, seigneur, sont deux âmes romaines :
Unissant nos désirs, nous unîmes nos haines.
De nos parents perdus le vif ressentiment
Nous apprit nos devoirs en un même moment ;
En ce noble dessein nos cœurs se rencontrèrent,
Nos esprits généreux ensemble le formèrent,
Ensemble nous cherchons l'honneur d'un beau trépas :
Vous vouliez nous unir, ne nous séparez pas.
AUGUSTE. Oui, je vous unirai, couple ingrat et perfide,
Et plus mon ennemi qu'Antoine ni Lépide,
Oui, je vous unirai, puisque vous le voulez :
Il faut bien satisfaire aux feux dont vous brûlez ;
Et que tout l'univers, sachant ce qui m'anime,
S'étonne du supplice aussi bien que du crime...
Mais enfin le ciel m'aime, et ses bienfaits nouveaux
Ont arraché Maxime à la fureur des eaux.

SCÈNE III.

AUGUSTE, LIVIE, CINNA, MAXIME, ÉMILIE, FULVIE.

AUGUSTE. Approche, seul ami que j'éprouve fidèle.
MAXIME. Honorez moins, seigneur, une âme criminelle.
AUGUSTE. Ne parlons plus de crime après ton repentir,
Après que du péril tu m'as su garantir :
C'est à toi que je dois et le jour et l'empire.
MAXIME. De tous vos ennemis connaissez mieux le pire :
Si vous régnez encor, seigneur, si vous vivez,
C'est ma jalouse rage à qui vous le devez.
Un vertueux remords n'a point touché mon âme ;
Pour perdre mon rival j'ai découvert sa trame ;
Euphorbe vous a feint que je m'étais noyé,

De crainte qu'après moi vous n'eussiez envoyé.
Je voulais avoir lieu d'abuser Emilie,
Effrayer son esprit, la tirer d'Italie;
Et pensais la résoudre à cet enlèvement
Sous l'espoir du retour pour venger son amant.
Mais, au lieu de goûter ces grossières amorces,
Sa vertu combattue a redoublé ses forces :
Elle a lu dans mon cœur. Vous savez le surplus,
Et je vous en ferais des récits superflus;
Vous voyez le succès de mon lâche artifice.
Si pourtant quelque grâce est due à mon indice,
A vos bontés, seigneur, j'en demanderai deux,
Le supplice d'Euphorbe, et ma mort à leurs yeux.
J'ai trahi mon ami, ma maîtresse, mon maître,
Ma gloire, mon pays, par l'avis de ce traître;
Et croirai toutefois mon bonheur infini,
Si je puis m'en punir après l'avoir puni.

AUGUSTE. En est-ce assez, ô ciel! et le sort pour me nuire
A-t-il quelqu'un des miens qu'il veuille encor séduire?
Qu'il joigne à ses efforts le secours des enfers,
Je suis maître de moi comme de l'univers;
Je le suis, je veux l'être. O siècles! ô mémoire!
Conservez à jamais ma dernière victoire :
Je triomphe aujourd'hui du plus juste courroux
De qui le souvenir puisse aller jusqu'à vous.
    Soyons amis, Cinna; c'est moi qui t'en convie :
Comme à mon ennemi je t'ai donné la vie;
Et, malgré la fureur de ton lâche dessein,
Je te la donne encor comme à mon assassin.
Commençons un combat qui montre par l'issue
Qui l'aura mieux de nous ou donnée, ou reçue.
Tu trahis mes bienfaits, je les veux redoubler;
Je t'en avais comblé, je t'en veux accabler :
Avec cette beauté que je t'avais donnée,
Reçois le consulat pour la prochaine année.
    Aime Cinna, ma fille, en cet illustre rang;
Préfères-en la pourpre à celle de mon sang;
Apprends sur mon exemple à vaincre ta colère :
Te rendant un époux, je te rends plus qu'un père.

ÉMILIE. Et je me rends, seigneur, à ces hautes bontés;
Je recouvre la vue auprès de leurs clartés :
Je connais mon forfait, qui me semblait justice;
Et, ce que n'avait pu la terreur du supplice,
Je sens naître en mon âme un repentir puissant :
Et mon cœur en secret me dit qu'il y consent.
    Le ciel a résolu votre grandeur suprême;
Et pour preuve, seigneur, je n'en veux que moi-même.
J'ose avec vanité me donner cet éclat,

Puisqu'il change mon cœur, qu'il veut changer l'Etat.
Ma haine va mourir, que j'ai crue immortelle;
Elle est morte; et ce cœur devient sujet fidèle;
Et prenant désormais cette haine en horreur,
L'ardeur de vous servir succède à sa fureur.

CINNA. Seigneur, que vous dirai-je après que nos offenses
Au lieu de châtiments trouvent des récompenses?
O vertu sans exemple! ô clémence, qui rend
Votre pouvoir plus juste, et mon crime plus grand!

AUGUSTE. Cesse d'en retarder un oubli magnanime;
Et tous deux avec moi faites grâce à Maxime.
Il nous a trahis tous; mais ce qu'il a commis
Vous conserve innocents, et me rend mes amis.
(A Maxime.)
Reprends auprès de moi ta place accoutumée;
Rentre dans ton crédit et dans ta renommée.
Qu'Euphorbe de tous trois ait sa grâce à son tour;
Et que demain l'hymen couronne leur amour.
Si tu l'aimes encor, ce sera ton supplice.

MAXIME. Je n'en murmure point, il a trop de justice;
Et je suis plus confus, seigneur, de vos bontés,
Que je ne suis jaloux du bien que vous m'ôtez.

CINNA. Souffrez que ma vertu dans mon cœur rappelée
Vous consacre une foi lâchement violée,
Mais si ferme à présent, si loin de chanceler,
Que la chute du ciel ne pourrait l'ébranler.
Puisse le grand moteur des belles destinées
Pour prolonger vos jours retrancher nos années,
Et moi, par un bonheur dont chacun soit jaloux,
Perdre pour vous cent fois ce que je tiens de vous?

LIVIE. Ce n'est pas tout, seigneur; une céleste flamme
D'un rayon prophétique illumine mon âme.
Oyez ce que les dieux vous font savoir par moi:
De votre heureux destin c'est l'immuable loi.
Après cette action vous n'avez rien à craindre:
On portera le joug désormais sans se plaindre;
Et les plus indomptés, renversant leurs projets,
Mettront toute leur gloire à mourir vos sujets.
Aucun lâche dessein, aucune ingrate envie
N'attaquera le cours d'une si belle vie;
Jamais plus d'assassins, ni de conspirateurs:
Vous avez trouvé l'art d'être maître des cœurs.
Rome avec une joie et sensible et profonde
Se démet en vos mains de l'empire du monde:
Vos royales vertus lui vont trop enseigner
Que son bonheur consiste à vous faire régner.
D'une si longue erreur pleinement affranchie,
Elle n'a plus de vœux que pour la monarchie,

ACTE V.

Vous prépare déjà des temples, des autels,
Et le ciel une place entre les immortels;
Et la postérité, dans toutes les provinces,
Donnera votre exemple aux plus généreux princes.

AUGUSTE. J'en accepte l'augure, et j'ose l'espérer.
Ainsi toujours les dieux vous daignent inspirer!
Qu'on redouble demain les heureux sacrifices
Que nous leur offrirons sous de meilleurs auspices;
Et que vos conjurés entendent publier
Qu'Auguste a tout appris et veut tout oublier.

EXAMEN DE CINNA.

Ce poëme a tant d'illustres suffrages qui lui donnent le premier rang parmi les miens, que je me ferais trop d'importants ennemis si j'en disais du mal : je ne le suis pas assez de moi-même pour chercher des défauts où ils n'en ont point voulu voir, et accuser le jugement qu'ils en ont fait, pour obscurcir la gloire qu'ils m'en ont donnée. Cette approbation si forte et si générale vient sans doute de ce que la vraisemblance s'y trouve si heureusement conservée aux endroits où la vérité lui manque, qu'il n'a jamais besoin de recourir au nécessaire. Rien n'y contredit l'histoire, bien que beaucoup de choses y soient ajoutées; rien n'y est violenté par les incommodités de la représentation, ni par l'unité de jour, ni par celle de lieu.

Il est vrai qu'il s'y rencontre une duplicité de lieu particulier. La moitié de la pièce se passe chez Emilie, et l'autre dans le cabinet d'Auguste. J'aurais été ridicule si j'avais prétendu que cet empereur délibérât avec Maxime et Cinna s'il quitterait l'empire ou non, précisément dans la même place où ce dernier vient de rendre compte à Emilie de la conspiration qu'il a formée contre lui. C'est ce qui m'a fait rompre la liaison des scènes au quatrième acte, n'ayant pu me résoudre à faire que Maxime vînt donner l'alarme à Emilie de la conjuration découverte, au lieu même où Auguste en venait de recevoir l'avis par son ordre, et dont il ne faisait que de sortir avec tant d'inquiétude et d'irrésolution. C'eût été une imprudence extraordinaire, et tout à fait hors du vraisemblable, de se présenter dans son cabinet un moment après qu'il lui avait fait révéler le secret de cette entreprise dont il était un des chefs, et porter la nouvelle de sa fausse mort. Bien loin de pouvoir surprendre Emilie par la peur de se voir arrêtée, c'eût été se faire arrêter lui-même, et se précipiter dans un obstacle invincible au dessein qu'il voulait exécuter. Emilie ne parle donc pas où parle Auguste, à la réserve du cinquième acte; mais cela n'empêche pas qu'à considérer tout le poëme ensemble, il n'ait son unité de lieu, puisque tout s'y peut passer, non-seulement dans Rome ou dans un quartier de Rome, mais dans le seul palais d'Auguste, pourvu que vous y vouliez donner un appartement à Emilie qui soit éloigné du sien.

Le compte que Cinna lui rend de sa conspiration justifie ce que j'ai dit ailleurs, que, pour faire souffrir une narration ornée, il faut que celui qui la fait et celui qui l'écoute aient l'esprit assez tranquille et s'y plaisent assez pour lui prêter toute la patience qui lui est nécessaire. Emilie a de la joie d'apprendre de la bouche de son amant avec quelle chaleur il a suivi ses intentions, et Cinna n'en a pas moins de lui pouvoir donner de si belles espérances de l'effet qu'elle en souhaite : c'est pourquoi, quelque longue que soit cette narration sans interruption aucune, elle n'ennuie point. Les ornements de rhétorique dont j'ai tâché de l'enrichir ne la font point condamner de trop d'artifices, et la diversité de ses figures ne fait point regretter le temps que j'y perds : mais si j'avais attendu, à la commencer, qu'Evandre eût troublé ces deux amants par la nouvelle qu'il leur apporte, Cinna eût été obligé de s'en taire ou de la conclure en six vers, et Emilie n'en eût pu supporter davantage.

Comme les vers de ma tragédie d'*Horace* ont quelque chose de plus net et de moins guindé pour les pensées que ceux du *Cid*, on peut dire que ceux de cette pièce ont quelque chose de plus achevé que ceux d'*Horace*, et qu'enfin la facilité de concevoir le sujet, qui n'est ni trop chargé d'incidents, ni trop embarrassé des récits de ce qui s'est passé avant le commencement de la pièce, est une des causes sans doute de la grande approbation qu'elle a reçue. L'auditeur aime à s'abandonner à l'action présente, et n'être point obligé, pour l'intelligence de ce qu'il voit, de réfléchir sur ce qu'il a déjà vu, et de fixer sa mémoire sur les premiers actes, cependant que les derniers sont devant ses yeux. C'est l'incommodité des pièces embarrassées, qu'en termes de l'art on nomme *implexes*, par un mot tiré du latin, telles que sont *Rodogune* et *Héraclius*. Elle ne se rencontre pas dans les simples; mais comme celles-là ont sans doute besoin de plus d'esprit pour les imaginer, et de plus d'art pour les conduire, celles-ci n'ayant pas le même secours du côté du sujet, demandent plus de force de vers, de raisonnement, et de sentiment, pour les soutenir.

FIN DE CINNA.

POLYEUCTE,

TRAGÉDIE EN CINQ ACTES.

NOTICE.

C'est dans l'immense collection de légendes recueillies en six volumes in-folio par Laurent Surius, chartreux de Lubeck, que se trouve l'histoire de saint Polyeucte. Ce martyr, converti par son ami Néarque, périt le 9 janvier 250, sous l'empire de Décius. Félix, son beau-père, gouverneur d'Arménie, après avoir inutilement tenté de le ramener au paganisme, le condamna à la décapitation.

Corneille, avant de livrer sa pièce au théâtre, la lut chez madame de Rambouillet, où se rassemblaient tous les beaux esprits contemporains. La tragédie fut déclarée, à l'unanimité, indigne de l'auteur, et Voiture fut député auprès de lui pour l'engager à la garder en portefeuille. Les comédiens de l'hôtel de Bourgogne étaient du même avis. L'un d'eux, auquel on avait remis la pièce manuscrite, la jeta sur le baldaquin de son lit, où elle fut oubliée; un domestique, qui nettoyait l'appartement, la retrouva par hasard au bout de dix-huit mois.

Malgré ces condamnations anticipées, *Polyeucte*, représenté en 1640, excita une vive admiration. « L'extrême beauté du rôle de Sévère, a dit Voltaire, la situation piquante de Pauline, sa scène admirable avec Sévère au quatrième acte, assurent à cette pièce un succès éternel. Non-seulement elle enseigne la vertu la plus pure, mais la dévotion et la perfection du christianisme. Dacier dans ses remarques sur la *Poétique* d'Aristote, prétend que Polyeucte n'est pas propre au théâtre, parce que ce personnage n'excite ni la pitié ni la crainte, il attribue tout le succès à Sévère et à Pauline. Cette opinion est assez générale, mais il faut avouer aussi qu'il y a de très-beaux traits dans le rôle de Polyeucte, et qu'il a fallu un très-grand génie pour manier un sujet si difficile. »

Polyeucte contribua puissamment à concilier aux plaisirs des spectacles bon nombre de personnes qu'en éloignaient des scrupules religieux. On peut aussi présumer que cette tragédie fut une des causes déterminantes de l'édit de Louis XIII du 16 avril 1641, qui amnistiait les comédiens, si peu considérés jusqu'alors. On y lisait : « En cas que lesdits comédiens règlent tellement les actions du théâtre, qu'elles soient du tout exemptes d'impuretés, nous voulons que leur exercice, qui peut innocemment divertir nos peuples de diverses occupations mauvaises, ne puisse leur être imputé à blâme, ni préjudicier à leur réputation dans le commerce public. »

Sévère disait dans la dernière scène du quatrième acte :

> Peut-être qu'après tout ces croyances publiques
> Ne sont qu'inventions de sages politiques,
> Pour contenir le peuple, ou bien pour l'émouvoir,
> Et dessus sa faiblesse affermir leur pouvoir.

Ces vers parurent trop hardis, et Corneille, admonesté par ses amis, prit le parti de les supprimer.

On a remarqué que dans les stances débitées par Polyeucte, acte IV, scène II, il y avait deux vers empruntés à une ode d'Antoine Godeau, évêque de Grasse :

> Tel on voit le destin funeste
> Des ministres ambitieux,
> Que souvent le courroux céleste
> Donne aux monarques vicieux.
> Leurs paroles sont des oracles,
> Tandis que par de faux miracles
> Ils tiennent leur siècle enchanté :
> Mais leur gloire tombe par terre;
> Et comme elle a l'éclat du verre,
> Elle en a la fragilité.

ÉMILE DE LA BÉDOLLIÈRE.

PERSONNAGES.

FÉLIX, sénateur romain, gouverneur d'Arménie.
POLYEUCTE, seigneur arménien, gendre de Félix.
SÉVÈRE, chevalier romain, favori de l'empereur Décie.
NÉARQUE, seigneur arménien, ami de Polyeucte.
PAULINE, fille de Félix et femme de Polyeucte.
STRATONICE, confidente de Pauline.
ALBIN, confident de Félix.
FABIAN, domestique de Sévère.
CLÉON, domestique de Félix.
TROIS GARDES.

La scène est à Mélitène, capitale d'Arménie, dans le palais de Félix.

POLYEUCTE.

ACTE PREMIER.

SCÈNE I.

POLYEUCTE, NÉARQUE.

NÉARQUE. Quoi! vous vous arrêtez aux songes d'une femme!
De si faibles sujets troublent cette grande âme!
Et ce cœur tant de fois dans la guerre éprouvé
S'alarme d'un péril qu'une femme a rêvé!
POLYEUCTE. Je sais ce qu'est un songe, et le peu de croyance
Qu'un homme doit donner à son extravagance,
Qui d'un amas confus des vapeurs de la nuit
Forme de vains objets que le réveil détruit.
Mais vous ne savez pas ce que c'est qu'une femme;
Vous ignorez quels droits elle a sur toute l'âme,
Quand, après un long temps qu'elle a su nous charmer,
Les flambeaux de l'hymen viennent de s'allumer.
Pauline, sans raison dans la douleur plongée,
Craint et croit déjà voir ma mort qu'elle a songée;
Elle oppose ses pleurs au dessein que je fais,
Et tâche à m'empêcher de sortir du palais.
Je méprise sa crainte, et je cède à ses larmes;
Elle me fait pitié sans me donner d'alarmes;
Et mon cœur, attendri sans être intimidé,
N'ose déplaire aux yeux dont il est possédé.
L'occasion, Néarque, est-elle si pressante
Qu'il faille être insensible aux soupirs d'une amante?
Remettons ce dessein qui l'accable d'ennui;
Nous le pourrons demain aussi bien qu'aujourd'hui.
NÉARQUE. Avez-vous cependant une pleine assurance
D'avoir assez de vie ou de persévérance?
Et Dieu, qui tient votre âme et vos jours dans sa main,
Promet-il à vos vœux de le pouvoir demain?
Il est toujours tout juste et tout bon; mais sa grâce
Ne descend pas toujours avec même efficace :
Après certains moments que perdent nos longueurs,
Elle quitte ces traits qui pénètrent les cœurs;
Le nôtre s'endurcit, la repousse, l'égare;
Le bras qui la versait en devient plus avare;

Et cette sainte ardeur qui doit porter au bien
Tombe plus rarement, ou n'opère plus rien :
Celle qui vous pressait de courir au baptême,
Languissante déjà, cesse d'être la même;
Et, pour quelques soupirs qu'on vous a fait ouïr,
Sa flamme se dissipe et va s'évanouir.

POLYEUCTE. Vous me connaissez mal : la même ardeur me brûle,
Et le désir s'accroît quand l'effet se recule.
Ces pleurs que je regarde avec un œil d'époux
Me laissent dans le cœur aussi chrétien que vous;
Mais, pour en recevoir le sacré caractère,
Qui lave nos forfaits dans une eau salutaire,
Et qui, purgeant notre âme et dessillant nos yeux,
Nous rend le premier droit que nous avions aux cieux;
Bien que je le préfère aux grandeurs d'un empire,
Comme le bien suprême et le seul où j'aspire,
Je crois, pour satisfaire un juste et saint amour,
Pouvoir un peu remettre et différer d'un jour.

NÉARQUE. Ainsi du genre humain l'ennemi vous abuse;
Ce qu'il ne peut de force, il l'entreprend de ruse.
Jaloux des bons desseins qu'il tâche d'ébranler,
Quand il ne les peut rompre il pousse à reculer :
D'obstacle sur obstacle il va troubler le vôtre,
Aujourd'hui par des pleurs, chaque jour par quelque autre;
Et ce songe rempli de noires visions
N'est que le coup d'essai de ses illusions.
Il met tout en usage, et prière et menace;
Il attaque toujours, et jamais ne se lasse;
Il croit pouvoir enfin ce qu'encore il n'a pu,
Et que ce qu'on diffère est à demi rompu.
Rompez ces premiers coups, laissez pleurer Pauline;
Dieu ne veut point d'un cœur où le monde domine,
Qui regarde en arrière, et, douteux en son choix,
Lorsque sa voix l'appelle écoute une autre voix.

POLYEUCTE. Pour se donner à lui faut-il n'aimer personne?

NÉARQUE. Nous pouvons tout aimer, il le souffre, il l'ordonne;
Mais, à vous dire tout, ce seigneur des seigneurs
Veut le premier amour et les premiers honneurs.
Comme rien n'est égal à sa grandeur suprême,
Il faut ne rien aimer qu'après lui, qu'en lui-même;
Négliger, pour lui plaire, et femme, et biens, et rang,
Exposer pour sa gloire et verser tout son sang.
Mais que vous êtes loin de cette ardeur parfaite,
Qui vous est nécessaire et que je vous souhaite!
Je ne puis vous parler que les larmes aux yeux.
Polyeucte, aujourd'hui qu'on nous hait en tous lieux,
Qu'on croit servir l'Etat quand on nous persécute,
Qu'aux plus âpres tourments un chrétien est en butte,

Comment en pourrez-vous surmonter les douleurs,
Si vous ne pouvez pas résister à des pleurs?
POLYEUCTE. Vous ne m'étonnez point; la pitié qui me blesse
Sied bien aux plus grands cœurs, et n'a point de faiblesse.
Sur mes pareils, Néarque, un bel œil est bien fort.
Tel craint de le fâcher qui ne craint pas la mort :
Et s'il faut affronter les plus cruels supplices,
Y trouver des appas, en faire mes délices,
Votre Dieu, que je n'ose encor nommer le mien,
M'en donnera la force en me faisant chrétien.
NÉARQUE. Hâtez-vous donc de l'être.
POLYEUCTE.   Oui, j'y cours, cher Néarque :
Je brûle d'en porter la glorieuse marque :
Mais Pauline s'afflige, et ne peut consentir,
Tant ce songe la trouble, à me laisser sortir.
NÉARQUE. Votre retour pour elle en aura plus de charmes :
Dans une heure au plus tard vous essuierez ses larmes;
Et l'heur de vous revoir lui semblera plus doux,
Plus elle aura pleuré pour un si cher époux.
Allons, on nous attend.
POLYEUCTE.   Apaisez donc sa crainte,
Et calmez la douleur dont son âme est atteinte.
Elle revient.
NÉARQUE.   Fuyez.
POLYEUCTE.   Je ne puis.
NÉARQUE.   Il le faut.
Fuyez un ennemi qui sait votre défaut,
Qui le trouve aisément, qui blesse par la vue,
Et dont le coup mortel vous plaît quand il vous tue.
POLYEUCTE. Fuyons, puisqu'il le faut.

SCÈNE II.

POLYEUCTE, NÉARQUE, PAULINE, STRATONICE.

POLYEUCTE.   Adieu, Pauline, adieu;
Dans une heure au plus tard je reviens en ce lieu.
PAULINE. Quel sujet si pressant à sortir vous convie?
Y va-t-il de l'honneur? y va-t-il de la vie?
POLYEUCTE. Il y va de bien plus.
PAULINE.   Quel est donc ce secret?
POLYEUCTE. Vous le saurez un jour. Je vous quitte à regret;
Mais enfin il le faut.
PAULINE.   Vous m'aimez?
POLYEUCTE.   Je vous aime,
Le ciel m'en soit témoin, cent fois plus que moi-même.
Mais...
PAULINE.   Mais mon déplaisir ne vous peut émouvoir!

Vous avez des secrets que je ne puis savoir!
Quelle preuve d'amour! Au nom de l'hyménée,
Donnez à mes soupirs cette seule journée.

POLYEUCTE. Un songe vous fait peur!

PAULINE. Ses présages sont vains,
Je le sais : mais enfin je vous aime, et je crains.

POLYEUCTE. Ne craignez rien de mal pour une heure d'absence.
Adieu : vos pleurs sur moi prennent trop de puissance;
Je sens déjà mon cœur prêt à se révolter;
Et ce n'est qu'en fuyant que j'y puis résister.

SCÈNE III.

PAULINE, STRATONICE.

PAULINE. Va, néglige mes pleurs, cours, et te précipite
Au-devant de la mort que les dieux m'ont prédite;
Suis cet agent fatal de tes mauvais destins,
Qui peut-être te livre aux mains des assassins.
Tu vois, ma Stratonice, en quel siècle nous sommes :
Voilà notre pouvoir sur les esprits des hommes,
Voilà ce qui nous reste, et l'ordinaire effet
De l'amour qu'on nous offre et des vœux qu'on nous fait!
Tant qu'ils ne sont qu'amants nous sommes souveraines,
Et jusqu'à la conquête ils nous traitent de reines;
Mais après l'hyménée ils sont rois à leur tour.

STRATONICE. Polyeucte pour vous ne manque point d'amour.
S'il ne vous traite ici d'entière confidence,
S'il part malgré vos pleurs, c'est un trait de prudence.
Sans vous en affliger, présumez avec moi
Qu'il est plus à propos qu'il vous cèle pourquoi :
Assurez-vous sur lui qu'il en a juste cause.
Il est bon qu'un mari nous cache quelque chose,
Qu'il soit quelquefois libre, et ne s'abaisse pas
A nous rendre toujours compte de tous ses pas.
On n'a tous deux qu'un cœur qui sent mêmes traverses;
Mais ce cœur a pourtant ses fonctions diverses :
Et la loi de l'hymen qui vous tient assemblés
N'ordonne pas qu'il tremble alors que vous tremblez.
Ce qui fait vos frayeurs ne peut le mettre en peine :
Il est Arménien, et vous êtes Romaine;
Et vous pouvez savoir que nos deux nations
N'ont pas sur ce sujet mêmes impressions :
Un songe en notre esprit passe pour ridicule;
Il ne nous laisse espoir, ni crainte, ni scrupule;
Mais il passe dans Rome avec autorité
Pour fidèle miroir de la fatalité.

PAULINE. Quelque peu de crédit que chez vous il obtienne,

Je crois que ta frayeur égalerait la mienne
Si de telles horreurs t'avaient frappé l'esprit,
Si je t'en avais fait seulement le récit.

STRATONICE. A raconter ses maux souvent on les soulage.

PAULINE. Ecoute : mais il faut te dire davantage,
Et que, pour mieux comprendre un si triste discours,
Tu saches ma faiblesse et mes autres amours.
Une femme d'honneur peut avouer sans honte
Ces surprises des sens que la raison surmonte :
Ce n'est qu'en ces assauts qu'éclate la vertu ;
Et l'on doute d'un cœur qui n'a point combattu.
Dans Rome, où je naquis, ce malheureux visage
D'un chevalier romain captiva le courage ;
Il s'appelait Sévère. Excuse les soupirs
Qu'arrache encore un nom trop cher à mes désirs.

STRATONICE. Est-ce lui qui naguère, aux dépens de sa vie,
Sauva des ennemis votre empereur Décie,
Qui leur tira mourant la victoire des mains,
Et fit tourner le sort des Perses aux Romains ;
Lui qu'entre tant de morts immolés à son maître
On ne put rencontrer ou du moins reconnaître ;
A qui Décie enfin pour des exploits si beaux
Fit si pompeusement dresser de vains tombeaux ?

PAULINE. Hélas! c'était lui-même ; et jamais notre Rome
N'a produit plus grand cœur ni vu plus honnête homme.
Puisque tu le connais, je ne t'en dirai rien :
Je l'aimai, Stratonice ; il le méritait bien.
Mais que sert le mérite où manque la fortune ?
L'un était grand en lui, l'autre faible et commune :
Trop invincible obstacle, et dont trop rarement
Triomphe auprès d'un père un vertueux amant!

STRATONICE. La digne occasion d'une rare constance!

PAULINE. Dis plutôt d'une indigne et folle résistance.
Quelque fruit qu'une fille en puisse recueillir,
Ce n'est une vertu que pour qui veut faillir.
Parmi ce grand amour que j'avais pour Sévère,
J'attendais un époux de la main de mon père,
Toujours prête à le prendre ; et jamais ma raison
N'avoua de mes yeux l'aimable trahison.
Il possédait mon cœur, mes désirs, ma pensée ;
Je ne lui cachais point combien j'étais blessée ;
Nous soupirions ensemble et pleurions nos malheurs :
Mais au lieu d'espérance il n'avait que des pleurs ;
Et, malgré des soupirs si doux, si favorables,
Mon père et mon devoir étaient inexorables.
Enfin je quittai Rome et ce parfait amant,
Pour suivre ici mon père en son gouvernement ;
Et lui désespéré s'en alla dans l'armée

Chercher d'un beau trépas l'illustre renommée.
Le reste, tu le sais. Mon abord en ces lieux
Me fit voir Polyeucte, et je plus à ses yeux :
Et comme il est ici le chef de la noblesse,
Mon père fut ravi qu'il me prît pour maîtresse,
Et par son alliance il se crut assuré
D'être plus redoutable et plus considéré;
Il approuva sa flamme, et conclut l'hyménée.
Et moi, comme à son lit je me vis destinée,
Je donnai par devoir à son affection
Tout ce que l'autre avait par inclination.
Si tu peux en douter, juge-le par la crainte
Dont en ce triste jour tu me vois l'âme atteinte.

STRATONICE. Elle fait assez voir à quel point vous l'aimez.
Mais quel songe après tout tient vos sens alarmés?

PAULINE. Je l'ai vu cette nuit, ce malheureux Sévère,
La vengeance à la main, l'œil ardent de colère :
Il n'était point couvert de ces tristes lambeaux
Qu'une ombre désolée emporte des tombeaux;
Il n'était point percé de ces coups pleins de gloire
Qui retranchant sa vie assurent sa mémoire;
Il semblait triomphant, et tel que sur son char
Victorieux dans Rome entre notre César.
Après un peu d'effroi que m'a donné sa vue :
« Porte à qui tu voudras la faveur qui m'est due,
» Ingrate, m'a-t-il dit; et, ce jour expiré,
» Pleure à loisir l'époux que tu m'as préféré. »
A ces mots j'ai frémi, mon âme s'est troublée.
Ensuite, des chrétiens une impie assemblée,
Pour avancer l'effet de ce discours fatal,
A jeté Polyeucte aux pieds de son rival.
Soudain à son secours j'ai réclamé mon père.
Hélas! c'est de tout point ce qui me désespère!
J'ai vu mon père même, un poignard à la main,
Entrer le bras levé pour lui percer le sein.
Là ma douleur trop forte a brouillé ces images;
Le sang de Polyeucte a satisfait leurs rages :
Je ne sais ni comment ni quand ils l'ont tué,
Mais je sais qu'à sa mort tous ont contribué.
Voilà quel est mon songe.

STRATONICE. Il est vrai qu'il est triste;
Mais il faut que votre âme à ces frayeurs résiste.
La vision de soi peut faire quelque horreur,
Mais non pas vous donner une juste terreur.
Pouvez-vous craindre un mort? pouvez-vous craindre un père
Qui chérit votre époux, que votre époux révère,
Et dont le juste choix vous a donnée à lui
Pour s'en faire en ces lieux un ferme et sûr appui?

ACTE I. 215

PAULINE. Il m'en a dit autant, et rit de mes alarmes :
Mais je crains des chrétiens les complots et les charmes,
Et que sur mon époux leur troupeau ramassé
Ne venge tant de sang que mon père a versé.
STRATONICE. Leur secte est insensée, impie et sacrilége,
Et dans son sacrifice use de sortilége :
Mais sa fureur ne va qu'à briser nos autels;
Elle n'en veut qu'aux dieux, et non pas aux mortels.
Quelque sévérité que sur eux on déploie,
Ils souffrent sans murmure, et meurent avec joie;
Et depuis qu'on les traite en criminels d'Etat,
On ne peut les charger d'aucun assassinat.
PAULINE. Tais-toi, mon père vient.

SCÈNE IV.

FÉLIX, ALBIN, PAULINE, STRATONICE.

FÉLIX. Ma fille, que ton songe
En d'étranges frayeurs ainsi que toi me plonge!
Que j'en crains les effets, qui semblent s'approcher!
PAULINE. Quelle subite alarme ainsi vous peut toucher?
FÉLIX. Sévère n'est point mort.
PAULINE. Quel mal nous fait sa vie?
FÉLIX. Il est le favori de l'empereur Décie.
PAULINE. Après l'avoir sauvé des mains des ennemis,
L'espoir d'un si haut rang lui devenait permis.
Le destin aux grands cœurs si souvent mal propice
Se résout quelquefois à leur faire justice.
FÉLIX. Il vient ici lui-même.
PAULINE. Il vient!
FÉLIX. Tu le vas voir.
PAULINE. C'en est trop; mais comment le pouvez-vous savoir?
FÉLIX. Albin l'a rencontré dans la proche campagne.
Un gros de courtisans en foule l'accompagne,
Et montre assez quel est son rang et son crédit.
Mais, Albin, redis-lui ce que ses gens t'ont dit.
ALBIN. Vous savez quelle fut cette grande journée
Que sa perte pour nous rendit si fortunée,
Où l'empereur captif par sa main dégagé
Rassura son parti déjà découragé,
Tandis que sa vertu succomba sous le nombre :
Vous savez les honneurs qu'on fit faire à son ombre,
Après qu'entre les morts on ne le put trouver :
Le roi de Perse aussi l'avait fait enlever.
Témoin de ses hauts faits et de son grand courage,
Ce monarque en voulut connaître le visage;
On le mit dans sa tente, où, tout percé de coups,

Tout mort qu'il paraissait, il fit mille jaloux.
Là bientôt il montra quelque signe de vie :
Ce prince généreux en eut l'âme ravie;
Et sa joie, en dépit de son dernier malheur,
Du bras qui le causait honora la valeur.
Il en fit prendre soin, la cure en fut secrète;
Et comme au bout d'un mois sa santé fut parfaite,
Il offrit dignités, alliance, trésors,
Et pour gagner Sévère il fit cent vains efforts.
Après avoir comblé ses refus de louange,
Il envoie à Décie en proposer l'échange;
Et soudain l'empereur, transporté de plaisir,
Offre au Perse son frère et cent chefs à choisir.
Ainsi revint au camp le valeureux Sévère
De sa haute vertu recevoir le salaire :
La faveur de Décie en fut le digne prix.
De nouveau l'on combat, et nous sommes surpris :
Ce malheur toutefois sert à croître sa gloire;
Lui seul rétablit l'ordre et gagne la victoire,
Mais si belle, et si pleine, et par tant de beaux faits,
Qu'on nous offre tribut, et nous faisons la paix.
L'empereur, qui lui montre une amour infinie,
Après ce grand succès l'envoie en Arménie.
Il vient en apporter la nouvelle en ces lieux,
Et par un sacrifice en rendre hommage aux dieux.

FÉLIX. O ciel! en quel état ma fortune est réduite!
ALBIN. Voilà ce que j'ai su d'un homme de sa suite;
Et j'ai couru, seigneur, pour vous y disposer.
FÉLIX. Ah! sans doute, ma fille, il vient pour t'épouser.
L'ordre d'un sacrifice est pour lui peu de chose;
C'est un prétexte faux, dont l'amour est la cause.
PAULINE. Cela pourrait bien être, il m'aimait chèrement.
FÉLIX. Que ne permettra-t-il à son ressentiment!
Et jusques à quel point ne porte sa vengeance
Une juste colère avec tant de puissance!
Il nous perdra, ma fille!
PAULINE. Il est trop généreux.
FÉLIX. Tu veux flatter en vain un père malheureux;
Il nous perdra, ma fille! Ah! regret qui me tue
De n'avoir pas aimé la vertu toute nue!
Ah! Pauline, en effet, tu m'as trop obéi.
Ton courage était bon, ton devoir l'a trahi.
Que ta rébellion m'eût été favorable!
Qu'elle m'eût garanti d'un état déplorable!
Si quelque espoir me reste, il n'est plus aujourd'hui
Qu'en l'absolu pouvoir qu'il te donnait sur lui.
Ménage en ma faveur l'amour qui le possède,
Et d'où provient mon mal fais sortir le remède.

PAULINE. Moi! moi, que je revoie un si puissant vainqueur,
Et m'expose à des yeux qui me percent le cœur!
Mon père, je suis femme, et je sais ma faiblesse;
Je sens déjà mon cœur qui pour lui s'intéresse,
Et poussera sans doute, en dépit de ma foi,
Quelque soupir indigne et de vous et de moi
Je ne le verrai point.
FÉLIX. Rassure un peu ton âme.
PAULINE. Il est toujours aimable, et je suis toujours femme.
Dans le pouvoir sur moi que ses regards ont eu,
Je n'ose m'assurer de toute ma vertu;
Je ne le verrai point.
FÉLIX. Il faut le voir, ma fille;
Ou tu trahis ton père et toute ta famille.
PAULINE. C'est à moi d'obéir, puisque vous commandez :
Mais voyez les périls où vous me hasardez.
FÉLIX. Ta vertu m'est connue.
PAULINE. Elle vaincra, sans doute :
Ce n'est pas le succès que mon âme redoute;
Je crains ce dur combat et ces troubles puissants
Que fait déjà chez moi la révolte des sens.
Mais, puisqu'il faut combattre un ennemi que j'aime,
Souffrez que je me puisse armer contre moi-même,
Et qu'un peu de loisir me prépare à le voir.
FÉLIX. Jusqu'au-devant des murs je vais le recevoir.
Rappelle cependant tes forces étonnées,
Et songe qu'en tes mains tu tiens nos destinées.
PAULINE. Oui : je vais de nouveau dompter mes sentiments,
Pour servir de victime à vos commandements.

ACTE DEUXIÈME.

SCÈNE I.

SÉVÈRE, FABIAN.

SÉVÈRE. Cependant que Félix donne ordre au sacrifice,
Pourrai-je prendre un temps à mes vœux si propice?
Pourrai-je voir Pauline, et rendre à ses beaux yeux
L'hommage souverain que l'on va rendre aux dieux?
Je ne t'ai point celé que c'est ce qui m'amène :
Le reste est un prétexte à soulager ma peine :
Je viens sacrifier; mais c'est à ses beautés
Que je viens immoler toutes mes volontés.
FABIAN. Vous la verrez, seigneur.
SÉVÈRE. Ah! quel comble de joie?

Cette chère beauté consent que je la voie?
Mais ai-je sur son âme encor quelque pouvoir?
Quelque reste d'amour s'y fait-il encor voir?
Quel trouble, quel transport lui cause ma venue?
Puis-je tout espérer de cette heureuse vue?
Car je voudrais mourir plutôt que d'abuser
Des lettres de faveur que j'ai pour l'épouser;
Elles sont pour Félix, non pour triompher d'elle :
Jamais à ses désirs mon cœur ne fut rebelle;
Et si mon mauvais sort avait changé le sien,
Je me vaincrais moi-même, et ne prétendrais rien.

FABIAN. Vous la verrez, c'est tout ce que je vous puis dire.
SÉVÈRE. D'où vient que tu frémis et que ton cœur soupire?
Ne m'aime-t-elle plus? éclaircis-moi ce point.
FABIAN. M'en croirez-vous, seigneur? Ne la revoyez point;
Portez en lieu plus haut l'honneur de vos caresses.
Vous trouverez à Rome assez d'autres maîtresses;
Et, dans ce haut degré de puissance et d'honneur,
Les plus grands y tiendront votre amour à bonheur.
SÉVÈRE. Qu'à des pensers si bas mon âme se ravale!
Que je tienne Pauline à mon sort inégale!
Elle en a mieux usé, je la dois imiter :
Je n'aime mon bonheur que pour le mériter.
Voyons-la, Fabian; ton discours m'importune :
Allons mettre à ses pieds cette haute fortune;
Je l'ai dans les combats trouvée heureusement
En cherchant une mort digne de son amant.
Ainsi ce rang est sien, cette faveur est sienne,
Et je n'ai rien enfin que d'elle je ne tienne.
FABIAN. Non; mais encore un coup ne la revoyez point.
SÉVÈRE. Ah! c'en est trop; enfin éclaircis-moi ce point :
As-tu vu des froideurs quand tu l'en as priée?
FABIAN. Je tremble à vous le dire; elle est...
SÉVÈRE. Quoi?
FABIAN. Mariée.
SÉVÈRE. Soutiens-moi, Fabian; ce coup de foudre est grand,
Et frappe d'autant plus que plus il me surprend.
FABIAN. Seigneur, qu'est devenu ce généreux courage?
SÉVÈRE. La constance est ici d'un difficile usage.
De pareils déplaisirs accablent un grand cœur;
La vertu la plus mâle en perd toute vigueur;
Et quand d'un feu si beau les âmes sont éprises,
La mort les trouble moins que de telles surprises.
Je ne suis plus à moi quand j'entends ce discours.
Pauline est mariée!
FABIAN. Oui, depuis quinze jours.
Polyeucte, un seigneur des premiers d'Arménie,
Goûte de son hymen la douceur infinie.

ACTE II.

SÉVÈRE. Je ne la puis du moins blâmer d'un mauvais choix,
Polyeucte a du nom et sort du sang des rois.
Faibles soulagements d'un malheur sans remède!
Pauline, je verrai qu'un autre vous possède!
　　O ciel, qui malgré moi me renvoyez au jour;
O sort, qui redonniez l'espoir à mon amour;
Reprenez la faveur que vous m'avez prêtée,
Et rendez-moi la mort que vous m'avez ôtée!
　　Voyons-la toutefois, et, dans ce triste lieu,
Achevons de mourir en lui disant adieu.
Que mon cœur, chez les morts emportant son image,
De son dernier soupir puisse lui faire hommage.

FABIAN. Seigneur, considérez...

SÉVÈRE. 　　　　　　　　Tout est considéré.
Quel désordre peut craindre un cœur désespéré?
N'y consent-elle pas?

FABIAN. 　　　　　　Oui, seigneur; mais...

SÉVÈRE. 　　　　　　　　　　　　　　N'importe.

FABIAN. Cette vive douleur en deviendra plus forte.

SÉVÈRE. Et ce n'est pas un mal que je veuille guérir.
Je ne veux que la voir, soupirer et mourir.

FABIAN. Vous vous échapperez sans doute en sa présence.
Un amant qui perd tout n'a plus de complaisance:
Dans un tel entretien il suit sa passion,
Et ne pousse qu'injure et qu'imprécation.

SÉVÈRE. Juge autrement de moi: mon respect dure encore:
Tout violent qu'il est, mon désespoir l'adore.
Quels reproches aussi peuvent m'être permis?
De quoi puis-je accuser qui ne m'a rien promis?
Elle n'est point parjure, elle n'est point légère;
Son devoir m'a trahi, mon malheur et son père;
Mais son devoir fut juste, et son père eut raison;
J'impute à mon malheur toute la trahison.
Un peu moins de fortune, et plus tôt arrivée,
Eût gagné l'un par l'autre, et me l'eût conservée:
Trop heureux, mais trop tard, je n'ai pu l'acquérir,
Laisse-la-moi donc voir, soupirer et mourir.

FABIAN. Oui, je vais l'assurer qu'en ce malheur extrême
Vous êtes assez fort pour vous vaincre vous-même.
Elle a craint comme moi ces premiers mouvements
Qu'une perte imprévue arrache aux vrais amants,
Et dont la violence excite assez de trouble,
Sans que l'objet présent l'irrite et le redouble.

SÉVÈRE. Fabian, je la vois!

FABIAN. 　　　　　　　Seigneur, souvenez-vous...

SÉVÈRE. Hélas! elle aime un autre! un autre est son époux!

SCÈNE II.

SÉVÈRE, PAULINE, STRATONICE, FABIAN.

PAULINE. Oui, je l'aime, Sévère, et n'en fais point d'excuse.
Que tout autre que moi vous flatte et vous abuse;
Pauline a l'âme noble, et parle à cœur ouvert.
Le bruit de votre mort n'est point ce qui vous perd.
Si le ciel en mon choix eût mis mon hyménée,
A vos seules vertus je me serais donnée;
Et toute la rigueur de votre premier sort
Contre votre mérite eût fait un vain effort.
Je découvrais en vous d'assez illustres marques,
Pour vous préférer même aux plus heureux monarques :
Mais puisque mon devoir m'imposait d'autres lois,
De quelque amant pour moi que mon père eût fait choix,
Quand à ce grand pouvoir que la valeur vous donne
Vous auriez ajouté l'éclat d'une couronne,
Quand je vous aurais vu, quand je l'aurais haï,
J'en aurais soupiré, mais j'aurais obéi,
Et sur mes passions ma raison souveraine
Eût blâmé mes soupirs et dissipé ma haine.

SÉVÈRE. Que vous êtes heureuse! et qu'un peu de soupirs
Fait un aisé remède à tous vos déplaisirs!
Ainsi, de vos désirs toujours reine absolue,
Les plus grands changements vous trouvent résolue;
De la plus forte ardeur vous portez vos esprits
Jusqu'à l'indifférence, et peut-être au mépris :
Et votre fermeté fait succéder sans peine
La faveur au dédain et l'amour à la haine.
Qu'un peu de votre humeur ou de votre vertu,
Soulagerait les maux de ce cœur abattu!
Un soupir, une larme à regret épandue,
M'aurait déjà guéri de vous avoir perdue.
Ma raison pourrait tout sur l'amour affaibli,
Et de l'indifférence irait jusqu'à l'oubli;
Et, mon feu désormais se réglant sur le vôtre,
Je me tiendrais heureux entre les bras d'une autre.
O trop aimable objet qui m'avez trop charmé,
Est-ce là comme on aime? et m'avez-vous aimé?

PAULINE. Je vous l'ai trop fait voir, seigneur; et si mon âme
Pouvait bien étouffer les restes de sa flamme,
Dieux! que j'éviterais de rigoureux tourments!
Ma raison, il est vrai, dompte mes sentiments;
Mais, quelque autorité que sur eux elle ait prise,
Elle n'y règne pas, elle les tyrannise;
Et, quoique le dehors soit sans émotion,
Le dedans n'est que trouble et que sédition.

Un je ne sais quel charme encor vers vous m'emporte :
Votre mérite est grand, si ma raison est forte.
Je le vois encor tel qu'il alluma mes feux,
D'autant plus puissamment solliciter mes vœux
Qu'il est environné de puissance et de gloire,
Qu'en tous lieux après vous il traîne la victoire,
Que j'en sais mieux le prix, et qu'il n'a point déçu
Le généreux espoir que j'en avais conçu.
Mais ce même devoir qui le vainquit dans Rome,
Et qui me range ici dessous les lois d'un homme,
Repousse encor si bien l'effort de tant d'appas,
Qu'il déchire mon âme et ne l'ébranle pas.
C'est cette vertu même à nos désirs cruelle
Que vous louiez alors en blasphémant contre elle.
Plaignez-vous-en encor : mais louez sa rigueur
Qui triomphe à la fois de vous et de mon cœur;
Et voyez qu'un devoir moins ferme et moins sincère
N'aurait pas mérité l'amour du grand Sévère.

SÉVÈRE. Ah! madame, excusez une aveugle douleur
Qui ne connaît plus rien que l'excès du malheur :
Je nommais inconstance et prenais pour un crime
De ce juste devoir l'effort le plus sublime.
De grâce, montrez moins à mes sens désolés
La grandeur de ma perte, et ce que vous valez;
Et, cachant par pitié cette vertu si rare
Qui redouble mes feux lorsqu'elle nous sépare,
Faites voir des défauts qui puissent à leur tour
Affaiblir ma douleur avecque mon amour.

PAULINE. Hélas! cette vertu, quoiqu'enfin invincible,
Ne laisse que trop voir une âme trop sensible.
Ces pleurs en sont témoins, et ces lâches soupirs
Qu'arrachent de nos feux les cruels souvenirs :
Trop rigoureux effets d'une aimable présence
Contre qui mon devoir a trop peu de défense!
Mais si vous estimez ce vertueux devoir,
Conservez-m'en la gloire, et cessez de me voir.
Épargnez-moi des pleurs qui coulent à ma honte;
Épargnez-moi des feux qu'à regret je surmonte;
Enfin épargnez-moi ces tristes entretiens,
Qui ne font qu'irriter vos tourments et les miens.

SÉVÈRE. Que je me prive ainsi du seul bien qui me reste!
PAULINE. Sauvez-vous d'une vue à tous les deux funeste.
SÉVÈRE. Quel prix de mon amour! quel fruit de mes travaux!
PAULINE. C'est le remède seul qui peut guérir nos maux.
SÉVÈRE. Je veux mourir des miens; aimez-en la mémoire.
PAULINE. Je veux guérir des miens; ils souilleraient ma gloire.
SÉVÈRE. Ah! puisque votre gloire en prononce l'arrêt,
Il faut que ma douleur cède à son intérêt.

Est-il rien que sur moi cette gloire n'obtienne ?
Elle me rend les soins que je dois à la mienne.
Adieu : je vais chercher au milieu des combats
Cette immortalité que donne un beau trépas,
Et remplir dignement, par une mort pompeuse,
De mes premiers exploits l'attente avantageuse ;
Si toutefois, après ce coup mortel du sort,
J'ai de la vie assez pour chercher une mort.

PAULINE. Et moi, dont votre vue augmente le supplice,
Je l'éviterai même en votre sacrifice ;
Et, seule dans ma chambre enfermant mes regrets,
Je vais pour vous aux dieux faire des vœux secrets.

SÉVÈRE. Puisse le juste ciel, content de ma ruine,
Combler d'heur et de jours Polyeucte et Pauline !

PAULINE. Puisse trouver Sévère, après tant de malheur,
Une félicité digne de sa valeur !

SÉVÈRE. Il la trouvait en vous.

PAULINE. Je dépendais d'un père.

SÉVÈRE. O devoir qui me perd et qui me désespère !
Adieu, trop vertueux objet et trop charmant.

PAULINE. Adieu, trop malheureux et trop parfait amant.

SCÈNE III.

PAULINE, STRATONICE.

STRATONICE. Je vous ai plaints tous deux, j'en verse encor des larmes ;
Mais du moins votre esprit est hors de ses alarmes :
Vous voyez clairement que votre songe est vain ;
Sévère ne vient pas la vengeance à la main.

PAULINE. Laisse-moi respirer du moins si tu m'as plainte :
Au fort de ma douleur tu rappelles ma crainte ;
Souffre un peu de relâche à mes esprits troublés,
Et ne m'accable point par des maux redoublés.

STRATONICE. Quoi ! vous craignez encor ?

PAULINE. Je tremble, Stratonice :
Et bien que je m'effraie avec peu de justice,
Cette injuste frayeur sans cesse reproduit
L'image des malheurs que j'ai vus cette nuit.

STRATONICE. Sévère est généreux.

PAULINE. Malgré sa retenue,
Polyeucte sanglant frappe toujours ma vue.

STRATONICE. Vous voyez ce rival faire des vœux pour lui.

PAULINE. Je crois même au besoin qu'il serait son appui :
Mais, soit cette croyance ou fausse ou véritable,
Son séjour en ce lieu m'est toujours redoutable ;
A quoi que sa vertu le puisse disposer,
Il est puissant, il m'aime, et vient pour m'épouser.

SCÈNE IV.

POLYEUCTE, NÉARQUE, PAULINE, STRATONICE.

POLYEUCTE. C'est trop verser de pleurs ; il est temps qu'ils tarissent,
Que votre douleur cesse, et vos craintes finissent.
Malgré les faux avis par vos dieux envoyés,
Je suis vivant, madame, et vous me revoyez.
PAULINE. Le jour est encor long ; et, ce qui plus m'effraie,
La moitié de l'avis se trouve déjà vraie :
J'ai cru Sévère mort, et je le vois ici.
POLYEUCTE. Je le sais ; mais enfin j'en prends peu de souci.
Je suis dans Mélitène ; et, quel que soit Sévère,
Votre père y commande, et l'on m'y considère ;
Et je ne pense pas qu'on puisse avec raison
D'un cœur tel que le sien craindre une trahison.
On m'avait assuré qu'il vous faisait visite,
Et je venais lui rendre un honneur qu'il mérite.
PAULINE. Il vient de me quitter assez triste et confus :
Mais j'ai gagné sur lui qu'il ne me verra plus.
POLYEUCTE. Quoi ! vous me soupçonnez déjà de quelque ombrage ?
PAULINE. Je ferais à tous trois un trop sensible outrage :
J'assure mon repos que troublent ses regards.
La vertu la plus ferme évite les hasards :
Qui s'expose au péril veut bien trouver sa perte ;
Et, pour vous en parler avec une âme ouverte,
Depuis qu'un vrai mérite a pu nous enflammer,
Sa présence toujours a droit de nous charmer.
Outre qu'on doit rougir de s'en laisser surprendre,
On souffre à résister, on souffre à s'en défendre ;
Et, bien que la vertu triomphe de ses feux,
La victoire est pénible, et le combat honteux.
POLYEUCTE. O vertu trop parfaite, et devoir trop sincère,
Que vous devez coûter de regrets à Sévère !
Qu'aux dépens d'un beau feu vous me rendez heureux !
Et que vous êtes doux à mon cœur amoureux !
Plus je vois mes défauts et plus je vous contemple,
Plus j'admire...

SCÈNE V.

POLYEUCTE, PAULINE, NÉARQUE, STRATONICE, CLÉON.

CLÉON. Seigneur, Félix vous mande au temple ;
La victime est choisie, et le peuple à genoux ;
Et pour sacrifier on n'attend plus que vous.
POLYEUCTE. Va, nous allons te suivre. Y venez-vous, madame ?
PAULINE. Sévère craint ma vue, elle irrite sa flamme ;

Je lui tiendrai parole, et ne veux plus le voir.
Adieu : vous l'y verrez; pensez à son pouvoir,
Et ressouvenez-vous que sa faveur est grande.
POLYEUCTE. Allez, tout son crédit n'a rien que j'appréhende;
Et comme je connais sa générosité,
Nous ne nous combattrons que de civilité.

SCÈNE VI.

POLYEUCTE, NÉARQUE.

NÉARQUE. Où pensez-vous aller?
POLYEUCTE. Au temple où l'on m'appelle.
NÉARQUE. Quoi! vous mêler aux vœux d'une troupe infidèle?
Oubliez-vous déjà que vous êtes chrétien?
POLYEUCTE. Vous par qui je le suis, vous en souvient-il bien?
NÉARQUE. J'abhorre les faux dieux.
POLYEUCTE. Et moi je les déteste.
NÉARQUE. Je tiens leur culte impie.
POLYEUCTE. Et je le tiens funeste.
NÉARQUE. Fuyez donc leurs autels.
POLYEUCTE. Je les veux renverser,
Et mourir dans leur temple ou les y terrasser.
Allons, mon cher Néarque, allons aux yeux des hommes
Braver l'idolâtrie, et montrer qui nous sommes :
C'est l'attente du ciel, il nous la faut remplir;
Je viens de le promettre, et je vais l'accomplir.
Je rends grâces au Dieu que tu m'as fait connaître
De cette occasion qu'il a sitôt fait naître,
Où déjà sa bonté, prête à me couronner,
Daigne éprouver la foi qu'il vient de me donner.
NÉARQUE. Ce zèle est trop ardent, souffrez qu'il se modère.
POLYEUCTE. On n'en peut avoir trop pour le Dieu qu'on révère.
NÉARQUE. Vous trouverez la mort.
POLYEUCTE. Je la cherche pour lui.
NÉARQUE. Et si ce cœur s'ébranle?
POLYEUCTE. Il sera mon appui.
NÉARQUE. Il ne commande point que l'on s'y précipite.
POLYEUCTE. Plus elle est volontaire, et plus elle mérite.
NÉARQUE. Il suffit, sans chercher, d'attendre et de souffrir.
POLYEUCTE. On souffre avec regret quand on n'ose s'offrir.
NÉARQUE. Mais dans ce temple enfin la mort est assurée.
POLYEUCTE. Mais dans le ciel déjà la palme est préparée.
NÉARQUE. Par une sainte vie il faut la mériter.
POLYEUCTE. Mes crimes en vivant me la pourraient ôter.
Pourquoi mettre au hasard ce que la mort assure?
Quand elle ouvre le ciel peut-elle sembler dure?
Je suis chrétien, Néarque, et le suis tout à fait;

ACTE II.

        La foi que j'ai reçue aspire à son effet.
        Qui fuit croit lâchement et n'a qu'une foi morte.
NÉARQUE. Ménagez votre vie, à Dieu même elle importe;
        Vivez pour protéger les chrétiens en ces lieux.
POLYEUCTE. L'exemple de ma mort les fortifiera mieux.
NÉARQUE. Vous voulez donc mourir?
POLYEUCTE.   Vous aimez donc à vivre?
NÉARQUE. Je ne puis déguiser que j'ai peine à vous suivre.
        Sous l'horreur des tourments je crains de succomber.
POLYEUCTE. Qui marche assurément n'a point peur de tomber.
        Dieu fait part, au besoin, de sa force infinie.
        Qui craint de le nier, dans son âme le nie;
        Il croit le pouvoir faire, et doute de sa foi.
NÉARQUE. Qui n'appréhende rien présume trop de soi.
POLYEUCTE. J'attends tout de sa grâce, et rien de ma faiblesse.
        Mais loin de me presser, il faut que je vous presse!
        D'où vient cette froideur?
NÉARQUE.   Dieu même a craint la mort.
POLYEUCTE. Il s'est offert pourtant; suivons ce saint effort;
        Dressons-lui des autels sur des monceaux d'idoles.
        Il faut, je me souviens encor de vos paroles,
        Négliger, pour lui plaire, et femme, et biens, et rang;
        Exposer pour sa gloire et verser tout son sang.
        Hélas! qu'avez-vous fait de cette amour parfaite
        Que vous me souhaitiez, et que je vous souhaite?
        S'il vous en reste encor, n'êtes-vous point jaloux
        Qu'à grand'peine chrétien j'en montre plus que vous?
NÉARQUE. Vous sortez du baptême, et ce qui vous anime
        C'est sa grâce qu'en vous n'affaiblit aucun crime;
        Comme encor tout entière, elle agit pleinement,
        Et tout semble possible à son feu véhément :
        Mais cette même grâce en moi diminuée,
        Et par mille péchés sans cesse exténuée,
        Agit aux grands effets avec tant de langueur
        Que tout semble impossible à son peu de vigueur.
        Cette indigne mollesse et ces lâches défenses
        Sont des punitions qu'attirent mes offenses;
        Mais Dieu, dont on ne doit jamais se défier,
        Me donne votre exemple à me fortifier.
        Allons, cher Polyeucte, allons aux yeux des hommes
        Braver l'idolâtrie, et montrer qui nous sommes;
        Puissé-je vous donner l'exemple de souffrir,
        Comme vous me donnez celui de vous offrir!
POLYEUCTE. A cet heureux transport que le ciel vous envoie,
        Je reconnais Néarque, et j'en pleure de joie.
        Ne perdons plus de temps, le sacrifice est prêt;
        Allons-y du vrai Dieu soutenir l'intérêt;
        Allons fouler aux pieds ce foudre ridicule

Dont arme un bois pourri ce peuple trop crédule;
Allons en éclairer l'aveuglement fatal;
Allons briser ces dieux de pierre et de métal;
Abandonnons nos jours à cette ardeur céleste;
Faisons triompher Dieu : qu'il dispose du reste.
NÉARQUE. Allons faire éclater sa gloire aux yeux de tous,
Et répondre avec zèle à ce qu'il veut de nous.

ACTE TROISIÈME.

SCÈNE I.

PAULINE.

Que de soucis flottants, que de confus nuages,
Présentent à mes yeux d'inconstantes images!
Douce tranquillité que je n'ose espérer,
Que ton divin rayon tarde à les éclairer!
Mille agitations que mes troubles produisent
Dans mon cœur ébranlé tour à tour se détruisent;
Aucun espoir n'y coule où j'ose persister;
Aucun effroi n'y règne où j'ose m'arrêter.
Mon esprit, embrassant tout ce qu'il s'imagine,
Voit tantôt mon bonheur, et tantôt ma ruine,
Et suit leur vaine idée avec si peu d'effet,
Qu'il ne peut espérer ni craindre tout à fait.
Sévère incessamment brouille ma fantaisie;
J'espère en sa vertu, je crains sa jalousie;
Et je n'ose penser que d'un œil bien égal
Polyeucte en ces lieux puisse voir son rival.
Comme entre deux rivaux la haine est naturelle,
L'entrevue aisément se termine en querelle :
L'un voit aux mains d'autrui ce qu'il croit mériter,
L'autre un désespéré qui peut tout attenter.
Quelque haute raison qui règle leur courage,
L'un conçoit de l'envie, et l'autre de l'ombrage;
La honte d'un affront que chacun d'eux croit voir
Ou de nouveau reçue, ou prête à recevoir,
Consumant dès l'abord toute leur patience,
Forme de la colère et de la défiance,
Et, saisissant ensemble et l'époux et l'amant,
En dépit d'eux les livre à leur ressentiment.
Mais que je me figure une étrange chimère!
Et que je traite mal Polyeucte et Sévère,
Comme si la vertu de ces fameux rivaux

Ne pouvait s'affranchir de ces communs défauts!
Leurs âmes à tous deux d'elles-mêmes maîtresses
Sont d'un ordre trop haut pour de telles bassesses;
Ils se verront au temple en hommes généreux.
Mais, las! ils se verront, et c'est beaucoup pour eux :
Que sert à mon époux d'être dans Mélitène,
Si contre lui Sévère arme l'aigle romaine,
Si mon père y commande, et craint ce favori,
Et se repent déjà du choix de mon mari?
Si peu que j'ai d'espoir ne luit qu'avec contrainte;
En naissant il avorte, et fait place à la crainte;
Ce qui doit l'affermir sert à le dissiper.
Dieux, faites que ma peur puisse enfin se tromper!
Mais sachons-en l'issue.

SCÈNE II.

PAULINE, STRATONICE.

PAULINE.   Hé bien! ma Stratonice,
Comment s'est terminé ce pompeux sacrifice?
Ces rivaux généreux au temple se sont vus?
STRATONICE. Ah! Pauline!
PAULINE.   Mes vœux ont-ils été déçus?
J'en vois sur ton visage une mauvaise marque.
Se sont-ils querellés?
STRATONICE.   Polyeucte, Néarque,
Les chrétiens...
PAULINE.   Parle donc : les chrétiens...
STRATONICE.   Je ne puis.
PAULINE. Tu prépares mon âme à d'étranges ennuis.
STRATONICE. Vous n'en sauriez avoir une plus juste cause.
PAULINE. L'ont-ils assassiné?
STRATONICE.   Ce serait peu de chose.
Tout votre songe est vrai, Polyeucte n'est plus...
PAULINE. Il est mort?
STRATONICE.   Non, il vit; mais, ô pleurs superflus!
Ce courage si grand, cette âme si divine,
N'est plus digne du jour, ni digne de Pauline.
Ce n'est plus cet époux si charmant à vos yeux;
C'est l'ennemi commun de l'Etat et des dieux,
Un méchant, un infâme, un rebelle, un perfide,
Un traître, un scélérat, un lâche, un parricide,
Une peste exécrable à tous les gens de bien,
Un sacrilége impie, en un mot un chrétien.
PAULINE. Ce mot aurait suffi sans ce torrent d'injures.
STRATONICE. Ces titres aux chrétiens sont-ce des impostures?
PAULINE. Il est ce que tu dis, s'il embrasse leur foi,

Mais il est mon époux, et tu parles à moi.
STRATONICE. Ne considérez plus que le dieu qu'il adore.
PAULINE. Je l'aimai par devoir; ce devoir dure encore.
STRATONICE. Il vous donne à présent sujet de le haïr :
Qui trahit tous nos dieux aurait pu vous trahir.
PAULINE. Je l'aimerais encor quand il m'aurait trahie;
Et si de tant d'amour tu peux être ébahie,
Apprends que mon devoir ne dépend point du sien.
Qu'il y manque, s'il veut; je dois faire le mien.
Quoi! s'il aimait ailleurs, serais-je dispensée
A suivre, à son exemple, une ardeur insensée?
Quelque chrétien qu'il soit, je n'en ai point d'horreur,
Je chéris sa personne; et je hais son erreur.
Mais quel ressentiment en témoigne mon père?
STRATONICE. Une secrète rage, un excès de colère,
Malgré qui toutefois un reste d'amitié
Montre pour Polyeucte encor quelque pitié.
Il ne veut point sur lui faire agir sa justice,
Que du traître Néarque il n'ait vu le supplice.
PAULINE. Quoi! Néarque en est donc?
STRATONICE. Néarque l'a séduit :
De leur vieille amitié c'est là l'indigne fruit.
Ce perfide tantôt, en dépit de lui-même,
L'arrachant de vos bras le traînait au baptême.
Voilà ce grand secret et si mystérieux
Que n'en pouvait tirer votre amour curieux.
PAULINE. Tu me blâmais alors d'être trop importune.
STRATONICE. Je ne prévoyais pas une telle infortune.
PAULINE. Avant qu'abandonner mon âme à mes douleurs,
Il me faut essayer la force de mes pleurs;
En qualité de femme, ou de fille, j'espère
Qu'ils vaincront un époux, ou fléchiront un père.
Que si sur l'un et l'autre ils manquent de pouvoir,
Je ne prendrai conseil que de mon désespoir.
Apprends-moi cependant ce qu'ils ont fait au temple.
STRATONICE. C'est une impiété qui n'eut jamais d'exemple.
Je ne puis y penser sans frémir à l'instant,
Et crains de faire un crime en vous la racontant.
Apprenez en deux mots leur brutale insolence.
Le prêtre avait à peine obtenu du silence,
Et devers l'orient assuré son aspect,
Qu'ils ont fait éclater leur manque de respect.
A chaque occasion de la cérémonie,
A l'envi l'un et l'autre étalait sa manie,
Des mystères sacrés hautement se moquait,
Et traitait de mépris les dieux qu'on invoquait.
Tout le peuple en murmure, et Félix s'en offense :
Mais tous deux s'emportant à plus d'irrévérence :

« Quoi! lui dit Polyeucte en élevant sa voix,
» Adorez-vous des dieux ou de pierre ou de bois? »
Ici dispensez-moi du récit des blasphèmes
Qu'ils ont vomis tous deux contre Jupiter mêmes :
L'adultère et l'inceste en étaient les plus doux.
« Oyez, dit-il ensuite, oyez, peuple; oyez tous :
» Le Dieu de Polyeucte et celui de Néarque
» De la terre et du ciel est l'absolu monarque,
» Seul être indépendant, seul maître du destin,
» Seul principe éternel, et souveraine fin.
» C'est ce Dieu des chrétiens qu'il faut qu'on remercie
» Des victoires qu'il donne à l'empereur Décie;
» Lui seul tient en sa main le succès des combats,
» Il le veut élever, il le peut mettre à bas;
» Sa bonté, son pouvoir, sa justice est immense;
» C'est lui seul qui punit, lui seul qui récompense.
» Vous adorez en vain des monstres impuissants. »
Se jetant à ces mots sur le vin et l'encens,
Après en avoir mis les saints vases par terre,
Sans crainte de Félix, sans crainte du tonnerre,
D'une fureur pareille ils courent à l'autel.
Cieux! a-t-on vu jamais, a-t-on rien vu de tel!
Du plus puissant des dieux nous voyons la statue
Par une main impie à leurs pieds abattue,
Les mystères troublés, le temple profané,
La fuite et les clameurs d'un peuple mutiné
Qui craint d'être accablé sous le courroux céleste.
Félix.... Mais le voici qui vous dira le reste.

PAULINE. Que son visage est sombre, et plein d'émotion!
Qu'il montre de tristesse et d'indignation!

SCÈNE III.

FÉLIX, PAULINE, STRATONICE.

FÉLIX. Une telle insolence avoir osé paraître!
En public! à ma vue! il en mourra, le traître!
PAULINE. Souffrez que votre fille embrasse vos genoux.
FÉLIX. Je parle de Néarque, et non de votre époux.
Quelque indigne qu'il soit de ce doux nom de gendre,
Mon âme lui conserve un sentiment plus tendre :
La grandeur de son crime et de mon déplaisir
N'a pas éteint l'amour qui me l'a fait choisir.
PAULINE. Je n'attendais pas moins de la bonté d'un père.
FÉLIX. Je pouvais l'immoler à ma juste colère :
Car vous n'ignorez pas à quel comble d'horreur
De son audace impie a monté la fureur;
Vous l'avez pu savoir du moins de Stratonice.

PAULINE. Je sais que de Néarque il doit voir le supplice.
FÉLIX. Du conseil qu'il doit prendre il sera mieux instruit,
Quand il verra punir celui qui l'a séduit.
Au spectacle sanglant d'un ami qu'il faut suivre,
La crainte de mourir et le désir de vivre
Ressaisissent une âme avec tant de pouvoir
Que qui voit le trépas cesse de le vouloir.
L'exemple touche plus que ne fait la menace :
Cette indiscrète ardeur tourne bientôt en glace;
En vain vous en avez l'esprit inquiété,
Il se repentira de son impiété.
PAULINE. Vous pouvez espérer qu'il change de courage?
FÉLIX. Aux dépens de Néarque il doit se rendre sage.
PAULINE. Il le doit : mais, hélas! où me renvoyez-vous?
Et quels tristes hasards ne court point mon époux,
Si de son inconstance il faut qu'enfin j'espère
Le bien que j'espérais de la bonté d'un père?
FÉLIX. Je vous en fais trop voir, Pauline, à consentir
Qu'il évite la mort par un prompt repentir.
Je devais même peine à des crimes semblables,
Et, mettant différence entre ces deux coupables,
J'ai trahi la justice à l'amour paternel;
Je me suis fait pour lui moi-même criminel;
Et j'attendais de vous, au milieu de vos craintes,
Plus de remercîments que je n'entends de plaintes.
PAULINE. De quoi remercier qui ne me donne rien?
Je sais quelle est l'humeur et l'esprit d'un chrétien.
Dans l'obstination jusqu'au bout il demeure :
Vouloir son repentir, c'est ordonner qu'il meure.
FÉLIX. Sa grâce est en sa main, c'est à lui d'y rêver.
PAULINE. Faites-la tout entière.
FÉLIX. Il la peut achever.
PAULINE. Ne l'abandonnez pas aux fureurs de sa secte.
FÉLIX. Je l'abandonne aux lois, qu'il faut que je respecte.
PAULINE. Est-ce ainsi que d'un gendre un beau-père est l'appui?
FÉLIX. Qu'il fasse autant pour soi comme je fais pour lui.
PAULINE. Mais il est aveuglé.
FÉLIX. Mais il se plaît à l'être.
Qui chérit son erreur ne la veut pas connaître.
PAULINE. Mon père, au nom des dieux...
FÉLIX. Ne les réclamez pas,
Ces dieux dont l'intérêt demande son trépas.
PAULINE. Ils écoutent nos vœux.
FÉLIX. Hé bien! qu'il leur en fasse.
PAULINE. Au nom de l'empereur dont vous tenez la place...
FÉLIX. J'ai son pouvoir en main; mais s'il me l'a commis,
C'est pour le déployer contre ses ennemis.
PAULINE. Polyeucte l'est-il?

FÉLIX. Tous chrétiens sont rebelles.
PAULINE. N'écoutez point pour lui ces maximes cruelles;
En épousant Pauline il s'est fait votre sang.
FÉLIX. Je regarde sa faute, et ne vois plus son rang.
Quand le crime d'Etat se mêle au sacrilége,
Le sang ni l'amitié n'ont plus de privilége.
PAULINE. Quel excès de rigueur!
FÉLIX. Moindre que son forfait.
PAULINE. O de mon songe affreux trop véritable effet!
Voyez-vous qu'avec lui vous perdez votre fille?
FÉLIX. Les dieux et l'empereur sont plus que ma famille.
PAULINE. La perte de tous deux ne vous peut arrêter
FÉLIX. J'ai les dieux et Décie ensemble à redouter.
Mais nous n'avons encore à craindre rien de triste:
Dans son aveuglement pensez-vous qu'il persiste?
S'il nous semblait tantôt courir à son malheur,
C'est d'un nouveau chrétien la première chaleur.
PAULINE. Si vous l'aimez encor, quittez cette espérance
Que deux fois en un jour il change de croyance:
Outre que les chrétiens ont plus de dureté,
Vous attendez de lui trop de légèreté.
Ce n'est point une erreur avec le lait sucée,
Que sans l'examiner son âme ait embrassée;
Polyeucte est chrétien parce qu'il l'a voulu,
Et vous portait au temple un esprit résolu.
Vous devez présumer de lui comme du reste:
Le trépas n'est pour eux ni honteux ni funeste;
Ils cherchent de la gloire à mépriser nos dieux;
Aveugles pour la terre, ils aspirent aux cieux;
Et, croyant que la mort leur en ouvre la porte,
Tourmentés, déchirés, assassinés, n'importe,
Les supplices leur sont ce qu'à nous les plaisirs,
Et les mènent au but où tendent leurs désirs.
La mort la plus infâme, ils l'appellent martyre.
FÉLIX. Hé bien donc! Polyeucte aura ce qu'il désire;
N'en parlons plus.
PAULINE. Mon père...

SCÈNE IV.

FÉLIX, ALBIN, PAULINE, STRATONICE.

FÉLIX. Albin, en est-ce fait?
ALBIN. Oui, seigneur; et Néarque a payé son forfait.
FÉLIX. Et notre Polyeucte a vu trancher sa vie?
ALBIN. Il l'a vu, mais, hélas! avec un œil d'envie.
Il brûle de le suivre, au lieu de reculer;
Et son cœur s'affermit, au lieu de s'ébranler.

PAULINE. Je vous le disais bien. Encore un coup, mon père,
Si jamais mon respect a pu vous satisfaire,
Si vous l'avez prisé, si vous l'avez chéri...
FÉLIX. Vous aimez trop, Pauline, un indigne mari.
PAULINE. Je l'ai de votre main : mon amour est sans crime;
Il est de votre choix la glorieuse estime;
Et j'ai, pour l'accepter, éteint le plus beau feu
Qui d'une âme bien née ait mérité l'aveu.
Au nom de cette aveugle et prompte obéissance
Que j'ai toujours rendue aux lois de la naissance
Si vous avez pu tout sur moi, sur mon amour,
Que je puisse sur vous quelque chose à mon tour!
Par ce juste pouvoir à présent trop à craindre,
Par ces beaux sentiments qu'il m'a fallu contraindre,
Ne m'ôtez pas vos dons, ils sont chers à mes yeux,
Et m'ont assez coûté pour m'être précieux.
FÉLIX. Vous m'importunez trop : bien que j'aie un cœur tendre,
Je n'aime la pitié qu'au prix que j'en veux prendre.
Employez mieux l'effort de vos justes douleurs;
Malgré moi m'en toucher, c'est perdre et temps et pleurs :
J'en veux être le maître, et je veux bien qu'on sache
Que je la désavoue alors qu'on me l'arrache.
Préparez-vous à voir ce malheureux chrétien,
Et faites votre effort quand j'aurai fait le mien.
Allez, n'irritez plus un père qui vous aime;
Et tâchez d'obtenir votre époux de lui-même.
Tantôt jusqu'en ce lieu je le ferai venir :
Cependant quittez-nous; je veux l'entretenir.
PAULINE. De grâce, permettez...
FÉLIX. Laissez-nous seuls, vous dis-je;
Votre douleur m'offense autant qu'elle m'afflige.
A gagner Polyeucte appliquez tous vos soins;
Vous avancerez plus en m'importunant moins.

SCÈNE V.

FÉLIX, ALBIN.

FÉLIX. Albin, comme est-il mort?
ALBIN. En brutal, en impie,
En bravant les tourments, en dédaignant la vie,
Sans regret, sans murmure, et sans étonnement,
Dans l'obstination et l'endurcisssement,
Comme un chrétien enfin, le blasphème à la bouche.
FÉLIX. Et l'autre?
ALBIN. Je l'ai dit déjà, rien ne le touche;
Loin d'en être abattu, son cœur en est plus haut;
On l'a violenté pour quitter l'échafaud :

ACTE III.

Il est dans la prison, où je l'ai vu conduire;
Mais vous êtes bien loin encor de le réduire.

FÉLIX. Que je suis malheureux!
ALBIN.   Tout le monde vous plaint.
FÉLIX. On ne sait pas les maux dont mon cœur est atteint :
De pensers sur pensers mon âme est agitée,
De soucis sur soucis elle est inquiétée :
Je sens l'amour, la haine, et la crainte, et l'espoir,
La joie et la douleur tour à tour l'émouvoir :
J'entre en des sentiments qui ne sont pas croyables,
J'en ai de violents, j'en ai de pitoyables;
J'en ai de généreux qui n'oseraient agir :
J'en ai même de bas, et qui me font rougir.
J'aime ce malheureux que j'ai choisi pour gendre,
Je hais l'aveugle erreur qui le vient de surprendre;
Je déplore sa perte, et, le voulant sauver,
J'ai la gloire des dieux ensemble à conserver;
Je redoute leur foudre et celui de Décie,
Il y va de ma charge, il y va de ma vie.
Ainsi tantôt pour lui je m'expose au trépas,
Et tantôt je le perds pour ne me perdre pas.

ALBIN. Décie excusera l'amitié d'un beau-père;
Et d'ailleurs Polyeucte est d'un sang qu'on révère.

FÉLIX. A punir les chrétiens son ordre est rigoureux;
Et plus l'exemple est grand, plus il est dangereux;
On ne distingue point, quand l'offense est publique;
Et lorsqu'on dissimule un crime domestique,
Par quelle autorité peut-on, par quelle loi,
Châtier en autrui ce qu'on souffre chez soi?

ALBIN. Si vous n'osez avoir d'égard à sa personne,
Ecrivez à Décie afin qu'il en ordonne.

FÉLIX. Sévère me perdrait si j'en usais ainsi :
Sa haine et son pouvoir font mon plus grand souci.
Si j'avais différé de punir un tel crime,
Quoiqu'il soit généreux, quoiqu'il soit magnanime,
Il est homme, et sensible, et je l'ai dédaigné;
Et de tant de mépris son esprit indigné,
Que met au désespoir cet hymen de Pauline,
Du courroux de Décie obtiendrait ma ruine.
Pour venger un affront tout semble être permis,
Et les occasions tentent les plus remis.
Peut-être, et ce soupçon n'est pas sans apparence,
Il rallume en son cœur déjà quelque espérance;
Et, croyant bientôt voir Polyeucte puni,
Il rappelle un amour à grand' peine banni.
Juge si sa colère, en ce cas implacable,
Me ferait innocent de sauver un coupable,
Et s'il m'épargnerait, voyant par mes bontés

        Une seconde fois ses desseins avortés.
        Te dirai-je un penser indigne, bas et lâche?
        Je l'étouffe, il renaît; il me flatte et me fâche:
        L'ambition toujours me le vient présenter;
        Et tout ce que je puis, c'est de le détester.
        Polyeucte est ici l'appui de ma famille:
        Mais si, par son trépas, l'autre épousait ma fille,
        J'acquerrais bien par là de plus puissants appuis
        Qui me mettraient plus haut cent fois que je ne suis.
        Mon cœur en prend par force une maligne joie:
        Mais que plutôt le ciel à tes yeux me foudroie,
        Qu'à des pensers si bas je puisse consentir,
        Que jusque-là ma gloire ose se démentir!

ALBIN. Votre cœur est trop bon, et votre âme trop haute.
        Mais vous résolvez-vous à punir cette faute?

FÉLIX. Je vais dans la prison faire tout mon effort
        A vaincre cet esprit par l'effroi de la mort,
        Et nous verrons après ce que pourra Pauline.

ALBIN. Que ferez-vous enfin, si toujours il s'obstine?

FÉLIX. Ne me presse point tant; dans un tel déplaisir,
        Je ne puis que résoudre, et ne sais que choisir.

ALBIN. Je dois vous avertir, en serviteur fidèle,
        Qu'en sa faveur déjà la ville se rebelle,
        Et ne peut voir passer par la rigueur des lois
        Sa dernière espérance et le sang de ses rois.
        Je tiens sa prison même assez mal assurée;
        J'ai laissé tout autour une troupe éplorée;
        Je crains qu'on ne la force.

FÉLIX.   Il faut donc l'en tirer,
        Et l'amener ici pour nous en assurer.

ALBIN. Tirez-l'en donc vous-même, et d'un espoir de grâce
        Apaisez la fureur de cette populace.

FÉLIX. Allons; et s'il persiste à demeurer chrétien,
        Nous en disposerons sans qu'elle en sache rien.

ACTE QUATRIÈME.

SCÈNE I.

POLYEUCTE, CLÉON, TROIS AUTRES GARDES.

POLYEUCTE. Gardes, que me veut-on?

CLÉON.   Pauline vous demande.

POLYEUCTE. O présence, ô combat que surtout j'appréhende!
        Félix, dans la prison j'ai triomphé de toi,

J'ai ri de ta menace, et t'ai vu sans effroi :
Tu prends pour t'en venger de plus puissantes armes ;
Je craignais beaucoup moins tes bourreaux que ses larmes.
    Seigneur, qui vois ici les périls que je cours,
En ce pressant besoin redouble ton secours ;
Et toi, qui tout sortant encor de la victoire,
Regardes mes travaux du séjour de la gloire,
Cher Néarque, pour vaincre un si fort ennemi,
Prête du haut du ciel la main à ton ami.
    Gardes, oseriez-vous me rendre un bon office?
Non pour me dérober aux rigueurs du supplice,
Ce n'est pas mon dessein qu'on me fasse évader ;
Mais comme il suffira de trois à me garder,
L'autre m'obligerait d'aller querir Sévère :
Je crois que sans péril on peut me satisfaire ;
Si j'avais pu lui dire un secret important,
Il vivrait plus heureux, et je mourrais content.

CLÉON. Si vous me l'ordonnez, j'y cours en diligence.
POLYEUCTE. Sévère à mon défaut fera ta récompense.
    Va, ne perds point de temps, et reviens promptement.
CLÉON. Je serai de retour, seigneur, dans un moment.

SCÈNE II.

POLYEUCTE.

(Les gardes se retirent aux coins du théâtre.)

Source délicieuse, en misères féconde,
Que voulez-vous de moi, flatteuses voluptés?
Honteux attachements de la chair et du monde,
Que ne me quittez-vous quand je vous ai quittés!
Allez, honneurs, plaisirs, qui me livrez la guerre ;
    Toute votre félicité,
    Sujette à l'instabilité,
    En moins de rien tombe par terre ;
    Et comme elle a l'éclat du verre,
    Elle en a la fragilité.

Ainsi n'espérez pas qu'après vous je soupire.
Vous étalez en vain vos charmes impuissants ;
Vous me montrez en vain par tout ce vaste empire
Les ennemis de Dieu pompeux et florissants.
Il étale à son tour des revers équitables,
    Par qui les grands sont confondus ;
    Et les glaives qu'il tient pendus
    Sur les plus fortunés coupables
    Sont d'autant plus inévitables
    Que leurs coups sont moins attendus.

Tigre altéré de sang, Décie impitoyable,
Ce Dieu t'a trop longtemps abandonné les siens,
De ton heureux destin vois la suite effroyable,
Le Scythe va venger la Perse et les chrétiens.
Encore un peu plus outre, et ton heure est venue;
    Rien ne t'en saurait garantir;
    Et la foudre qui va partir,
    Toute prête à crever la nue,
    Ne peut plus être retenue
    Par l'attente du repentir.

Que cependant Félix m'immole à ta colère:
Qu'un rival plus puissant éblouisse ses yeux;
Qu'aux dépens de ma vie il s'en fasse beau-père,
Et qu'à titre d'esclave il commande en ces lieux:
Je consens, ou plutôt j'aspire à ma ruine.
    Monde, pour moi tu n'as plus rien:
    Je porte en un cœur tout chrétien
    Une flamme toute divine;
    Et je ne regarde Pauline
    Que comme un obstacle à mon bien.

Saintes douceurs du ciel, adorables idées,
Vous remplissez un cœur qui vous peut recevoir:
De vos sacrés attraits les âmes possédées
Ne conçoivent plus rien qui les puisse émouvoir.
Vous promettez beaucoup, et donnez davantage:
    Vos biens ne sont point inconstants;
    Et l'heureux trépas que j'attends
    Ne vous sert que d'un doux passage
    Pour nous introduire au partage
    Qui nous rend à jamais contents.

C'est vous, ô feu divin que rien ne peut éteindre,
Qui m'allez faire voir Pauline sans la craindre.
Je la vois : mais mon cœur, d'un saint zèle enflammé
N'en goûte plus l'appât dont il était charmé;
Et mes yeux, éclairés des célestes lumières,
Ne trouvent plus aux siens leurs grâces coutumières.

SCÈNE III.

POLYEUCTE, PAULINE, GARDES.

POLYEUCTE. Madame, quel dessein vous fait me demander?
Est-ce pour me combattre, ou pour me seconder?
Cet effort généreux de votre amour parfaite
Vient-il à mon secours, vient-il à ma défaite?

ACTE IV.

          Apportez-vous ici la haine, ou l'amitié,
          Comme mon ennemie, ou ma chère moitié?
PAULINE. Vous n'avez point ici d'ennemi que vous-même;
          Seul vous vous haïssez lorsque chacun vous aime;
          Seul vous exécutez tout ce que j'ai rêvé :
          Ne veuillez pas vous perdre, et vous êtes sauvé.
          A quelque extrémité que votre crime passe,
          Vous êtes innocent si vous vous faites grâce.
          Daignez considérer le sang dont vous sortez,
          Vos grandes actions, vos rares qualités;
          Chéri de tout le peuple, estimé chez le prince,
          Gendre du gouverneur de toute la province,
          Je ne vous compte à rien le nom de mon époux :
          C'est un bonheur pour moi, qui n'est pas grand pour vous;
          Mais après vos exploits, après votre naissance,
          Après votre pouvoir, voyez notre espérance;
          Et n'abandonnez pas à la main d'un bourreau
          Ce qu'à nos justes vœux promet un sort si beau.
POLYEUCTE. Je considère plus; je sais mes avantages,
          Et l'espoir que sur eux forment les grands courages.
          Ils n'aspirent enfin qu'à des biens passagers,
          Que troublent les soucis, que suivent les dangers;
          La mort nous les ravit, la fortune s'en joue;
          Aujourd'hui dans le trône, et demain dans la boue;
          Et leur plus haut éclat fait tant de mécontents,
          Que peu de vos Césars en ont joui longtemps.
          J'ai de l'ambition, mais plus noble et plus belle :
          Cette grandeur périt, j'en veux une immortelle,
          Un bonheur assuré, sans mesure et sans fin,
          Au-dessus de l'envie, au-dessus du destin.
          Est-ce trop l'acheter que d'une triste vie,
          Qui tantôt, qui soudain, me peut être ravie;
          Qui ne me fait jouir que d'un instant qui fuit,
          Et ne peut m'assurer de celui qui le suit?
PAULINE. Voilà de vos chrétiens les ridicules songes;
          Voilà jusqu'à quel point vous charment leurs mensonges:
          Tout votre sang est peu pour un bonheur si doux!
          Mais, pour en disposer, ce sang est-il à vous?
          Vous n'avez pas la vie ainsi qu'un héritage;
          Le jour qui vous la donne en même temps l'engage:
          Vous la devez au prince, au public, à l'État.
POLYEUCTE. Je la voudrais pour eux perdre dans un combat:
          Je sais quel en est l'heur, et quelle en est la gloire.
          Des aïeux de Décie on vante la mémoire;
          Et ce nom, précieux encore à vos Romains,
          Au bout de six cents ans lui met l'empire aux mains.
          Je dois ma vie au peuple, au prince, à sa couronne;
          Mais je la dois bien plus au Dieu qui me la donne.

Si mourir pour son prince est un illustre sort,
Quand on meurt pour son Dieu quelle sera la mort!
PAULINE. Quel Dieu!
POLYEUCTE.   Tout beau, Pauline : il entend vos paroles,
Et ce n'est pas un Dieu comme vos dieux frivoles,
Insensibles et sourds, impuissants, mutilés,
De bois, de marbre, ou d'or, comme vous les voulez :
C'est le Dieu des chrétiens, c'est le mien, c'est le vôtre;
Et la terre et le ciel n'en connaissent point d'autre.
PAULINE. Adorez-le dans l'âme, et n'en témoignez rien.
POLYEUCTE. Que je sois tout ensemble idolâtre et chrétien!
PAULINE. Ne feignez qu'un moment : laissez partir Sévère,
Et donnez lieu d'agir aux bontés de mon père.
POLYEUCTE. Les bontés de mon Dieu sont bien plus à chérir :
Il m'ôte des périls que j'aurais pu courir,
Et, sans me laisser lieu de tourner en arrière,
Sa faveur me couronne entrant dans la carrière;
Du premier coup de vent il me conduit au port,
Et, sortant du baptême, il m'envoie à la mort.
Si vous pouviez comprendre et le peu qu'est la vie,
Et de quelles douceurs cette mort est suivie...
Mais que sert de parler de ces trésors cachés
A des esprits que Dieu n'a pas encor touchés?
PAULINE. Cruel! car il est temps que ma douleur éclate,
Et qu'un juste reproche accable une âme ingrate,
Est-ce là ce beau feu? sont-ce là tes serments?
Témoignes-tu pour moi les moindres sentiments?
Je ne te parlais point de l'état déplorable
Où ta mort va laisser ta femme inconsolable;
Je croyais que l'amour t'en parlerait assez,
Et je ne voulais pas de sentiments forcés :
Mais cette amour si ferme et si bien méritée
Que tu m'avais promise, et que je t'ai portée,
Quand tu me veux quitter, quand tu me fais mourir,
Te peut-elle arracher une larme, un soupir?
Tu me quittes, ingrat, et le fais avec joie;
Tu ne la caches pas, tu veux que je la voie;
Et ton cœur, insensible à ces tristes appas,
Se figure un bonheur où je ne serai pas!
C'est donc là le dégoût qu'apporte l'hyménée!
Je te suis odieuse après m'être donnée!
POLYEUCTE. Hélas!
PAULINE.   Que cet hélas a de peine à sortir!
Encor s'il commençait un heureux repentir,
Que, tout forcé qu'il est, j'y trouverais de charmes!
Mais, courage, il s'émeut, je vois couler des larmes.
POLYEUCTE. J'en verse, et plût à Dieu qu'à force d'en verser
Ce cœur trop endurci se pût enfin percer!

ACTE IV.

Le déplorable état où je vous abandonne
Est bien digne des pleurs que mon amour vous donne;
Et si l'on peut au ciel sentir quelques douleurs,
J'y pleurerai pour vous l'excès de vos malheurs :
Mais si, dans ce séjour de gloire et de lumière,
Ce Dieu tout juste et bon peut souffrir ma prière;
S'il y daigne écouter un conjugal amour,
Sur votre aveuglement il répandra le jour.
    Seigneur, de vos bontés il faut que je l'obtienne;
Elle a trop de vertus pour n'être pas chrétienne :
Avec trop de mérite il vous plut la former,
Pour ne vous pas connaître et ne vous pas aimer,
Pour vivre des enfers esclave infortunée,
Et sous leur triste joug mourir comme elle est née.

PAULINE. Que dis-tu, malheureux? qu'oses-tu souhaiter?
POLYEUCTE. Ce que de tout mon sang je voudrais acheter.
PAULINE. Que plutôt...
POLYEUCTE.   C'est en vain qu'on se met en défense :
Ce Dieu touche les cœurs lorsque moins on y pense.
Ce bienheureux moment n'est pas encor venu;
Il viendra; mais le temps ne m'en est pas connu.
PAULINE. Quittez cette chimère, et m'aimez.
POLYEUCTE.   Je vous aime,
Beaucoup moins que mon Dieu, mais bien plus que moi-même.
PAULINE. Au nom de cet amour, ne m'abandonnez pas.
POLYEUCTE. Au nom de cet amour, daignez suivre mes pas.
PAULINE. C'est peu de me quitter, tu veux donc me séduire?
POLYEUCTE. C'est peu d'aller au ciel, je vous y veux conduire.
PAULINE. Imaginations!
POLYEUCTE.   Célestes vérités!
PAULINE. Etrange aveuglement!
POLYEUCTE.   Eternelles clartés!
PAULINE. Tu préfères la mort à l'amour de Pauline!
POLYEUCTE. Vous préférez le monde à la bonté divine!
PAULINE. Va, cruel, va mourir; tu ne m'aimas jamais.
POLYEUCTE. Vivez heureuse au monde, et me laissez en paix.
PAULINE. Oui, je t'y vais laisser; ne t'en mets plus en peine;
Je vais...

SCÈNE IV.

POLYEUCTE, PAULINE, SÉVÈRE, FABIAN, GARDES.

PAULINE.   Mais quel dessein en ce lieu vous amène,
Sévère? aurait-on cru qu'un cœur si généreux
Pût venir jusqu'ici braver un malheureux?
POLYEUCTE. Vous traitez mal, Pauline, un si rare mérite;
A ma seule prière il rend cette visite.

Je vous ai fait seigneur, une incivilité,
Que vous pardonnerez à ma captivité.
Possesseur d'un trésor dont je n'étais pas digne,
Souffrez avant ma mort que je vous le résigne,
Et laisse la vertu la plus rare à nos yeux,
Qu'une femme jamais pût recevoir des cieux,
Aux mains du plus vaillant et du plus honnête homme
Qu'ait adoré la terre et qu'ait vu naître Rome.
Vous êtes digne d'elle, elle est digne de vous;
Ne la refusez pas de la main d'un époux:
S'il vous a désunis, sa mort vous va rejoindre.
Qu'un feu jadis si beau n'en devienne pas moindre;
Rendez-lui votre cœur, et recevez sa foi :
Vivez heureux ensemble, et mourez comme moi;
C'est le bien qu'à tous deux Polyeucte désire.
 Qu'on me mène à la mort, je n'ai plus rien à dire.
Allons, gardes, c'est fait.

SCÈNE V.

SÉVÈRE, PAULINE, FABIAN.

SÉVÈRE.   Dans mon étonnement,
Je suis confus pour lui de son aveuglement;
Sa résolution a si peu de pareilles,
Qu'à peine je me fie encore à mes oreilles.
Un cœur qui vous chérit (mais quel cœur assez bas
Aurait pu vous connaître et ne vous chérir pas?),
Un homme aimé de vous, sitôt qu'il vous possède
Sans regret il vous quitte : il fait plus, il vous cède;
Et, comme si vos feux étaient un don fatal,
Il en fait un présent lui-même à son rival!
Certes, ou les chrétiens ont d'étranges manies,
Ou leurs félicités doivent être infinies,
Puisque, pour y prétendre, ils osent rejeter
Ce que de tout l'empire il faudrait acheter.
Pour moi, si mes destins, un peu plus tôt propices,
Eussent de votre hymen honoré mes services,
Je n'aurais adoré que l'éclat de vos yeux,
J'en aurais fait mes rois, j'en aurais fait mes dieux;
On m'aurait mis en poudre, on m'aurait mis en cendre,
Avant que...

PAULINE.   Brisons là; je crains de trop entendre,
Et que cette chaleur, qui sent vos premiers feux,
Ne pousse quelque suite indigne de tous deux.
Sévère, connaissez Pauline tout entière.
 Mon Polyeucte touche à son heure dernière;
Pour achever de vivre il n'a plus qu'un moment;

Vous en êtes la cause, encor qu'innocemment.
Je ne sais si votre âme, à vos désirs ouverte,
Aurait osé former quelque espoir sur sa perte:
Mais sachez qu'il n'est point de si cruels trépas
Où d'un front assuré je ne porte mes pas,
Qu'il n'est point aux enfers d'horreurs que je n'endure,
Plutôt que de souiller une gloire si pure,
Que d'épouser un homme, après son triste sort,
Qui, de quelque façon, soit cause de sa mort:
Et, si vous me croyiez d'une âme si peu saine,
L'amour que j'eus pour vous tournerait tout en haine.
Vous êtes généreux; soyez-le jusqu'au bout:
Mon père est en état de vous accorder tout,
Il vous craint; et j'avance encor cette parole,
Que s'il perd mon époux c'est à vous qu'il l'immole.
Sauvez ce malheureux, employez-vous pour lui,
Faites-vous un effort pour lui servir d'appui.
Je sais que c'est beaucoup que ce que je demande;
Mais plus l'effort est grand, plus la gloire en est grande.
Conserver un rival dont vous êtes jaloux,
C'est un trait de vertu qui n'appartient qu'à vous;
Et si ce n'est assez de votre renommée,
C'est beaucoup qu'une femme autrefois tant aimée,
Et dont l'amour peut-être encor vous peut toucher,
Doive à votre grand cœur ce qu'elle a de plus cher:
Souvenez-vous enfin que vous êtes Sévère.
Adieu. Résolvez seul ce que vous devez faire :
Si vous n'êtes pas tel que je l'ose espérer,
Pour vous priser encor je le veux ignorer.

SCÈNE VI.

SÉVÈRE, FABIAN.

SÉVÈRE.   Qu'est-ce ci, Fabian? quel nouveau coup de foudre
Tombe sur mon bonheur et le réduit en poudre?
Plus je l'estime près, plus il est éloigné;
Je trouve tout perdu, quand je crois tout gagné;
Et toujours la fortune, à me nuire obstinée,
Tranche mon espérance aussitôt qu'elle est née;
Avant qu'offrir des vœux je reçois des refus:
Toujours triste, toujours et honteux et confus
De voir que lâchement elle ait osé renaître,
Qu'encor plus lâchement elle ait osé paraître;
Et qu'une femme enfin dans la calamité
Me fasse des leçons de générosité.
  Votre belle âme est haute autant que malheureuse,
Mais elle est inhumaine autant que généreuse,

Pauline; et vos douleurs avec trop de rigueur
D'un amant tout à vous tyrannisent le cœur.
C'est donc peu de vous perdre, il faut que je vous donne;
Que je serve un rival lorsqu'il vous abandonne;
Et que, par un cruel et généreux effort,
Pour vous rendre en ses mains je l'arrache à la mort!

FABIAN. Laissez à son destin cette ingrate famille;
Qu'il accorde, s'il veut, le père avec la fille,
Polyeucte et Félix, l'épouse avec l'époux:
D'un si cruel effort quel prix espérez-vous?

SÉVÈRE. La gloire de montrer à cette âme si belle
Que Sévère l'égale, et qu'il est digne d'elle,
Qu'elle m'était bien due, et que l'ordre des cieux
En me la refusant m'est trop injurieux.

FABIAN. Sans accuser le sort ni le ciel d'injustice,
Prenez garde au péril qui suit un tel service;
Vous hasardez beaucoup, seigneur, pensez-y bien.
Quoi! vous entreprenez de sauver un chrétien!
Pouvez-vous ignorer pour cette secte impie
Quelle est et fut toujours la haine de Décie?
C'est un crime vers lui si grand, si capital,
Qu'à votre faveur même il peut être fatal.

SÉVÈRE. Cet avis serait bon pour quelque âme commune.
S'il tient entre ses mains ma vie et ma fortune,
Je suis encor Sévère; et tout ce grand pouvoir
Ne peut rien sur ma gloire, et rien sur mon devoir.
Ici l'honneur m'oblige, et j'y veux satisfaire;
Qu'après le sort se montre ou propice ou contraire,
Comme son naturel est toujours inconstant,
Périssant glorieux, je périrai content.
 Je te dirai bien plus, mais avec confidence.
La secte des chrétiens n'est pas ce que l'on pense:
On les hait; la raison, je ne la connais point;
Et je ne vois Décie injuste qu'en ce point.
Par curiosité j'ai voulu les connaître:
On les tient pour sorciers dont l'enfer est le maître;
Et, sur cette croyance, on punit du trépas
Des mystères secrets que nous n'entendons pas.
Mais Cérès Éleusine et la Bonne Déesse
Ont leurs secrets comme eux à Rome et dans la Grèce;
Encore impunément nous souffrons en tous lieux,
Leur Dieu seul excepté, toute sorte de dieux;
Tous les monstres d'Égypte ont leurs temples dans Rome;
Nos aïeux à leur gré faisaient un dieu d'un homme;
Et, leur sang parmi nous conservant leurs erreurs,
Nous remplissons le ciel de tous nos empereurs:
Mais, à parler sans fard de tant d'apothéoses,
L'effet est bien douteux de ces métamorphoses.

Les chrétiens n'ont qu'un Dieu, maître absolu de tout,
De qui le seul vouloir fait tout ce qu'il résout :
Mais, si j'ose entre nous dire ce qui me semble,
Les nôtres bien souvent s'accordent mal ensemble;
Et, me dût leur colère écraser à tes yeux,
Nous en avons beaucoup pour être de vrais dieux.
Peut-être qu'après tout ces croyances publiques
Ne sont qu'inventions de sages politiques,
Pour contenir un peuple, ou bien pour l'émouvoir,
Et dessus sa faiblesse affermir leur pouvoir.
Enfin chez les chrétiens les mœurs sont innocentes,
Les vices détestés, les vertus florissantes;
Jamais un adultère, un traître, un assassin;
Jamais d'ivrognerie, et jamais de larcin;
Ce n'est qu'amour entre eux, que charité sincère;
Chacun y chérit l'autre et le secourt en frère :
Ils font des vœux pour nous qui les persécutons;
Et depuis tant de temps que nous les tourmentons,
Les a-t-on vus mutins? les a-t-on vus rebelles?
Nos princes ont-ils eu des soldats plus fidèles?
Furieux dans la guerre, ils souffrent nos bourreaux;
Et, lions au combat, ils meurent en agneaux.
J'ai trop de pitié d'eux pour ne les pas défendre.
Allons trouver Félix, commençons par son gendre;
Et contentons ainsi, d'une seule action,
Et Pauline, et ma gloire, et ma compassion.

ACTE CINQUIÈME.

SCÈNE I.

FÉLIX, ALBIN, CLÉON.

FÉLIX. Albin, as-tu bien vu la fourbe de Sévère?
As-tu bien vu sa haine? et vois-tu ma misère?
ALBIN. Je n'ai vu rien en lui qu'un rival généreux,
Et ne vois rien en vous qu'un père rigoureux.
FÉLIX. Que tu discernes mal le cœur d'avec la mine!
Dans l'âme il hait Félix et dédaigne Pauline;
Et s'il l'aima jadis, il estime aujourd'hui
Les restes d'un rival trop indignes de lui.
Il parle en sa faveur, il me prie, il menace,
Et me perdra, dit-il, si je ne lui fais grâce;
Tranchant du généreux il croit m'épouvanter.

L'artifice est trop lourd pour ne pas l'éventer.
Je sais des gens de cour quelle est la politique;
J'en connais mieux que lui la plus fine pratique.
C'est en vain qu'il tempête, et feint d'être en fureur,
Je vois ce qu'il prétend auprès de l'empereur.
De ce qu'il me demande il m'y ferait un crime;
Épargnant son rival je serais sa victime;
Et s'il avait affaire à quelque maladroit,
Le piége est bien tendu, sans doute il le perdroit.
Mais un vieux courtisan est un peu moins crédule;
Il voit quand on le joue et quand on dissimule;
Et moi j'en ai tant vu de toutes les façons,
Qu'à lui-même, au besoin, j'en ferais des leçons.

ALBIN. Dieux! que vous vous gênez par cette défiance!
FÉLIX. Pour subsister en cour c'est la haute science.
Quand un homme une fois a droit de nous haïr,
Nous devons présumer qu'il cherche à nous trahir;
Toute son amitié nous doit être suspecte.
Si Polyeucte enfin n'abandonne sa secte,
Quoi que son protecteur ait pour lui dans l'esprit,
Je suivrai hautement l'ordre qui m'est prescrit.
ALBIN. Grâce, grâce, seigneur! que Pauline l'obtienne!
FÉLIX. Celle de l'empereur ne suivrait pas la mienne:
Et, loin de le tirer de ce pas hasardeux,
Ma bonté ne ferait que nous perdre tous deux.
ALBIN. Mais Sévère promet...
FÉLIX.   Albin, je m'en défie,
Et connais mieux que lui la haine de Décie:
En faveur des chrétiens s'il choquait son courroux,
Lui-même assurément se perdrait avec nous.
Je veux tenter pourtant encore une autre voie.
    (*A Cléon.*)
Amenez Polyeucte: et si je le renvoie,
S'il demeure insensible à ce dernier effort,
Au sortir de ce lieu qu'on lui donne la mort.
ALBIN. Votre ordre est rigoureux.
FÉLIX.   Il faut que je le suive,
Si je veux empêcher qu'un désordre n'arrive.
Je vois le peuple ému pour prendre son parti;
Et toi-même tantôt tu m'en as averti:
Dans ce zèle pour lui qu'il fait déjà paraître,
Je ne sais si longtemps j'en pourrais être maître.
Peut-être dès demain, dès la nuit, dès ce soir,
J'en verrais des effets que je ne veux pas voir;
Et Sévère aussitôt courant à sa vengeance
M'irait calomnier de quelque intelligence.
Il faut rompre ce coup qui me serait fatal.
ALBIN. Que tant de prévoyance est un étrange mal!

ACTE V.

            Tout vous nuit, tout vous perd, tout vous fait de l'ombrage :
            Mais voyez que sa mort mettra ce peuple en rage,
            Que c'est mal le guérir que le désespérer.

FÉLIX.   En vain après sa mort il voudra murmurer ;
            Et s'il ose venir à quelque violence,
            C'est affaire à céder deux jours à l'insolence :
            J'aurai fait mon devoir, quoi qu'il puisse arriver.
            Mais Polyeucte vient ; tâchons à le sauver.
            Soldats, retirez-vous, et gardez bien la porte.

SCÈNE II.

FÉLIX, POLYEUCTE, ALBIN.

FÉLIX.   As-tu donc pour la vie une haine si forte,
            Malheureux Polyeucte ? et la loi des chrétiens
            T'ordonne-t-elle ainsi d'abandonner les tiens ?

POLYEUCTE. Je ne hais point la vie, et j'en aime l'usage,
            Mais sans attachement qui sente l'esclavage,
            Toujours prêt à la rendre au Dieu dont je la tiens ;
            La raison me l'ordonne, et la loi des chrétiens :
            Et je vous montre à tous par là comme il faut vivre,
            Si vous avez le cœur assez bon pour me suivre.

FÉLIX.   Te suivre dans l'abîme où tu te veux jeter ?
POLYEUCTE. Mais plutôt dans la gloire où je m'en vais monter.
FÉLIX.   Donne-moi pour le moins le temps de la connaître.
            Pour me faire chrétien, sers-moi de guide à l'être ;
            Et ne dédaigne pas de m'instruire en ta foi,
            Ou toi-même à ton Dieu tu répondras de moi.

POLYEUCTE. N'en riez point, Félix ; il sera votre juge ;
            Vous ne trouverez point devant lui de refuge :
            Les rois et les bergers y sont d'un même rang.
            De tous les siens sur vous il vengera le sang.

FÉLIX.   Je n'en répandrai plus ; et, quoi qu'il en arrive,
            Dans la foi des chrétiens je souffrirai qu'on vive,
            J'en serai protecteur.

POLYEUCTE.   Non, non ; persécutez,
            Et soyez l'instrument de nos félicités :
            Celle d'un vrai chrétien n'est que dans les souffrances ;
            Les plus cruels tourments lui sont des récompenses.
            Dieu, qui rend le centuple aux bonnes actions,
            Pour comble donne encor les persécutions.
            Mais ces secrets pour vous sont fâcheux à comprendre ;
            Ce n'est qu'à ses élus que Dieu les fait entendre.

FÉLIX.   Je te parle sans fard, et veux être chrétien.
POLYEUCTE. Qui peut donc retarder l'effet d'un si grand bien ?
FÉLIX.   La présence importune...

POLYEUCTE. Et de qui, de Sévère ?
FÉLIX. Pour lui seul contre toi j'ai feint tant de colère :
Dissimule un moment jusques à son départ.
POLYEUCTE. Félix, c'est donc ainsi que vous parlez sans fard ?
Portez à vos païens, portez à vos idoles
Le sucre empoisonné que sèment vos paroles.
Un chrétien ne craint rien, ne dissimule rien,
Aux yeux de tout le monde il est toujours chrétien.
FÉLIX. Ce zèle de ta foi ne sert qu'à te séduire,
Si tu cours à la mort plutôt que de m'instruire.
POLYEUCTE. Je vous en parlerais ici hors de saison :
Elle est un don du ciel, et non de la raison ;
Et c'est là que bientôt, voyant Dieu face à face,
Plus aisément pour vous j'obtiendrai cette grâce.
FÉLIX. Ta perte cependant me va désespérer.
POLYEUCTE. Vous avez en vos mains de quoi la réparer :
En vous ôtant un gendre, on vous en donne un autre
Dont la condition répond mieux à la vôtre.
Ma perte n'est pour vous qu'un change avantageux.
FÉLIX. Cesse de me tenir ce discours outrageux.
Je t'ai considéré plus que tu ne mérites ;
Mais malgré ma bonté, qui croît plus tu l'irrites,
Cette insolence enfin te rendrait odieux,
Et je me vengerais aussi bien que nos dieux.
POLYEUCTE. Quoi ! vous changez bientôt d'humeur et de langage !
Le zèle de vos dieux rentre en votre courage !
Celui d'être chrétien s'échappe ! et par hasard
Je vous viens d'obliger à me parler sans fard !
FÉLIX. Va, ne présume pas que, quoi que je te jure,
De tes nouveaux docteurs je suive l'imposture.
Je flattais ta manie, afin de t'arracher
Du honteux précipice où tu vas trébucher ;
Je voulais gagner temps pour ménager ta vie,
Après l'éloignement d'un flatteur de Décie ;
Mais j'ai fait trop d'injure à nos dieux tout-puissants,
Choisis de leur donner ton sang ou de l'encens.
POLYEUCTE. Mon choix n'est point douteux. Mais j'aperçois Pauline.
O ciel !

SCÈNE III.

FÉLIX, POLYEUCTE, PAULINE, ALBIN.

PAULINE. Qui de vous deux aujourd'hui m'assassine ?
Sont-ce tous deux ensemble, ou chacun à son tour ?
Ne pourrai-je fléchir la nature ou l'amour ?
Et n'obtiendrai-je rien d'un époux, ni d'un père ?
FÉLIX. Parlez à votre époux.
POLYEUCTE. Vivez avec Sévère.

PAULINE. Tigre, assassine-moi du moins sans m'outrager.
POLYEUCTE. Mon amour, par pitié, cherche à vous soulager ;
    Il voit quelle douleur dans l'âme vous possède,
    Et sait qu'un autre amour en est le seul remède.
    Puisqu'un si grand mérite a pu vous enflammer,
    Sa présence toujours a droit de vous charmer :
    Vous l'aimiez, il vous aime ; et sa gloire augmentée...
PAULINE. Que t'ai-je fait, cruel ! pour être ainsi traitée,
    Et pour me reprocher, au mépris de ma foi,
    Un amour si puissant que j'ai vaincu pour toi ?
    Vois, pour te faire vaincre un si fort adversaire,
    Quels efforts à moi-même il a fallu me faire,
    Quels combats j'ai donnés pour te donner un cœur
    Si justement acquis à son premier vainqueur ;
    Et, si l'ingratitude en ton cœur ne domine,
    Fais quelque effort sur toi pour te rendre à Pauline :
    Apprends d'elle à forcer ton propre sentiment ;
    Prends sa vertu pour guide en ton aveuglement ;
    Souffre que de toi-même elle obtienne ta vie,
    Pour vivre sous tes lois à jamais asservie.
    Si tu peux rejeter de si justes désirs,
    Regarde au moins ses pleurs, écoute ses soupirs ;
    Ne désespère pas une âme qui t'adore.
POLYEUCTE. Je vous l'ai déjà dit et vous le dis encore :
    Vivez avec Sévère, ou mourez avec moi.
    Je ne méprise point vos pleurs ni votre foi ;
    Mais de quoi que pour vous notre amour m'entretienne,
    Je ne vous connais plus si vous n'êtes chrétienne.
    C'en est assez ; Félix, reprenez ce courroux,
    Et sur cet insolent vengez vos dieux et vous.
PAULINE. Ah ! mon père, son crime à peine est pardonnable ;
    Mais s'il est insensé, vous êtes raisonnable :
    La nature est trop forte, et ses aimables traits
    Imprimés dans le sang ne s'effacent jamais ;
    Un père est toujours père, et sur cette assurance
    J'ose appuyer encore un reste d'espérance.
    Jetez sur votre fille un regard paternel :
    Ma mort suivra la mort de ce cher criminel ;
    Et les dieux trouveront sa peine illégitime,
    Puisqu'elle confondra l'innocence et le crime,
    Et qu'elle changera, par ce redoublement,
    En injuste rigueur un juste châtiment.
    Nos destins, par vos mains rendus inséparables,
    Nous doivent rendre heureux ensemble ou misérables ;
    Et vous seriez cruel jusques au dernier point,
    Si vous désunissiez ce que vous avez joint.
    Un cœur à l'autre uni jamais ne se retire ;
    Et pour l'en séparer il faut qu'on le déchire.

Mais vous êtes sensible à mes justes douleurs,
Et d'un œil paternel vous regardez mes pleurs.

FÉLIX. Oui, ma fille, il est vrai qu'un père est toujours père :
Rien n'en peut effacer le sacré caractère;
Je porte un cœur sensible, et vous l'avez percé.
Je me joins avec vous contre cet insensé.
　　Malheureux Polyeucte, es-tu seul insensible?
Et veux-tu rendre seul ton crime irrémissible?
Peux-tu voir tant de pleurs d'un œil si détaché?
Peux-tu voir tant d'amour sans en être touché?
Ne reconnais-tu plus ni beau-père, ni femme,
Sans amitié pour l'un, et pour l'autre sans flamme?
Pour reprendre les noms et de gendre et d'époux,
Veux-tu nous voir tous deux embrasser tes genoux?

POLYEUCTE. Que tout cet artifice est de mauvaise grâce!
Après avoir deux fois essayé la menace,
Après m'avoir fait voir Néarque dans la mort,
Après avoir tenté l'amour et son effort,
Après m'avoir montré cette soif du baptême,
Pour opposer à Dieu l'intérêt de Dieu même,
Vous vous joignez ensemble! Ah! ruses de l'enfer!
Faut-il tant de fois vaincre avant que triompher!
Vos résolutions usent trop de remise;
Prenez la vôtre enfin, puisque la mienne est prise.
　　Je n'adore qu'un Dieu, maître de l'univers,
Sous qui tremblent le ciel, la terre et les enfers;
Un Dieu qui, nous aimant d'une amour infinie,
Voulut mourir pour nous avec ignominie,
Et qui, par un effort de cet excès d'amour,
Veut pour nous en victime être offert chaque jour.
Mais j'ai tort d'en parler à qui ne peut m'entendre.
Voyez l'aveugle erreur que vous osez défendre :
Des crimes les plus noirs vous souillez tous vos dieux,
Vous n'en punissez point qui n'ait son maître aux cieux;
La prostitution, l'adultère, l'inceste,
Le vol, l'assassinat, et tout ce qu'on déteste,
C'est l'exemple qu'à suivre offrent vos immortels.
J'ai profané leur temple et brisé leurs autels;
Je le ferais encor, si j'avais à le faire,
Même aux yeux de Félix, même aux yeux de Sévère,
Même aux yeux du sénat, aux yeux de l'empereur.

FÉLIX. Enfin ma bonté cède à ma juste fureur :
Adore-les, ou meurs.

POLYEUCTE. 　　　　　　Je suis chrétien.

FÉLIX. 　　　　　　　　　　Impie!
Adore-les, te dis-je, ou renonce à la vie.

POLYEUCTE. Je suis chrétien.

FÉLIX. 　　　　　Tu l'es? O cœur trop obstiné!...

ACTE V.

        Soldats, exécutez l'ordre que j'ai donné.
PAULINE. Où le conduisez-vous?
FÉLIX.   A la mort.
POLYEUCTE.   A la gloire.
        Chère Pauline, adieu; conservez ma mémoire.
PAULINE. Je te suivrai partout, et mourrai si tu meurs.
POLYEUCTE. Ne suivez point mes pas, ou quittez vos erreurs.
FÉLIX. Qu'on l'ôte de mes yeux, et que l'on m'obéisse.
        Puisqu'il aime à périr, je consens qu'il périsse.

SCÈNE IV.
FÉLIX, ALBIN.

FÉLIX. Je me fais violence, Albin, mais je l'ai dû :
        Ma bonté naturelle aisément m'eût perdu.
        Que la rage du peuple à présent se déploie,
        Que Sévère en fureur tonne, éclate, foudroie,
        M'étant fait cet effort, j'ai fait ma sûreté.
        Mais n'es-tu point surpris de cette dureté?
        Vois-tu comme le sien des cœurs impénétrables,
        Ou des impiétés à ce point exécrables?
        Du moins j'ai satisfait mon esprit affligé :
        Pour amollir son cœur je n'ai rien négligé;
        J'ai feint même à tes yeux des lâchetés extrêmes;
        Et certes, sans l'horreur de ses derniers blasphèmes
        Qui m'ont rempli soudain de colère et d'effroi,
        J'aurais eu de la peine à triompher de moi.
ALBIN. Vous maudirez peut-être un jour cette victoire,
        Qui tient je ne sais quoi d'une action trop noire,
        Indigne de Félix, indigne d'un Romain,
        Répandant votre sang par votre propre main.
FÉLIX. Ainsi l'ont autrefois versé Brute et Manlie;
        Mais leur gloire en a crû, loin d'en être affaiblie.
        Et quand nos vieux héros avaient de mauvais sang,
        Ils eussent pour le perdre ouvert leur propre flanc.
ALBIN. Votre ardeur vous séduit; mais, quoi qu'elle vous die,
        Quand vous la sentirez une fois refroidie,
        Quand vous verrez Pauline, et que son désespoir
        Par ses pleurs et ses cris saura vous émouvoir.....
FÉLIX. Tu me fais souvenir qu'elle a suivi ce traître,
        Et que ce désespoir qu'elle fera paraître
        De mes commandements pourra troubler l'effet.
        Va donc, cours y mettre ordre, et voir ce qu'elle fait;
        Romps ce que ses douleurs y donneraient d'obstacle;
        Tire-la, si tu peux, de ce triste spectacle;
        Tâche à la consoler. Va donc; qui te retient?
ALBIN. Il n'en est pas besoin, seigneur, elle revient.

SCÈNE V.

FÉLIX, PAULINE, ALBIN.

PAULINE. Père barbare, achève, achève ton ouvrage ;
Cette seconde hostie est digne de ta rage :
Joins ta fille à ton gendre ; ose : que tardes-tu ?
Tu vois le même crime, ou la même vertu :
Ta barbarie en elle a les mêmes matières.
Mon époux en mourant m'a laissé ses lumières ;
Son sang, dont tes bourreaux viennent de me couvrir,
M'a dessillé les yeux, et me les vient d'ouvrir.
Je vois, je sais, je crois, je suis désabusée ;
De ce bienheureux sang tu me vois baptisée ;
Je suis chrétienne enfin, n'est-ce point assez dit ?
Conserve en me perdant ton rang et ton crédit,
Redoute l'empereur, appréhende Sévère ;
Si tu ne veux périr, ma perte est nécessaire.
Polyeucte m'appelle à cet heureux trépas ;
Je vois Néarque et lui qui me tendent les bras.
Mène, mène-moi voir tes dieux que je déteste ;
Ils n'en ont brisé qu'un, je briserai le reste.
On m'y verra braver tout ce que vous craignez,
Ces foudres impuissants qu'en leurs mains vous peignez,
Et, saintement rebelle aux lois de la naissance,
Une fois envers toi manquer d'obéissance.
Ce n'est point ma douleur que par là je fais voir ;
C'est la grâce qui parle, et non le désespoir.
Le faut-il dire encor ? Félix, je suis chrétienne.
Affermis par ma mort ta fortune et la mienne ;
Le coup à l'un et l'autre en sera précieux,
Puisqu'il t'assure en terre en m'élevant aux cieux.

SCÈNE VI.

FÉLIX, SÉVÈRE, PAULINE, ALBIN, FABIAN.

SÉVÈRE. Père dénaturé, malheureux politique,
Esclave ambitieux d'une peur chimérique,
Polyeucte est donc mort ! et par vos cruautés
Vous pensez conserver vos tristes dignités !
La faveur que pour lui je vous avais offerte,
Au lieu de le sauver, précipite sa perte !
J'ai prié, menacé, mais sans vous émouvoir ;
Et vous m'avez cru fourbe, ou de peu de pouvoir !
Hé bien ! à vos dépens vous verrez que Sévère
Ne se vante jamais que de ce qu'il peut faire ;
Et par votre ruine il vous fera juger

ACTE V.

          Que qui peut bien vous perdre eût pu vous protéger.
          Continuez aux dieux ce service fidèle :
          Par de telles horreurs montrez-leur votre zèle.
          Adieu : mais quand l'orage éclatera sur vous,
          Ne doutez point du bras dont partiront les coups.

FÉLIX.   Arrêtez-vous, seigneur, et d'une âme apaisée
          Souffrez que je vous livre une vengeance aisée.
          Ne me reprochez plus que par mes cruautés
          Je tâche à conserver mes tristes dignités ;
          Je dépose à vos pieds l'éclat de leur faux lustre :
          Celle où j'ose aspirer est d'un rang plus illustre ;
          Je m'y trouve forcé par un secret appas ;
          Je cède à des transports que je ne connais pas ;
          Et, par un mouvement que je ne puis entendre,
          De ma fureur je passe au zèle de mon gendre.
          C'est lui, n'en doutez point, dont le sang innocent
          Pour son persécuteur prie un Dieu tout-puissant.
          Son amour épandu sur toute la famille
          Tire après lui le père aussi bien que la fille.
          J'en ai fait un martyr; sa mort me fait chrétien ;
          J'ai fait tout son bonheur; il veut faire le mien.
          C'est ainsi qu'un chrétien se venge et se courrouce :
          Heureuse cruauté dont la suite est si douce !
          Donne la main, Pauline. Apportez des liens,
          Immolez à vos dieux ces deux nouveaux chrétiens :
          Je le suis, elle l'est, suivez votre colère.

PAULINE. Qu'heureusement enfin je retrouve mon père !
          Cet heureux changement rend mon bonheur parfait.

FÉLIX.   Ma fille, il n'appartient qu'à la main qui le fait.

SÉVÈRE. Qui ne serait touché d'un si tendre spectacle !
          De pareils changements ne vont point sans miracle.
          Sans doute vos chrétiens, qu'on persécute en vain,
          Ont quelque chose en eux qui surpasse l'humain ;
          Ils mènent une vie avec tant d'innocence,
          Que le ciel leur en doit quelque reconnaissance :
          Se relever plus forts, plus ils sont abattus,
          N'est pas aussi l'effet des communes vertus.
          Je les aimai toujours, quoi qu'on m'en ait pu dire ;
          Je n'en vois point mourir que mon cœur n'en soupire ;
          Et peut-être qu'un jour je les connaîtrai mieux.
          J'approuve cependant que chacun ait ses dieux,
          Qu'il les serve à sa mode et sans peur de la peine.
          Si vous êtes chrétien, ne craignez plus ma haine ;
          Je les aime, Félix, et de leur protecteur
          Je n'en veux pas sur vous faire un persécuteur.
          Gardez votre pouvoir, reprenez-en la marque ;
          Servez bien votre Dieu, servez notre monarque.
          Je perdrai mon crédit envers Sa Majesté,

| | Où vous verrez finir cette sévérité :
| | Par cette injuste haine il se fait trop d'outrage.
FÉLIX. | Daigne le ciel en vous achever son ouvrage,
| | Et, pour vous rendre un jour ce que vous méritez,
| | Vous inspirer bientôt toutes ses vérités !
| | Nous autres, bénissons notre heureuse aventure ;
| | Allons à nos martyrs donner la sépulture,
| | Baiser leurs corps sacrés, les mettre en digne lieu,
| | Et faire retentir partout le nom de Dieu.

EXAMEN DE POLYEUCTE.

Ce martyre est rapporté par Surius au 9 de janvier. Polyeucte vivait en l'année 250, sous l'empereur Décius; il était Arménien, ami de Néarque, et gendre de Félix, qui avait la commission de l'empereur de faire exécuter ses édits contre les chrétiens. Cet ami l'ayant résolu à se faire chrétien, il déchira ces édits qu'on publiait, arracha les idoles des mains de ceux qui les portaient sur les autels pour les adorer, les brisa contre terre, résista aux larmes de sa femme Pauline, que Félix employa auprès de lui pour le ramener à leur culte, et perdit la vie par l'ordre de son beau-père, sans autre baptême que celui de son sang. Voilà ce que m'a prêté l'histoire : le reste est de mon invention.

Pour donner plus de dignité à l'action, j'ai fait Félix gouverneur d'Arménie, et ai pratiqué un sacrifice public afin de rendre l'occasion plus illustre, et donner un prétexte à Sévère de venir en cette province, sans faire éclater son amour avant qu'il en eût l'aveu de Pauline. Ceux qui veulent arrêter nos héros dans une médiocre bonté, où quelques interprètes d'Aristote bornent leur vertu, ne trouveront pas ici leur compte, puisque celle de Polyeucte va jusqu'à la sainteté, et n'a aucun mélange de faiblesse. J'en ai déjà parlé ailleurs; et pour confirmer ce que j'en ai dit par quelques autorités, j'ajouterai ici que Minturnus, dans son Traité du poëte, agite cette question : *Si la passion de Jésus-Christ et les martyres des saints doivent être exclus du théâtre, à cause qu'ils passent cette médiocre bonté*, et résout en ma faveur. Le célèbre Heinsius, qui non-seulement a traduit la Poétique de notre philosophe, mais a fait un traité de la constitution de la tragédie selon sa pensée, nous en a donné une sur le martyre des Innocents. L'illustre Grotius a mis sur la scène la Passion même de Jésus-Christ et l'histoire de Joseph; et le savant Buchanan a fait la même chose de celle de Jephté et de la mort de saint Jean-Baptiste. C'est sur ces exemples que j'ai hasardé ce poëme, où je me suis donné des licences qu'ils n'ont pas prises, de changer l'histoire en quelque chose, et d'y mêler des épisodes d'invention : aussi m'était-il plus permis sur cette matière qu'à eux sur celle qu'ils ont choisie. Nous ne devons qu'une croyance pieuse à la vie des saints, et nous avons le même droit sur ce que nous en tirons pour le porter sur le théâtre que sur ce que nous empruntons des autres histoires : mais nous devons une foi chrétienne et indispensable à tout ce qui est dans la Bible, qui ne nous laisse aucune liberté d'y rien changer. J'estime toutefois qu'il ne nous est pas défendu d'y ajouter quelque chose, pourvu qu'il ne détruise rien de ces vérités dictées par le Saint-Esprit. Buchanan ni Grotius ne l'ont pas fait dans leurs poëmes, mais aussi ne les ont-ils pas rendus assez fournis pour notre théâtre, et ne s'y sont proposé pour exemple que la constitution la plus simple des anciens. Heinsius a plus osé qu'eux dans celui que j'ai nommé : les anges qui bercent l'enfant Jésus, et l'ombre de Mariane avec les Furies qui agitent l'esprit d'Hérode, sont des agréments qu'il n'a pas trouvés dans l'Evangile. Je crois même qu'on en peut supprimer quelque chose, quand il y a apparence qu'il ne plairait pas sur le théâtre, pourvu qu'on ne mette rien en la place ; car alors ce serait changer l'histoire, ce que le respect que nous devons à l'Ecriture ne permet point. Si j'avais à y exposer celle de David et de Bethsabée, je ne décrirais pas comme il en devint amoureux en la voyant se baigner dans une fontaine, de peur que l'image de cette nudité ne fît une impression trop chatouilleuse dans l'esprit de l'auditeur ; mais je me contenterais de le peindre avec de l'amour pour elle, sans parler aucunement de quelle manière cet amour se serait emparé de son cœur.

Je reviens à Polyeucte, dont le succès a été très-heureux. Le style n'en est pas si fort ni si majestueux que celui de Cinna et de Pompée, mais il a quelque chose de plus touchant, et les tendresses de l'amour humain y font un si agréable mélange avec la fermeté du divin, que sa représentation a satisfait tout ensemble les dévots et les gens du monde. A mon gré, je n'ai point fait de pièce où l'ordre du théâtre soit plus beau, et l'enchaînement des scènes mieux ménagé. L'unité d'action et celles de jour et de lieu y ont leur justesse ; et les scrupules qui peuvent naître touchant ces deux dernières se dissiperont aisément, pour peu qu'on me veuille prêter de cette faveur que l'auditeur nous doit toujours, quand l'occasion s'en offre, en reconnaissance de la peine que nous avons prise à le divertir.

Il est hors de doute que, si nous appliquons ce poëme à nos coutumes, le sacrifice se fait trop tôt après la venue de Sévère, et cette précipitation sortira du vraisemblable par la nécessité d'obéir à la règle. Quand le roi envoie ses ordres dans les villes pour y faire rendre des actions de grâces pour ses victoires, ou pour d'autres bénédictions qu'il reçoit du ciel, on ne les exécute pas dès le jour même ; mais aussi il faut du temps pour assembler le clergé, les magistrats, et les corps de ville, et c'est ce qui en fait différer l'exécution. Nos acteurs n'avaient ici aucune de ces assemblées à faire. Il suffisait de la présence de Sévère et de Félix, et du ministère du grand prêtre ; et ainsi nous n'avons eu aucun besoin de remettre ce sacrifice à un autre jour. D'ailleurs comme Félix craignait ce favori, qu'il croyait irrité du mariage de sa fille, il était bien aise de lui donner le moins d'occasions de tarder qu'il lui était possible, et de tâcher, durant son peu de séjour, à gagner son esprit par une prompte complaisance, et montrer tout ensemble une impatience d'obéir aux volontés de l'empereur.

L'autre scrupule regarde l'unité de lieu, qui est assez exacte, puisque tout s'y passe dans une salle ou antichambre commune aux appartements de Félix et de sa fille. Il semble que la bienséance y soit un peu forcée pour conserver cette unité au second acte, en ce que Pauline vient jusque dans cette antichambre pour trouver Sévère, dont elle devrait attendre la visite dans son cabinet. A quoi je réponds qu'elle a eu deux raisons de venir au-devant de lui; l'une, pour faire plus d'honneur à un homme dont son père redoutait l'indignation, et qu'il lui avait commandé d'adoucir en sa faveur; l'autre, pour rompre plus aisément la conversation avec lui, en se retirant dans ce cabinet s'il ne voulait pas la quitter à sa prière, et se délivrer par cette retraite d'un entretien dangereux pour elle; ce qu'elle n'eût pu faire si elle eût reçu sa visite dans son appartement.

Sa confidence avec Stratonice, touchant l'amour qu'elle avait eu pour ce cavalier, me fait faire une réflexion sur le temps qu'elle prend pour cela. Il s'en fait beaucoup, sur nos théâtres, d'affections qui ont déjà duré deux ou trois ans, dont on attend à révéler le secret justement au jour de l'action qui se représente, et non-seulement sans aucune raison de choisir ce jour-là plutôt qu'un autre pour le déclarer, mais lors même que vraisemblablement on s'en est dû ouvrir beaucoup auparavant avec la personne à qui on en fait confidence. Ce sont choses dont il faut instruire le spectateur, en les faisant apprendre par un des acteurs à l'autre; mais il faut prendre garde avec soin que celui à qui on les apprend ait eu lieu de les ignorer jusque-là aussi bien que le spectateur, et que quelque occasion tirée du sujet oblige celui qui les récite à rompre enfin un silence qu'il a gardé si longtemps. L'infante, dans le Cid, avoue à Léonor l'amour secret qu'elle a pour lui, et l'aurait pu faire un an ou six mois plus tôt. Cléopâtre, dans Pompée, ne prend pas des mesures plus justes avec Charmion : elle lui conte la passion de César pour elle, et comme

. . . . chaque jour ses courriers
Lui portent en tribut ses vœux et ses lauriers.

Cependant, comme il ne paraît personne avec qui elle ait plus d'ouverture de cœur qu'avec cette Charmion, il y a grande apparence que c'était elle-même dont cette reine se servait pour introduire ces courriers, et qu'ainsi elle devait savoir déjà tout ce commerce entre César et sa maîtresse. Du moins il fallait marquer quelque raison qui lui eût laissé ignorer jusque-là tout ce qu'elle lui apprend, et de quel autre ministère cette princesse s'était servie pour recevoir ces courriers. Il n'en va pas de même ici : Pauline ne s'ouvre avec Stratonice que pour lui faire entendre le songe qui la trouble, et les sujets qu'elle a de s'en alarmer; et comme elle n'a fait ce songe que la nuit d'auparavant, et qu'elle ne lui eût jamais révélé son secret sans cette occasion qui l'y oblige, on peut dire qu'elle n'a point eu lieu de lui faire cette confidence plus tôt qu'elle ne l'a faite.

Je n'ai point fait de narration de la mort de Polyeucte, parce que je n'avais personne pour la faire ni pour l'écouter que des païens qui ne la pouvaient ni écouter ni faire que comme ils avaient fait et écouté celle de Néarque; ce qui aurait été une répétition et marque de stérilité, et n'aurait pas d'ailleurs répondu à la dignité de l'action principale, qui est terminée par là. Ainsi j'ai mieux aimé la faire connaître par un saint emportement de Pauline que cette mort a convertie, que par un récit qui n'eût point eu de grâce dans une bouche indigne de le prononcer. Félix son père se convertit après elle; et ces deux conversions, quoique miraculeuses, sont si ordinaires dans les martyrs, qu'elles ne sortent point de la vraisemblance, parce qu'elles ne sont pas de ces événements rares et singuliers qu'on ne peut tirer en exemple; et elles servent à remettre le calme dans les esprits de Félix, de Sévère et de Pauline, que, sans cela, j'aurais bien eu de la peine à retirer du théâtre dans un état qui rendît la pièce complète, en ne laissant rien à souhaiter à la curiosité de l'auditeur.

FIN DE POLYEUCTE.

LE MENTEUR,

COMÉDIE EN CINQ ACTES.

NOTICE.

Une pièce de Lopez de Véga, intitulée *la Verdad sospechosa*, fut imitée par Pierre Corneille dans sa comédie du *Menteur*, qui parut en 1642 sur le théâtre de l'hôtel de Bourgogne. Le succès en fut considérable, car on n'avait pas encore vu en France de comédie aussi amusante et aussi régulièrement conduite. Le cardinal de Richelieu encouragea cette heureuse tentative, et fit présent d'un habit magnifique à l'acteur Bellerose, qui remplissait le rôle de Dorante. Beaucoup de vers du *Menteur* devinrent des proverbes, et plus de cent ans après la représentation, un grand seigneur racontant à sa table des anecdotes controuvées, l'un des convives se tourna du côté d'un laquais en disant : « Cliton, donnez à boire à votre maître. » On sait que Cliton est le domestique du Menteur.

La pièce de Corneille fut imitée en 1750 par l'auteur italien Goldoni.

Quoique emprunté au théâtre espagnol, le *Menteur* a une physionomie toute française, et c'est un tableau exact des mœurs de la fin du règne de Louis XIII. On y voit qu'il était déjà d'usage à Paris d'aller se promener sous les ombrages des Tuileries, quoique la main du célèbre Lenôtre ne les eût pas encore embellis. La tirade de la scène V, acte II, nous prouve que la capitale dut beaucoup aux soins éclairés du cardinal de Richelieu. Le Pré-aux-Clercs, qui s'étendait sur la rive gauche de la Seine, en face de la galerie du Louvre, se couvrit de beaux édifices, et le Palais-Cardinal, commencé en 1629 par l'architecte Jacques Lemercier, était complétement achevé en 1642.

Le récit de la scène V, acte I, donne lieu de croire qu'en France comme en Espagne, il était d'usage de donner des sérénades aux dames, et de les promener sur l'eau, le soir, à la lueur des feux d'artifice.

Molière disait un jour à Boileau, si l'on doit en croire le *Bolœana* : « Je dois beaucoup au *Menteur*. Lorsqu'il parut, j'avais bien l'envie d'écrire ; mais j'étais incertain de ce que j'écrirais : mes idées étaient confuses ; cet ouvrage vint les fixer. Le dialogue me fit voir comment causaient les honnêtes gens ; la grâce et l'esprit de

Dorante m'apprirent qu'il fallait toujours choisir un héros de bon ton; le sang-froid avec lequel il débite ses faussetés me montra comment il fallait établir un caractère; la scène où il oublie lui-même le nom supposé qu'il s'est donné m'éclaira sur la bonne plaisanterie; et celle où il est obligé de se battre, par suite de ses mensonges, me prouva que toutes les comédies ont besoin d'un but moral. Enfin, sans le *Menteur*, j'aurais sans doute fait quelques pièces d'intrigue, l'*Étourdi*, le *Dépit amoureux;* mais peut-être n'aurais-je pas fait le *Misanthrope.* — Embrassez-moi, dit Despréaux : voilà un aveu qui vaut la meilleure comédie. »

Cet hommage rendu par Molière à Corneille peut nous dispenser de tout commentaire élogieux.

ÉMILE DE LA BÉDOLLIÈRE.

PERSONNAGES.

GÉRONTE, père de Dorante.
DORANTE, fils de Géronte.
ALCIPPE, ami de Dorante et amant de Clarice.
PHILISTE, ami de Dorante et d'Alcippe.
CLARICE, maîtresse d'Alcippe.
LUCRÈCE, amie de Clarice.
ISABELLE, suivante de Clarice.
SABINE, femme de chambre de Lucrèce.
CLITON, valet de Dorante.
LYCAS, valet d'Alcippe.

La scène est à Paris.

LE MENTEUR.

ACTE PREMIER.
SCÈNE I.
DORANTE, CLITON.

DORANTE. A la fin j'ai quitté la robe pour l'épée :
L'attente où j'ai vécu n'a point été trompée;
Mon père a consenti que je suive mon choix,
Et je fais banqueroute à ce fatras de lois.
Mais, puisque nous voici dedans les Tuileries,
Le pays du beau monde et des galanteries,
Dis-moi, me trouves-tu bien fait en cavalier?
Ne vois-tu rien en moi qui sente l'écolier?
Comme il est malaisé qu'au royaume du code
On apprenne à se faire un visage à la mode,
J'ai lieu d'appréhender...

CLITON. Ne craignez rien pour vous :
Vous ferez en une heure ici mille jaloux.
Ce visage et ce port n'ont point l'air de l'école;
Et jamais comme vous on ne peignit Barthole :
Je prévois du malheur pour beaucoup de maris.
Mais que vous semble encor maintenant de Paris?

DORANTE. J'en trouve l'air bien doux, et cette loi bien rude
Qui m'en avait banni sous prétexte d'étude.
Toi, qui sais les moyens de s'y bien divertir,
Ayant eu le bonheur de n'en jamais sortir,
Dis-moi comme en ce lieu l'on gouverne les dames.

CLITON. C'est là le plus beau soin qui vienne aux belles âmes,
Disent les beaux esprits. Mais, sans faire le fin,
Vous avez l'appétit ouvert de bon matin!
D'hier au soir seulement vous êtes dans la ville,
Et vous vous ennuyez déjà d'être inutile!
Votre humeur sans emploi ne peut passer un jour!
Et déjà vous cherchez à pratiquer l'amour!
Je suis auprès de vous en fort bonne posture
De passer pour un homme à donner tablature,
J'ai la taille d'un maître en ce noble métier,
Et je suis, tout au moins, l'intendant du quartier.

DORANTE. Ne t'effarouche point : je ne cherche, à vrai dire,
Que quelque connaissance où l'on se plaise à rire,

Qu'on puisse visiter par divertissement,
Où l'on puisse en douceur couler quelque moment.
Pour me connaître mal, tu prends mon sens à gauche.

CLITON. J'entends ; vous n'êtes pas un homme de débauche,
Et tenez celles-là trop indignes de vous,
Que le son d'un écu rend traitables à tous :
Aussi que vous cherchiez de ces sages coquettes
Où peuvent tous venants débiter leurs fleurettes,
Mais qui ne font l'amour que de babil et d'yeux,
Vous êtes d'encolure à vouloir un peu mieux.
Loin de passer son temps, chacun le perd chez elles;
Et le jeu, comme on dit, n'en vaut pas les chandelles.
Mais ce serait pour vous un bonheur sans égal
Que ces femmes de bien qui se gouvernent mal,
Et de qui la vertu, quand on leur fait service,
N'est pas incompatible avec un peu de vice.
Vous en verrez ici de toutes les façons.
Ne me demandez point cependant de leçons;
Ou je me connais mal à voir votre visage,
Ou vous n'en êtes pas à votre apprentissage :
Vos lois ne réglaient pas si bien tous vos desseins,
Que vous eussiez toujours un portefeuille aux mains.

DORANTE. A ne rien déguiser, Cliton, je te confesse
Qu'à Poitiers j'ai vécu comme vit la jeunesse;
J'étais en ces lieux-là de beaucoup de métiers :
Mais Paris, après tout, est bien loin de Poitiers.
Le climat différent veut une autre méthode :
Ce qu'on admire ailleurs est ici hors de mode;
La diverse façon de parler et d'agir
Donne aux nouveaux venus souvent de quoi rougir.
Chez les provinciaux on prend ce qu'on rencontre;
Et là, faute de mieux, un sot passe à la montre :
Mais il faut à Paris bien d'autres qualités;
On ne s'éblouit point de ces fausses clartés;
Et tant d'honnêtes gens que l'on y voit ensemble
Font qu'on est mal reçu si l'on ne leur ressemble.

CLITON. Connaissez mieux Paris, puisque vous en parlez.
Paris est un grand lieu plein de marchands mêlés :
L'effet n'y répond pas toujours à l'apparence;
On s'y laisse duper autant qu'en lieu de France;
Et, parmi tant d'esprits plus polis et meilleurs,
Il y croît des badauds autant et plus qu'ailleurs.
Dans la confusion que ce grand monde apporte,
Il y vient de tous lieux des gens de toute sorte;
Et dans toute la France il est fort peu d'endroits
Dont il n'ait le rebut aussi bien que le choix.
Comme on s'y connaît mal, chacun s'y fait de mise,
Et vaut communément autant comme il se prise :

De bien pires que vous s'y font assez valoir.
Mais pour venir au point que vous voulez savoir,
Etes-vous libéral ?

DORANTE. Je ne suis point avare.

CLITON. C'est un secret d'amour et bien grand et bien rare :
Mais il faut de l'adresse à le bien débiter ;
Autrement on s'y perd au lieu d'en profiter.
Tel donne à pleines mains qui n'oblige personne :
La façon de donner vaut mieux que ce qu'on donne.
L'un perd exprès au jeu son présent déguisé ;
L'autre oublie un bijou qu'on aurait refusé.
Un lourdaud libéral, auprès d'une maîtresse,
Semble donner l'aumône alors qu'il fait largesse ;
Et d'un tel contre-temps il fait tout ce qu'il fait,
Que quand il tâche à plaire il offense en effet.

DORANTE. Laissons là ces lourdauds contre qui tu déclames,
Et me dis seulement si tu connais ces dames.

CLITON. Non : cette marchandise est de trop bon aloi ;
Ce n'est point là gibier à des gens comme moi.
Il est aisé pourtant d'en savoir des nouvelles,
Et bientôt leur cocher m'en dira des plus belles.

DORANTE. Penses-tu qu'il t'en die ?

CLITON. Assez pour en mourir :
Puisque c'est un cocher, il aime à discourir.

SCÈNE II.
DORANTE, CLARICE, LUCRÈCE, ISABELLE.

CLARICE *faisant un faux pas et comme se laissant choir.*
Haï !

DORANTE *lui donnant la main.* Ce malheur me rend un favorable office,
Puisqu'il me donne lieu de ce petit service ;
Et c'est pour moi, madame, un bonheur souverain
Que cette occasion de vous donner la main.

CLARICE. L'occasion ici fort peu vous favorise,
Et ce faible bonheur ne vaut pas qu'on le prise.

DORANTE. Il est vrai, je le dois tout entier au hasard ;
Mes soins ni vos désirs n'y prennent point de part ;
Et sa douceur, mêlée avec cette amertume,
Ne me rend pas le sort plus doux que de coutume,
Puisque enfin ce bonheur, que j'ai si fort prisé,
A mon peu de mérite eût été refusé.

CLARICE. S'il a perdu sitôt ce qui pouvait vous plaire,
Je veux être à mon tour d'un sentiment contraire,
Et crois qu'on doit trouver plus de félicité
A posséder un bien sans l'avoir mérité.
J'estime plus un don qu'une reconnaissance :
Qui nous donne fait plus que qui nous récompense ;

15.

Et le plus grand bonheur au mérite rendu
Ne fait que nous payer de ce qui nous est dû.
La faveur qu'on mérite est toujours achetée ;
L'heur en croît d'autant plus, moins elle est méritée ;
Et le bien où sans peine elle fait parvenir,
Par le mérite à peine aurait pu s'obtenir.

DORANTE. Aussi ne croyez pas que jamais je prétende
Obtenir par mérite une faveur si grande :
J'en sais mieux le haut prix ; et mon cœur amoureux,
Moins il s'en connaît digne, et plus s'en tient heureux.
On me l'a pu toujours dénier sans injure ;
Et si la recevant ce cœur même en murmure,
Il se plaint du malheur de ses félicités,
Que le hasard lui donne, et non vos volontés.
Un amant a fort peu de quoi se satisfaire
Des faveurs qu'on lui fait sans dessein de les faire :
Comme l'intention seule en forme le prix,
Assez souvent sans elle on les joint au mépris.
Jugez par là quel bien peut recevoir ma flamme
D'une main qu'on me donne en me refusant l'âme.
Je la tiens, je la touche, et je la touche en vain,
Si je ne puis toucher le cœur avec la main.

CLARICE. Cette flamme, monsieur, est pour moi fort nouvelle,
Puisque j'en viens de voir la première étincelle.
Si votre cœur ainsi s'embrase en un moment,
Le mien ne sut jamais brûler si promptement :
Mais peut-être, à présent que j'en suis avertie,
Le temps donnera place à plus de sympathie.
Confessez cependant qu'à tort vous murmurez
Du mépris de vos feux que j'avais ignorés.

SCÈNE III.

DORANTE, CLARICE, LUCRÈCE, ISABELLE, CLITON.

DORANTE. C'est l'effet du malheur qui partout m'accompagne.
Depuis que j'ai quitté les guerres d'Allemagne,
C'est-à-dire du moins depuis un an entier,
Je suis et jour et nuit dedans votre quartier ;
Je vous cherche en tous lieux, au bal, aux promenades ;
Vous n'avez que de moi reçu des sérénades,
Et je n'ai pu trouver que cette occasion
A vous entretenir de mon affection.

CLARICE. Quoi ! vous avez donc vu l'Allemagne et la guerre ?
DORANTE. Je m'y suis fait, quatre ans, craindre comme un tonnerre.
CLITON. Que lui va-t-il conter ?
DORANTE.   Et durant ces quatre ans
Il ne s'est fait combats ni siéges importants,

Nos armes n'ont jamais remporté de victoire,
Où cette main n'ait eu bonne part à la gloire.
Mes faits par la gazette en tous lieux divulgués...

CLITON *le tirant.* Savez-vous bien, monsieur, que vous extravaguez?
DORANTE. Tais-toi.
CLITON. Vous rêvez, dis-je, ou...
DORANTE. Tais-toi, misérable.
CLITON. Vous venez de Poitiers, ou je me donne au diable;
Vous en revîntes hier.
DORANTE *à Cliton.* Te tairas-tu, maraud?
(A *Clarice.*)
Mon nom dans nos succès s'était mis assez haut
Pour faire quelque bruit, sans beaucoup d'injustice;
Et je suivrais encore un si noble exercice,
N'était que l'autre hiver, faisant ici ma cour,
Je vous vis, et je fus retenu par l'amour.
Attaqué par vos yeux, je leur rendis les armes;
Je me fis prisonnier de tant d'aimables charmes,
Je leur livrai mon âme; et ce cœur généreux
Dès ce premier moment oublia tout pour eux.
Vaincre dans les combats, commander dans l'armée,
De mille exploits fameux enfler ma renommée,
Et tous ces nobles soins qui m'avaient su ravir,
Cédèrent aussitôt à ceux de vous servir.

ISABELLE *à Clarice tout bas.* Madame, Alcippe vient, il aura de l'ombrage.
CLARICE. Nous en saurons, monsieur, quelque jour davantage :
Adieu.
DORANTE. Quoi! me priver sitôt de tout mon bien!
CLARICE. Nous n'avons pas loisir d'un plus long entretien;
Et, malgré la douceur de me voir cajolée,
Il faut que nous fassions seules deux tours d'allée.
DORANTE. Cependant accordez à mes vœux innocents
La licence d'aimer des charmes si puissants.
CLARICE. Un cœur qui veut aimer, et qui sait comme on aime,
N'en demande jamais licence qu'à soi-même.

SCÈNE IV.
DORANTE, CLITON.

DORANTE. Suis-les, Cliton.
CLITON. J'en sais ce qu'on en peut savoir :
La langue du cocher a bien fait son devoir.
« La plus belle des deux, dit-il, est ma maîtresse,
» Elle loge à la place, et son nom est Lucrèce. »
DORANTE. Quelle place?
CLITON. Royale : et l'autre y loge aussi;
Il n'en sait pas le nom, mais j'en prendrai souci.
DORANTE. Ne te mets point, Cliton, en peine de l'apprendre.

LE MENTEUR.

<pre>
                Celle qui m'a parlé, celle qui m'a su prendre,
                C'est Lucrèce, ce l'est sans aucun contredit;
                Sa beauté m'en assure, et mon cœur me le dit.
CLITON.   Quoique mon sentiment doive respect au vôtre,
                La plus belle des deux, je crois que ce soit l'autre.
DORANTE.   Quoi! celle qui s'est tue, et qui dans nos propos
                N'a jamais eu l'esprit de mêler quatre mots?
CLITON.   Monsieur, quand une femme a le don de se taire,
                Elle a des qualités au-dessus du vulgaire.
                C'est un effort du ciel qu'on a peine à trouver;
                Sans un petit miracle il ne peut l'achever;
                Et la nature souffre extrême violence
                Lorsqu'il en fait d'humeur à garder le silence.
                Pour moi, jamais l'amour n'inquiète mes nuits;
                Et, quand le cœur m'en dit, j'en prends par où je puis :
                Mais, naturellement, femme qui se peut taire
                A sur moi tel pouvoir et tel droit de me plaire,
                Qu'eût-elle en vrai magot tout le corps fagoté,
                Je lui voudrais donner le prix de la beauté.
                C'est elle assurément qui s'appelle Lucrèce;
                Cherchez un autre nom pour l'objet qui vous blesse.
                Ce n'est point là le sien : celle qui n'a dit mot,
                Monsieur, c'est la plus belle; ou je ne suis qu'un sot.
DORANTE.   Je t'en crois sans jurer avec tes incartades.
                Mais voici les plus chers de mes vieux camarades :
                Ils semblent étonnés, à voir leur action.
</pre>

SCÈNE V.

DORANTE, ALCIPPE, PHILISTE, CLITON.

<pre>
PHILISTE à Alcippe. Quoi! sur l'eau la musique et la collation?
ALCIPPE à Philiste. Oui, la collation, avecque la musique.
PHILISTE à Alcippe. Hier au soir?
ALCIPPE à Philiste.   Hier au soir.
PHILISTE à Alcippe.   Et belle?
ALCIPPE à Philiste.   Magnifique.
PHILISTE à Alcippe. Et par qui?
ALCIPPE à Philiste.   C'est de quoi je suis mal éclairci.
DORANTE les saluant. Que mon bonheur est grand de vous revoir ici!
ALCIPPE. Le mien est sans pareil, puisque je vous embrasse.
DORANTE. J'ai rompu vos discours d'assez mauvaise grâce;
         Vous le pardonnerez à l'aise de vous voir.
PHILISTE. Avec nous de tout temps vous avez tout pouvoir.
DORANTE. Mais de quoi parliez-vous?
ALCIPPE.   D'une galanterie.
DORANTE. D'amour?
ALCIPPE.   Je le présume.
DORANTE.   Achevez, je vous prie,
</pre>

ACTE I.

Et souffrez qu'à ce mot ma curiosité
Vous demande sa part de cette nouveauté.
ALCIPPE. On dit qu'on a donné musique à quelque dame.
DORANTE. Sur l'eau?
ALCIPPE. Sur l'eau.
DORANTE. Souvent l'onde irrite la flamme.
PHILISTE. Quelquefois.
DORANTE. Et ce fut hier au soir?
ALCIPPE. Hier au soir.
DORANTE. Dans l'ombre de la nuit le feu se fait mieux voir;
Le temps était bien pris. Cette dame, elle est belle?
ALCIPPE. Aux yeux de bien du monde elle passe pour telle.
DORANTE. Et la musique?
ALCIPPE. Assez pour n'en rien dédaigner.
DORANTE. Quelque collation a pu l'accompagner?
ALCIPPE. On le dit.
DORANTE. Fort superbe?
ALCIPPE. Et fort bien ordonnée.
DORANTE. Et vous ne savez point celui qui l'a donnée?
ALCIPPE. Vous en riez!
DORANTE. Je ris de vous voir étonné
D'un divertissement que je me suis donné.
ALCIPPE. Vous?
DORANTE. Moi-même.
ALCIPPE. Et déjà vous avez fait maîtresse?
DORANTE. Si je n'en avais fait, j'aurais bien peu d'adresse,
Moi qui depuis un mois suis ici de retour.
Il est vrai que je sors fort peu souvent de jour;
De nuit, *incognito* je rends quelques visites.
Ainsi.....
CLITON *a Dorante à l'oreille*. Vous ne savez, monsieur, ce que vous dites.
DORANTE. Tais-toi : si jamais plus tu me viens avertir...
CLITON *à part*. J'enrage de me taire et d'entendre mentir.
PHILISTE *à Alcippe tout bas*.
Voyez qu'heureusement dedans cette rencontre
Votre rival lui-même à vous-même se montre.
DORANTE *revenant à eux*.
Comme à mes chers amis, je vous veux tout conter.
J'avais pris cinq bateaux pour mieux tout ajuster :
Les quatre contenaient quatre chœurs de musique
Capables de charmer le plus mélancolique.
Au premier, violons; en l'autre, luths et voix;
Des flûtes, au troisième; au dernier, des hautbois,
Qui tour à tour dans l'air poussaient des harmonies
Dont on pouvait nommer les douceurs infinies.
Le cinquième était grand, tapissé tout exprès
De rameaux enlacés pour conserver le frais,
Dont chaque extrémité portait un doux mélange

De bouquets de jasmin, de grenade et d'orange.
Je fis de ce bateau la salle du festin :
Là, je menai l'objet qui fait seul mon destin;
De cinq autres beautés la sienne fut suivie,
Et la collation fut aussitôt servie.
Je ne vous dirai point les différents apprêts,
Le nom de chaque plat, le rang de chaque mets;
Vous saurez seulement qu'en ce lieu de délices
On servit douze plats, et qu'on fit six services,
Cependant que les eaux, les rochers et les airs
Répondaient aux accents de nos quatre concerts.
Après qu'on eut mangé, mille et mille fusées,
S'élançant vers les cieux, ou droites, ou croisées,
Firent un nouveau jour, d'où tant de serpenteaux
D'un déluge de flamme attaquèrent les eaux,
Qu'on crut que pour leur faire une plus rude guerre
Tout l'élément du feu tombait du ciel en terre.
Après ce passe-temps on dansa jusqu'au jour,
Dont le soleil jaloux avança le retour.
S'il eût pris notre avis, sa lumière importune
N'eût pas troublé sitôt ma petite fortune;
Mais, n'étant pas d'humeur à suivre nos désirs,
Il sépara la troupe, et finit nos plaisirs.

ALCIPPE. Certes, vous avez grâce à conter ces merveilles :
Paris, tout grand qu'il est, en voit peu de pareilles.
DORANTE. J'avais été surpris; et l'objet de mes vœux
Ne m'avait tout au plus donné qu'une heure ou deux.
PHILISTE. Cependant l'ordre est rare et la dépense belle.
DORANTE. Il s'est fallu passer à cette bagatelle :
Alors que le temps presse on n'a pas à choisir.
ALCIPPE. Adieu : nous nous verrons avec plus de loisir.
DORANTE. Faites état de moi.
ALCIPPE *à Philiste en s'en allant.* Je meurs de jalousie!
PHILISTE *à Alcippe.* Sans raison toutefois votre âme en est saisie;
Les signes du festin ne s'accordent pas bien.
ALCIPPE *à Philiste.* Le lieu s'accorde, et l'heure, et le reste n'est rien.

SCÈNE VI.

DORANTE, CLITON.

CLITON. Monsieur, puis-je à présent parler sans vous déplaire?
DORANTE. Je remets à ton choix de parler ou te taire;
Mais quand tu vois quelqu'un, ne fais plus l'insolent.
CLITON. Votre ordinaire est-il de rêver en parlant?
DORANTE. Où me vois-tu rêver?
CLITON. J'appelle rêveries
Ce qu'en d'autres qu'un maître on nomme menteries;

ACTE I.

Je parle avec respect.
DORANTE. Pauvre esprit!
CLITON. Je le perds
Quand je vous ois parler de guerre et de concerts.
Vous voyez sans péril nos batailles dernières,
Et faites des festins qui ne vous coûtent guères.
Pourquoi depuis un an vous feindre de retour?
DORANTE. J'en montre plus de flamme, et j'en fais mieux ma cour.
CLITON. Qu'a de propre la guerre à montrer votre flamme?
DORANTE. O le beau compliment à charmer une dame,
De lui dire d'abord : « J'apporte à vos beautés
» Un cœur nouveau venu des universités :
» Si vous avez besoin de lois et de rubriques,
» Je sais le Code entier avec les Authentiques,
» Le Digeste nouveau, le vieux, l'Infortiat,
» Ce qu'en a dit Jason, Balde, Accurse, Alciat! »
Qu'un si riche discours nous rend considérables!
Qu'on amollit par là de cœurs inexorables!
Qu'un homme à paragraphe est un joli galant!
On s'introduit bien mieux à titre de vaillant :
Tout le secret ne gît qu'en un peu de grimace;
A mentir à propos, jurer de bonne grâce,
Etaler force mots qu'elles n'entendent pas,
Faire sonner Lamboy, Jean de Vert et Galas;
Nommer quelques châteaux de qui les noms barbares,
Plus ils blessent l'oreille et plus ils semblent rares;
Avoir toujours en bouche angles, lignes, fossés,
Vedette, contrescarpe et travaux avancés :
Sans ordre et sans raison, n'importe, on les étonne;
On leur fait admirer les baïes qu'on leur donne :
Et tel, à la faveur d'un semblable débit,
Passe pour homme illustre et se met en crédit.
CLITON. A qui vous veut ouïr vous en faites bien croire :
Mais celle-ci bientôt peut savoir votre histoire.
DORANTE. J'aurai déjà gagné chez elle quelque accès;
Et, loin d'en redouter un malheureux succès,
Si jamais un fâcheux nous nuit par sa présence,
Nous pourrons sous ces mots être d'intelligence.
Voilà traiter l'amour, Cliton, et comme il faut.
CLITON. A vous dire le vrai, je tombe de bien haut.
Mais parlons du festin. Urgande et Mélusine
N'ont jamais sur-le-champ mieux fourni leur cuisine;
Vous allez au delà de leurs enchantements;
Vous seriez un grand maître à faire des romans :
Ayant si bien en main le festin et la guerre,
Vos gens en moins de rien courraient toute la terre;
Et ce serait pour vous des travaux fort légers
Que d'y mêler partout la pompe et les dangers.

DORANTE. Ces hautes fictions vous sont bien naturelles.
J'aime à braver ainsi les conteurs de nouvelles;
Et sitôt que j'en vois quelqu'un s'imaginer
Que ce qu'il veut m'apprendre a de quoi m'étonner,
Je le sers aussitôt d'un conte imaginaire
Qui l'étonne lui-même et le force à se taire.
Si tu pouvais savoir quel plaisir on a lors
De leur faire rentrer leurs nouvelles au corps...
CLITON. Je le juge assez grand : mais enfin ces pratiques
Vous couvriront de honte en devenant publiques.
DORANTE. N'en prends point de souci. Mais tous ces vains discours
M'empêchent de chercher l'objet de mes amours;
Tâchons de le rejoindre, et sache qu'à me suivre
Je t'apprendrai bientôt d'autres façons de vivre.

ACTE DEUXIÈME

SCÈNE I.

GÉRONTE, CLARICE, ISABELLE.

CLARICE. Je sais qu'il vaut beaucoup étant sorti de vous.
Mais, monsieur, sans le voir, accepter un époux,
Par quelque haut récit qu'on en soit conviée,
C'est grande avidité de se voir mariée.
D'ailleurs, en recevoir visite et compliment,
Et lui permettre accès en qualité d'amant,
A moins qu'à vos projets un plein effet réponde,
Ce serait trop donner à discourir au monde.
Trouvez donc un moyen de me le faire voir,
Sans m'exposer au blâme et manquer au devoir.
GÉRONTE. Oui, vous avez raison, belle et sage Clarice;
Ce que vous m'ordonnez est la même justice;
Et comme c'est à nous à subir votre loi,
Je reviens tout à l'heure, et Dorante avec moi.
Je le tiendrai longtemps dessous votre fenêtre,
Afin qu'avec loisir vous puissiez le connaître,
Examiner sa taille, et sa mine, et son air,
Et voir quel est l'époux que je veux vous donner.
Il vint hier de Poitiers, mais il sent peu l'école;
Et, si l'on pouvait croire un père à sa parole,
Quelque écolier qu'il soit, je dirais qu'aujourd'hui
Peu de nos gens de cour sont mieux taillés que lui.
Mais vous en jugerez après la voix publique.
Je cherche à l'arrêter, parce qu'il m'est unique,
Et je brûle surtout de le voir sous vos lois.

CLARICE. Vous m'honorez beaucoup d'un si glorieux choix.
Je l'attendrai, monsieur, avec impatience,
Et je l'aime déjà sur cette confiance.

SCÈNE II.
ISABELLE, CLARICE.

ISABELLE. Ainsi vous le verrez, et sans vous engager.
CLARICE. Mais pour le voir ainsi qu'en pourrai-je juger?
J'en verrai le dehors, la mine, l'apparence;
Mais du reste, Isabelle, où prendre l'assurance?
Le dedans paraît mal en ces miroirs flatteurs;
Les visages souvent sont de doux imposteurs.
Que de défauts d'esprit se couvrent de leurs grâces!
Et que de beaux semblants cachent des âmes basses!
Les yeux en ce grand choix ont la première part;
Mais leur déférer tout, c'est tout mettre au hasard :
Qui veut vivre en repos ne doit pas leur déplaire;
Mais sans leur obéir il doit les satisfaire,
En croire leur refus, et non pas leur aveu,
Et sur d'autres conseils laisser naître son feu.
Cette chaîne qui dure autant que notre vie,
Et qui devrait donner plus de peur que d'envie,
Si l'on n'y prend bien garde, attache assez souvent
Le contraire au contraire, et le mort au vivant :
Et pour moi, puisqu'il faut qu'elle me donne un maître,
Avant que l'accepter je voudrais le connaître,
Mais connaître dans l'âme.
ISABELLE.   Eh bien! qu'il parle à vous.
CLARICE. Alcippe le sachant en deviendrait jaloux.
ISABELLE. Qu'importe qu'il le soit, si vous avez Dorante?
CLARICE. Sa perte ne m'est pas encore indifférente;
Et l'accord de l'hymen entre nous concerté,
Si son père venait serait exécuté.
Depuis plus de deux ans il promet et diffère;
Tantôt c'est maladie, et tantôt quelque affaire;
Le chemin est mal sûr, ou les jours sont trop courts;
Et le bonhomme enfin ne peut sortir de Tours.
Je prends tous ces délais pour une résistance,
Et ne suis point d'humeur à mourir de constance.
Chaque moment d'attente ôte de notre prix;
Et fille qui vieillit tombe dans le mépris.
C'est un nom glorieux qui se garde avec honte;
Sa défaite est fâcheuse à moins que d'être prompte :
Le temps n'est pas un dieu qu'elle puisse braver,
Et son honneur se perd à le trop conserver.
ISABELLE. Ainsi vous quitterez Alcippe pour un autre,

De qui l'humeur aurait de quoi plaire à la vôtre?
CLARICE. Oui, je le quitterais : mais pour ce changement
Il me faudrait en main avoir un autre amant,
Savoir qu'il me fût propre, et que son hyménée
Dût bientôt à la sienne unir ma destinée.
Mon humeur sans cela ne s'y résout pas bien,
Car Alcippe, après tout, vaut toujours mieux que rien;
Son père peut venir, quelque long temps qu'il tarde.
ISABELLE. Pour en venir à bout sans que rien s'y hasarde,
Lucrèce est votre amie, et peut beaucoup pour vous :
Elle n'a point d'amant qui devienne jaloux :
Qu'elle écrive à Dorante, et lui fasse paraître
Qu'elle veut cette nuit le voir par sa fenêtre.
Comme il est encor jeune, on l'y verra voler;
Et là, sous ce faux nom, vous pourrez lui parler
Sans qu'Alcippe jamais en découvre l'adresse,
Ni que lui-même pense à d'autres qu'à Lucrèce.
CLARICE. L'invention est belle; et Lucrèce aisément
Se résoudra pour moi d'écrire un compliment :
J'admire ton adresse à trouver cette ruse.
ISABELLE. Puis-je vous dire encor que, si je ne m'abuse,
Tantôt cet inconnu ne vous déplaisait pas?
CLARICE. Ah! bon Dieu! si Dorante avait autant d'appas,
Que d'Alcippe aisément il obtiendrait la place!
ISABELLE. Ne parlez point d'Alcippe; il vient.
CLARICE.   Qu'il m'embarrasse!
Va pour moi chez Lucrèce, et lui dis mon projet,
Et tout ce qu'on peut dire en un pareil sujet.

SCÈNE III.

CLARICE, ALCIPPE.

ALCIPPE. Ah! Clarice, ah! Clarice, inconstante! volage!
CLARICE *à part le premier vers.* Aurait-il deviné déjà ce mariage?
Alcippe, qu'avez-vous? qui vous fait soupirer?
ALCIPPE. Ce que j'ai, déloyale! eh! peux-tu l'ignorer?
Parle à ta conscience; elle devrait t'apprendre...
CLARICE. Parlez un peu plus bas, mon père va descendre.
ALCIPPE. Ton père va descendre, âme double et sans foi!
Confesse que tu n'as un père que pour moi.
La nuit, sur la rivière...
CLARICE.   Eh bien! sur la rivière?
La nuit? quoi? qu'est-ce enfin?
ALCIPPE.   Oui, la nuit toute entière
CLARICE. Après?
ALCIPPE.   Quoi! sans rougir?
CLARICE.   Rougir! à quel propos?

ALCIPPE. Tu ne meurs pas de honte entendant ces deux mots!
CLARICE. Mourir pour les entendre! Et qu'ont-ils de funeste?
ALCIPPE. Tu peux donc les ouïr, et demander le reste!
Ne saurais-tu rougir, si je ne te dis tout?
CLARICE. Quoi? tout!
ALCIPPE. Tes passe-temps, de l'un à l'autre bout.
CLARICE. Je meure, en vos discours si je puis rien comprendre!
ALCIPPE. Quand je te veux parler, ton père va descendre:
Il t'en souvient alors; le tour est excellent!
Mais pour passer la nuit auprès de ton galant...
CLARICE. Alcippe, êtes-vous fou?
ALCIPPE. Je n'ai plus lieu de l'être,
A présent que le ciel me fait te mieux connaître.
Oui, pour passer la nuit en danses et festin,
Etre avec ton galant du soir jusqu'au matin,
Je ne parle que d'hier, tu n'as point lors de père.
CLARICE. Rêvez-vous? raillez-vous? et quel est ce mystère?
ALCIPPE. Ce mystère est nouveau, mais non pas fort secret.
Choisis une autre fois un amant plus discret;
Lui-même il m'a tout dit.
CLARICE. Qui, lui-même?
ALCIPPE. Dorante.
CLARICE. Dorante!
ALCIPPE. Continue, et fais bien l'ignorante.
CLARICE. Si je le vis jamais, et si je le connoi...!
ALCIPPE. Ne viens-je pas de voir son père avecque toi?
Tu passes, infidèle, âme ingrate et légère,
La nuit avec le fils, le jour avec le père!
CLARICE. Son père de vieux temps est grand ami du mien.
ALCIPPE. Cette vieille amitié faisait votre entretien?
Tu te sens convaincue, et tu m'oses répondre!
Te faut-il quelque chose encor pour te confondre?
CLARICE. Alcippe, si je sais quel visage a le fils...
ALCIPPE. La nuit était fort noire alors que tu le vis.
Il ne t'a pas donné quatre chœurs de musique,
Une collation superbe et magnifique,
Six services de rang, douze plats à chacun?
Son entretien alors t'était fort importun?
Quand ses feux d'artifice éclairaient le rivage,
Tu n'eus pas le loisir de le voir au visage?
Tu n'as pas avec lui dansé jusques au jour?
Et tu ne l'as pas vu pour le moins au retour?
T'en ai-je dit assez? Rougis et meurs de honte.
CLARICE. Je ne rougirai point pour le récit d'un conte.
ALCIPPE. Quoi! je suis donc un fourbe, un bizarre, un jaloux?
CLARICE. Quelqu'un a pris plaisir à se jouer de vous,
Alcippe, croyez-moi.
ALCIPPE. Ne cherche point d'excuses;

Je connais tes détours et devine tes ruses.
Adieu : suis ton Dorante et l'aime désormais;
Laisse en repos Alcippe, et n'y pense jamais.
CLARICE. Ecoutez quatre mots.
ALCIPPE. Ton père va descendre.
CLARICE. Non, il ne descend point et ne peut nous entendre;
Et j'aurai tout loisir de vous désabuser.
ALCIPPE. Je ne t'écoute point, à moins que m'épouser,
A moins qu'en attendant le jour du mariage
M'en donner ta parole et deux baisers en gage.
CLARICE. Pour me justifier vous demandez de moi,
Alcippe?...
ALCIPPE. Deux baisers, et ta main, et ta foi.
CLARICE. Que cela?
ALCIPPE. Résous-toi, sans plus me faire attendre.
CLARICE. Je n'ai pas le loisir, mon père va descendre.

SCÈNE IV.

ALCIPPE.

Va, ris de ma douleur alors que je te perds;
Par ces indignités romps toi-même mes fers;
Aide mes feux trompés à se tourner en glace;
Aide un juste courroux à se mettre en leur place :
Je cours à la vengeance, et porte à ton amant
Le vif et prompt effet de mon ressentiment.
S'il est homme de cœur, ce jour même nos armes
Régleront par leur sort tes plaisirs ou tes larmes;
Et, plutôt que le voir possesseur de mon bien,
Puissé-je dans son sang voir couler tout le mien!
Le voici ce rival que son père t'amène;
Ma vieille amitié cède à ma nouvelle haine;
Sa vue accroît l'ardeur dont je me sens brûler;
Mais ce n'est pas ici qu'il faut le quereller.

SCÈNE V.

GÉRONTE, DORANTE, CLITON.

GÉRONTE. Dorante, arrêtons-nous; le trop de promenade
Me mettrait hors d'haleine et me ferait malade.
Que l'ordre est rare et beau de ces grands bâtiments!
DORANTE. Paris semble à mes yeux un pays de romans:
J'y croyais, ce matin, voir une île enchantée;
Je la laissai déserte, et la trouve habitée :
Quelque Amphion nouveau, sans l'aide des maçons,
En superbes palais a changé ces buissons.
GÉRONTE. Paris voit tous les jours de ces métamorphoses.
Dans tout le Pré-aux-Clercs tu verras mêmes choses,

Et l'univers entier ne peut rien voir d'égal
Aux superbes dehors du Palais-Cardinal.
Toute une ville entière avec pompe bâtie,
Semble d'un vieux fossé par miracle sortie,
Et nous fait présumer, à ses superbes toits,
Que tous ses habitants sont des dieux ou des rois.
Mais changeons de discours. Tu sais combien je t'aime.

DORANTE. Je chéris cet honneur bien plus que le jour même.
GÉRONTE. Comme de mon hymen il n'est sorti que toi,
Et que je te vois prendre un périlleux emploi,
Où l'ardeur pour la gloire à tout oser convie,
Et force à tout moment de négliger la vie;
Avant qu'aucun malheur te puisse être avenu,
Pour te faire marcher un peu plus retenu
Je te veux marier.
DORANTE *à part.*   O ma chère Lucrèce!
GÉRONTE. Je t'ai voulu choisir moi-même une maîtresse,
Honnête, belle, riche.
DORANTE.   Ah! pour la bien choisir,
Mon père, donnez-vous un peu plus de loisir.
GÉRONTE. Je la connais assez. Clarice est belle et sage
Autant que dans Paris il en soit de son âge:
Son père de tout temps est mon plus grand ami,
Et l'affaire est conclue.
DORANTE.   Ah! monsieur, je frémi:
D'un fardeau si pesant accabler ma jeunesse!
GÉRONTE. Fais ce que je t'ordonne.
DORANTE *à part les premiers mots.* Il faut jouer d'adresse.
Quoi! monsieur, à présent qu'il faut dans les combats
Acquérir quelque nom, et signaler mon bras...
GÉRONTE. Avant qu'être au hasard qu'un autre bras t'immole,
Je veux dans ma maison avoir qui m'en console;
Je veux qu'un petit-fils puisse y tenir ton rang,
Soutenir ma vieillesse, et réparer mon sang.
En un mot, je le veux.
DORANTE.   Vous êtes inflexible?
GÉRONTE. Fais ce que je te dis.
DORANTE.   Mais s'il m'est impossible?
GÉRONTE. Impossible! et comment?
DORANTE.   Souffrez qu'aux yeux de tous
Pour obtenir pardon j'embrasse vos genoux.
Je suis...
GÉRONTE.   Quoi?
DORANTE.   Dans Poitiers...
GÉRONTE.   Parle donc, et te lève.
DORANTE. Je suis donc marié, puisqu'il faut que j'achève.
GÉRONTE. Sans mon consentement!
DORANTE.   On m'a violenté.

Vous ferez tout casser par votre autorité :
Mais nous fûmes tous deux forcés à l'hyménée
Par la fatalité la plus inopinée...
Ah ! si vous la saviez !

GÉRONTE. Dis, ne me cache rien.

DORANTE. Elle est de fort bon lieu, mon père ; et pour son bien,
S'il n'est du tout si grand que votre humeur souhaite...

GÉRONTE. Sachons, à cela près, puisque c'est chose faite.
Elle se nomme ?

DORANTE. Orphise, et son père, Armédon.

GÉRONTE. Je n'ai jamais ouï ni l'un ni l'autre nom.
Mais poursuis.

DORANTE. Je la vis presque à mon arrivée.
Une âme de rocher ne s'en fût pas sauvée,
Tant elle avait d'appas, et tant son œil vainqueur
Par une douce force assujettit mon cœur !
Je cherchai donc chez elle à faire connaissance ;
Et les soins obligeants de ma persévérance
Surent plaire de sorte à cet objet charmant,
Que j'en fus en six mois autant aimé qu'amant.
J'en reçus des faveurs secrètes, mais honnêtes ;
Et j'étendis si loin mes petites conquêtes,
Qu'en son quartier souvent je me coulais sans bruit,
Pour causer avec elle une part de la nuit.
Un soir que je venais de monter dans sa chambre,
Ce fut, s'il m'en souvient, le second de septembre ;
Oui, ce fut ce jour-là que je fus attrapé :
Ce soir même son père en ville avait soupé ;
Il monte, à son retour ; il frappe à la porte : elle
Transit, pâlit, rougit, me cache en sa ruelle,
Ouvre enfin ; et d'abord, qu'elle eut d'esprit et d'art !
Elle se jette au cou de ce pauvre vieillard,
Dérobe en l'embrassant son désordre à sa vue.
Il se sied ; il lui dit qu'il veut la voir pourvue ;
Lui propose un parti qu'on lui venait d'offrir.
Jugez combien mon cœur avait lors à souffrir !
Par sa réponse adroite elle sut si bien faire,
Que sans m'inquiéter elle plut à son père.
Ce discours ennuyeux enfin se termina ;
Le bonhomme partait, quand ma montre sonna :
Et lui se retournant vers sa fille étonnée,
« Depuis quand cette montre ? et qui vous l'a donnée ?
» Acaste, mon cousin, me la vient d'envoyer,
» Dit-elle, et veut ici la faire nettoyer,
» N'ayant point d'horlogers au lieu de sa demeure :
» Elle a déjà sonné deux fois en un quart d'heure.
» Donnez-la-moi, dit-il, j'en prendrai mieux le soin. »
Alors pour me la prendre elle vient en mon coin ;

ACTE II.

Je la lui donne en main : mais, voyez ma disgrâce,
Avec mon pistolet le cordon s'embarrasse,
Fait marcher le déclin; le feu prend, le coup part.
Jugez de notre trouble à ce triste hasard:
Elle tombe par terre; et moi, je la crus morte.
Le père épouvanté gagne aussitôt la porte;
Il appelle au secours, il crie à l'assassin.
Son fils et deux valets me coupent le chemin.
Furieux de ma perte, et combattant de rage,
Au milieu de tous trois je me faisais passage,
Quand un autre malheur de nouveau me perdit;
Mon épée en ma main en trois morceaux rompit.
Désarmé, je recule, et rentre; alors Orphise,
De sa frayeur première aucunement remise,
Sait prendre un temps si juste en son reste d'effroi,
Qu'elle pousse la porte et s'enferme avec moi:
Soudain nous entassons, pour défenses nouvelles,
Bancs, tables, coffres, lits, et jusqu'aux escabelles;
Nous nous barricadons, et, dans ce premier feu,
Nous croyons gagner tout à différer un peu.
Mais comme à ce rempart l'un et l'autre travaille,
D'une chambre voisine on perce la muraille:
Alors me voyant pris, il fallut composer.
   (Ici Clarice les voit de sa fenêtre; et Lucrèce, avec Isabelle, les voit aussi de la sienne.)

GÉRONTE. C'est-à-dire, en français, qu'il fallut l'épouser?
DORANTE. Les siens m'avaient trouvé de nuit seul avec elle;
Ils étaient les plus forts, elle me semblait belle,
Le scandale était grand, son honneur se perdait;
A ne le faire pas ma tête en répondait;
Ses grands efforts pour moi, son péril et ses larmes,
A mon cœur amoureux étaient de nouveaux charmes;
Donc pour sauver ma vie ainsi que son honneur,
Et me mettre avec elle au comble du bonheur,
Je changeai d'un seul mot la tempête en bonace,
Et fis ce que tout autre aurait fait en ma place.
Choisissez maintenant de me voir, ou mourir,
Ou posséder un bien qu'on ne peut trop chérir.
GÉRONTE. Non, non, je ne suis pas si mauvais que tu penses,
Et trouve en ton malheur de telles circonstances,
Que mon amour t'excuse; et mon esprit touché
Te blâme seulement de l'avoir trop caché.
DORANTE. Le peu de bien qu'elle a me faisait vous le taire.
GÉRONTE. Je prends peu garde au bien, afin d'être bon père.
Elle est belle, elle est sage, elle sort de bon lieu,
Tu l'aimes, elle t'aime; il me suffit. Adieu,
Je vais me dégager du père de Clarice.

SCÈNE VI.

DORANTE, CLITON.

DORANTE. Que dis-tu de l'histoire et de mon artifice ?
Le bonhomme en tient-il ? m'en suis-je bien tiré ?
Quelque sot en ma place y serait demeuré ;
Il eût perdu le temps à gémir, à se plaindre,
Et malgré son amour se fût laissé contraindre.
O l'utile secret que mentir à propos !
CLITON. Quoi ! ce que vous disiez n'est pas vrai ?
DORANTE. Pas deux mots,
Et tu ne viens d'ouïr qu'un trait de gentillesse
Pour conserver mon âme et mon cœur à Lucrèce.
CLITON. Quoi ! la montre, l'épée, avec le pistolet...
DORANTE. Industrie.
CLITON. Obligez, monsieur, votre valet :
Quand vous voudrez jouer de ces grands coups de maître,
Donnez-lui quelque signe à les pouvoir connaître.
Quoique bien averti, j'étais dans le panneau.
DORANTE. Va, n'appréhende pas d'y tomber de nouveau :
Tu seras de mon cœur l'unique secrétaire,
Et de tous mes secrets le grand dépositaire.
CLITON. Avec ces qualités j'ose bien espérer
Qu'assez malaisément je pourrai m'en parer.
Mais parlons de vos feux. Certes cette maîtresse...

SCÈNE VII.

DORANTE, CLITON, SABINE.

SABINE *lui donnant un billet.*
Lisez ceci, monsieur.
DORANTE. D'où vient-il ?
SABINE. De Lucrèce.
DORANTE *après l'avoir lu.* Dis-lui que j'y viendrai.

SCÈNE VIII.

DORANTE, CLITON.

DORANTE. Doute encore, Cliton,
A laquelle des deux appartient ce beau nom !
Lucrèce sent sa part des feux qu'elle fait naître,
Et me veut cette nuit parler par sa fenêtre.
Dis encor que c'est l'autre, ou que tu n'es qu'un sot.
Qu'aurait l'autre à m'écrire, à qui je n'ai dit mot ?
CLITON. Monsieur, pour ce sujet n'ayons point de querelle ;
Cette nuit, à la voix, vous saurez si c'est elle,

DORANTE. Coule-toi là dedans; et de quelqu'un des siens
Sache subtilement sa famille et ses biens.

SCÈNE IX.
DORANTE, LYCAS.

LYCAS *lui présentant un billet.*
Monsieur.
DORANTE. Autre billet.
(*Il continue après avoir lu tout bas le billet.*)
J'ignore quelle offense
Peut d'Alcippe avec moi rompre l'intelligence.
Mais n'importe, dis-lui que j'irai volontiers;
Je te suis.

SCÈNE X.
DORANTE.

Je revins hier au soir de Poitiers,
D'aujourd'hui seulement je produis mon visage,
Et j'ai déjà querelle, amour, et mariage.
Pour un commencement ce n'est point mal trouvé.
Vienne encore un procès, et je suis achevé.
Se charge qui voudra d'affaires plus pressantes,
Plus en nombre à la fois, et plus embarrassantes,
Je pardonne à qui mieux s'en pourra démêler.
Mais allons voir celui qui m'ose quereller.

ACTE TROISIÈME.

SCÈNE I.
DORANTE, ALCIPPE, PHILISTE.

PHILISTE. Oui, vous faisiez tous deux en hommes de courage,
Et n'aviez l'un ni l'autre aucun désavantage.
Je rends grâces au ciel de ce qu'il a permis
Que je sois survenu pour vous refaire amis,
Et que, la chose égale, ainsi je vous sépare.
Mon heur en est extrême, et l'aventure rare.
DORANTE. L'aventure est encor bien plus rare pour moi,
Qui lui faisais raison sans avoir su de quoi.
Mais, Alcippe, à présent tirez-moi hors de peine.
Quel sujet aviez-vous de colère ou de haine?

Quelque mauvais rapport m'aurait-il pu noircir?
Dites; que devant lui je vous puisse éclaircir.
ALCIPPE. Vous le savez assez.
DORANTE.   Plus je me considère,
Moins je découvre en moi ce qui peut vous déplaire.
ALCIPPE. Hé bien! puisqu'il vous faut parler plus clairement,
Depuis plus de deux ans j'aime secrètement;
Mon affaire est d'accord, et la chose vaut faite:
Mais pour quelque raison nous la tenons secrète.
Cependant à l'objet qui me tient sous sa loi,
Et qui sans me trahir ne peut être qu'à moi,
Vous avez donné bal, collation, musique;
Et vous n'ignorez pas combien cela me pique,
Puisque, pour me jouer un si sensible tour,
Vous m'avez à dessein caché votre retour,
Et n'avez aujourd'hui quitté votre embuscade
Qu'afin de m'en conter l'histoire par bravade.
Ce procédé m'étonne, et j'ai lieu de penser
Que vous n'avez rien fait qu'afin de m'offenser.
DORANTE. Si vous pouviez encor douter de mon courage,
Je ne vous guérirais ni d'erreur, ni d'ombrage,
Et nous nous reverrions si nous étions rivaux:
Mais comme vous savez tous deux ce que je vaux,
Ecoutez en deux mots l'histoire démêlée.
    Celle que cette nuit sur l'eau j'ai régalée,
N'a pu vous donner lieu de devenir jaloux,
Car elle est mariée, et ne peut être à vous.
Depuis peu pour affaire elle est ici venue;
Et je ne pense pas qu'elle vous soit connue.
ALCIPPE. Je suis ravi, Dorante, en cette occasion,
De voir finir sitôt notre division.
DORANTE. Alcippe, une autre fois, donnez moins de croyance
Aux premiers mouvements de votre défiance;
Jusqu'à mieux savoir tout sachez vous retenir,
Et ne commencez plus par où l'on doit finir.
Adieu, je suis à vous.

SCÈNE II.

ALCIPPE, PHILISTE.

PHILISTE.   Ce cœur encor soupire!
ALCIPPE. Hélas! je sors d'un mal pour tomber dans un pire.
Cette collation, qui l'aura pu donner?
A qui puis-je m'en prendre? et que m'imaginer?
PHILISTE. Que l'ardeur de Clarice est égale à vos flammes.
Cette galanterie était pour d'autres dames.
L'erreur de votre page a causé votre ennui;
S'étant trompé lui-même, il vous trompe après lui.

J'ai tout su de lui-même et des gens de Lucrèce.
Il avait vu chez elle entrer votre maîtresse,
Mais il n'avait pas su qu'Hippolyte et Daphné
Ce jour-là par hasard chez elle avaient dîné.
Il les en voit sortir, mais à coiffe abattue,
Et sans les approcher il suit de rue en rue;
Aux couleurs, au carrosse, il ne doute de rien;
Tout était à Lucrèce, et le dupe si bien,
Que prenant ces beautés pour Lucrèce et Clarice,
Il rend à votre amour un très-mauvais service.
Il les voit donc aller jusques au bord de l'eau,
Descendre de carrosse, entrer dans un bateau;
Il voit porter des plats, entend quelque musique,
A ce que l'on m'a dit assez mélancolique.
Mais cessez d'en avoir l'esprit inquiété,
Car enfin le carrosse avait été prêté:
L'avis se trouve faux; et ces deux autres belles
Avaient en plein repos passé la nuit chez elles.

ALCIPPE. Quel malheur est le mien! ainsi donc sans sujet
J'ai fait ce grand vacarme à ce charmant objet!

PHILISTE. Je ferai votre paix. Mais sachez autre chose.
Celui qui de ce trouble est la seconde cause,
Dorante, qui tantôt nous en a tant conté
De son festin superbe et sur l'heure apprêté,
Lui qui, depuis un mois nous cachant sa venue,
La nuit, *incognito*, visite une inconnue,
Il vint hier de Poitiers, et, sans faire aucun bruit,
Chez lui paisiblement a dormi toute nuit.

ALCIPPE. Quoi! sa collation...

PHILISTE. N'est rien qu'un pur mensonge;
Ou, quand il l'a donnée, il l'a donnée en songe.

ALCIPPE. Dorante en ce combat si peu prémédité
M'a fait voir trop de cœur pour tant de lâcheté!
La valeur n'apprend point la fourbe en son école;
Tout homme de courage est homme de parole,
A des vices si bas il ne peut consentir,
Et fuit plus que la mort la honte de mentir.
Cela n'est point.

PHILISTE. Dorante, à ce que je présume,
Est vaillant par nature, et menteur par coutume.
Ayez sur ce sujet moins d'incrédulité,
Et vous-même admirez notre simplicité.
A nous laisser duper nous sommes bien novices:
Une collation servie à six services,
Quatre concerts entiers, tant de plats, tant de feux,
Tout cela cependant prêt en une heure ou deux,
Comme si l'appareil d'une telle cuisine
Fût descendu du ciel dedans quelque machine;

Quiconque le peut croire ainsi que vous et moi,
S'il a manqué de sens, n'a pas manqué de foi.
Pour moi, je voyais bien que tout ce badinage
Répondait assez mal aux remarques du page.
Mais vous?

ALCIPPE. La jalousie aveugle un cœur atteint,
Et sans examiner croit tout ce qu'elle craint.
Mais laissons là Dorante avecque son audace;
Allons trouver Clarice, et lui demander grâce;
Elle pouvait tantôt m'entendre sans rougir.

PHILISTE. Attendez à demain, et me laissez agir;
Je veux par ce récit vous préparer la voie,
Dissiper sa colère, et lui rendre sa joie.
Ne vous exposez point, pour gagner un moment,
Aux premières chaleurs de son ressentiment.

ALCIPPE. Si du jour qui s'enfuit la lumière est fidèle,
Je pense l'entrevoir avec son Isabelle.
Je suivrai tes conseils, et fuirai son courroux
Jusqu'à ce qu'elle ait ri de m'avoir vu jaloux.

SCÈNE III.

CLARICE, ISABELLE.

CLARICE. Isabelle, il est temps, allons trouver Lucrèce

ISABELLE. Il n'est pas encor tard, et rien ne vous en presse;
Vous avez un pouvoir bien grand sur son esprit;
A peine ai-je parlé qu'elle a sur l'heure écrit.

CLARICE. Clarice à la servir ne serait pas moins prompte.
Mais dis : par sa fenêtre as-tu bien vu Géronte?
Et sais-tu que ce fils qu'il m'avait tant vanté
Est ce même inconnu qui m'en a tant conté?

ISABELLE. A Lucrèce avec moi je l'ai fait reconnaître;
Et sitôt que Géronte a voulu disparaître,
Le voyant resté seul avec un vieux valet,
Sabine à nos yeux même a rendu le billet.
Vous parlerez à lui.

CLARICE. Qu'il est fourbe, Isabelle!

ISABELLE. Eh bien! cette pratique est-elle si nouvelle?
Dorante est-il le seul qui, de jeune écolier,
Pour être mieux reçu s'érige en cavalier?
Que j'en sais comme lui qui parlent d'Allemagne,
Et, si l'on veut les croire, ont vu chaque campagne,
Sur chaque occasion tranchent des entendus,
Comptent quelque défaite et des chevaux perdus;
Qui, dans une gazette apprenant ce langage,
S'ils sortent de Paris, ne vont qu'à leur village,
Et se donnent ici pour témoins approuvés
De tous ces grands combats qu'ils ont lus ou rêvés!

Il aura cru sans doute, ou je suis fort trompée,
Que les filles de cœur aiment les gens d'épée;
Et, vous prenant pour telle, il a jugé soudain
Qu'une plume au chapeau vous plaît mieux qu'à la main.
Ainsi donc pour vous plaire il a voulu paraître,
Non pas pour ce qu'il est, mais pour ce qu'il veut être,
Et s'est osé promettre un traitement plus doux
Dans la condition qu'il veut prendre pour vous.

CLARICE. En matière de fourbe, il est maître, il y pipe;
Après m'avoir dupée, il dupe encore Alcippe.
Ce malheureux jaloux s'est blessé le cerveau
D'un festin qu'hier au soir il m'a donné sur l'eau.
Juge un peu si la pièce a la moindre apparence.
Alcippe cependant m'accuse d'inconstance,
Me fait une querelle où je ne comprends rien.
J'ai, dit-il, toute nuit souffert son entretien;
Il me parle de bal, de danse, de musique,
D'une collation superbe et magnifique,
Servie à tant de plats tant de fois redoublés,
Que j'en ai la cervelle et les esprits troublés.

ISABELLE. Reconnaissez par là que Dorante vous aime,
Et que dans son amour son adresse est extrême;
Il aura su qu'Alcippe était bien avec vous,
Et pour l'en éloigner il l'a rendu jaloux.
Soudain à cet effort il en a joint un autre,
Il a fait que son père est venu voir le vôtre.
Un amant peut-il mieux agir en un moment
Que de gagner un père et brouiller l'autre amant?
Votre père l'agrée, et le sien vous souhaite;
Il vous aime, il vous plaît, c'est une affaire faite.

CLARICE. Elle est faite, de vrai, ce qu'elle se fera.

ISABELLE. Quoi! votre cœur se change, et désobéira!

CLARICE. Tu vas sortir de garde et perdre tes mesures;
Explique, si tu peux, encor ses impostures.
Il était marié sans que l'on en sût rien;
Et son père a repris sa parole du mien,
Fort triste de visage et fort confus dans l'âme.

ISABELLE. Ah! je dis à mon tour: Qu'il est fourbe, madame!
C'est bien aimer la fourbe, et l'avoir bien en main,
Que de prendre plaisir à fourber sans dessein.
Car pour moi, plus j'y songe, et moins je puis comprendre
Quel fruit auprès de vous il en ose prétendre.
Mais qu'allez-vous donc faire? et pourquoi lui parler?
Est-ce à dessein d'en rire, ou de le quereller?

CLARICE. Je prendrai du plaisir du moins à le confondre.

ISABELLE. J'en prendrais davantage à le laisser morfondre.

CLARICE. Je veux l'entretenir par curiosité.
Mais j'entrevois quelqu'un dans cette obscurité.

Et si c'était lui-même, il pourrait me connaître.
Entrons donc chez Lucrèce, allons à sa fenêtre.
Puisque c'est sous son nom que je lui dois parler.
Mon jaloux après tout, sera mon pis aller.
Si sa mauvaise humeur déjà n'est apaisée,
Sachant ce que je sais, la chose est fort aisée.

SCÈNE IV.

DORANTE, CLITON.

DORANTE. Voici l'heure et le lieu que marque le billet.
CLITON. J'ai su tout ce détail d'un ancien valet.
Son père est de la robe, et n'a qu'elle de fille;
Je vous ai dit son bien, son âge et sa famille.
Mais, monsieur, ce serait pour me bien divertir,
Si, comme vous, Lucrèce excellait à mentir,
Le divertissement serait rare, ou je meure;
Et je voudrais qu'elle eût ce talent pour une heure;
Qu'elle pût un moment vous piper en votre art,
Rendre conte pour conte, et martre pour renard.
D'un et d'autre côté j'en entendrais de bonnes.
DORANTE. Le ciel fait cette grâce à fort peu de personnes :
Il y faut promptitude, esprit, mémoire, soins,
Ne se brouiller jamais, et rougir encor moins.
Mais la fenêtre s'ouvre, approchons.

SCÈNE V.

CLARICE, LUCRÈCE, ISABELLE *à la fenêtre;* DORANTE, CLITON *en bas.*

CLARICE *à Isabelle.* Isabelle,
Durant notre entretien demeure en sentinelle.
ISABELLE. Lorsque votre vieillard sera prêt à sortir,
Je ne manquerai pas de vous en avertir.
(Isabelle descend de la fenêtre, et ne se montre plus.)
LUCRÈCE *à Clarice.* Il conte assez au long ton histoire à mon père.
Mais parle sous mon nom, c'est à moi de me taire.
CLARICE. Etes-vous là, Dorante?
DORANTE. Oui, madame, c'est moi
Qui veux vivre et mourir sous votre seule loi.
LUCRÈCE *à Clarice.* Sa fleurette pour toi prend encor même style.
CLARICE *à Lucrèce.* Il devrait s'épargner cette gêne inutile.
Mais m'aurait-il déjà reconnue à la voix?
CLITON *à Dorante.* C'est elle; et je me rends, monsieur, à cette fois.
DORANTE *à Clarice.* Oui, c'est moi qui voudrais effacer de ma vie
Les jours que j'ai vécu sans vous avoir servie.
Que vivre sans vous voir est un sort rigoureux!

ACTE III.

C'est ou ne vivre point, ou vivre malheureux;
C'est une longue mort; et pour moi je confesse
Que, pour vivre, il faut être esclave de Lucrèce.
CLARICE *à Lucrèce.* Chère amie, il en conte à chacune à son tour.
LUCRÈCE *à Clarice.* Il aime à promener sa fourbe et son amour.
DORANTE. A vos commandements j'apporte donc ma vie,
Trop heureux si pour vous elle m'était ravie!
Disposez-en, madame, et me dites en quoi
Vous avez résolu de vous servir de moi.
CLARICE. Je vous voulais tantôt proposer quelque chose;
Mais il n'est plus besoin que je vous la propose,
Car elle est impossible.
DORANTE. Impossible! ah! pour vous
Je pourrai tout, madame, en tous lieux, contre tous.
CLARICE. Jusqu'à vous marier quand je sais que vous l'êtes?
DORANTE. Moi, marié! ce sont pièces qu'on vous a faites;
Quiconque vous l'a dit s'est voulu divertir.
CLARICE *à Lucrèce.* Est-il un plus grand fourbe?
LUCRÈCE *à Clarice.* Il ne sait que mentir.
DORANTE. Je ne le fus jamais; et si par cette voie
On pense...
CLARICE. Et vous pensez encor que je vous croie?
DORANTE. Que la foudre à vos yeux m'écrase si je mens!
CLARICE. Un menteur est toujours prodigue de serments.
DORANTE. Non, si vous avez eu pour moi quelque pensée
Qui sur ce faux rapport puisse être balancée,
Cessez d'être en balance, et de vous défier
De ce qu'il m'est aisé de vous justifier.
CLARICE *à Lucrèce.* On dirait qu'il dit vrai, tant son effronterie
Avec naïveté pousse une menterie.
DORANTE. Pour vous ôter de doute, agréez que demain
En qualité d'époux je vous donne la main.
CLARICE. Hé! vous la donneriez en un jour à deux mille.
DORANTE. Certes, vous m'allez mettre en crédit par la ville,
Mais en crédit si grand que j'en crains les jaloux.
CLARICE. C'est tout ce que mérite un homme tel que vous,
Un homme qui se dit un grand foudre de guerre,
Et n'en a vu qu'à coups d'écritoire, ou de verre;
Qui vint hier de Poitiers, et conte, à son retour,
Que depuis une année il fait ici sa cour;
Qui donne toute nuit festin, musique et danse,
Bien qu'il l'ait dans son lit passée en tout silence;
Qui se dit marié, puis soudain s'en dédit :
Sa méthode est jolie à se mettre en crédit!
Vous-même apprenez-moi comme il faut qu'on le nomme.
CLITON *à Dorante.* Si vous vous en tirez, je vous tiens habile homme.
DORANTE *à Cliton.* Ne t'épouvante point, tout vient en sa saison.
(*A Clarice.*)
De ces inventions chacune a sa raison;

Sur toutes quelque jour je vous rendrai contente;
Mais à présent je passe à la plus importante.
J'ai donc feint cet hymen; pourquoi désavouer
Ce qui vous forcera vous-même à me louer?
Je l'ai feint; et ma feinte à vos mépris m'expose :
Mais si de ces détours vous seule étiez la cause?

CLARICE. Moi?

DORANTE. Vous. Ecoutez-moi. Ne pouvant consentir...

CLITON *à Dorante.* De grâce! dites-moi si vous allez mentir.

DORANTE *à Cliton.* Ah! je t'arracherai cette langue importune.

(*A Clarice.*)
Donc, comme à vous servir j'attache ma fortune,
L'amour que j'ai pour vous ne pouvant consentir
Qu'un père à d'autres lois voulût m'assujettir...

CLARICE *à Lucrèce.* Il fait pièce nouvelle; écoutons.

DORANTE. Cette adresse
A conservé mon âme à la belle Lucrèce;
Et, par ce mariage au besoin inventé,
J'ai su rompre celui qu'on m'avait apprêté.
Blâmez-moi de tomber en des fautes si lourdes,
Appelez-moi grand fourbe et grand donneur de bourdes;
Mais louez-moi du moins d'aimer si puissamment,
Et joignez à ces noms celui de votre amant.
Je fais par cet hymen banqueroute à tous autres;
J'évite tous leurs fers pour mourir dans les vôtres;
Et, libre pour entrer en des liens si doux,
Je me fais marié pour toute autre que vous.

CLARICE. Votre flamme en naissant a trop de violence,
Et me laisse toujours en juste défiance.
Le moyen que mes yeux eussent de tels appas
Pour qui m'a si peu vue et ne me connaît pas?

DORANTE. Je ne vous connais pas! vous n'avez plus de mère;
Périandre est le nom de monsieur votre père;
Il est homme de robe, adroit et retenu;
Dix mille écus de rente en font le revenu;
Vous perdîtes un frère aux guerres d'Italie;
Vous aviez une sœur qui s'appelait Julie.
Vous connais-je à présent? dites encor que non.

CLARICE *à Lucrèce.* Cousine, il te connaît, et t'en veut tout de bon.

LUCRÈCE *à part.* Plût à Dieu!

CLARICE *à Lucrèce.* Découvrons le fond de l'artifice.

(*A Dorante.*)
J'avais voulu tantôt vous parler de Clarice,
Quelqu'un de vos amis m'en est venu prier.
Dites-moi, seriez-vous pour elle à marier?

DORANTE. Par cette question n'éprouvez plus ma flamme.
Je vous ai trop fait voir jusqu'au fond de mon âme;
Et vous ne pouvez plus désormais ignorer

Que j'ai feint cet hymen afin de m'en parer.
Je n'ai ni feux ni vœux que pour votre service,
Et ne puis plus avoir que mépris pour Clarice.

CLARICE. Vous êtes, à vrai dire, un peu bien dégoûté;
Clarice est de maison, et n'est pas sans beauté :
Si Lucrèce à vos yeux paraît un peu plus belle,
De bien mieux faits que vous se contenteraient d'elle.

DORANTE. Oui; mais un grand défaut ternit tous ses appas.

CLARICE. Quel est-il ce défaut?

DORANTE. Elle ne me plaît pas :
Et plutôt que l'hymen avec elle me lie,
Je serai marié, si l'on veut, en Turquie.

CLARICE. Aujourd'hui cependant on m'a dit qu'en plein jour
Vous lui serriez la main, et lui parliez d'amour.

DORANTE. Quelqu'un auprès de vous m'a fait cette imposture.

CLARICE *à Lucrèce.* Ecoutez l'imposteur; c'est hasard s'il n'en jure.

DORANTE. Que du ciel...

CLARICE *à Lucrèce.* L'ai-je dit?

DORANTE. J'éprouve le courroux,
Si j'ai parlé, Lucrèce, à personne qu'à vous!

CLARICE. Je ne puis plus souffrir une telle impudence,
Après ce que j'ai vu moi-même en ma présence :
Vous couchez d'imposture, et vous osez jurer,
Comme si je pouvais vous croire, ou l'endurer!
Adieu : retirez-vous; et croyez, je vous prie,
Que souvent je m'égaie ainsi par raillerie,
Et que, pour me donner des passe-temps si doux,
J'ai donné cette baie à bien d'autres qu'à vous.

SCÈNE VI.

DORANTE, CLITON.

CLITON. Eh bien! vous le voyez; l'histoire est découverte.

DORANTE. Ah! Cliton! je me trouve à deux doigts de ma perte.

CLITON. Vous en aurez sans doute un plus heureux succès,
Et vous avez gagné chez elle un grand accès,
Mais je suis ce fâcheux qui nuis par ma présence,
Et vous fais sous ces mots être d'intelligence.

DORANTE. Peut-être : qu'en crois-tu?

CLITON. Le peut-être est gaillard.

DORANTE. Penses-tu qu'après tout j'en quitte encor ma part,
Et tienne tout perdu pour un peu de traverse?

CLITON. Si jamais cette part tombait dans le commerce,
Et qu'il vous vînt marchand pour ce trésor caché,
Je vous conseillerais d'en faire bon marché.

DORANTE. Mais pourquoi si peu croire un feu si véritable?

CLITON. A chaque bout de champ vous mentez comme un diable.

DORANTE. Je disais vérité.

CLITON	Quand un menteur la dit,
	En passant par sa bouche elle perd son crédit.
DORANTE.	Il faut donc essayer si par quelque autre bouche
	Elle pourra trouver un accueil moins farouche.
	Allons sur le chevet rêver quelque moyen
	D'avoir de l'incrédule un plus doux entretien.
	Souvent leur belle humeur suit le cours de la lune :
	Telle rend des mépris, qui veut qu'on l'importune.
	Mais de quelques effets que les siens soient suivis,
	Il sera demain jour, et la nuit porte avis.

ACTE QUATRIÈME.

SCÈNE I.

DORANTE, CLITON.

CLITON.	Mais, monsieur, pensez-vous qu'il soit jour chez Lucrèce ?
	Pour sortir si matin elle a trop de paresse.
DORANTE.	On trouve bien souvent plus qu'on ne croit trouver,
	Et ce lieu pour ma flamme est plus propre à rêver :
	J'en puis voir sa fenêtre, et de sa chère idée
	Mon âme à cet aspect sera mieux possédée.
CLITON.	A propos de rêver, n'avez-vous rien trouvé
	Pour servir de remède au désordre arrivé ?
DORANTE.	Je me suis souvenu d'un secret que toi-même
	Me donnais hier pour grand, pour rare, pour suprême,
	Un amant obtient tout quand il est libéral.
CLITON.	Le secret est fort beau ; mais vous l'appliquez mal :
	Il ne fait réussir qu'auprès d'une coquette.
DORANTE.	Je sais ce qu'est Lucrèce, elle est sage et discrète ;
	A lui faire présent mes efforts seraient vains ;
	Elle a le cœur trop bon : mais ses gens ont des mains :
	Et bien que sur ce point elle les désavoue,
	Avec un tel secret leur langue se dénoue :
	Ils parlent ; et souvent on les daigne écouter.
	A tel prix que ce soit, il m'en faut acheter.
	Si celle-ci venait qui m'a rendu sa lettre,
	Après ce qu'elle a fait j'ose tout m'en promettre ;
	Et ce sera hasard si sans beaucoup d'effort
	Je ne trouve moyen de lui payer le port.
CLITON.	Certes, vous dites vrai, j'en juge par moi-même :
	Ce n'est point mon humeur de refuser qui m'aime :
	Et comme c'est m'aimer que me faire présent,
	Je suis toujours alors d'un esprit complaisant.
DORANTE.	Il est beaucoup d'humeurs pareilles à la tienne.

CLITON. Mais, monsieur, attendant que Sabine survienne,
Et que sur son esprit vos dons fassent vertu,
Il court quelque bruit sourd qu'Alcippe s'est battu.
DORANTE. Contre qui ?
CLITON. L'on ne sait : mais ce confus murmure
D'un air pareil au vôtre à peu près le figure ;
Et si de tout le jour je vous avais quitté,
Je vous soupçonnerais de cette nouveauté.
DORANTE. Tu ne me quittas point pour entrer chez Lucrèce ?
CLITON. Ah ! monsieur, m'auriez-vous joué ce tour d'adresse ?
DORANTE. Nous nous battîmes hier, et j'avais fait serment
De ne parler jamais de cet événement ;
Mais à toi, de mon cœur l'unique secrétaire,
A toi, de mes secrets le grand dépositaire,
Je ne cèlerai rien, puisque je l'ai promis.
Depuis cinq ou six mois nous étions ennemis :
Il passa par Poitiers, où nous prîmes querelle ;
Et comme on nous fit lors une paix telle quelle,
Nous sûmes l'un à l'autre en secret protester
Qu'à la première vue il en faudrait tâter.
Hier nous nous rencontrons ; cette ardeur se réveille,
Fait de notre embrassade un appel à l'oreille ;
Je me défais de toi, j'y cours, je le rejoins,
Nous vidons sur le pré l'affaire sans témoins ;
Et, le perçant à jour de deux coups d'estocade,
Je le mets hors d'état d'être jamais malade :
Il tombe dans son sang.
CLITON. A ce compte, il est mort ?
DORANTE. Je le laissai pour tel.
CLITON. Certes, je plains son sort ;
Il était honnête homme ; et le ciel ne déploie...

SCÈNE II.

DORANTE, ALCIPPE, CLITON.

ALCIPPE. Je te veux, cher ami, faire part de ma joie.
Je suis heureux ; mon père...
DORANTE. Eh bien ?
ALCIPPE. Vient d'arriver.
CLITON *à Dorante.* Cette place pour vous est commode à rêver.
DORANTE. Ta joie est peu commune ; et pour revoir un père
Un homme tel que nous ne se réjouit guère.
ALCIPPE. Un esprit que la joie entièrement saisit
Présume qu'on l'entend au moindre mot qu'il dit.
Sache donc que je touche à l'heureuse journée
Qui doit avec Clarice unir ma destinée :
On attendait mon père afin de tout signer.
DORANTE. C'est ce que mon esprit ne pouvait deviner ;

Mais je m'en réjouis. Tu vas entrer chez elle?
ALCIPPE. Oui, je lui vais porter cette heureuse nouvelle,
Et je t'en ai voulu faire part en passant.
DORANTE. Tu t'acquiers d'autant plus un cœur reconnaissant.
Enfin donc ton amour ne craint plus de disgrâce?
ALCIPPE. Cependant qu'au logis mon père se délasse,
J'ai voulu par devoir prendre l'heure du sien.
CLITON *à Dorante.* Les gens que vous tuez se portent assez bien.
ALCIPPE. Je n'ai de part ni d'autre aucune défiance.
Excuse d'un amant la juste impatience :
Adieu.
DORANTE. Le ciel te donne un hymen sans souci!

SCÈNE III.
DORANTE, CLITON.

CLITON. Il est mort! Quoi! monsieur, vous m'en donnez aussi!
A moi, de votre cœur l'unique secrétaire!
A moi, de vos secrets le grand dépositaire!
Avec ces qualités j'avais lieu d'espérer,
Qu'assez malaisément je pourrais m'en parer.
DORANTE. Quoi! mon combat te semble un conte imaginaire?
CLITON. Je croirai tout, monsieur, pour ne vous pas déplaire;
Mais vous en contez tant, à toute heure, en tous lieux,
Qu'il faut bien de l'esprit avec vous, et bons yeux :
Maure, juif, ou chrétien, vous n'épargnez personne.
DORANTE. Alcippe te surprend, sa guérison t'étonne!
L'état où je le mis était fort périlleux;
Mais il est à présent des secrets merveilleux.
Ne t'a-t-on point parlé d'une source de vie,
Que nomment nos guerriers poudre de sympathie?
On en voit tous les jours des effets étonnants.
CLITON. Encor ne sont-ils pas du tout si surprenants;
Et je n'ai point appris qu'elle eût tant d'efficace,
Qu'un homme que pour mort on laisse sur la place,
Qu'on a de deux grands coups percé de part en part,
Soit dès le lendemain si frais et si gaillard.
DORANTE. La poudre que tu dis n'est que de la commune;
On n'en fait plus de cas : mais, Cliton, j'en sais une
Qui rappelle sitôt des portes du trépas,
Qu'en moins d'une heure ou deux on ne s'en souvient pas;
Quiconque la sait faire a de grands avantages.
CLITON. Donnez-m'en le secret; et je vous sers sans gages.
DORANTE. Je te le donnerais, et tu serais heureux;
Mais le secret consiste en quelques mots hébreux,
Qui tous à prononcer sont si fort difficiles,
Que ce serait pour toi des trésors inutiles.
CLITON. Vous savez donc l'hébreu?

ACTE IV. 289

DORANTE. L'hébreu! parfaitement.
J'ai dix langues, Cliton, à mon commandement.
CLITON. Vous auriez bien besoin de dix des mieux nourries,
Pour fournir tour à tour à tant de menteries :
Vous les hachez menu comme chair à pâtés;
Vous avez tout le corps bien plein de vérités,
Il n'en sort jamais une.
DORANTE. Ah! cervelle ignorante!
Mais mon père survient.

SCÈNE IV.
GÉRONTE, DORANTE, CLITON.

GÉRONTE. Je vous cherchais, Dorante.
DORANTE *bas.* Je ne vous cherchais pas, moi. Que mal à propos
Son abord importun vient troubler mon repos!
Et qu'un père incommode un homme de mon âge!
GÉRONTE. Vu l'étroite union que fait le mariage,
J'estime qu'en effet c'est n'y consentir point
Que laisser désunis ceux que le ciel a joint.
La raison le défend; et je sens dans mon âme
Un violent désir de voir ici ta femme.
J'écris donc à son père : écris-lui comme moi.
Je lui mande qu'après ce que j'ai su de toi
Je me tiens trop heureux qu'une si belle fille,
Si sage et si bien née, entre dans ma famille.
J'ajoute à ce discours que je brûle de voir
Celle qui de mes ans devient l'unique espoir;
Que pour me l'amener tu t'en vas en personne :
Car enfin il le faut, et le devoir l'ordonne;
N'envoyer qu'un valet sentirait son mépris.
DORANTE. De vos civilités il sera bien surpris;
Et pour moi, je suis prêt : mais je perdrai ma peine,
Il ne souffrira pas encor qu'on vous l'amène;
Elle est grosse.
GÉRONTE. Elle est grosse!
DORANTE. Et de plus de six mois.
GÉRONTE. Que de ravissements je sens à cette fois!
DORANTE. Vous ne voudriez pas hasarder sa grossesse?
GÉRONTE. Non, j'aurai patience autant que d'allégresse;
Pour hasarder ce gage il m'est trop précieux.
A ce coup ma prière a pénétré les cieux.
Je pense en le voyant que je mourrai de joie.
Adieu : je vais changer la lettre que j'envoie,
En écrire à son père un nouveau compliment,
Le prier d'avoir soin de son accouchement,
Comme le seul espoir où mon bonheur se fonde.
DORANTE *à Cliton.* Le bonhomme s'en va le plus content du monde.

I. 17

GÉRONTE *se retournant.*
Ecris-lui comme moi.
DORANTE. Je n'y manquerai pas.
(*A Cliton.*)
Qu'il est bon!
CLITON. Taisez-vous, il revient sur ses pas.
GÉRONTE. Il ne me souvient plus du nom de ton beau-père.
Comment s'appelle-t-il?
DORANTE. Il n'est pas nécessaire.
Sans que vous vous donniez ces soucis superflus,
En fermant le paquet j'écrirai le dessus.
GÉRONTE. Etant tout d'une main, il sera plus honnête.
DORANTE *à part le premier vers.*
Ne lui pourrai-je ôter ce souci de la tête?
Votre main ou la mienne, il n'importe des deux.
GÉRONTE. Ces nobles de province y sont un peu fâcheux.
DORANTE. Son père sait la cour.
GÉRONTE. Ne me fais plus attendre:
Dis-moi...
DORANTE *à part.* Que lui dirai-je?
GÉRONTE. Il s'appelle?
DORANTE. Pyrandre.
GÉRONTE. Pyrandre! tu m'as dit tantôt un autre nom;
C'était, je m'en souviens, oui, c'était Armédon.
DORANTE. Oui, c'est là son nom propre, et l'autre d'une terre;
Il portait ce dernier quand il fut à la guerre,
Et se sert si souvent de l'un et l'autre nom,
Que tantôt c'est Pyrandre, et tantôt Armédon.
GÉRONTE. C'est un abus commun qu'autorise l'usage,
Et j'en usais ainsi du temps de mon jeune âge.
Adieu: je vais écrire.

SCÈNE V.

DORANTE, CLITON.

DORANTE. Enfin, j'en suis sorti.
CLITON. Il faut bonne mémoire après qu'on a menti.
DORANTE. L'esprit a secouru le défaut de mémoire.
CLITON. Mais on éclaircira bientôt toute l'histoire.
Après ce mauvais pas où vous avez bronché,
Le reste encor longtemps ne peut être caché:
On le sait chez Lucrèce, et chez cette Clarice
Qui, d'un mépris si grand piquée avec justice,
Dans son ressentiment prendra l'occasion
De vous couvrir de honte et de confusion.
DORANTE. Ta crainte est bien fondée; et puisque le temps presse,
Il faut tâcher en hâte à m'engager Lucrèce.
Voici tout à propos ce que j'ai souhaité.

SCÈNE VI.

DORANTE, CLITON, SABINE.

DORANTE. Chère amie, hier au soir j'étais si transporté,
Qu'en ce ravissement je ne pus me permettre
De bien penser à toi quand j'eus lu cette lettre :
Mais tu n'y perdras rien, et voici pour le port.

SABINE. Ne croyez pas, monsieur...

DORANTE. Tiens.

SABINE. Vous me faites tort.
Je ne suis pas de...

DORANTE. Prends!

SABINE. Hé! monsieur!

DORANTE. Prends, te dis-je;
Je ne suis point ingrat alors que l'on m'oblige.
Dépêche, tends la main.

CLITON. Qu'elle y fait de façons!
Je lui veux par pitié donner quelques leçons.
Chère amie, entre nous, toutes tes révérences
En ces occasions ne sont qu'impertinences;
Si ce n'est assez d'une, ouvre toutes les deux;
Le métier que tu fais ne veut point de honteux.
Sans te piquer d'honneur, crois qu'il n'est que de prendre,
Et que tenir vaut mieux mille fois que d'attendre.
Cette pluie est fort douce; et quand j'en vois pleuvoir,
J'ouvrirais jusqu'au cœur pour la mieux recevoir.
On prend à toutes mains dans le siècle où nous sommes,
Et refuser n'est plus le vice des grands hommes.
Retiens bien ma doctrine; et, pour faire amitié,
Si tu veux, avec toi je serai de moitié.

SABINE. Cet article est de trop.

DORANTE. Vois-tu, je me propose
De faire avec le temps pour toi tout autre chose.
Mais comme j'ai reçu cette lettre de toi,
En voudrais-tu donner la réponse pour moi?

SABINE. Je la donnerai bien; mais je n'ose vous dire
Que ma maîtresse daigne ou la prendre ou la lire.
J'y ferai mon effort.

CLITON. Voyez, elle se rend
Plus douce qu'une épouse, et plus souple qu'un gant.
  (*Bas à Cliton.*) (*Haut à Sabine.*)

DORANTE. Le secret a joué. Présente-la, n'importe :
Elle n'a pas pour moi d'aversion si forte.
Je reviens dans une heure en apprendre l'effet.

SABINE. Je vous conterai lors tout ce que j'aurai fait.

SCÈNE VII.

CLITON, SABINE.

CLITON. Tu vois que les effets préviennent les paroles;
C'est un homme qui fait litière de pistoles.
Mais comme auprès de lui je puis beaucoup pour toi...
SABINE. Fais tomber de la pluie, et laisse faire à moi.
CLITON. Tu viens d'entrer en goût.
SABINE.   Avec mes révérences
Je ne suis pas encor si dupe que tu penses :
Je sais bien mon métier; et ma simplicité
Joue aussi bien son jeu que ton avidité.
CLITON. Si tu sais ton métier, dis-moi quelle espérance
Doit obstiner mon maître à la persévérance.
Sera-t-elle insensible? en viendrons-nous à bout?
SABINE. Puisqu'il est si brave homme, il faut te dire tout.
Pour te désabuser, sache donc que Lucrèce
N'est rien moins qu'insensible à l'ardeur qui le presse :
Durant toute la nuit elle n'a point dormi;
Et, si je ne me trompe, elle l'aime à demi.
CLITON. Mais sur quel privilége est-ce qu'elle se fonde,
Quand elle aime à demi, de maltraiter le monde?
Il n'en a cette nuit reçu que des mépris.
Chère amie, après tout, mon maître vaut son prix,
Ces amours à demi sont d'une étrange espèce;
Et, s'il voulait me croire, il quitterait Lucrèce.
SABINE. Qu'il ne se hâte point; on l'aime assurément.
CLITON. Mais on le lui témoigne un peu bien rudement,
Et je ne vis jamais de méthodes pareilles.
SABINE. Elle tient, comme on dit, le loup par les oreilles;
Elle l'aime, et son cœur n'y saurait consentir,
Parce que d'ordinaire il ne fait que mentir.
Hier même elle le vit dedans les Tuileries,
Où tout ce qu'il conta n'était que menteries.
Il en a fait autant depuis à deux ou trois.
CLITON. Les menteurs les plus grands disent vrai quelquefois.
SABINE. Elle a lieu de douter et d'être en défiance.
CLITON. Qu'elle donne à ses feux un peu plus de croyance,
Il n'a fait toute nuit que soupirer d'ennui.
SABINE. Peut-être que tu mens aussi bien comme lui.
CLITON. Je suis homme d'honneur; tu me fais injustice.
SABINE. Mais dis-moi, sais-tu bien qu'il n'aime plus Clarice?
CLITON. Il ne l'aima jamais.
SABINE.   Pour certain?
CLITON.   Pour certain.
SABINE. Qu'il ne craigne donc plus de soupirer en vain.
Aussitôt que Lucrèce a pu le reconnaître,

Elle a voulu qu'exprès je me sois fait paraître,
Pour voir si par hasard il ne me dirait rien :
Et, s'il l'aime en effet, tout le reste ira bien.
Va-t'en ; et, sans te mettre en peine de m'instruire,
Crois que je lui dirai tout ce qu'il lui faut dire.

CLITON. Adieu : de ton côté si tu fais ton devoir,
Tu dois croire du mien que je ferai pleuvoir.

SABINE *seule*. Que je vais bientôt voir une fille contente !
Mais la voici déjà. Qu'elle est impatiente !
Comme elle a les yeux fins, elle a vu le poulet.

SCÈNE VIII.

LUCRÈCE, SABINE.

LUCRÈCE. Eh bien ! que t'ont conté le maître et le valet ?
SABINE. Le maître et le valet m'ont dit la même chose :
Le maître est tout à vous ; et voici de sa prose.
LUCRÈCE *après avoir lu*. Dorante avec chaleur fait le passionné :
Mais le fourbe qu'il est nous en a trop donné ;
Et je ne suis pas fille à croire ses paroles.
SABINE. Je ne les crois non plus, mais j'en crois ses pistoles.
LUCRÈCE. Il t'a donc fait présent ?
SABINE. Voyez.
LUCRÈCE. Et tu l'as pris ?
SABINE. Pour vous ôter du trouble où flottent vos esprits,
Et vous mieux témoigner ses flammes véritables,
J'en ai pris les témoins les plus indubitables ;
Et je remets, madame, au jugement de tous
Si qui donne à vos gens est sans amour pour vous,
Et si ce traitement marque une âme commune.
LUCRÈCE. Je ne m'oppose pas à ta bonne fortune ;
Mais comme en l'acceptant tu sors de ton devoir,
Du moins une autre fois ne m'en fais rien savoir.
SABINE. Mais à ce libéral que pourrai-je promettre ?
LUCRÈCE. Dis-lui que sans la voir j'ai déchiré sa lettre.
SABINE. O ma bonne fortune, où vous enfuyez-vous ?
LUCRÈCE. Mêles-y de ta part deux ou trois mots plus doux.
Conte-lui dextrement le naturel des femmes ;
Dis-lui qu'avec le temps on amollit leurs âmes ;
Et l'avertis surtout des heures et des lieux
Où par rencontre il peut se montrer à mes yeux.
Parce qu'il est grand fourbe, il faut que je m'assure.
SABINE. Ah ! si vous connaissiez les peines qu'il endure,
Vous ne douteriez plus si son cœur est atteint :
Toute nuit il soupire, il gémit, il se plaint.
LUCRÈCE. Pour apaiser les maux que cause cette plainte,
Donne-lui de l'espoir avec beaucoup de crainte ;
Et sache entre les deux toujours le modérer,
Sans m'engager à lui, ni le désespérer.

SCÈNE IX.

CLARICE, LUCRÈCE, SABINE.

CLARICE. Il t'en veut tout de bon, et m'en voilà défaite :
Mais je souffre aisément la perte que j'ai faite;
Alcippe la répare, et son père est ici.
LUCRÈCE. Te voilà donc bientôt quitte d'un grand souci.
CLARICE. M'en voilà bientôt quitte; et toi, te voilà prête
A t'enrichir bientôt d'une étrange conquête.
Tu sais ce qu'il m'a dit.
SABINE. S'il vous mentait alors,
A présent il dit vrai; j'en réponds corps pour corps.
CLARICE. Peut-être qu'il le dit; mais c'est un grand peut-être.
LUCRÈCE. Dorante est un grand fourbe, et nous l'a fait connaître;
Mais s'il continuait encore à m'en conter,
Peut-être avec le temps il me ferait douter.
CLARICE. Si tu l'aimes, du moins, étant bien avertie,
Prends bien garde à ton fait, et fais bien ta partie.
LUCRÈCE. C'en est trop; et tu dois seulement présumer
Que je penche à le croire, et non pas à l'aimer.
CLARICE. De le croire à l'aimer la distance est petite :
Qui fait croire ses feux fait croire son mérite;
Ces deux points en amour se suivent de si près,
Que qui se croit aimée aime bientôt après.
LUCRÈCE. La curiosité souvent dans quelques âmes
Produit le même effet que produiraient des flammes.
CLARICE. Je suis prête à le croire, afin de t'obliger.
SABINE. Vous me feriez ici toutes deux enrager.
Voyez qu'il est besoin de tout ce badinage!
Faites moins la sucrée, et changez de langage,
Ou vous n'en casserez, ma foi, que d'une dent.
LUCRÈCE. Laissons là cette folle, et dis-moi cependant,
Quand nous le vîmes hier dedans les Tuileries,
Qu'il te conta d'abord tant de galanteries,
Il fut, ou je me trompe, assez bien écouté.
Etait-ce amour alors, ou curiosité?
CLARICE. Curiosité pure, avec dessein de rire
De tous les compliments qu'il aurait pu me dire.
LUCRÈCE. Je fais de ce billet même chose à mon tour;
Je l'ai pris, je l'ai lu, mais le tout sans amour :
Curiosité pure, avec dessein de rire
De tous les compliments qu'il aurait pu m'écrire.
CLARICE. Ce sont deux que de lire et d'avoir écouté :
L'un est grande faveur, l'autre civilité.
Mais trouves-y ton compte, et j'en serai ravie;
En l'état où je suis, j'en parle sans envie.
LUCRÈCE. Sabine lui dira que je l'ai déchiré.

CLARICE. Nul avantage ainsi n'en peut être tiré.
Tu n'es que curieuse.
LUCRÈCE. Ajoute à ton exemple.
CLARICE. Soit. Mais il est saison que nous allions au temple.
LUCRÈCE *à Clarice.* Allons.
(*A Sabine.*)
Si tu le vois, agis comme tu sais.
SABINE. Ce n'est pas sur ce coup que je fais mes essais :
Je connais à tous deux où tient la maladie;
Et le mal sera grand si je n'y remédie.
Mais sachez qu'il est homme à prendre sur le vert.
LUCRÈCE. Je te croirai.
SABINE. Mettons cette pluie à couvert.

ACTE CINQUIÈME.

SCÈNE I.

GÉRONTE, PHILISTE.

GÉRONTE. Je ne pouvais avoir rencontre plus heureuse
Pour satisfaire ici mon humeur curieuse.
Vous avez feuilleté le Digeste à Poitiers,
Et vu, comme mon fils, les gens de ces quartiers :
Ainsi vous me pouvez facilement apprendre
Quelle est et la famille, et le bien de Pyrandre?
PHILISTE. Quel est-il ce Pyrandre?
GÉRONTE. Un de leurs citoyens,
Noble, à ce qu'on m'a dit, mais un peu mal en biens.
PHILISTE. Il n'est dans tout Poitiers bourgeois, ni gentilhomme,
Qui, si je m'en souviens, de la sorte se nomme.
GÉRONTE. Vous le connaîtrez mieux peut-être à l'autre nom;
Ce Pyrandre s'appelle autrement Armédon.
PHILISTE. Aussi peu l'un que l'autre.
GÉRONTE. Et le père d'Orphise,
Cette rare beauté qu'en ces lieux même on prise?
Vous connaissez le nom de cet objet charmant,
Qui fait de ces cantons le plus digne ornement?
PHILISTE. Croyez que cette Orphise, Armédon et Pyrandre,
Sont gens dont à Poitiers on ne peut rien apprendre,
S'il vous faut sur ce point encor quelque garant...
GÉRONTE. En faveur de mon fils vous faites l'ignorant :
Mais je ne sais que trop qu'il aime cette Orphise,
Et qu'après les douceurs d'une longue hantise
On l'a seul dans sa chambre avec elle trouvé;
Que par son pistolet un désordre arrivé
L'a forcé sur-le-champ d'épouser cette belle.

Je sais tout ; et, de plus, ma bonté paternelle
M'a fait y consentir ; et votre esprit discret
N'a plus d'occasion de m'en faire un secret.
PHILISTE. Quoi ! Dorante a donc fait un secret mariage ?
GÉRONTE. Et, comme je suis bon, je pardonne à son âge.
PHILISTE. Qui vous l'a dit ?
GÉRONTE. Lui-même.
PHILISTE. Ah ! puisqu'il vous l'a dit,
Il vous fera du reste un fidèle récit,
Il en sait mieux que moi toutes les circonstances :
Non qu'il vous faille en prendre aucunes défiances ;
Mais il a le talent de bien imaginer,
Et moi je n'eus jamais celui de deviner.
GÉRONTE. Vous me feriez par là soupçonner son histoire.
PHILISTE. Non ; sa parole est sûre, et vous pouvez l'en croire :
Mais il nous servit hier d'une collation,
Qui partait d'un esprit de grande invention ;
Et, si ce mariage est de même méthode,
La pièce est fort complète et des plus à la mode.
GÉRONTE. Prenez-vous du plaisir à me mettre en courroux ?
PHILISTE. Ma foi, vous en tenez aussi bien comme nous ;
Et, pour vous en parler avec plus de franchise,
Si vous n'avez jamais pour bru que cette Orphise,
Vos chers collatéraux s'en trouveront fort bien.
Vous m'entendez : adieu ; je ne vous dis plus rien.

SCÈNE II.

GÉRONTE.

O vieillesse facile ! ô jeunesse impudente !
O de mes cheveux gris honte trop évidente !
Est-il dessous le ciel père plus malheureux ?
Est-il affront plus grand pour un cœur généreux ?
Dorante n'est qu'un fourbe ; et cet ingrat que j'aime,
Après m'avoir fourbé, me fait fourber moi-même ;
Et d'un discours en l'air, qu'il forge en imposteur,
Il me fait le trompette et le second auteur !
Comme si c'était peu, pour mon reste de vie,
De n'avoir à rougir que de son infamie,
L'infâme, se jouant de mon trop de bonté,
Me fait encor rougir de ma crédulité !

SCÈNE III.

GÉRONTE, DORANTE, CLITON.

GÉRONTE. Êtes-vous gentilhomme ?
DORANTE *à part les premiers mots.* Ah ! rencontre fâcheuse !

ACTE V.

Etant sorti de vous, la chose est peu douteuse.
GÉRONTE. Croyez-vous qu'il suffit d'être sorti de moi?
DORANTE. Avec toute la France aisément je le croi.
GÉRONTE. Et ne savez-vous pas, avec toute la France,
D'où ce titre d'honneur a tiré sa naissance,
Et que la vertu seule a mis en ce haut rang
Ceux qui l'ont jusqu'à moi fait passer dans leur sang?
DORANTE. J'ignorerais un point que n'ignore personne :
Que la vertu l'acquiert, comme le sang le donne.
GÉRONTE. Où le sang a manqué si la vertu l'acquiert,
Où le sang l'a donné le vice aussi le perd ;
Ce qui naît d'un moyen périt par son contraire ;
Tout ce que l'un a fait, l'autre peut le défaire ;
Et, dans la lâcheté du vice où je te voi,
Tu n'es plus gentilhomme, étant sorti de moi.
DORANTE. Moi?
GÉRONTE. Laisse-moi parler, toi de qui l'imposture
Souille honteusement ce don de la nature.
Qui se dit gentilhomme, et ment comme tu fais,
Il ment quand il le dit, et ne le fut jamais.
Est-il vice plus bas? est-il tache plus noire,
Plus indigne d'un homme élevé pour la gloire?
Est-il quelque faiblesse, est-il quelque action
Dont un cœur vraiment noble ait plus d'aversion
Puisqu'un seul démenti lui porte une infamie
Qu'il ne peut effacer s'il n'expose sa vie,
Et si dedans le sang il ne lave l'affront
Qu'un si honteux outrage imprime sur son front?
DORANTE. Qui vous dis que je mens?
GÉRONTE. Qui me le dit, infâme!
Dis-moi, si tu le peux, dis le nom de ta femme :
Le conte qu'hier au soir tu m'en fis publier...
CLITON *à Dorante.* Dites que le sommeil vous l'a fait oublier.
GÉRONTE. Ajoute, ajoute encore avec effronterie
Le nom de ton beau-père et de sa seigneurie ;
Invente à m'éblouir quelques nouveaux détours.
CLITON *à Dorante.* Appelez la mémoire ou l'esprit au secours.
GÉRONTE. De quel front cependant faut-il que je confesse
Que ton effronterie a surpris ma vieillesse ;
Qu'un homme de mon âge a cru légèrement
Ce qu'un homme du tien débite impudemment?
Tu me fais donc servir de fable et de risée,
Passer pour esprit faible ou pour cervelle usée !
Mais, dis-moi, te portais-je à la gorge un poignard?
Voyais-tu violence ou courroux de ma part?
Si quelque aversion t'éloignait de Clarice,
Quel besoin avais-tu d'un si lâche artifice?
Et pouvais-tu douter que mon consentement

Ne dût tout accorder à ton contentement
Puisque mon indulgence, au dernier point venue,
Approuvait à tes yeux l'hymen d'une inconnue?
Ce grand excès d'amour que je t'ai témoigné
N'a point touché ton cœur, ou ne l'a point gagné;
Ingrat, tu m'as payé d'une impudente feinte,
Et tu n'as eu pour moi respect, amour, ni crainte.
Va, je te désavoue.

DORANTE.   Hé! mon père, écoutez...
GÉRONTE. Quoi! des contes en l'air et sur l'heure inventés?
DORANTE. Non, la vérité pure.
GÉRONTE.   En est-il dans ta bouche?
CLITON *à Dorante.* Voici pour votre adresse une assez rude touche.
DORANTE. Epris d'une beauté qu'à peine j'ai pu voir
Qu'elle a pris sur mon âme un absolu pouvoir,
De Lucrèce, en un mot... vous la pouvez connaître...
GÉRONTE. Dis vrai : je la connais, et ceux qui l'ont fait naître :
Son père est mon ami.
DORANTE.   Mon cœur en un moment
Etant de ses regards charmé si puissamment,
Le choix que vos bontés avaient fait de Clarice,
Sitôt que je le sus, me parut un supplice :
Mais comme j'ignorais si Lucrèce et son sort
Pouvaient avec le vôtre avoir quelque rapport,
Je n'osai pas encor vous découvrir la flamme
Que venaient ses beautés d'allumer dans mon âme;
Et j'avais ignoré, monsieur, jusqu'à ce jour
Que l'adresse d'esprit fût un crime en amour.
Mais si je vous osais demander quelque grâce,
A présent que je sais et son bien et sa race,
Je vous conjurerais, par les nœuds les plus doux
Dont l'amour et le sang puissent m'unir à vous,
De seconder mes vœux auprès de cette belle;
Obtenez-la d'un père, et je l'obtiendrai d'elle.
GÉRONTE. Tu me fourbes encor.
DORANTE.   Si vous ne m'en croyez,
Croyez-en, pour le moins, Cliton que vous voyez;
Il sait tout mon secret.
GÉRONTE.   Tu ne meurs point de honte
Qu'il faille que de lui je fasse plus de compte,
Et que ton père même, en doute de ta foi,
Donne plus de croyance à ton valet qu'à toi!
Ecoute : je suis bon, et, malgré ma colère,
Je veux encore un coup montrer un cœur de père;
Je veux encore un coup pour toi me hasarder.
Je connais ta Lucrèce, et la vais demander;
Mais si de ton côté le moindre obstacle arrive...
DORANTE. Pour vous mieux assurer, souffrez que je vous suive.

ACTE V.

GÉRONTE. Demeure ici, demeure, et ne suis point mes pas;
Je doute, je hasarde, et je ne te crois pas.
Mais sache que tantôt si pour cette Lucrèce
Tu fais la moindre fourbe ou la moindre finesse,
Tu peux bien fuir mes yeux, et ne me voir jamais;
Autrement, souviens-toi du serment que je fais :
Je jure les rayons du jour qui nous éclaire
Que tu ne mourras point que de la main d'un père,
Et que ton sang indigne, à mes pieds répandu,
Rendra prompte justice à mon honneur perdu.

SCÈNE IV.
DORANTE, CLITON.

DORANTE. Je crains peu les effets d'une telle menace.
CLITON. Vous vous rendez trop tôt, et de mauvaise grâce;
Et cet esprit adroit, qui l'a dupé deux fois,
Devait en galant homme aller jusques à trois :
Toutes tierces, dit-on, sont bonnes ou mauvaises.
DORANTE. Cliton, ne raille point, que tu ne me déplaises;
D'un trouble tout nouveau j'ai l'esprit agité.
CLITON. N'est-ce point du remords d'avoir dit vérité?
Si pourtant ce n'est point quelque nouvelle adresse;
Car je doute à présent si vous aimez Lucrèce,
Et vous vois si fertile en semblables détours,
Que, quoi que vous disiez, je l'entends au rebours.
DORANTE. Je l'aime; et sur ce point ta défiance est vaine :
Mais je hasarde trop, et c'est ce qui me gêne.
Si son père et le mien ne tombent point d'accord,
Tout commerce est rompu, je fais naufrage au port;
Et d'ailleurs, quand l'affaire entre eux serait conclue,
Suis-je sûr que la fille y soit bien résolue?
J'ai tantôt vu passer cet objet si charmant;
Sa compagne, ou je meure, a beaucoup d'agrément.
Aujourd'hui que mes yeux l'ont mieux examinée,
De mon premier amour j'ai l'âme un peu gênée :
Mon cœur entre les deux est presque partagé;
Et celle-ci l'aurait, s'il n'était engagé.
CLITON. Mais pourquoi donc montrer une flamme si grande,
Et porter votre père à faire une demande?
DORANTE. Il ne m'aurait pas cru, si je ne l'avais fait?
CLITON. Quoi! même en disant vrai vous mentiez en effet?
DORANTE. C'était le seul moyen d'apaiser sa colère.
Que maudit soit quiconque a détrompé mon père!
Avec ce faux hymen j'aurais eu le loisir
De consulter mon cœur, et je pourrais choisir.
CLITON. Mais sa compagne enfin n'est autre que Clarice.
DORANTE. Je me suis donc rendu moi-même un bon office.

Oh! qu'Alcippe est heureux, et que je suis confus!
Mais Alcippe, après tout, n'aura que mon refus.
N'y pensons plus, Cliton, puisque la place est prise.
CLITON. Vous en voilà défait aussi bien que d'Orphise.
DORANTE. Reportons à Lucrèce un esprit ébranlé,
Que l'autre à ses yeux même avait presque volé.
Mais Sabine survient.

SCÈNE V.
DORANTE, SABINE, CLITON.

DORANTE. Qu'as-tu fait de ma lettre?
En de si belles mains as-tu su la remettre?
SABINE. Oui, monsieur; mais...
DORANTE. Quoi, mais?
SABINE. Elle a tout déchiré.
DORANTE. Sans lire?
SABINE. Sans rien lire.
DORANTE. Et tu l'as enduré?
SABINE. Ah! si vous aviez vu comme elle m'a grondée!
Elle me va chasser, l'affaire en est vidée.
DORANTE. Elle s'apaisera : mais, pour t'en consoler,
Tends la main.
SABINE. Hé! monsieur?
DORANTE. Ose encor lui parler :
Je ne perds pas sitôt toutes mes espérances.
CLITON. Voyez la bonne pièce avec ses révérences!
Comme ses déplaisirs sont déjà consolés!
Elle vous en dira plus que vous n'en voulez.
DORANTE. Elle a donc déchiré mon billet sans le lire?
SABINE. Elle m'avait donné charge de vous le dire;
Mais, à parler sans fard...
CLITON. Sait-elle son métier!
SABINE. Elle n'en a rien fait, et l'a lu tout entier :
Je ne puis si longtemps abuser un brave homme.
CLITON. Si quelqu'un l'entend mieux, je l'irai dire à Rome.
DORANTE. Elle ne me hait pas, à ce compte?
SABINE. Elle! non.
DORANTE. M'aime-t-elle?
SABINE. Non plus.
DORANTE. Tout de bon?
SABINE. Tout de bon.
DORANTE. Aime-t-elle quelque autre?
SABINE. Encor moins.
DORANTE. Qu'obtiendrai-je?
SABINE. Je ne sais.
DORANTE. Mais enfin, dis-moi.
SABINE. Que vous dirai-je?

DORANTE. Vérité.
SABINE. Je la dis.
DORANTE. Mais elle m'aimera?
SABINE. Peut-être.
DORANTE. Et quand encor?
SABINE. Quand elle vous croira.
DORANTE. Quand elle me croira! que ma joie est extrême!
SABINE. Quand elle vous croira, dites qu'elle vous aime.
DORANTE. Je le dis déjà donc et m'en ose vanter,
Puisque ce cher objet n'en saurait plus douter;
Mon père...
SABINE. La voici qui vient avec Clarice.

SCÈNE VI.

CLARICE, LUCRÈCE, DORANTE, SABINE, CLITON.

CLARICE *à Lucrèce*. Il peut te dire vrai, mais ce n'est pas son vice :
Comme tu le connais, ne précipite rien.
DORANTE *à Clarice*. Beauté qui pouvez seule et mon mal et mon bien...
CLARICE *à Lucrèce*. On dirait qu'il m'en veut, et c'est moi qu'il regarde.
LUCRÈCE *à Clarice*. Quelques regards sur toi sont tombés par mégarde.
Voyons s'il continue.
DORANTE *à Clarice*. Ah! que loin de vos yeux
Les moments à mon cœur deviennent ennuyeux!
Et que je reconnais par mon expérience
Quel supplice aux amants est une heure d'absence!
CLARICE *à Lucrèce*. Il continue encor.
LUCRÈCE *à Clarice*. Mais vois ce qu'il m'écrit.
CLARICE *à Lucrèce*. Mais écoute.
LUCRÈCE *à Clarice*. Tu prends pour toi ce qu'il me dit.
CLARICE. Eclaircissons-nous-en... Vous m'aimez donc, Dorante?
DORANTE *à Clarice*. Hélas! que cette amour vous est indifférente!
Depuis que vos regards m'ont mis sous votre loi...
CLARICE *à Lucrèce*. Crois-tu que le discours s'adresse encore à toi?
LUCRÈCE *à Clarice*. Je ne sais où j'en suis.
CLARICE *à Lucrèce*. Oyons la fourbe entière.
LUCRÈCE *à Clarice*. Vu ce que nous savons, elle est un peu grossière.
CLARICE *à Lucrèce*. C'est ainsi qu'il partage entre nous son amour;
Il te flatte de nuit, et m'en conte de jour.
DORANTE *à Clarice*. Vous consultez ensemble! Ah! quoi qu'elle vous die,
Sur de meilleurs conseils disposez de ma vie ;
Le sien auprès de vous me serait trop fatal,
Elle a quelque sujet de me vouloir du mal.
LUCRÈCE *à part*. Ah! je n'en ai que trop; et si je ne me venge...
CLARICE *à Dorante*. Ce qu'elle me disait est, de vrai, fort étrange.
DORANTE. C'est quelque invention de son esprit jaloux.
CLARICE. Je le crois : mais enfin me reconnaissez-vous?
DORANTE. Si je vous reconnais? Quittez ces railleries,

Vous que j'entretins hier dedans les Tuileries,
Que je fis aussitôt maîtresse de mon sort.
CLARICE. Si je veux toutefois en croire son rapport,
Pour une autre déjà votre âme inquiétée...
DORANTE. Pour une autre déjà je vous aurais quittée?
Que plutôt à vos pieds mon cœur sacrifié...
CLARICE. Bien plus, si je la crois, vous êtes marié.
DORANTE. Vous me jouez, madame : et, sans doute pour rire,
Vous prenez du plaisir à m'entendre redire
Qu'à dessein de mourir en des liens si doux
Je me fais marié pour toute autre que vous.
CLARICE. Mais avant qu'avec moi le nœud d'hymen vous lie,
Vous serez marié, si l'on veut, en Turquie.
DORANTE. Avant qu'avec toute autre on me puisse engager,
Je serai marié, si l'on veut, en Alger.
CLARICE. Mais enfin vous n'avez que mépris pour Clarice.
DORANTE. Mais enfin vous savez le nœud de l'artifice,
Et que, pour être à vous, je fais ce que je puis.
CLARICE. Je ne sais plus moi-même à mon tour où j'en suis...
Lucrèce, écoute un mot.
DORANTE *à Cliton.*   Lucrèce! Que dit-elle?
CLITON *à Dorante.* Vous en tenez, monsieur : Lucrèce est la plus belle;
Mais laquelle des deux? J'en ai le mieux jugé,
Et vous auriez perdu si vous aviez gagé.
DORANTE *à Cliton.* Cette nuit à la voix j'ai cru la reconnaître.
CLITON *à Dorante.* Clarice, sous son nom, parlait à sa fenêtre :
Sabine m'en a fait un secret entretien.
DORANTE *à Cliton.* Bonne bouche! j'en tiens : mais l'autre la vaut bien;
Et, comme dès tantôt je la trouvais bien faite,
Mon cœur déjà penchait où mon erreur le jette.
Ne me découvre point; et, dans ce nouveau feu,
Tu me vas voir, Cliton, jouer un nouveau jeu :
Sans changer de discours, changeons de batterie.
LUCRÈCE *à Clarice.* Voyons le dernier point de son effronterie :
Quand tu lui diras tout, il sera bien surpris.
CLARICE *à Dorante.* Comme elle est mon amie, elle m'a tout appris.
Cette nuit, vous l'aimiez, et m'avez méprisée :
Laquelle de nous deux avez-vous abusée?
Vous lui parliez d'amour en termes assez doux.
DORANTE. Moi! depuis mon retour je n'ai parlé qu'à vous.
CLARICE. Vous n'avez point parlé cette nuit à Lucrèce?
DORANTE. Vous n'avez point voulu me faire un tour d'adresse?
Et je ne vous ai point reconnue à la voix?
CLARICE. Nous dirait-il bien vrai pour la première fois?
DORANTE. Pour me venger de vous j'eus assez de malice
Pour vous laisser jouir d'un si lourd artifice;
Et, vous laissant passer pour ce que vous vouliez,
Je vous en donnai plus que vous ne m'en donniez.

ACTE V.

Je vous embarrassai, n'en faites point la fine.
Choisissez un peu mieux vos dupes à la mine :
Vous pensiez me jouer; et moi je vous jouais,
Mais par de faux mépris que je désavouais.
Car enfin je vous aime, et je hais de ma vie
Les jours que j'ai vécu sans vous avoir servie.

CLARICE. Pourquoi, si vous m'aimiez, feindre un hymen en l'air,
Quand un père pour vous est venu me parler?
Quel fruit de cette fourbe osez-vous vous promettre?

LUCRÈCE *à Dorante.* Pourquoi, si vous l'aimez, m'écrire cette lettre?

DORANTE *à Lucrèce.* J'aime de ce courroux les principes cachés;
Je ne vous déplais pas, puisque vous vous fâchez.
Mais j'ai moi-même enfin assez joué d'adresse;
Il faut vous dire vrai : je n'aime que Lucrèce.

CLARICE *à Lucrèce.* Est-il un plus grand fourbe? et peux-tu l'écouter?

DORANTE *à Lucrèce.* Quand vous m'aurez ouï, vous n'en pourrez douter :
Sous votre nom, Lucrèce, et par votre fenêtre,
Clarice m'a fait pièce, et je l'ai su connaître;
Comme, en y consentant, vous m'avez affligé,
Je vous ai mise en peine, et je m'en suis vengé.

LUCRÈCE. Mais que disiez-vous hier dedans les Tuileries?

DORANTE. Clarice fut l'objet de mes galanteries.

CLARICE *à Lucrèce.* Veux-tu longtemps encore écouter ce moqueur?

DORANTE *à Lucrèce.* Elle avait mes discours; mais vous aviez mon cœur,
Où vos yeux faisaient naître un feu que j'ai fait taire
Jusqu'à ce que ma flamme ait eu l'aveu d'un père.
Comme tout ce discours n'était que fiction,
Je cachais mon retour et ma condition.

CLARICE *à Lucrèce.* Vois que fourbe sur fourbe à nos yeux il entasse,
Et ne fait que jouer des tours de passe-passe.

DORANTE *à Lucrèce.* Vous seule êtes l'objet dont mon cœur est charmé.

LUCRÈCE *à Dorante.* C'est ce que les effets m'ont fort mal confirmé.

DORANTE. Si mon père à présent porte parole au vôtre,
Après son témoignage en voudrez-vous quelque autre?

LUCRÈCE. Après son témoignage il faudra consulter
Si nous aurons encor quelque lieu d'en douter.

DORANTE *à Lucrèce le premier vers.*
Qu'à de telles clartés votre erreur se dissipe.
Et vous, belle Clarice, aimez toujours Alcippe;
Sans l'hymen de Poitiers il ne tenait plus rien;
Je ne lui ferai pas ce mauvais entretien;
Mais entre vous et moi vous savez le mystère.
Le voici qui s'avance, et j'aperçois mon père.

SCÈNE VII.

GÉRONTE, DORANTE, ALCIPPE, CLARICE, LUCRÈCE, ISABELLE, SABINE, CLITON.

ALCIPPE *sortant de chez Clarice et lui parlant.*
Nos parents sont d'accord, et vous êtes à moi.
GÉRONTE *sortant de chez Lucrèce et lui parlant.*
Votre père à Dorante engage votre foi.
ALCIPPE *à Clarice.* Un mot de votre main, l'affaire est terminée.
GÉRONTE *à Lucrèce.* Un mot de votre bouche achève l'hyménée.
DORANTE *à Lucrèce.* Ne soyez pas rebelle à seconder mes vœux.
ALCIPPE. Etes-vous aujourd'hui muettes toutes deux?
CLARICE. Mon père a sur mes vœux une entière puissance.
LUCRÈCE. Le devoir d'une fille est dans l'obéissance.
GÉRONTE *à Lucrèce.* Venez donc recevoir ce doux commandement.
ALCIPPE *à Clarice.* Venez donc ajouter ce doux consentement.
(*Alcippe rentre chez Clarice avec elle et Isabelle et le reste rentre chez Lucrèce.*)
SABINE *à Dorante comme il rentre.*
Si vous vous mariez, il ne pleuvra plus guères.
DORANTE. Je changerai pour toi cette pluie en rivières.
SABINE. Vous n'aurez pas loisir seulement d'y penser;
Mon métier ne vaut rien quand on s'en peut passer.
CLITON *seul.* Comme en sa propre fourbe un menteur s'embarrasse!
Peu sauraient, comme lui, s'en tirer avec grâce.
Vous autres, qui doutiez s'il en pourrait sortir,
Par un si rare exemple apprenez à mentir.

EXAMEN DU MENTEUR.

Cette pièce est en partie traduite, en partie imitée de l'espagnol. Le sujet m'en semble si spirituel et si bien tourné, que j'ai dit souvent que je voudrais avoir donné les deux plus belles pièces que j'aie faites, et qu'il fût de mon invention. On l'a attribué au fameux Lope de Vegue; mais il m'est tombé depuis peu entre les mains un volume de don Juan d'Alarcon, où il prétend que cette comédie est à lui, et se plaint des imprimeurs qui l'ont fait courir sous le nom d'un autre. Si c'est son bien, je n'empêche pas qu'il ne s'en ressaisisse. De quelque main que parte cette comédie, il est constant qu'elle est très-ingénieuse, et je n'ai rien vu dans cette langue qui m'ait satisfait davantage.

J'ai tâché de la réduire à notre usage et dans nos règles; mais il m'a fallu forcer mon aversion pour les aparté dont je n'aurais pu la purger sans lui faire perdre une bonne partie de ses beautés. Je les ai faits le plus courts que j'ai pu, et je me le suis permis rarement sans laisser deux acteurs ensemble qui s'entretiennent tout bas, cependant que d'autres disent ce que ceux-là ne doivent pas écouter. Cette duplicité d'action particulière ne rompt point l'unité de la principale, mais elle gêne un peu l'attention de l'auditeur, qui ne sait à laquelle s'attacher, et qui se trouve obligé de séparer aux deux ce qu'il est accoutumé de donner à une.

L'unité de lieu s'y trouve, en ce que tout s'y passe dans Paris; mais le premier acte est dans les Tuileries, et le reste à la Place-Royale. Celle de jour n'y est pas forcée, pourvu qu'on lui laisse les vingt-quatre heures entières.

Quant à celle d'action, je ne sais s'il n'y a point quelque chose à dire, en ce que Dorante aime Clarice dans toute la pièce, et épouse Lucrèce à la fin, qui par là ne répond pas à la protase. L'auteur espagnol lui donne ainsi le change pour punition de ses menteries, et le réduit à épouser par force cette Lucrèce qu'il n'aime point. Comme il se méprend toujours au nom, et croit que Clarice porte celui-là, il lui présente la main quand on lui a accordé l'autre, et dit hautement, lorsqu'on l'avertit de son erreur, que, s'il s'est trompé au nom, il ne se trompe point à la personne. Sur quoi le père de Lucrèce le menace de le tuer, s'il n'épouse sa fille après l'avoir demandée et obtenue; et le sien propre lui fait la même menace.

Pour moi, j'ai trouvé cette manière de finir un peu dure, et cru qu'un mariage moins violenté serait plus au goût de notre auditoire. C'est ce qui m'a obligé à lui donner une pente vers la personne de Lucrèce, au cinquième acte, afin qu'après qu'il a reconnu sa méprise aux noms, il fasse de nécessité vertu de meilleure grâce, et que la comédie se termine avec pleine tranquillité de tous côtés.

FIN DU TOME PREMIER.

TABLE DES PIÈCES
CONTENUES DANS CE VOLUME.

Notice sur Pierre Corneille. 5
Notice sur les ouvrages de Pierre Corneille. 13
Le Cid. 55
Horace. 107
Cinna. 159
Polyeucte. 207
Le Menteur. 257

www.ingramcontent.com/pod-product-compliance
Lightning Source LLC
Chambersburg PA
CBHW071534160426
43196CB00010B/1768